완역 論語集註

[하 권]

김창환 역주

明文堂

【머리말】

필자가 ≪논어≫와 인연을 맺은 것은 고등학교 2학년 때의 일이다. 당시 여러 출판사에서 동서고금의 양서를 문고본으로 냈는데 을유문화사의 '을유문고'가 특히 뛰어났다. 학교 앞의 조그만 서점에서 이 문고본의 ≪논어≫를 만났는데 번역도 간결하고 휴대하기에 편하였다. 이후로 자주 들춰보면서 한두 구절씩 써 보기도 하였다. 당시에 내용을 깊이 있게 이해하지는 못했지만 마음에 와 닿는 구절들이 많았다. 대학 입시 준비를 해야 할 때인데도 여기에 상당한 시간과 마음을 쓴 것으로 생각된다.

대학과 군대를 마치고 민족문화추진회[지금의 고전번역원] 국역연수원에 입학하였다. 전통적으로 한학을 하신 선생님들로부터 가르침을 받으면서 한문에 눈떠 가기 시작하였다. 유가경전과 제자백가 등을 배우는 3년의 과정을 마친 뒤에 서울대학교 대학원 중문과에 들어갔다. 박사 과정 수료 후에는 중문과에 개설된 '동양의 고전' 강좌를 맡아 십여 학기 동안 ≪논어≫를 강의하였다. 이후에 대학원에서, 그리고 여러 단체에서 ≪논어≫ 강의를 진행해 왔다.

강의 횟수가 많아지면서 각 대학이나 단체에서 ≪논어≫를 강의하기에 편리한 교재로, 그리고 공부하는 분들이 참고하기에 적절한 번역서를 내고 싶은 마음이 들었다. 마침내 2011년부터 관심 있는 대학원생들과 ≪논어≫ 주자집주를 강독하면서 번역해나가기 시작하였다. 3년 가까운 기간에 걸쳐 초역을 마무리하고 다시 1년여에 걸쳐 검토를 진행하였다. 이 과정을 함께한 이들이 서울대학교 대학원 중문과의 이운재, 박춘향, 강설금, 이욱진, 우나영 동학으로, 지금은 과정을 수료하였거나 박사학위를 받았다. 이들과의 토론을 통해 이 작업이 결실을 맺게 되었음과 그에 대한 고마움을 여기에 밝힌다.

이 역주서에 대해 특기할 사항으로 연관 원전을 연계하여 제시하고 해설한 점을 들 수 있다. 그 과정은 다음의 세 가지 방면에서 진행되었다.

첫째, ≪논어≫는 공자의 전 생애에 걸친 말씀과 행실을 기록한 것이기 때문에 공자의 일관된 언행과 사고가 제시되어 있지만, 연관 내용이 여기저기에 흩어져 있는 경우가 많다. 따라서 한 장절(章節)의 이해에 ≪논어≫의 다른 연관 장절을 함께 공부하면 입체적으로 이해할 수 있게 된다. 예를 들어 ≪논어≫ 제4편 <이인(里仁)>의 8장에서 공자는, "아침에 도를 들으면 저녁에 죽어도 좋다.(朝聞道, 夕死, 可矣.)"라고 하였다. 이 구절을 ≪논어≫ 제15편 <위영공(衛靈公)>의 8장에서, "뜻을 지닌 선비와 인을 이룬 사람은 살기를 구하느라 인을 해치는 경우가 없고 자신을 죽여서 인을 이루는 경우가 있다.(志士仁人, 無求生以害仁, 有殺身以成仁.)"라고 한 구절과 연관 지어 고찰하면, '듣게 되면 죽어도 좋다'고 한 도(道)가 무엇인지 분명해진다.

둘째, ≪논어≫ 이외의 다른 경전이나 기록을 제시한 것이다. ≪논어≫ 13편 <자로(子路)>의 20장에서, 자공(子貢)이 선비[사(士)]에 대해 묻자 공자는, "약속한 말을 반드시 지키고 행동을 반드시 결행하니 고집스런 소인이지만 그러나 또한 (선비 가운데) 다음이 될 수 있다.(言必信, 行必果, 硜硜然小人哉, 抑亦可以爲次矣.)"라고 답변해 주었다. '약속한 말을 반드시 지키고 행동을 반드시 결행함(言必信, 行必果)'은 훌륭한 덕목 같은데, 어찌 '소인'이라고 규정했을까? 그 이유는 ≪맹자(孟子)·이루하(離婁下)≫의 다음 구절과 연계하면 선명하게 밝혀진다. 맹자는, "대인인 자는 약속한 말을 지키기를 기필하지 않고 행동을 결행하기를 기필하지 않아 오직 의가 있는 대로 한다.(大人者, 言不必信, 行不必果, 惟義所在.)"라고 하여 ≪논어≫ <자로>편 20장의 말씀을, '대인'의 풍도를 들어 대조하는 방법으로 설명하였다. 이 번역서는 이런 관련 구절들을 상호 제시함으로써 논어 구절을 유기적이고 입체적으로 이해할 수 있도록 하였다.

셋째, 주자집주에 대한 번역의 예이다. 주자집주는 그 공과(功過)에 대해 여러 이견이 있기도 하지만, 이전의 성취를 집대성한 업적과 그것이 우리 유학에 끼친 영향은 누구나 인정하는 바이다. 따라서 주자집주를 통해 ≪논어≫를 공부하는 방법은 지금도 여전히 많은 장점을 지니고 있다. 주자집주는 현재 우리나라에 몇 종의 완역본이 나와 있어 각 방면에서 밝혀낸 부분이 많지만 여전히 보완의 필요성이 남아 있다. ≪논어≫ 본문뿐 아니라 주자집주에 대한 정확한 이해는 ≪논어≫ 공부에 매우 필요한데 주자집주가 쉽지 않다. 그것은 주자 자신의 설명이 어려운 부분도 있지만 주자가 인용하고 있는 이전 학자들의 다양한 설에 대한 이해가 쉽지 않기 때문이다. 주자는 한대(漢代) 이후부터 자신이 살던 남송(南宋)에 이르기까지 30여 명의 설을 인용하여 집주를 완성하였다. 제가의 설에는 ≪논어≫의 다른 구절을 인용한 것도 있고 기타 여러 서적에서 인용한 부분이 많은 데다 그 인용 양상도 다양하다. 출처를 밝힌 경우도 있지만 그렇지 않은 경우가 많다. 본 번역서에서는 이런 부분들에 대해, 인용된 구절의 원전을 찾아 제시하고 번역하였으며 어느 경우에는 보충 설명을 가하였다.

고전은 우리와 시대가 다르고 지역도 다를 뿐 아니라 학문적 깊이가 달라 여러 모로 어렵다. 정확한 해석과 입체적 연결을 통해 ≪논어≫의 본질에 가까이 접근하고자 하는 바람, 그리고 더욱 중요한 목표인 적절한 우리말 표현의 번역서를 만들고자 하는 바람에서 이 책을 내게 되었다. 필자의 부족함과 학설의 다양함으로 인해 바라는 바에 이르렀다고 할 수는 없겠지만, 그 목표에 한 걸음 더 다가가는 계기로 삼을 수 있으리라는 점에서 위안을 삼고자 한다.

이 책이 나오기까지 가르침을 주신 선생님들과 주변 친지로부터 받은 도움은 필설로는 다 표현할 수 없다. 그 가운데 이영호 사장님의 물심양면의 도움과 배려를 특별히 기록한다. 우리나라에서 동양고전에 관한 한 최고의 출판사인 명문당에서 ≪논어집주≫를 내게 되어 큰 영광으로 생각한다. 특히 명문당에서는 이미 다양한 형태로 많은 종류의 ≪논어≫를 출판하였는데도, 역자가 김동구 사장님께 이 책의 출판을 제안하자 흔쾌히 승낙하셨다. 이 자리를 빌어 깊이 감사드린다. 또 적지 않은 분량의 원고를 면밀히 검토하고 많은 오류를 수정하였으며, 보기에 좋은 번역서로, 강의하기에 편리한 교재로 꾸며주신 이은주 선생님께 감사를 표한다.

2016년 12월 **김 창 환**

목 차

【일러두기】

01. 이 ≪논어집주(論語集註)≫의 번역은 조선(朝鮮) 정조(正祖) 시기에 간행된 정유자본(丁酉字本)[일명 내각본(內閣本)으로 서울 보경문화사(保景文化社) 1984년 영인본]을 저본으로 하였다.

02. ≪논어≫ 본문은 최대한 주자집주의 해설에 입각하여 번역하였다. 번역이 주자의 관점과 다를 경우에는 그 근거를 제시하였다.

03. 내각본의 세주[주자집주 아래에 추가한 송원(宋元) 유학자들의 주석] 가운데에서 ≪논어≫ 본문이나 주자집주를 이해하는 데 참고할 만한 것들을 간간이 인용하였다.

04. 문장 번역과 용어 풀이는 간단명료한 표현을 쓰고자 노력하였다. 단국대학교 동양학연구소에서 편찬한 ≪한한대사전(漢韓大辭典)≫의 풀이가 이 취지에 부합하여 표준으로 삼았다. 번역 과정에서 이 사전에 힘입은 바가 크다.

05. 한자 풀이는 대표적인 뜻만 제시하는 것을 원칙으로 하였으나 원문에 쓰인 한자의 의미가 대표적인 뜻이 아닐 경우에는 그 뜻을 추가하고 굵은 글씨로 표시하였다. 한자의 뜻과 음도 위 사전에서 제시한 것을 표준으로 삼았다.

06. 시대가 바뀌었으니 한문의 이해를 위해 사용된 현토도 구식에서 벗어나야 한다는 취지에서 현대적인 국어 표현에 맞게 하고자 하였다. 공자에 대한 기술도 극존칭을 피하여 역사 인물을 서술하는 객관적인 방식을 취하였다.

선진(先進) 제십일(第十一)

●此篇은 多評弟子賢否라. 凡二十五章이라.

●胡氏曰이라. 此篇에 記閔子騫言行者가 四이고 而其一은 直稱閔子하니 疑閔氏門人所記也라.

한자 閔 위문할 민, 騫 이지러질 건

○이 편은 제자들의 훌륭함과 그렇지 못함을 평한 것이 많다. 모두 25장이다.

○호씨[호인(胡寅)]가 말하였다. "이 편에서 민자건의 언행을 기록한 것이 넷이고, 그 중의 하나는 직접 '민자(閔子)'라고 칭했으니 아마도 민자건의 제자들이 기록한 것인 듯하다."

⊠ 선진11 제1장

11-01-1 ◉子曰이라. 先進이 於禮樂에 野人也요 後進이 於禮樂에 君子也라하나니,

●先進·後進은 猶言前輩·後輩라. 野人은 謂郊外之民이요 君子는 謂賢士大夫也라.

●程子曰이라. 先進은 於禮樂에 文質得宜어늘 今反謂之質朴하여 而以爲野人하고 後進之於禮樂에 文過其質이어늘 今反謂之彬彬하여 而以爲君子라. 蓋周末文勝故로 時人之言如此하니 不自知其過於文也라.

한 자 彬 아름다울 빈·문채 날 빈

공자가 말씀하였다. "선배들은 예악에 있어 촌사람이고, 후배들은 예악에 있어 군자라고 하는데,

○'선진(先進)'과 '후진(後進)'은 선배·후배라는 말과 같다. '야인(野人)'은 교외의 백성을 이르고 군자는 훌륭한 사대부를 이른다.

○정자가 말하였다. "선배들은 예악에 있어 문채와 바탕이 마땅함을 얻었는데 지금은 도리어 그들을 질박하다고 하면서 촌사람이라 하고, 후배는 예악에 있어 문채가 그 바탕을 넘어서는데 지금은 도리어 그들을 조화롭다고 하면서 군자라고 한다. 주나라 말기에 문채가 지나쳤던 까닭에 당시 사람들의 말이 이와 같았으니 자신들이 문채에 지나침을 스스로 알지 못한 것이다."

11-01-2 ◉如用之則吾從先進하리라.

●用之는 謂用禮樂이라. 孔子旣述時人之言하고 又自言其如此하니 蓋欲損過

以就中也라.

만일 그것[예악]을 사용한다면 나는 선배들을 따르겠다."

○'용지(用之)'는 예악을 사용함을 이른다. 공자가 당시 사람들의 말을 기술한 뒤에 다시 자신은 이와 같다고 스스로 말씀하였으니, 지나침을 덜어 중도로 나아가기를 바란 것이다.

선진11 제2장

11-02-1 ◉子曰이라. 從我於陳蔡者가 皆不及門也로다.

●孔子가 嘗厄於陳蔡之間할새 弟子多從之者러니 此時에 皆不在門故로 孔子思之라. 蓋不忘其相從於患難之中也라.

한자 蔡 들풀 채·**나라 이름 채**·거북 채, 厄 액 액

공자가 말씀하였다. "진(陳)나라와 채(蔡)나라에서 나를 따르던 자들이 모두 문하에 있지 않구나."

○공자가 일찍이 진나라와 채나라 사이에서 곤욕을 겪을 때 제자 중에 그를 따르던 이들이 많았는데, 이때에는 모두 문하에 있지 않았기 때문에 공자가 그들을 생각한 것이다. 그들이 어려움 속에서 자신을 따랐던 것을 잊지 않은 것이다.

11-02-2 ◉德行엔 顔淵·閔子騫·冉伯牛·仲弓이요 言語엔 宰我·子貢이요 政事엔 冉有·季路요 文學엔 子游·子夏니라.

◉弟子因孔子之言하여 記此十人하고 而幷目其所長하여 分爲四科라. 孔子敎人에 各因其材를 於此可見이라.
◉程子曰이라. 四科는 乃從夫子於陳蔡者爾라. 門人之賢者가 固不止此하니 曾子傳道而不與焉이라. 故로 知十哲世俗論也라.

"덕행에는 안연 · 민자건 · 염백우 · 중궁이었고 언어에는 재아 · 자공이었으며, 정사에는 염유 · 계로였고 문학에는 자유 · 자하였다."

○제자들이 공자의 말씀에 따라 이 열 사람을 기록하고 아울러 그들이 뛰어났던 바를 지목하여 4과로 나누었다. 공자가 사람들을 가르칠 때에 각각 그 재질에 따랐던 것을 여기에서 볼 수 있다.
○정자가 말하였다. "4과는 바로 진나라와 채나라에서 공자를 따랐던 이들일 뿐이다. 제자 중에 훌륭했던 이들이 본디 여기에 그치지 않았으니, 증자는 도를 전했는데도 여기에 끼지 않았다. 그러므로 '십철(十哲)'은 세속의 논의임을 알겠다."

선진11 제3장

11-03 ◉子曰이라. 回也는 非助我者也로다. 於吾言에 無所不說로다.

◉助我는 若子夏之起予[1]라. 因疑問而有以相長也어늘 顔子는 於聖人之言에 默識心通하여 無所疑問이라. 故로 夫子云然하니 其辭若有憾焉이나 其實은 乃深喜之라.

---

1) ≪논어(論語)·팔일(八佾)≫, "자하가 물었다. '예쁜 웃음이 보조개가 아름답고, 예쁜 눈이 눈동자가 선명하구나. 흰 바탕으로 채색을 하였구나.'라고 하였는데 무엇을 말한 것입니까?' 공자가 말씀하였다. '그림 그리는 일은 흰 바탕보다 뒤에 오는 것이다.' '예가 뒤에 오는 것이군요.' 공자가 말씀하였다. '나를 계발시켜주는 자는 상[자하(子夏)]이로구나. 비로소 함께 ≪시경≫을 말할 수 있겠다.'(子夏問. 巧笑倩兮, 美目盼兮, 素以爲絢兮, 何謂也? 子曰. 繪事後素. 曰禮後乎. 子曰. **起予**者, 商也. 始可與言詩已矣.)"

●胡氏曰이라. 夫子之於回에 豈眞以助我望之리오. 蓋聖人之謙德이요 又以深贊顔氏云爾라.

한 자 憾 한할 감·**섭섭할 감**

공자가 말씀하였다. “안회는 나를 돕는 자가 아니다. 내 말에 기뻐하지 않는 것이 없구나.”

○‘조아(助我)’는 ‘자하가 나를 계발시켜준다’는 것과 같다. 질문을 통하여 서로 성장시켜 주는 것이 있는데, 안회는 공자의 말씀에 대하여 묵묵히 알고 마음으로 통하여 질문하는 것이 없었다. 그러므로 공자가 이렇다고 일렀으니 그 말씀은 유감이 있는 듯하지만 그 실상은 도리어 깊이 기뻐한 것이다.

○호씨[호인(胡寅)]가 말하였다. “공자가 안회에 대하여 어찌 참으로 자신을 도와주는 것으로 그에게 기대했겠는가. 성인의 겸손한 덕이고, 또 안회를 깊이 칭찬한 것일 뿐이다.”

선진11 제4장

11-04 ◉子曰이라. 孝哉라 閔子騫이여. 人不間於其父母昆弟之言이로다.

●胡氏曰이라. 父母兄弟가 稱其孝友에 人皆信之하고 無異辭者는 蓋其孝友之實이 有以積於中而著於外라. 故로 夫子嘆而美之라.

한 자 間 **헐뜯을 간**·이간할 간, 昆 형 곤

공자가 말씀하였다. “효성스럽다, 민자건이여. 사람들이 그의 부모와

형제의 (칭찬하는) 말에 대하여 헐뜯지 못하는구나."

○호씨[호인(胡寅)]가 말하였다. "부모와 형제가 그의 효성과 우애를 칭찬함에 사람들이 모두 믿고 다른 말이 없었건 것은, 그의 효성과 우애의 실상이 내면에 쌓여 밖으로 드러남이 있었던 것이다. 그러므로 공자가 감탄하면서 찬미하였다."

선진11 제5장

11-05 ◉南容[2]이 三復白圭어늘 孔子以其兄之子로 妻之하시다.

●詩大雅抑之篇에 曰白圭之玷은 尙可磨也어니와 斯言之玷은 不可爲也라하니 南容이 一日三復此言이라. 事見家語[3]한대 蓋深有意於謹言也라. 此가 邦有道에 所以不廢요 邦無道에 所以免禍[4]라. 故로 孔子以兄子妻之라.

●范氏曰이라. 言者는 行之表요 行者는 言之實이니 未有易其言而能謹於行者라. 南容이 欲謹其言이 如此하니 則必能謹其行矣리라.

한자 圭 홀 규, 玷 이지러질 점

남용이 '백옥 홀[백규(白圭)]'의 시구를 (하루에) 세 번씩 반복하자 공

2) 남용(南容) : ≪논어(論語)·공야장(公冶長)≫의 주자주에, "남용은 공자 제자로 남궁(南宮)에 살았다. 이름은 도(縚)이고 다른 이름이 괄(适)이며, 자는 자용(子容)이고 시호는 경숙(敬叔)으로 맹의자의 형이다.(南容, 孔子弟子, 居南宮. 名縚, 又名适, 字子容, 謚敬叔, 孟懿子之兄也.)"라고 하였다.

3) ≪공자가어(孔子家語)·제자행(弟子行)≫, "홀로 있을 때에는 인(仁)을 생각하고, 공적으로 말할 때에는 의(義)를 말하였다. 그가 ≪시경(詩經)≫에서, '백옥 홀의 티'를 읊은 시를 하루에 세 번씩 반복하였다. 이것이 남궁도의 행실이었다.(獨居思仁, 公言言義. 其於詩也, 則一日三覆白圭之玷. 是宮縚之行也.)"

4) ≪논어·공야장≫, "공자가 남용에 대하여 말씀하기를, '나라에 도가 있을 때에 버려지지 않고, 나라에 도가 없을 때에 형벌을 면한다.'라 하고, 자신의 조카딸을 그에게 시집보냈다.(子謂南容, 邦有道, 不廢, **邦無道, 免於刑戮**. 以其兄之子, 妻之.)"

자가 자신의 조카딸을 그에게 시집보냈다.

○≪시경·대아·억≫편에, "백옥 홀의 티는 그래도 갈아낼 수 있지만 이 말의 티는 그럴 수 없다."라고 하였는데, 남용이 하루에 세 번씩 이 글을 반복하였다. 일이 ≪공자가어≫에 보이는데, 말을 삼가는 데에 깊이 뜻이 있었던 것이다. 이것이 (그가) 나라에 도가 있을 때에 버려지지 않고, 나라에 도가 없을 때에 화를 면한 까닭이다. 그러므로 공자가 조카딸을 그에게 시집보냈다.

○범씨[범조우(范祖禹)]가 말하였다. "말은 행실의 표면이고 행실은 말의 실제이니, 자신의 말을 쉽게 하면서 행실을 삼갈 수 있는 자는 아직 없었다. 남용이 자신의 말을 삼가고자 한 것이 이와 같았으니 반드시 자신의 행실을 삼갈 수 있었을 것이다."

선진11 제6장

11-06 ◉季康子가 問弟子에 孰爲[5]好學이니잇고? 孔子對曰이라. 有顏回者가 好學하더니 不幸短命死矣라 今也則亡하니라.

●范氏曰이라. 哀公·康子가 問同而對有詳略者[6]는 臣之告君엔 不可不盡이요 若康子者는 必待其能問하여 乃告之라. 此教誨之道也라.

한자 誨 가르칠 회

---

5) 위(爲) : 의문사 '숙(孰)'과 함께 쓰여 강조하는 용법의 어조사이다.

6) ≪논어(論語)·옹야(雍也)≫, "애공이 묻기를, '제자 중에서 누가 배우기를 가장 좋아합니까?'라고 하자 공자가 대답하였다. '안회라는 자가 배우기를 좋아하여 화를 (남에게) 옮기지 않았고 잘못을 거듭하지 않았는데, 불행하게도 단명하여 죽었습니다. 지금은 없으니 아직 학문을 좋아하는 자에 대하여 듣지 못했습니다.'(哀公, 問弟子孰爲好學? 孔子對曰. 有顏回者好學, **不遷怒, 不貳過,** 不幸短命死矣, 今也則亡, **未聞好學者也.**)"

계강자가 묻기를, "제자 중에서 누가 배우기를 가장 좋아합니까?"라고 하자 공자가 대답하였다. "안회라는 자가 배우기를 좋아했는데 불행하게도 단명하여 죽어서 지금은 없습니다."

○범씨[범조우(范祖禹)]가 말하였다. "애공과 계강자가 물은 것이 같은데 대답에 상세함과 간략함이 있는 것은, 신하가 군주에게 아뢸 때에는 극진하게 하지 않을 수 없고 계강자 같은 경우는 반드시 그가 제대로 물을 수 있기를 기다려 말씀해준 것이다. 이것이 가르침의 방법이다."

선진11 제7장

11-07-1 ◉顔淵死어늘 顔路가 請子之車로 以爲之椁이라.

●顔路는 淵之父로 名이 無繇라. 少孔子六歲하니 孔子始敎而受學焉이라. 椁은 外棺也라. 請爲椁은 欲賣車以買椁也라.

한자 椁 덧널 곽, 繇 역사 요

안연이 죽자 안로가 공자의 수레로 그의 덧널을 마련해 주기를 청하였다.

○안로는 안회의 아버지로 이름이 무요(無繇)이다. 공자보다 6세 적었는데 공자가 처음 가르칠 적에 수학했다. '곽(椁)'은 덧널이다. 덧널을 마련해 주기를 청한 것은 수레를 팔아서 덧널을 사주기를 바란 것이다.

11-07-2 ◉子曰이라. 才不才에 亦各言其子也니 鯉也가 死어늘 有棺而無椁이라. 吾不徒行以爲之椁은 以吾從大夫之後라 不可徒行也일새니라.

●鯉는 孔子之子伯魚也니 先孔子卒이라. 言鯉之才가 雖不及顔淵이나 然已與顔路가 以父視之면 則皆子也라. 孔子時已致仕로되 尙從大夫之列이어늘 言後는 謙辭라.

●胡氏曰이라. 孔子遇舊館人之喪하여 嘗脫驂以賻之矣[7]어늘 今乃不許顔路之請은 何耶오? 葬可以無椁이요 驂可以脫而復求며 大夫不可以徒行이요 命車不可以與人而鬻諸市也[8]라. 且爲所識窮乏者가 得我[9]하여 而勉强以副其意면 豈誠心與直道哉리오. 或者以爲君子는 行禮에 視吾之有無而已라한대 夫君子之用財는 視義之可否니 豈獨視有無而已哉리오.

한자 驂 곁말 참, 賻 부의 부, 鬻 죽 죽, 得 얻을 득·덕 덕(德과 통용)·덕으로 여길 덕

공자가 말씀하였다. "재능이 있든 재능이 없든 간에 역시 각자 자기 자식을 말하는데, 이(鯉)가 죽었을 때 관만 있었고 덧널은 없었다. 내가 걸어 다니면서 그의 덧널을 마련해주지 못하는 것은, 내가 대부의 뒤를 따르는지라 걸어 다닐 수 없기 때문이다."

○'이(鯉)'는 공자의 아들 백어인데 공자보다 먼저 죽었다. 공이의 재능이 비록 안연에게 미치지 못하였지만, 자신과 안로가 아버지로서 본다면 모두 자식이라고 말씀한 것이다. 공자가 당시에 이미 벼슬을 그만두었으나 아직도 대부의 반열을 따랐는데 뒤라고 말씀한 것은 겸사이다.

---

7) ≪예기(禮記)·단궁상(檀弓上)≫, "공자가 위(衛)나라에 갔는데 옛 관사 주인의 상을 만나자 들어가 슬프게 곡을 하였다. 나와서 자공으로 하여금 곁말을 풀어 부의하게 하였다.(孔子之衛, **遇舊館人之喪**, 入而哭之哀. 出, 使子貢**說驂而賻之**.)"

8) ≪예기·왕제(王制)≫, "군주가 내려준 관복과 군주가 내려준 수레는 시장에 팔 수 없고, 종묘의 기물은 시장에 팔 수 없다.(**命服命車, 不粥於市**. 宗廟之器, 不粥於市.)"

9) ≪맹자(孟子)·고자상(告子上)≫, "밥 한 그릇과 국 한 그릇을 얻으면 살고 얻지 못하면 죽더라도 꾸짖으며 주면 길을 가는 사람도 받지 않으며, 밟아서 주면 걸인도 좋게 여기지 않는다. 만 종(鍾)의 녹봉은 예의를 분별하지 않고 받는데, 만 종의 녹봉이 나에게 무슨 보탬이 있겠는가. 궁실의 아름다움과, 처첩의 받듦과, 내가 알고 있는 궁핍한 자가 나에게 고맙게 여기는 것을 위해서일 것이다.(一簞食, 一豆羹, 得之則生, 弗得則死, 嘑爾而與之, 行道之人, 弗受, 蹴爾而與之, 乞人, 不屑也. 萬鍾則不辯禮義而受之, 萬鍾, 於我何加焉. 爲宮室之美, 妻妾之奉, **所識窮乏者得我與**.)"

○호씨[호인(胡寅)]가 말하였다. "공자가 옛 관사(館舍) 주인의 상을 만나 일찍이 곁말을 풀어 부의한 적이 있었는데, 지금 도리어 안로의 청을 들어주지 않은 것은 어째서인가? 장례에는 덧널이 없어도 되고 곁말은 풀었다가 다시 구할 수도 있으며, 대부는 걸어 다닐 수 없고 군주가 내려준 수레는 남에게 주어 시장에 팔게 할 수 없기 때문이다. 또 알고 있는 궁핍한 자가 나에게 고맙게 여기는 것을 위해 억지로 그의 뜻에 부응한다면, 어찌 참된 마음이며 솔직한 도리이겠는가. 어떤 사람이 말하기를, '군자는 예를 행할 때에 자신의 (재물이) 있고 없음을 볼 뿐이다.'라고 하였는데, 군자가 재물을 쓰는 것은 의리의 옳고 그름을 보는 것이니 어찌 다만 있고 없음을 볼 뿐이겠는가."

선진11 제8장

11-08 ◉顔淵死어늘 子曰이라. 噫라. 天喪予샷다. 天喪予샷다.

●噫는 傷痛聲이라. 悼道無傳하여 若天喪己也라.

한자 噫 탄식할 희, 悼 슬퍼할 도

안연이 죽자 공자가 말씀하였다. "아! 하늘이 나를 죽였구나! 하늘이 나를 죽였구나!"

○'희(噫)'는 상심하고 애통해하는 소리이다. 도가 전해지지 못함을 슬퍼하여 마치 하늘이 자신을 죽인 것과 같았던 것이다.

선진11 제9장

11-09-1 ◉顔淵死어늘 子哭之慟한대 從者曰이라. 子慟矣시니이다.

●慟은 哀過也라.

한자 慟 서러워할 통

안연이 죽자 공자가 곡하기를 너무 슬프게 하니 수행하던 자가 말하였다. "선생님께서는 너무 슬퍼하십니다."

○'통(慟)'은 슬퍼함이 지나친 것이다.

11-09-2 ◉曰이라. 有慟乎아.

●哀傷之至하여 不自知也라.

공자가 말씀하였다. "너무 슬퍼함이 있었느냐?"

○슬픔과 상심이 지극하여 스스로 알지 못한 것이다.

11-09-3 ◉非夫人之爲慟이요 而誰爲리오.

●夫人은 謂顔淵이라. 言其死可惜하여 哭之宜慟하니 非他人之比也라.
●胡氏曰이라. 痛惜之至에 施當其可하니 皆情性之正也니라.

"저 사람을 위해 너무 슬퍼하지 않고서 누구를 위해 그러겠는가."

○'부인(夫人)'은 안연을 이른다. 그의 죽음이 애석해할 만하여 곡하기를 너무 슬퍼한 것이 마땅하니 다른 사람과 견줄 것이 아님을 말씀한 것이다.
○호씨[호인(胡寅)]가 말하였다. "애통함과 애석함이 지극하면서도 시행이 그 할 만함에 합당하였으니, 모두 감정과 본성의 올바름이었다."

선진11 제10장

11-10-1 ◉顔淵死어늘 門人이 欲厚葬之한대 子曰不可하니라.

●喪具는 稱家之有無[10]니 貧而厚葬은 不循理也라. 故로 夫子止之니라.

안연이 죽자 제자들이 후하게 장사 지내려 하니 공자가 "안 된다."라고 하였다.

○상례의 도구는 집안의 (재물이) 있고 없음에 맞추니, 가난한데도 후하게 장사 지내는 것은 이치를 따르지 않는 것이다. 그러므로 공자가 제지한 것이다.

11-10-2 ◉門人이 厚葬之한대,

●蓋顔路聽之라.

제자들이 후하게 장사 지내자,

○안로가 들어준 것이다.

11-10-3 ◉子曰이라. 回也는 視予猶父也어늘 予不得視猶子也하니 非我也라 夫二三子也니라.

●嘆不得如葬鯉之得宜하여 以責門人也라.

---

10) ≪예기(禮記)·단궁상(檀弓上)≫, "자유가 상례의 도구에 대하여 묻자 공자가 말씀하였다. '집안의 (재물이) 있고 없음에 맞춘다.'(子游問喪具, 夫子曰. **稱家之有亡.**)"

공자가 말씀하였다. "안회는 나를 보기를 아버지처럼 하였는데, 나는 자식처럼 보지 못했으니 내가 아니고 너희들 때문이다."

○공이를 장례지낸 것이 마땅하게 했던 것처럼 하지 못한 것을 탄식하여 제자들을 책망한 것이다.

선진11 제11장

11-11 ◉季路問事鬼神한대 子曰이라. 未能事人이면 焉能事鬼리오. 敢問死하노이다. 曰未知生이면 焉知死리오.

●問事鬼神은 蓋求所以奉祭祀之意요 而死者는 人之所必有로 不可不知니 皆切問也라. 然이나 非誠敬이 足以事人이면 則必不能事神이요 非原始而知所以生이면 則必不能反終而知所以死라.11) 蓋幽明始終이 初無二理로되 但學之有序하여 不可躐等이라. 故로 夫子告之如此라.

●程子曰이라. 晝夜者가 死生之道也라. 知生之道면 則知死之道요 盡事人之道면 則盡事鬼之道라. 死生人鬼는 一而二요 二而一者也라. 或言夫子不告子路한대 不知此乃所以深告之也니라.

한자 幽 숨을 유·숨길 유·깊을 유·어두울 유, 躐 밟을 렵·넘을 렵·건너뛸 렵

자로가 귀신을 섬기는 것[제사]에 대해 묻자 공자가 말씀하였다. "(산) 사람을 섬기지 못하면 어떻게 귀신을 섬길 수 있겠는가." "감히 죽음에 대해 묻겠습니다." "삶을 알지 못하면 어떻게 죽음을 알겠는가."

---

11) ≪주역(周易)·계사전상(繫辭傳上)≫, "우러러보아[위로] 천문(天文)을 관찰하고 굽어보아[아래로] 지리(地理)를 살핀다. 이 때문에 무형과 유형의 원인을 알고 처음을 추구하여 끝을 돌이키기 때문에 삶과 죽음의 내용을 안다.(仰以觀於天文, 俯以察於地理. 是故知幽明之故, 原始反終, 故知死生之說.)"

○귀신을 섬기는 것에 대해 물은 것은 제사를 받드는 뜻을 물은 것이고, 죽음이라는 것은 사람에게 반드시 있는 것으로 알지 않으면 안 되니 모두 절실한 질문이다. 그러나 정성과 공경이 (산) 사람을 섬길 수 있지 못하면 반드시 귀신을 섬기지 못할 것이고, 처음을 추구하여 사는 이치를 아는 이가 아니라면 반드시 끝을 돌이키어 죽는 이치를 알 수 없다. 무형과 유형, 처음과 끝은 애당초 두 이치가 없으나 다만 그것을 배우는 데에는 순서가 있어 등급을 건너뛸 수 없다. 그러므로 공자가 이와 같이 일러준 것이다.

○정자가 말하였다. "낮과 밤이라는 것이 삶과 죽음의 도리이다. 삶의 도리를 알면 죽음의 도리를 알고, (산) 사람을 섬기는 도리를 다하면 귀신을 섬기는 도리를 다한다. 삶과 죽음, 사람과 귀신은 하나이면서 둘이고 둘이면서 하나이다. 어떤 사람이 말하기를, 공자가 자로에게 일러주지 않았다고 하였는데, 이것이 바로 깊이 일러준 것임을 알지 못한 것이다."

선진11 제12장

11-12-1 ◉閔子는 侍側에 誾誾如也하고 子路는 行行如也하고 冉有子貢은 侃侃如也어늘 子樂하시다.

●行行은 剛强之貌라. 子樂者는 樂得英才而敎育之12)라.

한자 誾 온화할 은, 侃 강직할 간

민자건은 옆에서 모실 때에 온화하면서 바른말을 하였고, 자로는 굳세었으며, 염유와 자공은 강직하였는데, 공자가 즐거워하였다.

12) ≪맹자(孟子)·진심상(盡心上)≫, "천하의 영재를 얻어 교육하는 것이 세 번째 즐거움이다.(得天下英才, 而敎育之, 三樂也.)"

○‘항항(行行)’은 군센 모습이다. 공자가 즐거워하였다는 것은 영재를 얻어 교육하는 것을 즐거워한 것이다.

11-12-2 ◉若由也는 不得其死然이로다.

●尹氏曰이라. 子路剛强하여 有不得其死之理故로 因以戒之라. 其後에 子路는 卒死於衛孔悝之難13)이라.

●洪氏曰이라. 漢書에 引此句한대 上有曰字라. 或云上文樂字는 卽曰字之誤라.

한자 悝 근심할 리·사람 이름 리

“자로 같은 경우는 제대로 된 죽음을 얻지 못할 듯하다.”

○윤씨[윤돈(尹焞)]가 말하였다. “자로는 굳세어서 제대로 된 죽음을 얻지 못할 이치가 있었기 때문에 그래서 경계한 것이다. 그 뒤에 자로는 결국 위(衛)나라 공회(孔悝)의 난에 죽었다.”

○홍씨[홍흥조(洪興祖)]가 말하였다. “≪한서≫에서 이 구절을 인용하였는데 위에 ‘왈(曰)’자가 있다. 어떤 사람은 이르기를, 위 글의 ‘낙(樂)’자는 바로 ‘왈(曰)’자의 잘못이라고 하였다.”

선진11 제13장

11-13-1 ◉魯人爲長府어늘,

●長府는 藏名이니 藏貨財曰府라. 爲는 蓋改作之라.

---

13) ≪춘추좌전(春秋左傳)·애공(哀公)·15년≫

노나라 사람[관리]이 창고를 짓자,

○'장부(長府)'는 창고 이름이니 재물을 보관하는 곳을 부(府)라고 한다. '위(爲)'는 아마 새로 지은 것인 듯하다.

11-13-2 ◉閔子騫曰이라. 仍舊貫이 如之何오. 何必改作이리오.

●仍은 因也요 貫은 事也라.
●王氏曰이라. 改作하면 勞民傷財하니 在於得已면 則不如仍舊貫之善이라.

한자 仍 인할 잉, 貫 꿸 관

민자건이 말하였다. "옛것을 그대로 쓰는 것이 어떻겠는가. 하필 새로 지어야 하겠는가."

○'잉(仍)'은 '인습하다'이고 '관(貫)'은 사물이다.
○왕씨[왕안석(王安石)]가 말하였다. "새로 지으면 백성을 수고롭게 하고 재물을 손상시키니 그만둘 수 있음에 해당된다면 옛것을 그대로 쓰는 것이 더 좋다."

11-13-3 ◉子曰이라. 夫人이 不言이언정 言必有中이니라.

●言不妄發하고 發必當理는 惟有德者能之니라.

공자가 말씀하였다. "그 사람이 말을 하지 않을지언정 말을 하면 반드시 적중함이 있다."

○말을 함부로 하지 않고 말하면 반드시 이치에 맞는 것은, 오직 덕이 있는

자만이 할 수 있다.

선진11 제14장

11-14-1 ◉子曰이라. 由之瑟이 奚爲於丘之門고.

●程子曰이라. 言其聲之不和하여 與己不同也라.
●家語에 云子路鼓瑟에 有北鄙殺伐之聲14)이라하니 蓋其氣質剛勇而不足於中和故로 其發於聲者가 如此라.

공자가 말씀하였다. "자로의 거문고가 어찌 내 문하에서 연주되는가."

○정자가 말하였다. "그 소리가 조화롭지 못하여 자기와 같지 않음을 말씀한 것이다."
○≪공자가어≫에, "자로가 거문고를 타는데 북쪽 변방의 살벌한 소리가 있었다."라고 하였으니, 그의 기질이 굳세고 용맹하여 중화(中和)가 부족하기 때문에 그것이 소리에 드러난 것이 이와 같았다.

11-14-2 ◉門人이 不敬子路한대 子曰이라. 由也는 升堂矣요 未入於室也니라.

●門人이 以夫子之言으로 遂不敬子路故로 夫子釋之라. 升堂入室은 喩入道之

---

14) ≪공자가어(孔子家語)·변악해(辯樂解)≫, "자로가 거문고를 타는데 공자가 그것을 듣고 염유에게 말씀하였다. '심하구나, 자로가 재목이 되지 못함이. 선왕이 음악을 제정한 것은 중화(中和)의 소리를 연주하는 것으로 절도를 삼아, 남방으로 흘러들게 하지 북방으로 돌아가게 하지 않았다. 남방은 낳고 기르는 곳이고, 북방은 살벌한 지역이다. 그러므로 군자의 음악은 온화하고 부드럽게 가운데에 머물러 낳고 기르는 기운을 기르니, 걱정하고 근심하는 느낌이 마음에 더해지지 않고, 포악하고 사나운 움직임이 몸에 남아있지 않다.'(子路鼓琴, 孔子聞之, 謂冉有曰. 甚矣, 由之不才也. 夫先王之制音也, 奏中聲以爲節, 流入於南, 不歸於北. 夫南者, 生育之鄕, **北者, 殺伐之域.** 故君子之音, 溫柔居中以養生育之氣, 憂愁之感不加于心也, 暴厲之動, 不在于體也.)"

次第라. 言子路之學이 已造乎正大高明之域이요 特未深入精微之奧耳니 未可以一事之失而遽忽之也니라.

제자들이 자로를 공경하지 않자 공자가 말씀하였다. "자로는 마루에 올랐고, 아직 방에 들어가지 못한 것이다."

○제자들이 공자의 말씀 때문에 마침내 자로를 공경하지 않았기 때문에 공자가 해명한 것이다. 마루에 오름과 방에 들어감은 도에 들어가는 차례를 비유한 것이다. 자로의 학문이 이미 정대하고 고명한 경지[당(堂)]에 이르렀고, 다만 아직 정미한 심오함[실(室)]에 깊이 들어가지 못했을 뿐이니, 한 가지 일의 잘못으로 성급하게 홀시해서는 안 됨을 말씀한 것이다.

선진11 第15장

11-15-1 ◉子貢이 問師與商也는 孰賢이니잇고. 子曰이라. 師也는 過하고 商也는 不及이니라.

●子張은 才高意廣而好爲苟難15)故로 常過中하고 子夏는 篤信謹守而規模狹隘故로 常不及이라.

한자 狹 좁을 협, 隘 좁을 애

자공이 "사[자장(子張)]와 상[자하(子夏)]은 누가 훌륭합니까?"라고 묻자 공자가 말씀하였다. "사는 지나치고 상은 미치지 못한다."

○자장은 재주가 높고 뜻이 넓었으나 구차하게 어려운 일 하기를 좋아했기

15) ≪순자(荀子)·불구(不苟)≫, "군자는 행동하면서 구차하게 어려운 일 하기를 귀하게 여기지 않는다.(君子行, 不貴苟難.)"

때문에 항상 중용에 지나쳤고, 자하는 진지하게 믿고 삼가 지켰으나 규모가 협소했기 때문에 항상 미치지 못하였다.

11-15-2 ◉曰然則師愈與잇가.

●愈는 猶勝也라.

"그러면 사가 낫습니까?"

○'유(愈)'는 '낫다'와 같다.

11-15-3 ◉子曰이라. 過猶不及이니라.

●道는 以中庸爲至하니 賢知之過가 雖若勝於愚不肖之不及이나 然이나 其失中則一也라.

●尹氏曰이라. 中庸之爲德也는 其至矣乎16)인저. 夫過與不及이 均也니 差之毫釐면 繆以千里라. 故로 聖人之教는 抑其過하고 引其不及하여 歸於中道而已라.

한자 釐 다스릴 리, 繆 얽을 무·꼴 규·**잘못될 류**·속일 류·사당 차례 목(穆과 통용)

공자가 말씀하였다. "지나침은 미치지 못함과 같다."

○도는 중용을 지극한 것으로 삼으니 훌륭함과 지혜로움의 지나침이 비록

16) ≪논어(論語)·옹야(雍也)≫, "공자가 말씀하였다. '중용의 덕은 아마 지극할 것이다. 백성들이 (이 덕이) 적어진 것이 오래되었다.'(子曰. **中庸之爲德也, 其至矣乎.** 民鮮久矣.)" ; ≪중용(中庸)·제3장≫, "공자가 말씀하였다. '중용은 아마 지극할 것이다. 백성들이 잘하는 이가 적어진 것이 오래되었다.'(子曰. **中庸其至矣乎.** 民鮮能, 久矣.)"

어리석음과 못남의 미치지 못함보다 나은 것 같지만, 그러나 그것이 중용을 잃은 것은 똑같다.

○윤씨[윤돈(尹焞)]가 말하였다. "중용의 덕은 아마 지극할 것이다. 지나침과 미치지 못함이 똑같으니, 털끝만한 데에서 차질이 생기면 천리로 어긋난다. 그러므로 성인의 가르침은 그 지나침을 억제하고, 그 미치지 못함을 이끌어 중도로 돌아가게 할 뿐이다."

선진11 第16장

11-16-1 ◉季氏가 富於周公이어늘 而求也가 爲之聚斂而附益之라.

●周公은 以王室至親으로 有大功하고 位冢宰하니 其富宜矣나 季氏는 以諸侯之卿으로 而富過之하니 非攘奪其君하고 刻剝其民이면 何以得此리오. 冉求가 爲季氏宰하여 又爲之急賦稅以益其富라.

한자 斂 거둘 렴, 冢 무덤 총, 攘 물리칠 양·**훔칠 양**, 刻 새길 각·**해칠 각**, 剝 벗길 박·깎을 박

계씨가 주공보다 부유한데도 염구가 그를 위해 세금을 거두어 더 보태 주었다.

○주공은 왕실의 가까운 친척으로 큰 공이 있었고 총재의 지위에 있었으니 그 부유함이 마땅하지만, 계씨는 제후의 경으로서 부유함이 그보다 지나쳤으니, 자신의 군주에게서 빼앗고 자신의 백성에게서 가혹하게 박탈한 것이 아니면 어떻게 그것을 얻을 수 있었겠는가. 염구가 계씨의 가신이 되어 더욱 그를 위해 세금을 재촉하여 그의 부를 더해 주었다.

11-16-2 ◉子曰이라. 非吾徒也로소니 小子아 鳴鼓而攻之가 可也니라.

◉非吾徒는 絶之也요 小子鳴鼓而攻之는 使門人聲其罪以責之也라. 聖人之惡黨惡而害民也가 如此라. 然이나 師嚴而友親故로 已絶之하고 而猶使門人正之하니 又見其愛人之無已也라.

◉范氏曰이라. 冉有以政事之才를 施於季氏라. 故로 爲不善이 至於如此하니 由其心術不明하여 不能反求諸身하고 而以仕爲急故也니라.

공자가 말씀하였다. "나의 제자가 아니니 너희들은 북을 울려 그를 공격하는 것이 좋겠다."

○나의 제자가 아니라는 것은 그를 끊은 것이고, 너희들은 북을 울려 그를 공격하라고 한 것은 제자들로 하여금 그의 죄를 성토하여 책망하게 한 것이다. 공자가 악한 사람과 무리가 되어 백성을 해치는 것을 미워함이 이와 같았다. 그러나 스승은 엄격하고 벗은 친밀하기 때문에 이미 끊고서도 오히려 제자들로 하여금 바로잡게 하였으니, 더욱 그가 사람을 사랑하는 것이 그침이 없었음을 알겠다.

○범씨[범조우(范祖禹)]가 말하였다. "염유는 정사의 재능을 계씨에게 시행하였다. 그러므로 불선을 행한 것이 이와 같은 데에 이르렀으니, 그 마음의 지혜가 밝지 못함으로써 자신에게 돌이켜 찾지 못하고 벼슬을 급선무로 여긴 때문이다."

선진11 제17장

11-17-1 ◉柴也는 愚하고,

◉柴는 孔子弟子로 姓이 高요 字가 子羔라. 愚者는 知不足而厚有餘라. 家語에 記其足不履影이라. 啓蟄[17]不殺하고 方長不折이라. 執親之喪에 泣血三年하여 未嘗見齒[18]라. 避難而行에 不徑不竇[19]라하니 可以見其爲人矣라.

---

17) 계칩(啓蟄) : 경칩(驚蟄)의 다른 이름이다.

한자 柴 섶 시, 羔 새끼 양 고, 蟄 숨을 칩·모일 칩, 徑 지름길 경·곧을 경, 竇 움 두·구멍 두

고시(高柴)는 우직하고,

○시는 공자 제자로 성이 고(高)이고 자가 자고(子羔)이다. '우(愚)'라는 것은 지혜가 부족하고 후덕함이 넉넉한 것이다. ≪공자가어≫에, "그는 발이 (남의) 그림자를 밟지 않았다. 경칩 때에는 살생을 하지 않았고 한창 자라는 것을 꺾지 않았다. 부모의 상례를 치르는데 3년 동안 피눈물을 흘리면서 일찍이 이를 드러낸 적이 없었다. 난을 피해 갈 때에 지름길로 가지 않았고 개구멍으로 가지 않았다."라고 기록하였으니 그의 사람됨을 알 수 있다.

11-17-2 ◉參也는 魯하고,

●魯는 鈍也라.

●程子曰이라. 參也는 竟以魯得之니라.

●又曰이라. 曾子之學은 誠篤而已라. 聖門學者가 聰明才辨이 不爲不多로되 而卒傳其道는 乃質魯之人爾라. 故로 學以誠實爲貴也라.

●尹氏曰이라. 曾子之才가 魯故로 其學也確하니 所以能深造乎道也라.

---

18) ≪공자가어(孔子家語)·제자행(弟子行)≫, "오가며 지날 때에 발이 (남의) 그림자를 밟지 않았다. 경칩 때에는 살생을 하지 않았고 한창 자라는 것을 꺾지 않았다. 부모의 상례를 치르는데 일찍이 이를 드러낸 적이 없었다. 이것이 고시의 행실이었다.(往來過之, **足不履影. 啓蟄不殺, 方長不折. 執親之喪, 未嘗見齒.** 是高柴之行也.)"

19) ≪공자가어(孔子家語)·치사(致思)≫, "위(衛)나라에 괴외(蒯聵)의 난이 일어나자 계고[季羔, 고시(高柴)]가 도망쳐 성문으로 달려갔다. 월형(刖刑)을 당한 자가 문을 지키고 있다가 계고에게 이르기를, '저쪽에 무너진 곳이 있습니다.'라고 하자 계고가 말하기를, '군자는 (그런 곳으로) 넘어가지 않는다.'라고 하였다. 또 말하기를, '저쪽에 개구멍이 있습니다.'라고 하자 계고가 말하기를, '군자는 (그런 곳으로) 뚫고 가지 않는다. 또 말하기를, '이쪽에 방이 있습니다.'라고 하자 계고가 마침내 그곳으로 들어갔다.(衛有蒯聵之亂, 季羔逃之, 走郭門. 刖者守門焉, 謂季羔曰. 彼有缺. 季羔曰. **君子不踰.** 又曰. 彼有竇. 季羔曰. **君子不隧.** 又曰. 于此有室. 季羔乃入焉.)"

증삼은 노둔하고,

○'노(魯)'는 '노둔하다'이다.

○정자가 말하였다. "증삼은 결국 노둔함으로 (도를) 얻었다."

○또 말하였다. "증자의 학문은 성실함과 독실함뿐이었다. 공자 문하의 학자들 중에 총명하였고 재주와 구변이 있었던 자들이 적지 않았으나, 끝내 그 도를 전한 것은 바로 질박하고 노둔한 사람이었을 뿐이다. 그러므로 학문은 성실을 귀하게 여긴다."

○윤씨[윤돈(尹焞)]가 말하였다. "증자의 재질이 노둔했기 때문에 그의 학문이 확실하였으니, 도에 깊이 나아갈 수 있었던 이유이다."

11-17-3 ◉師也는 辟하고,

●辟은 便辟也니 謂習於容止하고 少誠實也라.

한자 辟 임금 벽·기울 벽

전손사[顓孫師, 자장(子張)]는 편벽되고,

○'벽(辟)'은 '편벽되다'이니 몸가짐과 행동에 익숙하고 성실함이 적은 것을 이른다.

11-17-4 ◉由也는 喭이니라.

●喭은 粗俗也라. 傳稱喭者謂俗論也라.

●楊氏曰이라. 四者는 性之偏이라. 語之하여 使知自勵也라.

●吳氏曰此章之首에 脫子曰二字라. 或疑下章子曰이 當在此章之首하여 而通爲一章이라.

한자 喭 **거칠 언**·속어 언(諺과 통용), 勵 힘쓸 려

중유[仲由, 자로(子路)]는 거칠다."

○'언(喭)'은 '거칠고 속되다'이다. 옛 책에 일컫기를, "'언(喭)'이라는 것은 속된 말을 이른다."라고 하였다.
○양씨[양시(楊時)]가 말하였다. "이 네 가지는 성품이 치우친 것이다. 그것을 말씀하여 (그들로) 하여금 스스로 힘쓸 것을 알게 하였다."
○오씨[오역(吳棫)]가 말하기를, "이 장의 머리에 '자왈(子曰)' 두 자가 빠졌다."라고 하였다. 어떤 사람은 의심하기를, 아래 장의 '자왈(子曰)'이 마땅히 이 장의 머리에 있어 함께 한 장이 되어야 할 것이라고 했다.

선진11 제18장

11-18-1 ◉子曰이라. 回也는 其庶乎요 屢空이니라.

●庶는 近也니 言近道也라. 屢空은 數至空匱也라. 不以貧窶로 動心而求富故로 屢至於空匱也라. 言其近道요 又能安貧也라.

한자 匱 함 궤·없어질 궤·**부족할 궤**, 窶 **가난할 구**·낡을 구

공자가 말씀하였다. "안회는 아마도 거의 (도에) 가까웠고 자주 궁핍하였다."

○'서(庶)'는 '가깝다'이니, 도에 가깝다는 말이다. '누공(屢空)'은 '자주 궁핍함에 이르다'이다. 가난으로 마음이 동요됨으로써 부유함을 구하지 않았기 때문에 자주 궁핍함에 이르렀다. 아마도 거의 도에 가까웠고, 또 가난에 편안하였음을 말씀한 것이다.

11-18-2 ◉賜는 不受命이요 而貨殖[20]焉이나 億則屢中이니라.

◉命은 謂天命[21]이라. 貨殖은 貨財生殖也라. 億은 意度也라. 言子貢不如顔子之安貧樂道나 然이나 其才識之明이 亦能料事而多中也라.

◉程子曰이라. 子貢之貨殖은 非若後人之豊財로되 但此心未忘耳라. 然이나 此亦子貢少時事요 至聞性與天道[22]하여는 則不爲此矣라.

◉范氏曰이라. 屢空者는 簞食瓢飮도 屢絶而不改其樂也니 天下之物에 豈有可動其中者哉리오. 貧富在天이어늘 而子貢以貨殖爲心하니 則是不能安受天命矣라. 其言而多中者는 億而已니 非窮理樂天者也라. 夫子嘗曰賜不幸言而中하니 是使賜多言也[23]라하니 聖人之不貴言也가 如是라.

한자 殖 쌓을 식·**불릴 식**·번식할 식, 億 억 억, 簞 대그릇 단, 瓢 박 표

"단목사[端木賜, 자공(子貢)]는 천명을 받아들이지 않고 재물을 불렸으나, 예측하면 자주 적중하였다."

○'명(命)'은 천명을 말한다. '화식(貨殖)'은 '재물을 불리다'이다. '억(億)'은 '예측하다'이다. 자공은 안자가 가난에 편안하고 도를 즐긴 것과 같지 못하였으나, 그 재주와 학식의 명철함이 또한 일을 잘 헤아릴 수 있어서 적

---

20) 화식(貨殖) : 목적어 도치 구문으로, 십삼경본 ≪논어주소(論語注疏)≫에서, "오직 재물을 불렸다.(唯財貨是殖.)"로 풀었다.

21) ≪논어(論語)·안연(顔淵)≫에서, "자하가 말하였다. '내가 다음과 같은 말씀을 들었으니, 생사는 천명이 있고 부귀는 하늘에 달려 있다고 하였다.'(子夏曰. 商聞之矣, 死生有命, **富貴在天.**)"라고 말한 바의 천명이다.

22) ≪논어(論語)·공야장(公冶長)≫에서 자공이, "선생님의 문장(文章)은 들을 수 있었으나 선생님께서 본성과 천도를 말씀하시는 것은 들을 수 없었다.(夫子之文章, 可得而聞也, 夫子之言**性與天道**, 不可得而聞也.)"라고 하였는데 이해 대해 주자는, "공자의 문하에서는 가르침이 등급을 뛰어넘지 않아 자공이 이때에 이르러서 비로소 그것을 들을 수 있었고, 그 아름다움을 감탄한 것이다.(蓋聖門敎不躐等, 子貢至是, 始得聞之, 而歎其美也.)"라고 설명하였다.

23) ≪춘추좌전(春秋左傳)·정공(定公)·15년≫, "중니가 말했다. '단목사는 불행하게도 말을 하면 적중하니, 이것이 단목사로 하여금 말이 많게 한 것이다.'(仲尼曰. **賜不幸言而中, 是使賜多言者也.**)"

중함이 많았다고 말씀한 것이다.

○정자가 말하였다. “자공이 재물을 불린 것은 뒷사람들이 재물을 풍성하게 한 것과는 같지 않았으나, 다만 이 마음이 잊히지 않았을 뿐이다. 그러나 이 또한 자공이 젊었을 때의 일이고 본성과 천도를 듣게 되어서는 이런 일을 하지 않았다.”

○범씨[범조우(范祖禹)]가 말하였다. “자주 궁핍했던 것은 밥 한 그릇과 물 한 바가지도 자주 끊어진 것인데, 그 즐거움을 바꾸지 않았으니 천하 만물에 어찌 그의 마음을 움직일 수 있는 것이 있었겠는가. 가난과 부귀는 하늘에 달려 있는데 자공은 재물을 불리는 것으로 마음을 삼았으니 이는 천명을 편안히 받아들이지 못한 것이다. 그가 말함에 적중함이 많았던 것은 예측일 뿐이었으니 이치를 추구하고 천명을 즐긴 것은 아니었다. 공자가 일찍이 말씀하기를, ‘단목사는 불행하게도 말을 하면 적중하니, 이것이 단목사로 하여금 말이 많게 한 것이다.’라고 하였으니, 공자가 말을 귀하게 여기지 않은 것이 이와 같았다.”

선진11 제19장

11-19 ◉子張이 問善人之道한대 子曰이라. 不踐迹이나 亦不入於室이니라.

●善人은 質美而未學者也라.

●程子曰이라. 踐迹은 如言循途守轍이라. 善人은 雖不必踐舊迹이라도 而自不爲惡이라. 然이나 亦不能入聖人之室也니라.

●張子曰이라. 善人은 欲仁而未志於學者也라. 欲仁故로 雖不踐成法이라도 亦不蹈於惡하고 有諸己也[24]로되 由不學故로 無自而入聖人之室也라.

24) ≪맹자(孟子)·진심하(盡心下)≫, “바람직한 것을 선(善)이라 하고, 그것을 자신에게 소유한 것을 신(信)이라 한다.(可欲之謂善, 有諸己之謂信.)”

한자 踐 밟을 천, 轍 바퀴 자국 철, 蹈 밟을 도

자장이 선한 사람의 도리를 묻자 공자가 말씀하였다. "(옛) 자취를 따르지 않더라도 (악을 행하지는 않지만 배우지 않으면) 또한 입실하지[성인의 경지에 들지] 못한다."

○'선인(善人)'은 자질은 아름다우나 아직 배우지 않은 자이다.

○정자가 말하였다. "'천적(踐迹)'은 길을 따르고 바퀴자국을 지킨다는 말과 같다. 선한 사람은 비록 반드시 옛 자취를 따르지 않더라도 스스로 악을 행하지는 않는다. 그러나 또한 성인의 방[경지]에 들어갈 수는 없다."

○장자[장재(張載)]가 말하였다. "선한 사람은 인을 바라지만 배움에 뜻을 두지 않은 자이다. 인을 바라기 때문에 비록 이루어진 법을 따르지 않더라도 악에 빠지지 않고, 자신에게 그것[선]을 지니고 있지만, 배우지 않기 때문에 실마리를 따라 성인의 방에 들어갈 수 없다."

선진11 제20장

11-20 ◉子曰이라. 論篤[25])을 是與면 君子者乎아? 色莊者乎아?

●言但以其言論篤實而與之면 則未知爲君子者乎아 爲色莊者乎아니 言不可以言貌取人也니라.

한자 篤 말의 걸음이 느릴 독·**견실할 독**·두터울 독

공자가 말씀하였다. "말이 견실한 사람을 인정한다면 군자다운 자인가? 안색이 근엄한 자인가?"

---

25) 논독(論篤) : 십삼경본 ≪논어주소(論語注疏)≫에서는, "말하는 것이 모두 선하기 때문에 가릴 것이 없다.(所言皆善, 故無可擇也.)"라고 풀이하였다.

○다만 그의 말이 견실한 것을 가지고 그를 인정한다면 군자다운 자인지, 안색이 근엄한 자인지를 모르겠다고 말씀한 것이니, 말이나 외모로 사람을 취해서는 안 됨을 말씀한 것이다.

선진11 제21장

11-21 ◉子路가 問聞斯行諸잇가? 子曰이라. 有父兄在하니 如之何其聞斯行之리오. 冉有가 問聞斯行諸잇가? 子曰이라. 聞斯行之니라. 公西華가 曰由也가 問聞斯行諸어늘 子曰有父兄在라하시고 求也가 問聞斯行諸어늘 子曰聞斯行之라하시니 赤也는 惑하여 敢問하노이다. 子曰이라. 求也는 退故로 進之하고 由也는 兼人故로 退之니라.

●兼人은 謂勝人也라.

●張敬夫曰이라. 聞義면 固當勇爲나 然이나 有父兄在면 則有不可得而專者니 若不稟命而行이면 則反傷於義矣라. 子路는 有聞이요 未之能行하여서 唯恐有聞[26]하니 則於所當爲에 不患其不能爲矣요 特患爲之之意가 或過而於所當稟命者에 有闕耳라. 若冉求之資稟은 失之弱하니 不患其不稟命也요 患其於所當爲者에 逡巡畏縮而爲之不勇耳라. 聖人이 一進之하고 一退之하니 所以約之於義理之中하여 而使之無過不及之患也니라.

한자 稟 줄 품·**받을 품**, 闕 궁문(宮門) 궐·궁궐 궐·**빼 궐**, 逡 뒷걸음질 칠 준, 巡 돌 순, 縮 줄일 축

자로가 "(도리를) 들었으면 그것을 실천합니까?"라고 묻자 공자가 말씀하였다. "부형이 계시니 어떻게 그렇게, 들었다고 실천하겠는가." 염유

---

26) ≪논어(論語)·공야장(公冶長)≫

가 "들었으면 그것을 실천합니까?"라고 묻자 공자가 말씀하였다. "들었으면 실천해야 한다." 공서화가 말하기를, "중유가 '들었으면 그것을 실천합니까?'라고 묻자 선생님께서 '부형이 계시다'라 하시고, 염구가 '들었으면 그것을 실천합니까?'라고 묻자 선생님께서 '들었으면 실천해야 한다'라고 하시니 저는 미혹되어 감히 묻겠습니다." 공자가 말씀하였다. "염구는 소극적이기 때문에 나아가게 한 것이고, 중유는 남보다 뛰어나기 때문에 물러나게 한 것이다."

○'겸인(兼人)'은 남보다 뛰어남을 이른다.

○장경부(張敬夫)가 말하였다. "도리를 들었으면 진실로 용감하게 실천해야 하지만 부형이 계시면 제멋대로 할 수 없는 것이 있으니, 만약 명을 받지 않고 행한다면 오히려 도리를 해치게 된다. 자로는 들은 것이 있고 아직 그것을 제대로 행하지 못했으면 또 듣는 것이 있을까 두려워하였으니, 해야 할 것에 대하여 그가 할 수 없을까를 근심하지 않고, 다만 하려는 뜻이 혹 지나쳐 명을 받아야 할 것에 빠뜨림이 있을까를 근심할 뿐이다. 염구의 자질 같은 경우는 유약함에서 잘못되었으니 그가 명을 받지 않을까를 근심하지 않고, 해야 할 것에 대하여 머뭇거리고 위축되어 그것을 실천함이 용감하지 못할까를 근심할 뿐이다. 공자가 한 사람은 나아가게 하고 한 사람은 물러나게 하였으니, 의리의 중간에서 그들을 단속하여 그들로 하여금 지나치거나 미치지 못하는 병폐가 없도록 한 것이다."

선진11 제22장

11-22 ◉子畏[27]於匡하실새 顔淵後러니 子曰이라. 吾以女爲死矣로라. 曰子在어시니 回何敢死리잇가.

---

27) ≪논어(論語)·자한(子罕)≫의 "子畏於匡."에 대해 주자는, "'외(畏)'라는 것은 경계하는 마음이 있음을 이른다.(畏者, 有戒心之謂.)"라고 설명하였다.

◉後는 謂相失在後라. 何敢死는 謂不赴鬪而必死也라.

◉胡氏曰이라. 先王之制에 民生於三하니 事之如一하고 惟其所在에 則致死焉28)이라. 況顔淵之於孔子에 恩義兼盡하여 又非他人之爲師弟子者而已이오. 卽夫子不幸而遇難이면 回必捐生以赴之矣요 捐生以赴之하여 幸而不死면 則必上告天子하고 下告方伯하여 請討以復讐요 不但已也리라. 夫子而在니 則回何爲而不愛其死하여 以犯匡人之鋒乎아.

한자 赴 다다를 부·**뛰어들 부**·알릴 부, 捐 버릴 연, 鋒 칼끝 봉

공자가 광 지역에서 조심할 일이 있었을 때 안연이 뒤쳐졌었는데 공자가 말씀하였다. "나는 네가 죽은 줄로 생각했다." "선생님께서 계신데 제가 어찌 과감하게 죽겠습니까."

○'후(後)'는 상대를 놓쳐 뒤에 있었던 것을 이른다. 어찌 과감하게 죽겠느냐는 것은 싸움에 뛰어들어 죽음을 각오하지 않을 것임을 말한다.

○호씨[호인(胡寅)]가 말하였다. "선왕의 제도에서는, 백성은 (부모·군주·스승의) 세 분에 의해 생존하니, 섬기기를 한결같이 하고 오직 그 해당되는 바에 죽음을 바친다. 하물며 안연은 공자에게서 은혜와 의리가 모두 지극하여 더욱이 다른 사람들이 사제가 된 정도일 뿐만이 아니었음에랴. 만일 공자가 불행히도 환난을 만났더라면 안회는 반드시 생명을 바치면서 뛰어들었을 것이고, 생명을 바치면서 뛰어들었다가 다행히 죽지 않았으면 반드시 위로는 천자에게 아뢰고 아래로는 제후들에게 알려, 토벌하기를 청하여 복수했을 것이며 단지 멈추지는 않았을 것이다. 그런 공자인데 살아 계시니 안회가 어찌하여 그 죽음을 아끼지 않고 광 지역 사람들의 칼날을 무릅썼겠는가."

---

28) ≪국어(國語)·진어(晉語)≫, "백성은 (부모·군주·스승의) 세 분에 의해 생존하니 섬기기를 한결같이 한다. 부모는 낳아주고, 스승은 가르쳐주고, 군주는 먹여준다. 부모가 아니면 태어나지 못하고, 먹여줌이 아니면 성장하지 못하고, 가르침이 아니면 알지 못하니, 생존하게 하는 이들이다. 그러므로 한결같이 섬기고 오직 그 해당되는 바에 죽음을 바친다. (**民生於三, 事之如一**. 父生之, 師敎之, 君食之. 非父不生, 非食不長, 非敎不知, 生之族也. 故壹事之, **唯其所在, 則致死焉**.)"

※ 선진11 제23장

11-23-1 ◉季子然이 問이라. 仲由冉求는 可謂大臣與잇가?

●子然은 季氏子弟니 自多其家得臣二子故로 問之라.

계자연이 물었다. "중유와 염구는 대신(大臣)이라고 할 만합니까?"

○자연은 계씨의 자제인데 그의 집안에서 두 사람을 신하로 삼을 수 있었던 것을 스스로 대단하게 여겼기 때문에 물은 것이다.

11-23-2 ◉子曰이라. 吾以子爲異之問[29]이러니 曾由與求之問이로다.

●異는 非常也라. 曾은 猶乃也라. 輕二子하여 以抑季然也라.

공자가 말씀하였다. "나는 그대가 특별한 것을 물으리라고 생각했는데 바로 유와 구를 묻는군요.

○'이(異)'는 보통이 아닌 것이다. '증(曾)'은 '바로'와 같다. 두 사람을 가볍게 여겨 계자연을 억제한 것이다.

11-23-3 ◉所謂大臣者는 以道事君하다가 不可則止[30]라.

---

29) 이지문(異之問) : '問異(특별한 것을 묻다)'에서 목적어를 도치시키고 도치를 표시하는 '之'를 넣은 구조이다.

30) ≪예기(禮記)·곡례하(曲禮下)≫, "남의 신하가 된 자의 예는 드러내놓고 간언하지 않는다. 세 번 간언하여 받아들이지 않으면 떠난다.(爲人臣之禮, 不顯諫. 三諫而不聽, 則逃之.)"

●以道事君者는 不從君之欲이요 不可則止者는 必行己之志라.

이른바 대신이라는 것은 도로써 군주를 섬기다가 안 되면 (벼슬을) 그만둡니다.

○도로써 군주를 섬긴다는 것은 군주의 욕심을 따르지 않는 것이고, 안 되면 그만둔다는 것은 반드시 자기의 뜻을 실행하는 것이다.

11-23-4 ◉今由與求也는 可謂具臣矣니라.

●具臣은 謂備臣數而已라.

지금 유와 구는 자리만 채우는 신하라고 할 만합니다."

○'구신(具臣)'은 신하의 숫자를 채울 뿐임을 이른다.

11-23-5 ◉曰이라. 然則從之者與잇가?

●意二子旣非大臣이면 則從季氏之所爲而已라.

"그렇다면 순종하는 자들입니까?"

○두 사람이 이미 대신이 아니라면 계씨가 하는 것을 따르기만 할 뿐인가 하고 생각한 것이다.

11-23-6 ◉子曰이라. 弑父與君은 亦不從也리라.

●言二子가 雖不足於大臣之道나 然君臣之義則聞之熟矣니 弑逆大故는 必不從之라. 蓋深許二子以死難不可奪之節하고 而又以陰折季氏不臣之心也라.

●尹氏曰이라. 季氏專權僭竊이어늘 二子가 仕其家而不能正也하고 知其不可而不能止也하니 可謂具臣矣라. 是時에 季氏가 已有無君之心故로 自多其得人이요 意其可使從己也라. 故로 曰弑父與君은 亦不從也라하니 其庶乎二子可免矣로다.

공자가 말씀하였다. "아버지와 군주를 시해하는 일은 역시 따르지 않을 것입니다."

○두 사람이 비록 대신의 도에는 부족하나 군신 간의 도리는 들은 것이 익숙하니 시해와 역적의 큰 변고는 반드시 따르지 않을 것이라고 말씀한 것이다. 두 사람을, 난리에 죽으면서도 빼앗을 수 없는 절개로 깊이 인정하고, 또 암시적으로 계씨가 신하로 복종하지 않는 마음을 꺾은 것이다.

○윤씨[윤돈(尹焞)]가 말하였다. "계씨가 권력을 독점하고 분수를 넘어 도적질을 하는데, 두 사람이 그 집안에서 벼슬하면서 바로잡지 못하였고 그것이 불가능함을 알면서도 (벼슬을) 그만두지 못했으니, 자리만 채우는 신하라고 할 만하다. 이때에 계씨가 이미 군주를 무시하는 마음이 있었기 때문에, 그가 인재를 얻은 것을 스스로 대단하게 여겼고 아마도 자기를 따르게 할 수 있으리라고 생각하였다. 그러므로 "아버지와 군주를 시해하는 일은 역시 따르지 않을 것입니다."라고 말씀하였으니 아마도 두 사람은 (이런 일에서는) 벗어날 수 있었을 것이다."

▩ 선진11 제24장

11-24-1 ◉子路使子羔爲費宰한대,

●子路爲季氏宰而擧之也라.

한자 羔 새끼 양 고

자로가 자고를 비읍의 읍재로 삼자,

○자로가 계씨의 가신이 되어 그를 등용하였다.

11-24-2 ◉子曰이라. 賊夫人之子로다.

●賊은 害也라. 言子羔質美而未學이어늘 遽使治民하니 適以害之라.

공자가 말씀하였다. "남의 자식을 해치는구나!"

○'적(賊)'은 '해치다'이다. 자고는 자질은 아름다우나 아직 배우지 않았는데 갑자기 백성을 다스리게 하였으니, 단지 그를 해칠 뿐이라고 말씀한 것이다.

11-24-3 ◉子路曰이라. 有民人焉하며 有社稷焉하니 何必讀書然後에 爲學이리잇고?

●言治民事神이 皆所以爲學이라.

자로가 말하였다. "백성이 있고 사직이 있으니, 어찌 꼭 책을 읽은 뒤에야 학문을 하는 것이겠습니까."

○백성을 다스리고 귀신을 섬기는 것이 모두 학문을 하는 것이라는 말이다.

11-24-4 ◉子曰이라. 是故로 惡夫佞者하노라.

●治民事神이 固學者事라. 然이나 必學之已成然後에 可仕以行其學이라. 若初未嘗學而使之卽仕以爲學이면 其不至於慢神而虐民者가 幾希矣리라. 子路之言은 非其本意요 但理屈詞窮하여 而取辦於口以禦人耳라. 故로 夫子不斥其非하시고 而特惡其佞也라.

●范氏曰이라. 古者에 學而後入政하니 未聞以政學者也[31]라. 蓋道之本은 在於修身하니 而後及於治人이라. 其說이 具於方冊하여 讀而知之然後에 能行이니 何可以不讀書也리오. 子路는 乃欲使子羔以政爲學하니 失先後本末之序矣어늘 不知其過하고 而以口給禦人故로 夫子惡其佞也라.

한자 佞 **말재주 있을 녕**·아첨할 녕, 虐 **해칠 학**·사나울 학

공자가 말씀하였다. "이 때문에 말재주 있는 자를 미워한다."

○백성을 다스리고 귀신을 섬기는 것이 진실로 배우는 자의 일이다. 그러나 배움이 이미 이루어진 뒤에야 벼슬하여 그 배운 것을 실행할 수 있다. 만약 애당초 배우지 않았는데 그로 하여금 벼슬에 나아가 학문을 하게 한다면, 아마도 귀신을 소홀히 하고 백성을 해치는 데에 이르지 않을 자가 거의 드물 것이다. 자로의 말은 그의 본의가 아니고 다만 논리가 굽히고 말이 궁하자 입으로 변론을 취하여 남을 막은 것일 뿐이다. 그러므로 공자가 그의 잘못을 직접 지적하지 않고 다만 그의 말재주를 미워한 것이다.

○범씨[범조우(范祖禹)]가 말하였다. "옛날에는 배운 뒤에 정치에 참여했으니 정치로 배운다는 것은 듣지 못하였다. 도의 근본은 몸을 닦는 데에 있으니, 그런 뒤에 남을 다스리는 데에 이른다. 그 내용이 책에 갖추어져 있어 읽어서 안 뒤에 실천할 수 있으니 어찌 책을 읽지 않을 수 있겠는가. 자로는 오히려 자고에게 정치로 학문을 하게 하고자 하였으니, 선후와 본말의 차례를 잃었는데도 그 잘못을 알지 못하고 말재주로 남을 막았기 때문에, 공자가 그의 말재주를 미워한 것이다."

---

31) ≪춘추좌전(春秋左傳)·양공(襄公)·31년≫, "저 교(僑)는 배운 뒤에 정치에 참여한다고 들었으니, 정치로 배운다는 것은 듣지 못하였습니다.(僑聞學而後入政, 未聞以政學者也.)"

선진11 제25장

11-25-1 ◉子路 · 曾皙 · 冉有 · 公西華가 侍坐러니,

●皙은 曾參父로 名이 點이라.

자로 · 증석 · 염유 · 공서화가 (공자를) 모시고 앉았는데,

○'석(皙)'은 증삼의 아버지로 이름이 점(點)이다.

11-25-2 ◉子曰이라. 以吾一日長乎爾나 毋吾以也하라.

●言我雖年少長於女나 然汝勿以我長而難言이라. 蓋誘之盡言하여 以觀其志니 而聖人和氣謙德을 於此亦可見矣라.

공자가 말씀하였다. "내가 너희들보다 좀 나이가 많다고 하지만 나를 그렇게 여기지 말라.

○내가 비록 나이가 너희들보다 조금 많으나 너희들은 내가 나이가 많다고 해서 말하기를 어려워하지 말라고 말씀한 것이다. 그들에게 말을 다하도록 유도하여 그 뜻을 관찰하려고 한 것이니, 성인의 온화한 기운과 겸손한 덕을 여기에서도 역시 볼 수 있다.

11-25-3 ◉居則曰不吾知也라하나니 如或[32]知爾면 則何以哉오?

●言女平居則言人不知我하나니 如或有人知女면 則女將何以爲用也라.

32) 여혹(如或) : '만일', '만약'의 뜻이다.

지내면서 말하기를, '나를 알아주지 않는다.'라고 하는데, 만약 너희들을 알아준다면 어떻게 하겠느냐?"

○"너희들이 평소에 지내면서, '사람들이 나를 알아주지 않는다'라고 말하는데, 만약 너희들을 알아주는 사람이 있다면 너희들은 장차 어떻게 쓰임이 되겠는가?"라고 말씀한 것이다.

11-25-4 ◉子路率爾而對曰이라. 千乘之國이 攝乎大國之間하여 加之以師旅요 因之以饑饉이어든 由也爲之면 比及三年하여 可使有勇이요 且知方也하리이다. 夫子哂之하시다.

●率爾는 輕遽之貌라. 攝은 管束也라. 二千五百人이 爲師요 五百人이 爲旅라. 因은 仍也라. 穀不熟曰饑요 菜不熟曰饉이라. 方은 向也니 謂向義也라. 民向義면 則能親其上하고 死其長[33]矣라. 哂은 微笑也라.

한자 攝 낄 섭·당길 섭·**견제할 섭**·대신할 섭, 饉 흉년 들 근, 哂 가볍게 웃을 신·비웃을 신

자로가 경솔하게 대답하였다. "천승의 나라가 대국의 사이에서 간섭받아 전쟁이 가해지고 기근이 이어지는 경우, 제가 그 나라를 다스린다면 3년이 되어 용기가 있고 또 향방을 알게 할 수 있습니다." 공자가 가볍게 웃었다.

○'솔이(率爾)'는 경솔하고 성급한 모습이다. '섭(攝)'은 '간섭하다'이다. 2천

33) 기장(其長) : ≪맹자(孟子)·양혜왕하(梁惠王下)≫에서, "추나라가 노나라와 싸웠는데 (추나라) 목공이 물었다. '우리 관리가 죽은 것이 33명인데 백성들은 그들을 위해 죽은 자가 없습니다. 그들을 죽이자니 이루 다 죽일 수 없고, 죽이지 않자니 상관이 죽는 것을 흘겨보면서 구하지 않았으니, 어찌하면 좋겠습니까?(鄒與魯鬨, 穆公問曰. 吾有司死者, 三十三人而民莫之死也. 誅之則不可勝誅, 不誅則疾視其**長上**之死而不救, 如之何則可也?)"라고 말한 '長上'의 의미이다.

5백 명이 '사(師)'이고, 5백 명이 '여(旅)'이다. '인(因)'은 '잇다'이다. 곡식이 성숙되지 않은 것을 '기(饑)'라 하고, 채소가 성숙되지 않은 것을 '근(饉)'이라 한다. '방(方)'은 '향하다'이니 도리로 향하는 것을 이른다. 백성이 도리로 향하면 자신의 윗사람을 친애하고 자신의 상관을 위해 죽을 수 있다. '신(哂)'은 '가볍게 웃다'이다.

11-25-5 ◉求아. 爾는 何如오? 對曰이라. 方六七十과 如五六十에 求也爲之면 比及三年하여 可使足民이어니와 如其禮樂엔 以俟君子하리이다.

●求爾何如는 孔子問也니 下放此라. 方六七十里는 小國也라. 如는 猶或也라. 五六十里則又小矣라. 足은 富足也라. 俟君子는 言非己所能이라. 冉有謙退한대 又以子路見哂故로 其辭益遜이라.

"염구야, 너는 어떠하냐?" 대답하였다. "사방 60 · 70리, 혹은 50 · 60리 나라를 제가 다스리면 3년이 되어 백성들을 풍족하게 할 수 있지만, 저 예악(禮樂) 같은 것은 군자를 기다리겠습니다."

○'구이하여(求爾何如)'는 공자가 물은 것이니 아래도 이와 같다. 사방 60·70리는 작은 나라이다. '여(如)'는 '혹(或)'과 같다. 50·60리는 더욱 작다. '족(足)'은 '부유하고 넉넉하게 하다'이다. 군자를 기다린다는 것은 자기가 잘하는 것이 아니라는 말이다. 염유는 겸손하고 소극적이었는데 더구나 자로가 웃음을 당했기 때문에 그 말이 더욱 겸손하였다.

11-25-6 ◉赤아. 爾는 何如오? 對曰이라. 非曰能之라 願學焉하노이다. 宗廟之事와 如會同에 端章甫로 願爲小相焉하노이다.

●公西華는 志於禮樂之事나 嫌以君子自居故로 將言己志而先爲遜辭니 言未能

而願學也라. 宗廟之事는 謂祭祀라. 諸侯가 時見曰會요 衆覜曰同[34]이라. 端은 玄端服[35]이요 章甫는 禮冠이라. 相은 贊君之禮者니 言小는 亦謙辭라.

한자 嫌 싫어할 혐, 覜 뵐 조

"공서적아, 너는 어떠하냐?" 대답하였다. "잘할 수 있다고 말씀드리는 것이 아니라 배우기를 원합니다. 종묘의 일, 혹은 회동할 때에 현단복(玄端服)과 장보관(章甫冠)으로 작은 조력자가 되기를 원합니다."

○공서화는 예악의 일에 뜻을 두었지만 군자로 자처하는 것을 꺼렸기 때문에 장차 자기의 뜻을 말하려 하면서 먼저 겸사를 한 것이니, 아직 잘하지 못하여 배우기를 원한다는 말이다. 종묘의 일은 제사를 이른다. 제후가 수시로 뵙는 것을 '회(會)'라 하고, 여럿이 뵙는 것을 '동(同)'이라고 한다. '단(端)'은 현단복이고, '장보(章甫)'는 예관(禮冠)이다. '상(相)'은 군주의 예를 돕는 자인데 '소(小)'라고 말한 것은 역시 겸사이다.

11-25-7 ◉點아. 爾는 何如오? 鼓瑟希러니 鏗爾舍瑟而作하여 對曰이라. 異乎三子者之撰이니다. 子曰이라. 何傷乎리오. 亦各言其志也니라. 曰莫春者에 春服旣成이어든 冠者五六人과 童子六七人으로 浴乎沂하여 風乎舞雩하여 詠而歸하리이다. 夫子喟然嘆曰이라. 吾與點也하노라.

●四子侍坐에 以齒爲序면 則點當次對로되 以方鼓瑟故로 孔子先問求赤而後及

---

34) ≪주례(周禮)·춘관(春官)·대종백(大宗伯)≫에서는, "빈례(賓禮)로 제후국들과 화친한다. 봄에 뵙는 것을 '조(朝)'라 하고, 여름에 뵙는 것을 '종(宗)'이라고 한다. 가을에 뵙는 것을 '근(覲)'이라 하고, 겨울에 뵙는 것을 '우(遇)'라고 한다. 수시로 뵙는 것을 '회(會)'라 하고, 여럿이 뵙는 것을 '동(同)'이라고 한다.(以賓禮親邦國. 春見曰朝, 夏見曰宗. 秋見曰覲, 冬見曰遇. **時見曰會, 殷見曰同.**)"라고 하였는데, 정현(鄭玄)은, "'은(殷)'은 '중(衆)'과 같다.(殷, 猶衆也.)"라고 설명하였다.

35) 현단복(玄端服) : 검은색의 예복으로 제사에 입는다.

點也라. 希는 間歇也라. 作은 起也라. 撰은 具也라. 莫春은 和煦之時요 春服은 單袷之衣라. 浴은 盥濯也니 今上巳祓除[36]가 是也라. 沂는 水名으로在魯城南이라. 地志以爲有溫泉焉이라하니 理或然也라. 風은 乘涼也라. 舞雩는 祭天禱雨之處니 有壇墠樹木也라. 詠은 歌也라. 曾點之學은 蓋有以見夫人欲盡處에 天理流行하여 隨處充滿하여 無少欠闕이라. 故로 其動靜之際에 從容如此하고 而其言志則又不過卽其所居之位하여 樂其日用之常이라. 初無舍己爲人之意하니 而其胸次悠然하여 直與天地萬物로 上下同流[37]하여 各得其所之妙가 隱然自見於言外라. 視三子規規於事爲之末者하면 其氣象不侔矣라. 故로 夫子歎息而深許之하고 而門人이 記其本末에 獨加詳焉하니 蓋亦有以識此矣라.

한자 鏗 **금속 소리 갱**·칠 갱, 撰 지을 찬·**가질 선**, 莫 없을 막, **저물 모**, 고요할 맥, 沂 **물 이름 기**·가장자리 은(垠과 통용), 雩 기우제 우, 喟 한숨 위, 歇 쉴 헐, 煦 따뜻하게 할 후, 袷 동구래깃 겁·**겹옷 겹**, 盥 **손 씻을 관**·대야 관, 祓 푸닥거리할 불, 壇 단 단, 墠 제터 선, 欠 하품 흠·**모자랄 흠**, 胸 가슴 흉, 規 법 규, 侔 **같을 모**·견줄 모·취할 모

"증점아. 너는 어떠하냐?" 거문고 타기를 간간이 하다가 퉁하고 거문고를 놓고 일어나 대답하였다. "세 사람이 지닌 것과는 다릅니다." 공자가 말씀하였다. "무엇이 해가 되겠는가. 역시 각기 자기의 뜻을 말하는 것이니." "늦봄에 봄옷이 만들어지면, 어른 5·6명하고 어린이 6·7명과 함께 기수에서 목욕하고 무우에서 바람 쐬다가 노래하면서 돌아오겠습니다." 공자가 '아'하고 감탄하며 말씀하였다. "나는 증점을 인정하겠다."

○네 사람이 모시고 앉아 있을 때 나이로 차례를 삼는다면 증점이 (자로) 다음으로 대답해야 하지만 막 거문고를 타고 있었기 때문에 공자가 먼저

---

36) 불제(祓除) : 액을 쫓기 위해 봄과 가을에 물가에서 제사를 지내고 몸을 씻는 의식이다.
37) ≪맹자(孟子)·진심상(盡心上)≫, "군자는, 지나는 곳은 교화되고 마음에 간직한 것은 신묘하여, 위아래로 천지와 함께 운행된다.(夫君子所過者化, 所存者神, **上下與天地同流.**)"

염유와 공서적에게 물은 뒤에 증점에게 이른 것이다. '희(希)'는 '간헐적이다'이다. '작(作)'은 '일어나다'이다. '선(撰)'은 '갖추다'이다. '모춘(莫春)'은 온화하고 따스한 때이고, '춘복(春服)'은 얇은 겹옷이다. '욕(浴)'은 세수하고 씻는 것이니 오늘날 상사일의 계제사가 그것이다. '기(沂)'는 강 이름으로 노나라 도성 남쪽에 있다. ≪한서(漢書)·지리지(地理志)≫에 온천이 있다고 했으니 이치상 혹 그럴 듯하다. '풍(風)'은 '시원한 바람을 쐬다'이다. '무우(舞雩)'는 하늘에 제사를 지내 비를 비는 곳으로 제단 터와 나무가 있다. '영(詠)'은 '노래하다'이다. 증점의 학문은, 사람의 욕심이 다한 곳에 천리가 두루 행해져, 이르는 곳마다 가득 차 조금의 부족함도 없음을 본 것이 있었다. 그러므로 그 움직임의 사이에 차분함이 이와 같았고, 그가 뜻을 말한 것은 또한 자신이 머무는 처지에 따라 그 일상의 한결같음을 즐기는 데에 지나지 않았다. 애당초 자신을 버리고 남을 의식하는 뜻이 없었으니, 그 흉금이 여유로워 곧바로 천지 만물과 더불어 위아래로 함께 흘러 각각 제자리를 얻은 오묘함이 은연중 언외에 나타났다. 세 사람이 구체적인 일의 말단에 집착한 것과 비교해보면 그 기상이 같지 않다. 그러므로 공자가 감탄하고 깊이 인정하였으며, 제자들이 그 전말을 기록하면서 특히 이에 대하여 더욱 자세하게 하였으니, 역시 이에 대해 안 것이 있었던 것이다.

11-25-8 ◉三子者가 出커늘 曾晳이 後러니 曾晳曰이라. 夫三子者之言이 何如하니잇고? 子曰이라. 亦各言其志也已矣니라. 曰夫子는 何哂由也시니잇고?

●點은 以子路之志은 乃所優爲而夫子哂之故로 請其說이라.

세 사람이 나가자 증석이 뒤처져 있었는데 증석이 말하였다. "저 세 사람의 말이 어떻습니까?" 공자가 말씀하였다. "역시 각자 자신의 뜻을 말했을 뿐이다." "선생님께서는 어찌 유에 대하여 가볍게 웃으셨습니까?"

○증점은 생각하기에, 자로가 뜻을 둔 것은 바로 충분히 해낼 수 있는 것이라고 여겼는데, 공자가 가볍게 웃었기 때문에 그 내용을 물은 것이다.

11-25-9 ◉曰이라. 爲國以禮어늘 其言不讓이라. 是故로 哂之호라.

●夫子는 蓋許其能이나 特哂其不遜이라.

(공자가) 말씀하였다. "나라를 다스리는 것은 예로 하는데 그의 말이 겸손하지 않았다. 그 때문에 가볍게 웃은 것이다."

○공자는 그의 능력은 인정하였으나, 다만 그가 겸손하지 못한 것에 대하여 가볍게 웃은 것이다.

11-25-10 ◉唯求則非邦也與잇가? 安見方六七十과 如五六十而非邦也者리오.

●曾點은 以冉求亦欲爲國이로되 而不見哂故로 微問之에 而夫子之答이 無貶詞하니 蓋亦許之라.

한자 貶 덜 폄·깎아내릴 폄

"염구의 경우는 나라에 관한 것이 아닙니까?" "어찌 사방 60·70리, 혹은 50·60리인데 나라에 관한 것이 아니라고 보겠느냐."

○증점은 생각하기에, 염구도 역시 나라를 다스리고자 한다고 여겼는데 웃음을 당하지 않았기 때문에 은미하게 묻자 공자의 대답이 깎아내리는 말씀이 없었으니, 이 또한 인정한 것이다.

11-25-11 ◉唯赤則非邦也與잇가? 宗廟會同이 非諸侯而何오. 赤也爲之小면 孰能爲之大리오.

◉此亦曾晳問而夫子答也라. 孰能爲之大는 言無能出其右者니 亦許之之詞라.

◉程子曰이라. 古之學者는 優柔厭飫하여 有先後之序라. 如子路·冉有·公西赤이 言志如此하고 夫子許之도 亦以此하니 自是實事라. 後之學者는 好高하여 如人游心千里之外나 然이나 自身却只在此니라.

◉又曰이라. 孔子與點은 蓋與聖人之志同이라. 便是堯舜氣象也니 誠異三子者之撰이라. 特行有不掩焉耳니 此所謂狂也[38]라. 子路等은 所見者가 小니 子路只爲不達爲國以禮道理라. 是以哂之하니 若達이면 却便是這氣象也리라.

◉又曰이라. 三子는 皆欲得國而治之故로 夫子不取라. 曾點은 狂者也니 未必能爲聖人之事로되 而能知夫子之志라. 故로 曰浴乎沂하여 風乎舞雩하여 詠而歸라하니 言樂而得其所也라. 孔子之志는 在於老者安之하고 朋友信之하고 少者懷之[39]하니 使萬物莫不遂其性이라. 曾點知之故로 孔子喟然嘆曰吾與點也라하니라.

◉又曰이라. 曾點·漆雕開[40]는 已見大意라.

한자 飫 배불리 먹을 어·**충분할 어**, 掩 가릴 엄·**덮을 엄**, 漆 옻 칠

"공서적의 경우는 나라에 관한 것이 아닙니까?" "종묘의 일과 회동하는 일이 제후의 일이 아니고 무엇이겠는가. 공서적이 작은 조력자가 된다면 누가 큰 조력자가 될 수 있겠느냐."

---

38) ≪맹자(孟子)·진심하(盡心下)≫, "'어찌하여 광자(狂者)라 이릅니까?' '그들의 뜻이 높고 커서 말하기를, 옛사람이여, 옛사람이여! 하지만 그들의 행실을 공평하게 살펴보면 (말을) 덮지 못하는 자들이다.'(何以謂之狂也? 曰其志嘐嘐然曰, 古之人古之人. 夷考其行而**不掩焉**者也.)"

39) ≪논어(論語)·공야장(公冶長)≫

40) ≪논어·공야장≫, "공자가 칠조개에게 벼슬하도록 하자, '저는 이것을 아직 자신하지 못하겠습니다.'라고 대답하였다. 공자가 기뻐하였다.(子使漆雕開仕, 對曰. 吾斯之未能信. 子說.)"

○이것 역시 증석이 묻고 공자가 대답한 것이다. "누가 큰 조력자가 될 수 있겠느냐."라는 것은 그의 위로 나설 수 있는 자가 없다는 말씀이니 역시 그를 인정한 말씀이다.

○정자가 말하였다. "옛날의 학자들은 차분하고 여유로워 선후의 순서가 있었다. 자로·염유·공서적 같은 이들이 뜻을 말한 것이 이와 같았고 공자가 인정한 것도 또한 이로써 하였으니 본디 실제의 일이었다. 후대의 학자들은 고원한 것을 좋아하여 마치 사람이 천리 밖에 마음을 두지만 자신은 도리어 단지 여기에 있는 것과 같다."

○또 말하였다. "공자가 증점을 인정한 것은 성인의 뜻과 같았기 때문이다. 바로 요임금과 순임금의 기상이었으니 진실로 세 사람이 지닌 것과는 달랐다. 다만 행실이 (말을) 덮지 못함이 있었을 뿐이니 이것이 이른바 '광자(狂者)'이다. 자로 등은 본 것이 작았으니, 자로는 다만 나라를 다스림은 예로써 하는 도리를 깨닫지 못하였다. 이 때문에 공자가 가볍게 웃었으니 만약 깨달았더라면 바로 그런 기상이었을 것이다."

○또 말하였다. "세 사람은 모두 나라를 얻어 다스리고자 했기 때문에 공자가 취하지 않았다. 증점은 광자라서 반드시 성인의 일을 하지는 못하더라도 공자의 뜻을 알 수는 있었다. 그러므로 '기수에서 목욕하고 무우에서 바람 쐬다가 노래하면서 돌아오겠습니다.'라고 하였으니, (도를) 즐기면서 제자리를 얻었음을 말한 것이다. 공자의 뜻은, 노인을 편안하게 해주고 벗을 믿게 해주며 젊은이를 감싸주는 데에 있었으니, 만물로 하여금 그 본성을 이루지 못하는 것이 없도록 한 것이다. 증점이 그것을 알았기 때문에 공자가 '아'하고 감탄하며 나는 증점을 인정한다고 말씀한 것이다."

○또 말하였다. "증점과 칠조개는 이미 큰 뜻을 보았다."

안연(顔淵) 제십이(第十二)

●凡二十四章이라.

○모두 24장이다.

안연12 제1장

12-01-1 ◉顔淵問仁한대 子曰이라. 克己復禮[1]爲仁이라. 一日克己復禮면 天下歸仁焉하리라. 爲仁이 由己니 而由人乎哉[2]아.

●仁者는 本心之全德이라. 克은 勝也요 己는 謂身之私欲也라. 復은 反也요 禮者는 天理之節文也라. 爲仁者는 所以全其心之德也라. 蓋心之全德이 莫非天理나 而亦不能不壞於人欲이라. 故로 爲仁者가 必有以勝私欲而復於禮면 則事皆天理하여 而本心之德이 復全於我矣라. 歸는 猶與也라. 又言一日克己復禮면 則天下之人이 皆與其仁이니 極言其效之甚速而至大也라. 又言爲仁由己而非他人所能預하여 又見其機之在我而無難也라. 日日克之하여 不以爲難이면 則私欲淨盡하고 天理流行하여 而仁을 不可勝用矣[3]리라.

●程子曰이라. 非禮處가 便是私意니 旣是私意면 如何得仁이리오. 須是克盡己私하여 皆歸於禮라야 方始是仁이라.

●又曰이라. 克己復禮면 則事事皆仁이라. 故로 曰天下歸仁이라.

●謝氏曰이라. 克己는 須從性偏難克處로 克將[4]去니라.

안연이 인에 대하여 묻자 공자가 말씀하였다. "사욕을 이겨 예로 돌아가는 것이 인을 실천하는 것이다. 하루라도 사욕을 이겨 예로 돌아간다면 천하 사람들이 그에게 인을 돌릴(인정할) 것이다. 인을 실천하는 것이 자신에게서 비롯되니 남에게서 비롯되겠는가."

---

1) ≪춘추좌전(春秋左傳)·소공(昭公)·12년≫, "중니가 말했다. '옛날에 기록이 있으니, 사욕을 이겨 예로 돌아가는 것이 인이라고 하였다. 참으로 훌륭하다.'(仲尼曰. 古也有志, **克己復禮, 仁也.** 信善哉!)"

2) ≪논어(論語)·술이(述而)≫, "공자가 말씀하였다. '인이 멀겠는가. 내가 인을 원하면 인은 이르게 된다.'(子曰. 仁遠乎哉. **我欲仁, 斯仁至矣.**)"

3) ≪맹자(孟子)·진심하(盡心下)≫, "사람이 남을 해치려고 하지 않는 마음을 확충시킨다면 인을 이루 다 쓸 수 없게 될 것이다.(人能充無欲害人之心, 而仁, **不可勝用也.**)"

4) 장(將) : 어조사이다.

○인이라는 것은 본심의 온전한 덕이다. '극(克)'은 '이기다'이고 '기(己)'는 개인의 사욕을 이른다. '복(復)'은 '돌아가다'이고 '예(禮)'라는 것은 천리(天理)가 조절되고 수식된 것이다. '위인(爲仁)'이라는 것은 그 마음의 덕을 온전하게 하는 것이다. 마음의 온전한 덕이 천리가 아닌 것이 없으나 또한 사람의 욕심에 의해 파괴되지 않을 수 없다. 그러므로 인을 실천하는 자가 반드시 사욕을 이겨서 예로 돌아갈 수 있으면, 일이 모두 천리여서 본심의 덕이 다시 나에게 온전하게 된다. '귀(歸)'는 '인정하다'와 같다. 또 말씀하기를, 하루라도 '극기복례'하면 천하 사람들이 모두 그의 인을 인정한다고 하였으니, 그 효과가 매우 빠르고 지극히 큼을 극진하게 말씀한 것이다. 또 말씀하기를, 인을 실천하는 것이 자신에게서 비롯되니 다른 사람이 간여할 수 있는 것이 아니라고 하여, 다시 그 관건이 나에게 달려있어 어려움이 없음을 보인 것이다. 날마다 이겨내어 어렵게 여기지 않는다면 사욕이 깨끗이 없어지고 천리가 두루 행해져 인을 이루 다 쓸 수 없게 될 것이다.

○정자가 말하였다. "예가 아닌 곳이 바로 사사로운 뜻이니 이미 사사로운 뜻이라면 어떻게 인이 될 수 있겠는가. 모름지기 자신의 사욕을 다 이겨내어 모두 예로 돌아가야 비로소 인이다."

○또 말하였다. "극기복례를 하면 일마다 모두가 인이다. 그러므로 천하 사람들이 인을 인정한다고 한 것이다."

○사씨[사양좌(謝良佐)]가 말하였다. "사욕을 이기는 것은 모름지기 본성이 치우쳐 이기기 어려운 곳으로부터 이겨나가야 한다."

12-01-2 ◉顔淵曰請問其目하노이다. 子曰이라. 非禮勿視하며 非禮勿聽하며 非禮勿言하며 非禮勿動이니라. 顔淵曰이라. 回雖不敏이나 請事斯語矣리이다.

●目은 條件也라. 顔淵聞夫子之言하고 則於天理人欲之際에 已判然矣라. 故로 不復有所疑問而直請其條目也라. 非禮者는 己之私也라. 勿者는 禁止之辭니 是는 人心之所以爲主而勝私復禮之機也라. 私勝則動容周旋이 無不中禮5)하

여 而日用之間에 莫非天理之流行矣라. 事는 如事事[6]之事라. 請事斯語는 顔淵이 默識其理하고 又自知其力有以勝之故로 直以爲己任而不疑也라.

●程子曰이라. 顔淵이 問克己復禮之目한대 子曰非禮勿視하며 非禮勿聽하며 非禮勿言하며 非禮勿動이라하니 四者는 身之用也라. 由乎中而應乎外하니 制於外가 所以養其中也라. 顔淵事斯語가 所以進於聖人이니 後之學聖人者는 宜服膺而勿失也[7]라. 因箴以自警이라.

其視箴曰이라. 心兮本虛하니 應物無迹이라. 操之有要하니 視爲之則이라. 蔽交於前하면 其中則遷하니 制之於外하여 以安其內라. 克己復禮하여 久而誠矣리라.

其聽箴曰이라. 人有秉彝하여 本乎天性이나 知誘物化[8]하여 遂亡其正이라. 卓彼先覺은 知止有定[9]하니 閑邪存誠[10]하여 非禮勿聽이라.

其言箴曰이라. 人心之動이 因言以宣하니 發禁躁妄이라야 內斯靜專이라. 矧是樞機[11]라[12] 興戎出好[13]하니 吉凶榮辱은 惟其所召라. 傷易則誕하고

---

5) ≪맹자(孟子)·진심하(盡心下)≫, "몸가짐과 움직임이 예에 맞는 것은 성대한 덕이 지극한 것이다.(**動容周旋, 中禮者**, 盛德之至也.)"

6) ≪서경(書經)·열명(說命)≫, "일을 일삼는 것이 바로 대비가 있는 것이니 대비가 있어야 근심이 없습니다.(惟**事事**, 乃其有備, 有備無患.)"

7) ≪중용(中庸)·제8장≫, "공자가 말씀하였다. '안회의 사람됨은 중용을 선택하여 하나의 선(善)을 얻으면 정성스럽게 가슴속에 담아 잃지 않는다.'(子曰. 回之爲人也, 擇乎中庸, 得一善則拳拳**服膺, 而弗失之**矣.)"

8) ≪예기(禮記)·악기(樂記)≫, "좋아하고 싫어함이 마음속에서 절도가 없고, 지각이 밖에서 유혹을 받아 몸을 돌아보지 못하게 되면 천리가 없어진다. 대저 사물이 사람을 감응시키는 것은 끝이 없으니, 사람의 좋아하고 싫어함이 절도가 없으면 곧 사물이 이르면 사람이 사물에게 변화된다.(好惡無節於內, **知誘於外**, 不能反躬, 天理滅矣. 夫物之感人無窮, 而人之好惡無節, 則是物至而人化物也.)"

9) ≪대학(大學)·경1장≫, "머물 곳[목표]을 안 뒤에 (뜻이) 정해짐이 있다. 정해진 뒤에 안정될 수 있고 안정된 뒤에 자연스러울 수 있으며, 자연스러운 뒤에 제대로 생각[판단]할 수 있고 제대로 생각한 뒤에 (목표를) 얻을 수 있다.(**知止而后有定**. 定而后能靜, 靜而后能安, 安而后能慮, 慮而后能得.)"

10) ≪주역(周易)·건괘(乾卦)·문언전(文言傳)≫, "일상의 말을 믿게 하고 일상의 행동을 삼가 사특함을 막고 그 참됨을 보존하며, 세상을 선하게 하고도 자랑하지 않으며, 덕이 넓어져서 교화함이다.(庸言之信, 庸行之謹, **閑邪存其誠**, 善世而不伐 德博而化.)"

11) 추기(樞機) : 추(樞)는 문의 지도리이고 기(機)는 쇠뇌의 격발장치로, 모두가 그 물건의 관건이 되는 부분이다.

12) ≪주역·계사전상(繫辭傳上)≫, "말과 행동은 군자의 관건이다. 관건이 발동하는 것이

傷煩則支하며 已肆物忤하고 出悖來違[14]라. 非法不道[15]니 欽哉訓辭하라. 其動箴曰이라. 哲人知幾하여 誠之於思하고 志士勵行하여 守之於爲라. 順理則裕요 從欲惟危니 造次克念하여 戰兢自持하라. 習與性成[16]하면 聖賢同歸리라.

◉愚按컨대 此章問答은 乃傳授心法[17]으로 切要之言이니 非至明이면 不能察其幾요 非至健이면 不能致其決이라. 故로 惟顔子得聞之나 而凡學者도 亦不可以不勉也라. 程子之箴이 發明親切하니 學者尤宜深玩이라.

안연이 "그 조목을 묻겠습니다."라고 하자 공자가 말씀하였다. "예가 아니면 보지 말고 예가 아니면 듣지 말며, 예가 아니면 말하지 말고 예가 아니면 움직이지 말 것이다." 안연이 말하였다. "제가 비록 총명하지 못하지만 이 말씀을 일삼겠습니다."

영예와 모욕의 주관자이다.(言行, **君子之樞機**. 樞機之發, 榮辱之主也.)"

13) ≪서경(書經)·대우모(大禹謨)≫, "천하가 곤궁하면 하늘의 복이 영영 끊어질 것이다. 입은 우호를 내기도 하고 전쟁을 일으키기도 한다. 짐의 말은 거듭되지 않을 것이다.(四海困窮, 天祿永終. 惟口**出好興戎**. 朕言不再.)"

14) ≪대학(大學)·전10장≫, "말이 어긋나게 나가면 역시 어긋나게 들어오고, 재물이 어긋나게 들어오면 역시 어긋나게 나간다.(**言悖而出者, 亦悖而入**, 貨悖而入者, 亦悖而出.)"

15) ≪효경(孝經)·경대부(卿大夫)≫, "선왕의 법복이 아니면 감히 입지 않고 선왕의 법언이 아니면 감히 말하지 않으며, 선왕의 덕행이 아니면 감히 행하지 않는다. 이 때문에 법이 아니면 말하지 않고 도가 아니면 행하지 않으니, 입에서는 가릴 말이 없고 몸에서는 가릴 행동이 없다.(非先王之法服, 不敢服, **非先王之法言, 不敢道**, 非先王之德行, 不敢行. 是故非法不言, 非道不行, 口無擇言, 身無擇行.)"

16) ≪서경·태갑상(太甲上)≫, "왕이 제대로 바꾸지 못하자 이윤이 말하기를, '이것은 의롭지 못함이니 습관이 되어 성격으로 굳어진 것이다. 나는 의리에 순종하지 않는 사람과 가까이하지 않겠다.'라 하고 동궁(桐宮)을 지어 선왕(先王)에게 가까이 있도록 하여, 이로써 가르쳐 평생토록 혼미하지 않게 하였다. 왕이 동궁에 가서 거상하였고 마침내 덕을 진실하게 할 수 있었다.(王未克變, 伊尹曰, 玆乃不義, **習與性成**. 予弗狎于弗順. 營于桐宮, 密邇先王其訓, 無俾世迷. 王徂桐宮居憂, 克終允德.)"

17) 심법(心法) : 마음을 수양하고 성찰하는 방법이다. 주희(朱熹)의 ≪중용장구(中庸章句)≫에, "이 편은 바로 공자의 문하에서 전수한 심법인데 자사는 그것이 오래되면서 차질이 생길 것을 염려하였다. 그러므로 그것을 책에 기록하여 맹자에게 전하였다.(此篇乃孔門**傳授心法**, 子思恐其久而差也. 故筆之於書, 以授孟子.)"라고 하였다.

○'목(目)'은 조목이다. 안연이 공자의 말씀을 듣고 즉시 천리와 인욕의 경계에 대하여 이미 분별하였다. 그러므로 다시 질문할 것 없이 곧바로 그 조목을 물은 것이다. '비례(非禮)'라는 것은 자신의 사욕이다. '물(勿)'이라는 것은 금지하는 말이니, 이것은 사람의 마음이 주인이 되어 사욕을 이겨 예로 돌아가는 관건이다. 사욕이 이겨지면 몸가짐과 움직임이 예에 맞지 않는 것이 없어 일상생활에 천리가 두루 행해짐이 아닌 것이 없게 된다. '사(事)'는 '일을 일삼다'의 '일삼다'와 같다. '이 말씀을 일삼겠다'는 것은 안연이 묵묵히 그 이치를 알았고, 또 스스로 자신의 힘이 그것을 이겨낼 수 있음을 알았기 때문에 곧바로 자신의 임무로 여기고 의심하지 않은 것이다.

○정자가 말하였다. "안연이 극기복례의 조목을 묻자 공자가 말씀하기를, '예가 아니면 보지 말고 예가 아니면 듣지 말며, 예가 아니면 말하지 말고 예가 아니면 움직이지 말 것이다.'라고 하였으니 (보고 듣고 말하고 움직이는) 네 가지는 몸의 작용이다. 안에서 비롯되어 밖으로 호응하니 밖을 제어하는 것이 그 안을 기르는 방법이다. 안연이 이 말씀을 일삼은 것이 성인의 경지로 나아간 방법이었으니, 후세에 성인을 배우는 자들은 마땅히 가슴속에 간직하여 잃지 말아야 하겠다. 그래서 잠언을 지어 스스로를 경계한다."

그 시잠(視箴)의 글이다. "마음이란 본래 비었으니 사물을 대함에 자취가 없다. 그것을 지키는 데는 요령이 있으니 보는 것이 그 원칙이 된다. 가리는 것[물욕(物慾)]이 앞에서 교차하면 그 마음이 옮겨가니 밖에서 그것을 통제하여 그 안을 안정시킨다. 극기복례하여 오래되면 참되어질 것이다."

그 청잠(聽箴)의 글이다. "사람은 지닌 도리가 있어 타고난 본성에 근본을 두었으나, 지각이 유혹을 받고 외물이 변화시켜 마침내 그 바름을 잃는다. 뛰어난 저 선각자들은 그칠 곳을 알아 (뜻이) 정해짐이 있었으니 사악함을 막고 참됨을 보존하여 예가 아니면 듣지 말 것이다."

그 언잠(言箴)의 글이다. "사람의 마음이 움직이는 것은 말로 인하여 펼

쳐지니 말을 낼 때에 조급함과 경망함을 금해야 안이 이에 고요해지고 한결같아진다. 하물며 이것은 (군자의) 관건이라서 전쟁을 일으키기도 하고 우호를 내기도 하니, 길함과 흉함·영화와 모욕은 오직 이것이 불러오는 것이다. 쉽게 하는 데에서 잘못되면 허황되고 많이 하는 데에서 잘못되면 지루하며, 자신이 함부로 하면 상대도 어기고 나가는 말이 어긋나면 오는 말도 어그러진다. 법도가 아니면 말하지 않을 것이니 훈계의 말씀을 공경할지어다."

그 동잠(動箴)의 글이다. "명철한 사람은 기미를 알아 생각에서 참되게 하고, 뜻이 있는 선비는 실천을 힘써 행위에서 지킨다. 이치를 따르면 여유 있고 욕심을 따르면 위험하니, 다급한 때에도 잘 생각하여 두려움과 조심함으로 스스로를 지켜라. 습관이 되어 성격으로 굳어지면 성현들과 함께 [그 경지로] 돌아갈 것이다."

○내가 살펴보건대, 이 장의 문답은 바로 전수한 마음의 수양법으로 간절하고 긴요한 말씀이니, 지극히 총명한 이[18]가 아니면 그 기미를 살필 수 없고 지극히 굳센 이[19]가 아니면 그 결단을 이룰 수 없다. 그러므로 오직 안자만이 그것을 들을 수 있었지만, 모든 학자들도 또한 힘쓰지 않으면 안 된다. 정자의 잠언이 드러내 밝힌 것이 친밀하고 절실하니, 배우는 이들은 더욱 깊이 음미해야 하겠다.

안연12 제2장

12-02 ◉仲弓問仁한대 子曰이라. 出門如見大賓하고 使民如承大祭[20]하며 己所不欲을 勿施於人이니 在邦無怨하며 在家無怨이니

---

18) '비례(非禮)'의 '비(非)'를 터득할 사람을 가리킨다.

19) '물(勿)'을 실천할 사람을 가리킨다.

20) ≪춘추좌전(春秋左傳)·희공(僖公)·33년≫, "구계(臼季)가 사신 가는 길에 기읍(冀邑)을 지나다가 기읍의 극결(郤缺)이 밭에서 김을 매는 것을 보았다. 그의 아내가 밥을 내왔는데 공경함이 손님을 대하듯이 하였다. 그를 데리고 돌아와 문공에게 말하기를, '공경

라. 仲弓曰이라. 雍雖不敏이나 請事斯語矣리이다.

●敬以持己하고 恕以及物이면 則私意無所容而心德全矣라. 內外無怨은 亦以其效言之니 使以自考也라.

●程子曰이라. 孔子言仁에 只說出門如見大賓하고 使民如承大祭나 看其氣象하면 便須心廣體胖[21]하여 動容周旋이 中禮라. 唯謹獨이 便是守之之法이라.

●或問이라. 出門使民之時엔 如此可也어니와 未出門使民之時엔 如之何잇고? 曰이라. 此는 儼若思[22]時也라. 有諸中而後見於外하니 觀其出門使民之時에 其敬如此면 則前乎此者는 敬可知矣라. 非因出門使民然後에 有此敬也라.

●愚按컨대 克己復禮는 乾道也요 主敬行恕는 坤道也라. 顔冉之學이 其高下淺深을 於此可見이라. 然이나 學者가 誠能從事於敬恕之間而有得焉이면 亦將無己之可克矣리라.

중궁이 인에 대하여 묻자 공자가 말씀하였다. "문을 나가서는 큰손님을 만나듯이 하고 백성을 부리면서 큰 제사를 받들 듯이 하며, 자신이 바라지 않는 것을 남에게 행하지 말 것이니, (그러면) 나라에서도 원망이 없고 집안에서도 원망이 없다." 중궁이 말하였다. "제가 비록 총명하지 못하지만 이 말씀을 일삼겠습니다."

○'경(敬)'으로 몸가짐을 하고, '서(恕)'로 상대에게 미친다면 사사로운 뜻이 용납될 곳이 없어 마음의 덕이 온전해진다. 안과 밖에서 원망이 없음은

은 덕이 모인 것입니다. 공경할 수 있으면 반드시 덕이 있습니다. 덕은 백성을 다스리는 것이니 군주께서는 이 사람을 등용하시기 바랍니다. 신이 듣기에, 문을 나가서는 손님을 대하듯이 하고, 일을 받들기는 제사 지내듯이 하는 것이, 인의 원칙이라고 하였습니다.'라고 하였다.(臼季使過冀, 見冀缺耨. 其妻饁之, 敬, 相待如賓. 與之歸, 言諸文公曰, 敬, 德之聚也. 能敬, 必有德. 德以治民, 君請用之. 臣聞之, **出門如賓, 承事如祭**, 仁之則也.)"

21) ≪대학(大學)·전6장≫, "부유함은 집을 윤택하게 하고, 덕은 몸을 윤택하게 하니, <덕이 있으면> 마음이 넓어져서 몸이 펴진다. 그러므로 군자는 반드시 그 뜻을 참되게 하는 것이다.(富潤屋, 德潤身, **心廣體胖**, 故君子必誠其意.)" 주희는 '심광(心廣)'을 '마음에 부끄러움이 없는 상태(心無愧怍)'라고 설명하였다.

22) ≪예기(禮記)·곡례상(曲禮上)≫, "불경(不敬)하지 말고 엄숙하여 사색하듯이 하며 말을 안정되게 하면, 백성을 편안하게 할 것이다.(毋不敬, **儼若思**, 安定辭, 安民哉.)"

또한 그 효과로 말씀한 것이니 스스로 살피도록 한 것이다.

○정자가 말하였다. "공자가 인을 말씀하면서 단지 문을 나가서는 큰손님을 만나듯이 하고, 백성을 부리면서 큰제사를 받들 듯이 하라고 설명하였지만, 그 기상을 보면 모름지기 마음이 넓어짐에 몸이 펴져 몸가짐과 움직임이 예에 맞도록 해야 함이다. 오직 '근독(謹獨)'만이 바로 그것을 지키는 방법이다."

○어떤 사람이 물었다. "문을 나가고 백성을 부릴 때에는 이와 같이 하면 되겠습니다만, 문을 나가지 않고 백성을 부리지 않을 때에는 어떻게 해야 합니까?" (정자가) 대답하였다. "이것은 '엄숙하기를 사색하듯이 할' 때이다. 마음에 지닌 뒤에 밖으로 드러나니, 그가 문을 나가고 백성을 부릴 때에 그 공경이 이와 같음을 보았다면 이보다 앞서서의 경우는 공경을 알 수 있다. 문을 나가고 백성을 부리는 데에서 비롯된 뒤에 이러한 공경이 있는 것이 아니다."

○내가 살펴보건대, 극기복례는 건도(乾道:하늘의 도)이고, 경(敬)을 위주로 하며 서(恕)를 실천하는 것은 곤도(坤道:땅의 도)이다. 안자와 염옹의 학문이 그 높고 낮음과 얕고 깊음을 여기에서 알 수 있다. 그러나 배우는 자가 진실로 경(敬)과 서(恕)의 사이에 힘써 거기에서 터득함이 있다면, 또한 장차 이길 만한 사욕이 없게 될 것이다.

안연12 제3장

12-03-1 ◉司馬牛問仁한대,

●司馬牛는 孔子弟子로 名이 犁이고 向魋之弟라.

한자 犁 얼룩소 리·쟁기 려·무서워서 떨 류, **魋 사람 이름 퇴**·북상투 추

사마우가 인에 대하여 묻자,

○사마우는 공자 제자로 이름이 이(犁)이고 상퇴(向魋)의 아우이다.

12-03-2 ◉子曰이라. 仁者는 其言也가 訒이니라.

●訒은 忍也며 難也라. 仁者는 心存而不放故로 其言이 若有所忍而不易發이니 蓋其德之一端也라. 夫子以牛多言而躁故로 告之以此하사 使其於此而謹之하니 則所以爲仁之方이 不外是矣라.

한자 訒 어눌할 인·**신중할 인**

공자가 말씀하였다. "인한 자는 그 말이 신중하다."

○'인(訒)'은 '참다'이며 '어렵게 하다'이다. 인한 자는 마음이 보존되어 놓치지 않기 때문에 그 말이 참는 바가 있는 듯하여 쉽게 나오지 않으니, 그 덕의 한 가지 단서이다. 공자는 사마우가 말이 많고 조급했기 때문에 이것으로 말씀해주어 그로 하여금 이에 대하여 삼가게 하였으니, 인을 실천하는 방법이 여기에서 벗어나지 않는다.

12-03-3 ◉曰이라. 其言也가 訒이면 斯謂之仁矣乎잇가? 子曰이라. 爲之難하니 言之得無訒乎아.

●牛意仁道至大하여 不但如夫子之所言이라. 故로 夫子又告之以此라. 蓋心常存故로 事不苟하고 事不苟故로 其言을 自有不得而易者요 非强閉之而不出也라.

●楊氏曰이라. 觀此及下章再問之語하면 牛之易其言을 可知라.

●程子曰이라. 雖爲司馬牛多言故로 及此나 然이나 聖人之言이 亦止此爲是라.

●愚謂컨대 牛之爲人이 如此하니 若不告之以其病之所切하고 而泛以爲仁之大槩로 語之면 則以彼之躁로 必不能深思以去其病하고 而終無自以入德矣리

라. 故로 其告之如此라. 蓋聖人之言이 雖有高下大小之不同이나 然이나 其切於學者之身하고 而皆爲入德之要는 則又初不異也라. 讀者其致思焉이라.

한자 泛 뜰 범(汎과 같은 자)·자욱할 범·**일반적일 범**, 槩 평미레 개(槪와 같은 자)·표준 개·**개괄할 개**, 躁 빠를 조·**조급할 조**

(사마우가) 말하였다. "그 말이 신중하면 그것을 인이라고 합니까?" 공자가 말씀하였다. "실천하기가 어려우니 말하는 것이 신중하지 않을 수 있겠는가."

○사마우는 생각하기에, 인의 도가 지극히 커서 단지 공자가 말씀한 바와 같을 뿐만이 아니라고 여겼다. 그러므로 공자가 다시 이것으로 그에게 말씀해준 것이다. 마음이 항상 보존되어 있기 때문에 일이 구차하지 않고, 일이 구차하지 않기 때문에 그 말을 자연 쉽게 할 수 없는 것이 있는 것이지 억지로 막아 나오지 않게 하는 것이 아니다.

○양씨[양시(楊時)]가 말하였다. "이 장과 아래 장에서, 다시 물은 말을 관찰하면 사마우가 자신의 말을 쉽게 했음을 알 수 있다."

○정자가 말하였다. "비록 사마우가 말이 많았기 때문에 이것을 언급한 것이지만, 공자의 말씀이 또한 여기에서 그친 것이 옳다."23)

○내가 생각하건대, 사마우의 사람됨이 이와 같았으니 만일 그에게 자신의 병통이 절실한 것으로 말씀해주지 않고 일반적으로 인을 실천하는 개요를 가지고 말씀해 주었다면, 그의 조급함 때문에 틀림없이 깊이 생각하여 자신의 병폐를 제거하지 못하고 끝내 실마리를 따라 덕에 들어갈 수 없었을 것이다. 그러므로 공자가 그에게 말씀해준 것이 이와 같았다. 성인의 말씀이 비록 높고 낮으며 크고 작은 차이가 있으나, 그것이 배우는 자의 몸에 절실하고 모두가 덕에 들어가는 요점이 되는 것은 또한 애당초 다르지 않다. 독자들은 바라건대 생각을 기울일 것이다.

---

23) 안회나 중궁과 달리 사마우에게는 이 말씀만 해준 것이 옳다는 설명이다. 즉 아래에서 주자가 말한 '그에게 자신의 병통이 절실한 것만으로 말씀해준 것'을 가리킨다.

안연12 제4장

12-04-1 ◉司馬牛問君子한대 子曰이라. 君子는 不憂不懼니라.[24)]

●向魋作亂하니 牛常憂懼라. 故로 夫子告之以此라.

사마우가 군자에 대하여 묻자 공자가 말씀하였다. “군자는 근심하지 않고 두려워하지 않는다.”

○(사마우의 형인) 상퇴가 난동을 일으키니 사마우가 항상 근심하고 두려워하였다. 그러므로 공자가 그에게 이것으로 말씀해 주었다.

12-04-2 ◉曰이라. 不憂不懼면 斯謂之君子矣乎잇가. 子曰이라. 內省不疚어니 夫何憂何懼리오.

●牛之再問은 猶前章之意라. 故로 復告之以此라. 疚는 病也라. 言由其平日所爲가 無愧於心故로 能內省不疚하여 而自無憂懼니 未可遽以爲易而忽之也라.

●晁氏曰이라. 不憂不懼는 由乎德全而無疵라. 故로 無入而不自得[25)]이요 非實有憂懼而强排遣之也니라.

한 자 疚 고질병 구·괴로워할 구·거리낄 구

---

24) ≪논어(論語)·술이(述而)≫, “공자가 말씀하였다. ‘군자는 평탄하게 드넓고, 소인은 내내 근심한다.’(子曰. 君子, 坦蕩蕩, 小人, 長戚戚.)”

25) ≪중용(中庸)·제14장≫, “부귀함에 처해서는 부귀에 맞게 행동하고, 빈천함에 처해서는 빈천에 맞게 행동하며, 이적의 입장에 처해서는 이적의 입장에 맞게 행동하고, 환난의 입장에 처해서는 환난의 입장에 맞게 행동하니, 군자는 들어가는 곳마다 자신에 맞게 하지 않음이 없다.(素富貴行乎富貴, 素貧賤行乎貧賤, 素夷狄行乎夷狄, 素患難行乎患難, 君子無入而不自得焉.)”

사마우가 말하였다. "근심하지 않고 두려워하지 않으면 그를 군자라고 합니까?" 공자가 말씀하였다. "안으로 반성하여 거리끼지 않으니, 무엇을 근심하고 무엇을 두려워하겠는가."

○사마우가 다시 물은 것은 앞 장의 뜻과 같다. 그러므로 다시 이것으로 그에게 말씀해 주었다. '구(疚)'는 병통이다. 평소에 행하는 것이 마음에 부끄러움이 없기 때문에 안으로 반성하여 거리끼지 않을 수 있어서 저절로 근심과 두려움이 없는 것이니, 성급하게 이것[근심하지 않고 두려워하지 않음]을 쉽게 여겨 소홀히 해서는 안 된다.

○조씨[조열지(晁說之)]가 말하였다. "근심하지 않고 두려워하지 않는 것은 덕이 온전하고 허물이 없는 데에서 비롯된다. 그러므로 들어가는 곳마다 자신에 맞게 하지 않음이 없는 것이지, 실제로 근심과 두려움이 있으면서 억지로 그것을 떨쳐내는 것이 아니다."

안연12 제5장

12-05-1 ◉司馬牛憂曰이라. 人皆有兄弟어늘 我獨亡로다.

●牛有兄弟而云然者는 憂其爲亂而將死也라.

사마우가 근심하면서 말하였다. "남들은 모두 형제가 있는데 나만 홀로 없구나."

○사마우는 형제가 있었는데도 그렇게 말한 것은, 그가 난동을 부리다가 장차 죽을까를 근심한 것이다.

12-05-2 ◉子夏曰이라. 商은 聞之矣로니,

●蓋聞之夫子리라.

자하가 말하였다. "내가 다음과 같은 말씀을 들었으니,

○아마도 공자에게서 들었을 것이다.

12-05-3 ◉死生有命이요 富貴在天이라호라.

●命은 稟於有生之初니 非今所能移요 天은 莫之爲而爲[26]니 非我所能必이라. 但當順受而已라.

한자 稟 줄 품·받을 품

생사는 천명이 있고, 부귀는 하늘에 달려 있다고 하셨다.

○천명은 태어나는 처음에 받았으니 지금 바꿀 수 있는 것이 아니고, 하늘은 그렇게 하는 것이 없는데도 되는 것이니, 내가 단정할 수 있는 것이 아니다. 다만 순순히 받아들여야 할 뿐이다.

12-05-4 ◉君子가 敬而無失하며 與人恭而有禮면 四海之內가 皆兄弟也니 君子가 何患乎無兄弟也리오.

●既安於命하고 又當修其在己者라. 故로 又言苟能持己以敬而不間斷하고 接人以恭而有節文이면 則天下之人이 皆愛敬之하여 如兄弟矣라. 蓋子夏欲以寬牛之憂하여 而爲是不得已之辭니 讀者不以辭害意[27]가 可也니라.

---

26) ≪맹자(孟子)·만장상(萬章上)≫, "그렇게 하는 것이 없는데도 그렇게 되는 것은 천(天)이고, 이르게 하는 것이 없는데도 이르는 것은 명(命)이다.(莫之爲而爲者, 天也, 莫之致而至者, 命也.)"

27) ≪맹자·만장상≫, "글자로 문장을 해치지 말고 문장으로 뜻을 해치지 말며, (독자의)

◉胡氏曰이라. 子夏四海皆兄弟之言은 特以廣司馬牛之意니 意圓而語滯者也라. 唯聖人則無此病矣라. 且子夏知此[28]로되 而以哭子로 喪明[29]하니 則以蔽於愛而昧於理라. 是以로 不能踐其言爾라.

군자가 공경하면서 (공경을) 잃음이 없으며, 남과 어울림에 공손하고 예가 있으면, 온 세상 안(의 사람들)이 다 형제이니 군자가 어찌 형제가 없는 것을 걱정하겠는가."

○이미 천명을 편안히 여기고 또 자신에게 있는 것[본성]을 닦아야 한다. 그러므로 다시 말하기를, "만일 몸가짐을 공경으로 하면서 중간에 끊어지지 않을 수 있고, 사람 대하기를 공손으로 하면서 조절과 수식이 있을 수 있으면, 천하 사람들이 모두 그를 사랑하고 공경하여 형제와 같게 된다.' 라고 한 것이다. 자하가 사마우의 근심을 풀어주고자 하여 이런 부득이한 말을 한 것이니 독자들은 문장으로 본의를 해치지 않는 것이 좋겠다.

○호씨[호인(胡寅)]가 말하였다. "온 세상이 다 형제라는 자하의 말은 다만 사마우를 위로하고자 하는 의도였으니, 의도는 원만하나 말은 순조롭지 못한 것이다. 오직 성인만은 이러한 병통이 없다. 또 자하는 이를 알면서도 아들의 죽음에 곡하다가 시력을 잃었으니 사랑에 가려서 이치에 어두웠기 때문이다. 이 때문에 자신의 말을 실천하지 못했다."

안연12 제6장

12-06 ◉子張問明한대 子曰이라. 浸潤之譖과 膚受之愬가 不行焉이

뜻으로써 (작자의) 뜻을 헤아려야 이것이 터득하는 것이다.(不以文害辭, 不以辭害志, 以意逆志, 是爲得之.)"

28) "생사는 천명이 있고, 부귀는 하늘에 달려 있다.(死生有命, 富貴在天.)"는 말을 가리킨다.

29) ≪예기(禮記)·단궁상(檀弓上)≫, "자하가 아들의 상을 치르다가 자신의 시력을 잃었다. 증자가 조문하면서 말하기를, '내가 들으니, 벗이 시력을 잃으면 그를 위해 곡한다고 하였습니다.'라 하고 증자가 곡을 하였다.(子夏喪其子, 而喪其明. 曾子弔之, 曰, 吾聞之也, 朋友喪明則哭之. 曾子哭.)"

면 可謂明也已矣니라. 浸潤之譖과 膚受之愬가 不行焉이면 可謂遠也已矣니라.

●浸潤은 如水之浸灌滋潤하여 漸漬而不驟也라. 譖은 毁人之行也라. 膚受는 謂肌膚所受니 利害切身이라. 如易所謂剝床以膚는 切近災者也[30]라. 愬는 愬己之寃也라.

●毁人者가 漸漬而不驟면 則聽者는 不覺其入而信之深矣요 愬寃者가 急迫而切身이면 則聽者는 不及致詳而發之暴矣라. 二者는 難察而能察之면 則可見其心之明而不蔽於近矣라. 此亦必因子張之失而告之리라. 故로 其辭繁而不殺하여 以致丁寧之意云이라.

●楊氏曰이라. 驟而語之와 與利害不切於身者가 不行焉은 有不待明者能之也라. 故로 浸潤之譖과 膚受之愬가 不行然後에 謂之明이요 而又謂之遠이니 遠則明之至也라. 書曰視遠惟明[31]이라하니라.

한자 浸 담글 침·가라앉을 침·**점차 침**, 潤 젖을 윤·**적실 윤**·윤택할 윤, 譖 참소할 참, 愬 하소연할 소, 漬 담글 지·**젖을 지**, 剝 벗길 박·**깎을 박**, 寃 원통할 원

자장이 현명함에 대하여 묻자 공자가 말씀하였다. "점차적으로 스며드는 참소와 피부에 와 닿는 하소연이 행해지지 않는다면 현명하다고 할 만하다. 점차적으로 스며드는 참소와 피부로 받아지는 하소연이 행해지지 않는다면 심원하다고 할 만하다."

○'침윤(浸潤)'은 물이 스미고 적시는 것과 같아 점차적으로 물들이고 갑작

30) ≪주역(周易)·박괘(剝卦)≫, "육사는 침상을 깎아 피부에 이른 것이니 흉하다. <상전(象傳)>에 말하였다. '침상을 깎아 피부에 이른 것'은 재앙에 매우 가까운 것이다.(六四, 剝牀以膚, 凶. 象曰, **剝牀以膚, 切近災也**.)"

31) ≪서경(書經)·태갑중(太甲中)≫, "선조를 받들 때에는 효성을 생각하시고 아랫사람을 대할 때에는 공손함을 생각하시며, 먼 곳을 볼 때에는 밝게 볼 것을 생각하시고 덕스러운 말을 들을 때에는 귀밝게 들을 것을 생각하시면, 저는 왕의 아름다움을 받들어서 싫어함이 없을 것입니다.(奉先思孝, 接下思恭. **視遠惟明**, 聽德惟聰. 朕承王之休, 無斁.)"

스럽지 않은 것이다. '참(譖)'은 남의 행동을 비방하는 것이다. '부수(膚受)'는 피부로 받아지는 것을 이르니 이해가 몸에 절실한 것이다. 예를 들면 ≪주역≫에서 말한 "침상을 깎아 피부에 이른 것은 재앙에 매우 가까운 것이다."와 같다. '소(愬)'는 자기의 억울함을 하소연하는 것이다.

○남을 비방하는 자가 점차적으로 물들이면서 갑작스럽지 않으면, 듣는 자는 그것이 들어오는 것을 깨닫지 못하며 믿는 것이 깊어지며, 억울함을 하소연하는 자가 다급하면서 몸에 절실하게 하면, 듣는 자는 미처 자세한 살핌을 지극하게 하지 못하며 드러냄이 갑작스럽게 된다. 두 가지는 살피기 어려운데 잘 살필 수 있다면 그 마음이 현명하여 가까운 것에 가려지지 않음을 알 수 있다. 이 또한 틀림없이 자장의 잘못에 따라서 말씀했을 것이다. 그러므로 그 말씀이 번다하지만 줄이지 않아 간절한 뜻을 지극하게 하였다.

○양씨[양시(楊時)]가 말하였다. "갑작스럽게 말하는 것과 이해가 몸에 절실하지 않은 것이 행해지지 않음은, 현명한 자를 기다리지 않아도 가능할 수 있다. 그러므로 점차적으로 스며드는 참소와 피부로 받아지는 하소연이 행해지지 않은 뒤에야 그를 현명하다고 하고 또 심원하다고 하니, 심원함은 현명함이 지극한 것이다. ≪서경≫에 이르기를 '먼 곳을 볼 때에는 밝게 볼 것을 생각해야 합니다.'라고 하였다."

안연12 제7장

12-07-1 ◉子貢이 問政한대 子曰이라. 足食足兵이면 民信之矣리라.

●言倉廩實而武備脩然後에 敎化行而民信於我하여 不離叛也라.

한자 廩 곳집 름, 叛 배반할 반

자공이 정치에 대하여 묻자 공자가 말씀하였다. "먹을 것을 넉넉하게 하고 무기를 넉넉하게 하면, 백성들이 믿게 될 것이다."

○창고가 차고 군비가 갖춰진 뒤에 교화가 행해지면, 백성들이 나(위정자)를 믿어 민심이 떠나지 않는다고 말씀한 것이다.

12-07-2 ◉子貢曰이라. 必不得已而去인댄 於斯三者에 何先이리잇고? 曰이라. 去兵이니라.32)

●言食足而信孚면 則無兵而守固矣라.

한자 孚 성실할 부·믿을 부

자공이 말하였다. "꼭 부득이해서 없앤다면 이 세 가지에서 무엇을 먼저 할까요?" 공자가 말씀하였다. "무기를 없앤다."

○먹을 것이 넉넉하고 신의가 믿어지면, 무기가 없어도 지킴이 견고하게 됨을 말씀한 것이다.

12-07-3 ◉子貢曰이라. 必不得已而去인댄 於斯二者에 何先이리잇고? 曰이라. 去食이라. 自古皆有死어니와 民無信不立이니라.

●民無食必死라. 然이나 死者는 人之所必不免이요 無信則雖生而無以自立이니 不若死之爲安이라. 故로 寧死而不失信於民하고 使民亦寧死而不失信於我也라.
●程子曰이라. 孔門弟子는 善問하여 直窮到底하니 如此章者는 非子貢이면 不能問이요 非聖人이면 不能答也리라.

---

32) 십삼경본 ≪논어주소(論語注疏)≫에서, "무기라는 것은 흉한 물건으로 백성을 해치고 재원을 좀먹는다. 그러므로 먼저 없앤다.(以兵者凶器, 民之殘也, 財用之蠹也. 故先去之.)"라고 설명하였다.

◉愚謂건대 以人情而言하면 則兵食足而後에 吾之信이 可以孚於民이요 以民德而言하면 則信은 本人之所固有니 非兵食所得而先也라. 是以로 爲政者는 當身率其民하여 而以死守之요 不以危急而可棄也라.

자공이 말하였다. "꼭 부득이해서 없앤다면 이 두 가지에서 무엇을 먼저 할까요?" 공자가 말씀하였다. "먹을 것을 없앤다. 예로부터 모두 죽음이 있었지만 백성들이 (위정자에 대한) 믿음이 없으면 (나라가) 서지 못한다."33)

○백성은 먹을 것이 없으면 반드시 죽는다. 그러나 죽음이라는 것은 사람들이 반드시 벗어날 수 없는 것이고 믿음이 없으면 비록 살더라도 스스로 설 수 없으니 죽는 것이 편안함만 못하다. 그러므로 차라리 죽을지언정 백성들에게 믿음을 잃지 않을 것이고 백성들로 하여금 또한 차라리 죽을지언정 나에게 믿음을 잃지 않도록 하게 할 것이다.

○정자가 말하였다. "공자 문하의 제자들은 묻기를 잘하여 곧바로 파고들어 바닥에까지 이르렀으니, 이 장과 같은 것은 자공이 아니면 묻지 못했을 것이고 공자가 아니면 대답하지 못했을 것이다."

○내가 생각하건대, 사람의 정서로 말한다면 무기와 먹을 것이 넉넉한 뒤에 나의 신의가 백성들에게 믿어질 수 있고, 백성의 덕으로 말한다면 신의는 본디 사람이 원래 가지고 있는 것이니34) 무기와 먹을 것이 앞설 수 있는 것이 아니다. 이 때문에 위정자는 몸소 백성들에게 솔선하여 죽음으로 그것[신의]을 지켜야 하고, 위급함 때문에 버려서는 안 된다."

33) 세주에서 주자는, "이것은 백성들이 자립하지 못하는 것이다. 백성들이 자립하지 못하면 나라도 역시 설 수 없다.(是民自不立. 民不立, 則國亦不能以有立.)"라고 하여 포괄적으로 설명하였는데, 정치에 관한 문답임을 감안할 때 '나라'로 구체화하는 것이 좋겠다.

34) 오상(五常:仁義禮智信) 가운데 하나이기 때문이다.

안연12 제8장

12-08-1 ◉棘子成曰이라. 君子는 質而已矣니 何以文爲리오.

●棘子成은 衛大夫니 疾時人文勝故로 爲此言이라.

한 자 棘 가시나무 극·찌를 극·창 극

극자성이 말하였다. "군자는 바탕일 뿐이니 어찌 수식을 하겠는가."

○극자성은 위나라 대부인데, 당시 사람들이 수식이 지나친 것을 싫어했기 때문에 이 말을 하였다.

12-08-2 ◉子貢曰이라. 惜乎라. 夫子之說이 君子也나 駟不及舌이로다.

●言子成之言이 乃君子之意나 然言出於舌이면 則駟馬不能追之니 又惜其失言也라.

한 자 駟 네 마리 말 사·수레 사

자공이 말하였다. "애석합니다. 그대의 말씀이 군자다우나 네 마리 말도 혀를 따라잡지 못합니다.

○극자성의 말이 바로 군자의 의도이지만, 말이 혀에서 나오면 네 마리 말도 따라잡을 수 없다고 말한 것이니 또한 그가 말을 실수한 것을 애석해 한 것이다.

12-08-3 ◉文猶質也며 質猶文也니 虎豹之鞟이 猶犬羊之鞟이니라.

●鞟은 皮去毛者也라. 言文質等耳니 不可相無라 若必盡去其文而獨存其質이면 則君子小人이 無以辨矣라. 夫棘子成은 矯當時之弊라가 固失之過요 而子貢은 矯子成之弊라가 又無本末輕重之差하니 胥失之矣로다.

한자 豹 표범 표, 鞟 털을 제거한 가죽 곽, 矯 바로잡을 교

수식이 바탕과 같으며 바탕이 수식과 같으니, (수식이 없다면) 털을 제거한 호랑이와 표범의 가죽이 털을 제거한 개와 양의 가죽과 같아집니다."

○'곽(鞟)'은 가죽에서 털을 제거한 것이다. 수식과 바탕은 같을 뿐이니 서로 없어서는 안 되는지라, 만일 반드시 모두 그 수식을 제거하고 오직 그 바탕만을 남긴다면 군자와 소인이 구분될 수 없다고 말한 것이다. 극자성은 당시의 폐단을 바로잡으려다가 진실로 지나친 데에서 잘못되었고, 자공은 극자성의 폐단을 바로잡으려다가 또한 본말과 경중의 차이를 없앴으니 모두 잘못되었다.

안연12 제9장

12-09-1 ◉哀公이 問於有若曰이라. 年饑用不足하니 如之何오?

●稱有若者는 君臣之詞라. 用은 謂國用이라. 公意는 蓋欲加賦以足用也라.

한자 饑 주릴 기

애공이 유약에게 물었다. "해가 흉년들어 재정이 부족하니 어찌할까요?"

○유약이라고 일컬은 것은 군신 간의 말이기 때문이다. '용(用)'은 국가의 재정을 이른다. 애공의 의도는 세금을 추가하여 재정을 넉넉하게 하고자 한 것이다.

12-09-2 ◉有若對曰이라. 盍徹乎시니잇고.

●徹은 通也며 均也라. 周制에 一夫가 受田百畝하여 而與同溝共井之人으로 通力合作하여 計畝均收라. 大率民得其九하고 公取其一故로 謂之徹이라. 魯自宣公으로 稅畝하고 又逐畝하여 什取其一하니 則爲什而取二矣라. 故로 有若請但專行徹法은 欲公節用以厚民[35]也라.

한자 盍 덮을 합·**어찌 아닐 합**·아마도 합, 徹 거둘 철·뚫을 철·**통할 철**, 溝 봇도랑 구

유약이 대답하였다. "어찌 철법을 쓰지 않습니까."

○'철(徹)'은 '공동으로 하다'이며 '고르게 하다'이다. 주나라 제도에 한 가장(家長)이 정전 100무(畝)를 받아서, 도랑을 같이하고 정전을 함께하는 사람들과 힘을 합쳐 함께 일하고, 이랑을 계산하여 고르게 거두었다. 대략 백성들은 10분의 9를 갖고 국가가 10분의 1을 취하였기 때문에 그것을 '철(徹)'이라고 하였다. 노나라는 선공 때부터 무(畝)에 세금을 매겼고 다시 무에 따라 10분의 1을 취했으니 곧 10분의 2를 취한 것이 된다. 그러므로 유약이 오로지 철법을 시행할 것을 청한 것은 애공이 씀씀이를 절제하여 백성을 넉넉하게 하기를 바란 것이다.

12-09-3 ◉曰이라. 二도 吾猶不足이어니 如之何其徹也리오.

35) ≪논어(論語)·학이(學而)≫, "공자가 말씀하였다. '천승의 나라를 다스리는 데에는 일을 신중히 하고 믿음 받게 하며, 씀씀이를 절제하고 사람들을 사랑하며, 백성 부리는 것을 시기[농한기]에 따라 할 것이다.'(子曰, 道千乘之國, 敬事而信, **節用愛人**, 使民以時.)"

●二는 卽所謂什二也라. 公以有若不喩其旨라. 故로 言此以示加賦之意라.

(애공이) 말하였다. "(10분의) 2도 나는 오히려 부족한데 어떻게 그렇게 철법을 쓰겠소."

○'이(二)'는 바로 10분의 2를 말한 것이다. 애공은 유약이 자신의 뜻을 깨닫지 못했다고 생각하였다. 그러므로 이것을 말하여 세금을 추가할 뜻을 보인 것이다.

12-09-4 ◉對曰이라. 百姓足이면 君孰與不足이며 百姓不足이면 君孰與足이리잇고.

●民富면 則君不至獨貧이요 民貧이면 則君不能獨富라. 有若은 深言君民一體之意하여 以止公之厚斂하니 爲人上者는 所宜深念也라.

●楊氏曰이라. 仁政은 必自經界始라. 經界正而後에 井地均하고 穀祿平36)하여 而軍國之須가 皆量是以爲出焉이라. 故로 一徹而百度擧矣니 上下가 寧憂不足乎리오. 以二猶不足이어늘 而敎之徹하니 疑若迂矣라. 然이나 什一은 天下之中正으로 多則桀이요 寡則貉37)이니 不可改也라. 後世에 不究其本而唯末之圖故로 征斂無藝하고 費出無經하여 而上下困矣니 又惡知盍徹之當務而不爲迂乎아.

한자 斂 거둘 렴, 迂 구불구불할 우·멀 우·**사리에 어두울 우**, 貉 오소리 학·오랑캐 맥, 藝 심을 예·재주 예·경전 예·**기준 예**

---

36) ≪맹자(孟子)·등문공상(滕文公上)≫, "인정(仁政)은 반드시 경계(境界)를 구획하는 것으로부터 시작된다. 경계를 구획하는 것이 바르지 못하면, 정전이 고르지 못하고 녹봉이 공평하지 못하다.(夫**仁政, 必自經界始. 經界不正, 井地不均, 穀祿不平.**)"

37) ≪맹자·고자하(告子下)≫, "백규가 말하였다. '나는 20분의 1을 취하고자 하는데 어떻습니까?' 맹자가 대답하였다. '그대의 방법은 맥족의 방법이다.'(白圭曰. 吾欲二十而取一, 何如? 孟子曰. 子之道, **貉道**也.)"

(유약이) 대답하였다. "백성이 넉넉하면 군주께서 누구와 더불어 넉넉하지 않을 것이며, 백성이 넉넉하지 않으면 군주께서 누구와 더불어 넉넉하시겠습니까."

○백성이 부유하면 군주만이 홀로 가난함에 이르지 않을 것이고, 백성이 가난하면 군주만이 홀로 부유할 수 없다. 유약은 군주와 백성이 일체인 뜻을 심각하게 말하여 애공이 세금을 많이 거두는 것을 제지하였으니, 남의 윗사람이 된 자들은 깊이 염두에 두어야 할 것이다.

○양씨[양시(楊時)]가 말하였다. "인정(仁政)은 반드시 경계(境界)를 구획하는 것[경(經)]으로부터 시작된다. 경계를 구획하는 것이 바르게 된 뒤에 정전이 고르고 녹봉이 공평하여, 군대와 국정의 수요가 모두 이것을 헤아려 지출을 삼는다. 그러므로 한번 철법을 쓰면 온갖 제도가 거행될 것이니 상하가 어찌 부족함을 걱정하겠는가. 10분의 2도 오히려 부족하게 여기는데 그에게 철법을 가르쳤으니, 실정에 어두운 것 같다고 의심한 것이다. 그러나 10분의 1은 천하의 적정한 세법으로, 많으면 걸왕이 되고 적으면 맥족이 되니 바꿀 수 없다. 후세에는 그 근본을 추구하지 않고 오직 말단만을 도모하였기 때문에, 세금을 거두는 것이 기준이 없고 비용의 지출이 법도가 없어 상하가 곤궁해졌으니, 또한 '어찌 철법을 쓰지 않습니까'라는 것이 마땅히 힘써야 할 것이고 실정에 어두운 것이 아님을 어떻게 알겠는가."

▩ 안연12 제10장

12-10-1 ◉子張이 問崇德辨惑한대 子曰이라. 主忠信하며 徙義[38]가 崇德也[39]니라.

---

38) 사의(徙義) : 십삼경본 ≪논어주소(論語注疏)≫에서, "도리를 보면 생각을 바꾸어 따른다.(見義則徙意而從之.)"라고 하였듯이 "선하게 바뀌다.[천선(遷善)]"의 뜻이다.

39) 세주에서 쌍봉 요씨[雙峰饒氏, 요노(饒魯)]는 이 구절에 대해, "충신(忠信)이 덕(德)이고, 사의(徙義)가 높이는 것[숭(崇)]이다.(忠信是德, 徙義是崇.)"라고 설명하였다.

◉主忠信則本立이요 徙義則日新이라.

자장이 덕을 높이고 미혹을 구별하는 것에 대하여 묻자 공자가 말씀하였다. "충실과 신의를 위주로 하며, 도리로 옮겨가는 것이 덕을 높이는 것이다.

○충실과 신의를 위주로 하면 근본이 서고, 도리로 옮겨가면 날로 새로워진다.

12-10-2 ◉愛之란 欲其生하고 惡之란 欲其死하나니 旣欲其生이요 又欲其死가 是惑也니라.

◉愛惡는 人之常情也라. 然이나 人之生死有命하니 非可得而欲也라. 以愛惡而欲其生死면 則惑矣요 旣欲其生하고 又欲其死면 則惑之甚也라.

사랑하면 그가 살기를 바라고 미워하면 그가 죽기를 바라는데, 이미 그가 살기를 바랐다가 또 그가 죽기를 바라는 것이 미혹이다.

○사랑하고 미워하는 것은 사람의 일반적인 정서이다. 그러나 사람의 생사는 천명이 있으니 바랄 수 있는 것이 아니다. 사랑함과 미워함 때문에 그가 살고 죽는 것을 바란다면 미혹된 것이고, 이미 그가 살기를 바랐다가 또 그가 죽기를 바란다면 미혹됨이 심한 것이다.

12-10-3 ◉誠不以富요 亦祇以異니라.

◉此는 詩小雅我行其野之詞也라. 舊說에 夫子引之하여 以明欲其生死者는 不能使之生死하니 如此詩所言하여 不足以致富而適足以取異也라.
◉程子曰이라. 此는 錯簡이니 當在第十六篇齊景公有馬千駟[40]之上이라. 因此

下文에 亦有齊景公字而誤也라.

● 楊氏曰이라. 堂堂乎張也여 難與並爲仁矣[41]니 則非誠善補過[42]하고 不蔽於私[43]者라. 故告之如此라.

한자 祇 토지 신 기·마침 지·**다만 지**, 駟 사마 사

진실로 부유해지지도 못하고 또한 다만 이상해질 뿐이다."

○이것은 ≪시경·소아(小雅)·아행기야(我行其野)≫의 가사이다. 옛 설명에, '공자가 이것을 인용하여, 그가 살고 죽는 것을 바라는 것이 그로 하여금 살게 하고 죽게 할 수 없으니, 이 시에서 말한 바와 같이 부유함을 이루지도 못하면서 다만 이상하게 여겨짐을 취하기에 족할 뿐임을 밝힌 것이다.'라고 하였다.

○정자가 말하였다. "이것은 착간으로, 제16편[<계씨(季氏)>편]의 '제나라 경공은 말 사천 마리를 소유하였으나(齊景公有馬千駟)'의 앞에 있어야 한다. 이 아래 글에 역시 '齊景公'이라는 글자가 있기 때문에 잘못한 것이다."

○양씨[양시(楊時)]가 말하였다. "'(위세가) 당당하구나, 자장이여. 그와는 함께 인을 실천하기 어렵다.'라고 하였으니, 선을 참되게 해나가고 잘못을 고치며 사욕에 가리지 않은 자가 아니었다. 그러므로 말씀한 것이 이와 같았다."

---

40) ≪논어(論語)·계씨(季氏)≫, "제나라 경공은 말 사천 마리를 소유하였으나 죽는 날에 사람들이 덕으로 칭송할 것이 없었고, 백이와 숙제는 수양산 아래에서 굶주렸으나 사람들이 지금에 이르도록 칭송한다. (**齊景公有馬千駟**, 死之日, 民無德而稱焉, 伯夷叔齊, 餓于首陽之下, 民到于今稱之, 其斯之謂與.)"

41) ≪논어·자장(子張)≫

42) 세주에서 경원 보씨[慶源輔氏, 보광(輔廣)]는, "성선(誠善)이 주충신(主忠信)의 일이고, 보과(補過)가 사의(徙義)의 일이다.(**誠善**, 主忠信之事, **補過**, 徙義之事.)"라고 설명하였다.

43) 세주에서 경원 보씨는, "불폐어사(不蔽於私)가 변혹(辨惑)의 일이다.(**不蔽於私**, 辨惑之事.)"라고 설명하였다.

안연12 제11장

12-11-1 ◉齊景公이 問政於孔子한대,

●齊景公은 名이 杵臼라. 魯昭公末年에 孔子適齊라.

한자 杵 공이 저, 臼 절구 구

제나라 경공이 공자에게 정치에 대하여 묻자,

○제나라 경공은 이름이 저구(杵臼)이다. 노나라 소공 말년에 공자가 제나라에 갔다.

12-11-2 ◉孔子對曰이라. 君君하고 臣臣하며 父父하고 子子니이다.

●此는 人道之大經이요 政事之根本也라. 是時에 景公이 失政而大夫陳氏가 厚施於國[44]하고 景公이 又多內嬖而不立太子[45]하니 其君臣父子之間이 皆失其道라. 故로 夫子告之以此라.

한자 嬖 사랑할 폐

44) ≪춘추좌전(春秋左傳)·소공(昭公)·26년≫, "조정에서는 많이 거두는데 진씨는 후하게 베푸니, 민심이 그에게로 돌아가고 있습니다.(其公厚斂焉, **陳氏厚施**焉, 民歸之矣.)"

45) ≪춘추좌전·애공(哀公)·5년≫, "제나라 [경공(景公)의 부인인] 연희가 아들을 낳았으나 장성하지 못하고 죽었다. 후궁인 육사가 낳은 아들 도가 사랑받자 여러 대부들은 그가 태자가 되는 것을 염려하였다. 경공에게 말하기를, '군주님의 연세가 많으신데 아직 태자가 정해지지 않았으니 이를 어찌합니까?'라고 하자 경공이 말하였다. '여러분! 근심과 걱정에 끼어들면 병이 생깁니다. 역시나 우선 즐거움을 추구할 것이지, 어찌 태자가 없는 것을 걱정하시오.(齊燕姬生子, 不成而死. 諸子鬻姒之子荼嬖, 諸大夫恐其爲大子也. 言於公曰, 君之齒長矣, 未有大子, 若之何? 公曰, 二三子, 間於憂虞, 則有疾疢. 亦姑謀樂, 何憂於無君.)"

공자가 대답하였다. "군주는 군주답고 신하는 신하다우며, 아버지는 아버지답고 자식은 자식다운 것입니다."

○이것은 인륜의 큰 법도이고 정사의 근본이다. 이때에 경공은 정치를 잘못하였고, 대부 진씨(陳氏)가 나라 사람들에게 후하게 베풀었으며, 경공은 더구나 안으로 총애하는 여자가 많았고 태자를 세우지 않았으니, 군신 사이와 부자 사이가 모두 올바른 도를 잃었다. 그러므로 공자가 이것으로 말씀한 것이다.

12-11-3 ◉公曰이라. 善哉라. 信如君不君하고 臣不臣하며 父不父하고 子不子면 雖有粟이나 吾得而食諸아.

●景公은 善孔子之言이로되 而不能用이라. 其後에 果以繼嗣不定으로 啓陳氏弑君簒國之禍하니라.

●楊氏曰이라. 君之所以君과 臣之所以臣과 父之所以父와 子之所以子는 是必有道矣라. 景公은 知善夫子之言이로되 而不知反求其所以然이라. 蓋悅而不繹46)者니 齊之所以卒於亂也라.

한자 啓 열 계, 弑 죽일 시, 簒 빼앗을 찬, 繹 실 뽑을 역·이어질 역·찾을 역·풀 역

경공이 말하였다. "훌륭합니다. 진실로 만일 군주가 군주답지 못하고 신하가 신하답지 못하며, 아버지가 아버지답지 못하고 자식이 자식답지 못하다면, 비록 곡식이 있더라도 내가 그것을 먹을 수 있겠습니까."

---

46) ≪논어(論語)·자한(子罕)≫, "공자가 말씀하였다. '법도에 맞게 해주는 말은 따르지 않을 수 있겠는가. (그러나 따르기만 할 것이 아니라 잘못을) 고치는 것이 중요하다. 부드럽게 해주는 말은 기뻐하지 않을 수 있겠는가. (그러나 그 속에서 단서를) 찾는 것이 중요하다. 기뻐하면서 찾지 않고 따르면서 고치지 않는다면, 나는 그를 어떻게 할 수 없다.'(子曰. 法語之言, 能無從乎, 改之爲貴, 巽與之言, 能無說乎, 繹之爲貴, **說而不繹**, 吾末如之何也已矣.)"

○경공은 공자의 말씀을 훌륭하게 여겼으나 제대로 쓰지 못하였다. 그 뒤에 과연 후사가 정해지지 않은 것 때문에 진씨가 군주를 시해하고 나라를 찬탈하는 화를 열어놓았다.

○양씨[양시(楊時)]가 말하였다. "군주가 군주된 것과, 신하가 신하된 것과, 아버지가 아버지된 것과, 자식이 자식된 것은 반드시 도리가 있다. 경공은 공자의 말씀을 훌륭하게 여길 줄 알았으나 그것이 그러한 까닭을 돌이켜 구할 줄 몰랐다. 기뻐하기만 하고 뜻을 찾지 않은 자이니 제나라가 난리로 끝난 이유이다."

안연12 제12장

12-12-1 ◉子曰이라. 片言에 可以折獄者는 其由也與인저.

◉片言은 半言이요 折은 斷也라. 子路는 忠信明決이라. 故로 言出而人信服之하여 不待其辭之畢也라.

공자가 말씀하였다. "간단한 말로 옥사를 결단할 수 있는 자는 아마도 자로일 것이다."

○'편언(片言)'은 반마디 말이고 '절(折)'은 '결단하다'이다. 자로는 충실하고 신의가 있었으며 밝게 결단하였다. 그러므로 말이 나오면 사람들이 그를 믿고 복종하여 그 말이 끝나기를 기다리지 않았다.

12-12-2 ◉子路는 無宿諾이러라.

◉宿은 留也니 猶宿怨之宿47)이라. 急於踐言하여 不留其諾也라. 記者가 因夫

47) ≪맹자(孟子)·만장상(萬章上)≫, "인한 사람은 동생에 대해서 노여움을 간직하지 않고

子之言而記此하여 以見子路之所以取信於人者는 由其養之有素也니라.

●尹氏曰이라. 小邾48)射이 以句繹으로 奔魯하여 曰使季路要我면 吾無盟矣49)라. 千乘之國이어늘 不信其盟하고 而信子路之一言하니 其見信於人을 可知矣라. 一言而折獄者는 信在言前하여 人自信之故也라. 不留諾이 所以全其信也라.

한자 邾 나라 이름 주, 射 쏠 사·맞힐 석·벼슬 이름 야·**싫어할 역**, 繹 찾을 역·풀 역

자로는 승낙한 것을 묵히는 일이 없었다.

○'숙(宿)'은 '묵히다'이니 '묵은 원한[숙원(宿怨)]'의 '숙(宿)'과 같다. 말을 실천하는 데에 다급하여 자신이 승낙한 것을 묵히지 않았다. 기록하는 자가 공자의 말씀에 이어 이것을 기록하여 자로가 남에게 믿음을 얻은 까닭은 그의 수양이 본디 갖춘 것이 있던 데에서 비롯되었음을 보인 것이다.

○윤씨[윤돈(尹焞)]가 말하였다. "소주(小邾)의 역(射)이 구역 읍을 가지고 노나라로 망명하면서 말하기를, '자로로 하여금 나에게 약속하게 한다면 나는 맹약을 하지 않겠다.'라고 하였다. (노나라는) 천승의 나라인데도 그 맹약을 믿지 않고 자로의 말 한마디를 믿었으니 그가 남에게 믿음 받은

원망을 묵혀 두지 않으며 그를 친애할 뿐이다.(仁人之於弟也, 不藏怒焉, 不**宿怨**焉, 親愛之而已矣.)"

48) 소주(小邾) : 춘추시대의 나라 이름이다.

49) ≪춘추좌전(春秋左傳)·애공(哀公)·14년≫, "소주(小邾)의 역(射)이 구역 읍을 가지고 (노나라로) 망명하면서 말하기를, '자로로 하여금 나에게 약속하게 한다면 나는 맹약을 하지 않겠다.'라고 하였다. 자로에게 시키자 자로가 거절하였다. 계강자가 염유로 하여금 그(자로)에게 말을 전하여, '(노나라는) 천승의 나라인데도 그 맹약을 믿지 않고 그대의 말을 믿는데 그대는 어찌하여 그것을 욕되게 여기십니까?'라고 하였다. (자로가) 대답하기를, '노나라가 소주와 전쟁을 벌인다면 감히 까닭을 묻지 않고 (싸워) 그 성 아래에서 죽어도 좋습니다. 저 사람이 신하노릇하지 않는데 그의 말을 들어 준다면 이는 그를 의롭게 만드는 것입니다. 나는 할 수 없습니다.'라고 하였다.(**小邾射以句繹來奔, 曰使季路要我, 吳無盟矣.** 使子路, 子路辭. 季康子使冉有謂之曰, 千乘之國, 不信其盟, 而信子之言, 子何辱焉? 對曰, 魯有事于小邾, 不敢問故, 死其城下, 可也. 彼不臣, 而濟其言, 是義之也. 由弗能.)"

것을 알 수 있다. 한마디 말로 옥사를 결단하는 것은 신의가 말하기 전에 있어 사람들이 자연히 그를 믿었기 때문이다. 승낙한 것을 묵히지 않은 것이 그의 신의를 온전히 한 방법이었다."

안연12 제13장

12-13 ◉子曰이라. 聽訟이 吾猶人也나 必也使無訟乎인저.

◉范氏曰이라. 聽訟者는 治其末하고 塞其流也라. 正其本하고 淸其源이면 則無訟矣라.

◉楊氏曰이라. 子路는 片言에 可以折獄이나 而不知以禮遜爲國[50]하니 則未能使民無訟者也라. 故로 又記孔子之言하여 以見聖人不以聽訟爲難하고 而以使民無訟爲貴니라.

공자가 말씀하였다. "송사를 다스리는 것이 나도 남만은 하지만, 반드시 송사가 없게 해야 한다."

○범씨[범조우(范祖禹)]가 말하였다. "송사를 다스리는 것은 그 지엽을 다스리고 그 흐름을 막는 것이다. 그 근본을 바로잡고 그 근원을 맑게 하면 송사가 없게 된다."

○양씨[양시(楊時)]가 말하였다. "자로는 간단한 말로 옥사를 결단할 수 있었으나 예와 겸손으로 나라를 다스리는 것을 알지 못했으니, 백성들에게 송사가 없도록 하지는 못했던 자이다. 그러므로 다시 공자의 말씀을 기록하여, 공자는 송사를 다스리는 것을 어려움으로 여기지 않고 백성들에게 송사가 없도록 하는 것을 귀하게 여겼음을 보인 것이다."

---

50) ≪논어(論語)·선진(先進)≫, "나라를 다스리는 것은 예로 하는데, 그의 말이 겸손하지 않았다. 그 때문에 가볍게 웃은 것이다.(爲國以禮, 其言不讓. 是故哂之.)"

※ 안연12 제14장

12-14 ◉子張問政한대 子曰이라. 居之無倦[51]이요 行之以忠이니라.

◉居는 謂存諸心이니 無倦則始終如一이요 行은 謂發於事니 以忠則表裏如一이라.

◉程子曰이라. 子張少仁[52]하여 無誠心愛民하니 則必倦而不盡心이라. 故로 告之以此하니라.

자장이 정치에 대하여 묻자 공자가 말씀하였다. "마음가짐을 싫증내지 말 것이고 실천하기를 충심으로 할 것이다."

○'거(居)'는 마음에 간직하는 것을 이르니 싫증냄이 없으면 처음과 끝이 한결같고, '행(行)'은 일에 드러나는 것을 이르니 충심으로 한다면 안과 밖이 한결같다.

○정자가 말하였다. "자장은 인이 부족하여 성심으로 백성을 사랑함이 없었으니, 틀림없이 싫증내면서 마음을 다하지 않았을 것이다. 그러므로 이것으로 말씀해 준 것이다."

※ 안연12 제15장

12-15 ◉子曰이라. 博學於文이요 約之以禮면 亦可以弗畔矣夫인저.

---

51) ≪논어(論語)·자로(子路)≫, "자로가 정치에 대하여 묻자 공자가 말씀하였다. '먼저 하고 힘쓸 것이다.' 더 말씀해주기를 청하자 말씀하였다. '(이것을) 싫증내지 말 것이다.'(子路問政, 子曰. 先之勞之. 請益, 曰無倦.)"

52) ≪논어·자장(子張≫, "자유가 말하였다. '나의 벗 자장은 잘하기 어려운 것을 하지만, 그러나 인하지 못하다.'(子游曰. 吾友張也, 爲難能也, 然而未仁.)"

●重出[53]이라.

공자가 말씀하였다. "글에서 널리 배우고 예로 요약한다면, 또한 (도에) 어긋나지 않을 수 있다."

○거듭 나왔다.

안연12 제16장

12-16 ◉子曰이라. 君子는 成人之美하고 不成人之惡하나니 小人은 反是니라.

●成者는 誘掖奬勸하여 以成其事也라. 君子와 小人은 所存이 旣有厚薄之殊하고 而其所好가 又有善惡之異라. 故로 其用心不同이 如此니라.

한자 掖 (겨드랑이에) 낄 액·**부축할 액**, 奬 권면할 장

공자가 말씀하였다. "군자는 남의 좋은 점을 이루어주고 남의 나쁜 점을 이루게 하지 않는데, 소인은 이와 반대이다."

○'성(成)'이라는 것은 이끌고 도우며 장려하고 권하여 그 일을 이루게 하는 것이다. 군자와 소인은 간직한 것이 이미 너그러움과 각박함의 다름이 있고, 그들이 좋아하는 것이 또한 선과 악의 차이가 있다. 그러므로 그 마음씀씀이가 같지 않음이 이와 같다.

---

53) ≪논어(論語)·옹야(雍也)≫

※ 안연12 제17장

12-17 ◉季康子가 問政於孔子한대 孔子對曰이라. 政者는 正也니 子帥以正이면 孰敢不正이리오.

●范氏曰이라. 未有己不正而能正人者니라.

●胡氏曰이라. 魯自中葉으로 政由大夫하고 家臣效尤하여 據邑背叛하니 不正甚矣라. 故로 孔子以是告之하니 欲康子以正自克하여 而改三家之故라. 惜乎康子之溺於利欲而不能也라.

한자 尤 더욱 우, 據 의거할 거, 叛 배반할 반, 溺 빠질 닉

계강자가 공자에게 정치에 대하여 묻자 공자가 대답하였다. "정치라는 것은 바로잡는 것이니, 그대가 바름으로 솔선한다면 누가 감히 바르지 않겠습니까."

○범씨[범조우(范祖禹)]가 말하였다. "자신이 바르지 못하면서 남을 바로잡을 수 있는 자는 있지 않다."

○호씨[호인(胡寅)]가 말하였다. "노나라는 중엽부터 정사가 대부에게서 비롯되었고, 가신들이 잘못을 본받아 읍을 점거하고 배반하였으니 바르지 못함이 심하였다. 그러므로 공자가 이것으로 말씀해 준 것이니 계강자가 바름으로 자신을 극복하여 세 집안의 전례를 고치기를 바란 것이다. 애석하게도 강자는 이욕에 빠져 고칠 수가 없었다."

※ 안연12 제18장

12-18 ◉季康子가 患盜하여 問於孔子한대 孔子對曰이라. 苟子之不

欲이면 雖賞之라도 不竊하리라.

● 言子不貪欲이면 則雖賞民하여 使之爲盜라도 民亦知恥而不竊이라.
● 胡氏曰이라. 季氏竊柄하고 康子奪嫡하니 民之爲盜는 固其所也라. 盍亦反其本邪아. 孔子以不欲으로 啓之하니 其旨深矣라. 奪嫡은 事見春秋傳[54]이라.

한자 柄 자루 병·**권력 병**, 嫡 정실 적

계강자가 도둑을 걱정하여 공자에게 묻자 공자가 대답하였다. "만일 그대가 욕심부리지 않는다면 비록 상을 주더라도 훔치지 않을 것입니다."

○그대가 탐욕을 부리지 않는다면, 비록 백성들에게 상을 주면서 도둑질하게 하더라도 백성들은 또한 부끄러움을 알아서 훔치지 않는다고 말씀한 것이다.
○호씨[호인(胡寅)]가 말하였다. "계씨는 정권을 훔쳤고 계강자는 적통을 빼앗았으니 백성들이 도둑질하는 것은 진실로 제자리이다. 어찌 또한 그 근본을 돌이키지 않는가. 공자가 욕심 부리지 않는 것으로 깨우쳤으니 그 뜻이 깊다. 적통을 빼앗은 것은 사적이 ≪춘추좌전≫에 보인다."

---

54) ≪춘추좌전(春秋左傳)·애공(哀公)·3년≫, "가을에 계손씨가 병이 나자 (가신인) 정상에게 명하기를, '나를 따라 죽지 말고, 남유자가 낳는 아이가 아들이면 군주에게 알리고 후계자로 세워라. 딸이면 비[강자(康子)]가 좋겠다.'라고 하였다. 계손씨가 죽자 강자가 후계자가 되었다. 장례를 지내고 계강자가 조정에 나가 있는데 남씨가 아들을 낳았다. 정상은 (아기를) 수레에 태우고 조정으로 가서 아뢰기를, '그분께서 유언을 남겼는데 저에게 명하기를, 남씨가 아들을 낳으면 군주님과 대부들에게 고하여 후계자로 세우라고 했습니다. 이제 아기를 낳았는데 아들이라서 감히 고합니다.'라 하고 마침내 위나라로 달아났다. 계강자는 물러나겠다고 청하였고 애공이 공유에게 가서 보게 하였는데 어떤 자가 그 아기를 죽였다. 그를 찾아서 처벌하고 정상을 불렀으나 정상은 돌아오지 않았다.(秋, 季孫有疾, 命正常曰, 無死, 南孺子之子, 男也, 則以告而立之. 女也, 則肥也可. 季孫卒, 康子卽位. 旣葬, 康子在朝, 南氏生男. 正常載以如朝, 告曰, 夫子有遺言, 命其圉臣曰, 南氏生男, 則以告於君與大夫而立之. 今生矣, 男也, 敢告. 遂奔衛. 康子請退, 公使共劉視之, 則或殺之矣. 乃討之, 召正常, 正常不反.)"

안연12 제19장

12-19 ◉季康子가 問政於孔子曰이라. 如殺無道하여 以就有道인댄 何如하니잇고? 孔子對曰이라. 子爲政에 焉用殺이리오. 子欲善이면 而民善矣라. 君子之德은 風이요 小人之德은 草[55]니 草上之風이면 必偃하나니라.

●爲政者는 民所視效니 何以殺爲리오. 欲善則民善矣라. 上은 一作尙하니 加也라. 偃은 仆也라.

●尹氏曰이라. 殺之爲言이 豈爲人上之語哉리오. 以身敎者는 從하고 以言敎者는 訟[56]하니 而況於殺乎아.

한 자 偃 쓰러질 언·누울 언, 仆 없어질 부·쓰러질 부

계강자가 공자에게 정치에 대하여 물었다. "만일 무도한 자를 사형시켜 (백성들을) 도가 있는 데로 나아가게 한다면 어떻습니까?" 공자가 대답하였다. "그대가 정치를 하면서 어찌 사형을 쓰리오. 그대가 선을 바라면 백성들이 선해집니다. 군자의 덕성은 바람이고 백성들의 덕성은 풀이니, 풀은 거기에 바람을 가하면 반드시 (부는 방향으로) 쓰러집니다."

○위정자는 백성들이 보고서 본받는 대상이니 어찌 사형을 쓰겠는가. (위정자가) 선을 바라면 백성들은 선해진다. '상(上)'은 어떤 본에는 '상(尙)'으로 되어 있는데 '가하다'이다. '언(偃)'은 '쓰러지다'이다.

○윤씨[윤돈(尹焞)]가 말하였다. "사형이라는 말이 어떻게 남의 윗사람이

55) ≪서경(書經)·주서(周書)·군진(君陳)≫, "너는 경계할지어다. 너는 바람이고 백성들은 풀이니라.(爾其戒哉. **爾惟風, 下民惟草.**)"

56) ≪후한서(後漢書)·제오륜전(第五倫傳)≫, "몸으로 가르치는 자는 (백성들이) 따르고, 말로 가르치는 자는 (백성들이) 다툽니다.(**以身敎者從, 以言敎者訟.**)"

된 자의 말이겠는가. 몸으로 가르치는 자는 (백성들이) 따르고 말로 가르치는 자는 (백성들이) 다투는데, 하물며 사형에 있어서랴."

안연12 제20장

12-20-1 ◉子張이 問士는 何如라야 斯可謂之達矣니잇고?

●達者는 德孚於人而行無不得之謂라.

한자 孚 성실할 부·믿을 부

자장이 물었다. "선비는 어떠해야 '통한다'[57]고 할 수 있습니까?"

○'달(達)'이라는 것은 덕이 남에게 믿어져서 행동이 제대로 되지 않는 것이 없음을 이른다.

12-20-2 ◉子曰이라. 何哉오? 爾所謂達者여.

●子張務外하니 夫子는 蓋已知其發問之意라. 故로 反詰之하여 將以發其病而藥之也라.

한자 詰 꾸짖을 힐·물을 힐

공자가 말씀하였다. "무엇인가? 네가 말한 통한다는 것이."

○자장은 외적인 것에 힘썼으니 공자는 아마 그가 질문을 한 의도를 이미

57) '통한다[달(達)]'는 것은 뒤에서 주자가 설명한 바의 '막힘이 없다[무질(無窒)]'는 의미이다.

알았을 것이다. 그러므로 되물어서 장차 그의 병폐를 드러내어 치료해 주려고 한 것이다.

12-20-3 ◉子張對曰이라. 在邦必聞하며 在家必聞이니이다.

●言名譽著聞也라.

자장이 대답하였다. "나라에 있어도 반드시 소문나고 집안에 있어도 반드시 소문나는 것입니다."

○명예가 드러나 알려지는 것이라는 말이다.

12-20-4 ◉子曰이라. 是는 聞也라 非達也니라.

●聞與達은 相似而不同이라. 乃誠僞之所以分이니 學者不可不審也라. 故로 夫子旣明辨之하시고 下文에 又詳言之하니라.

공자가 말씀하였다. "그것은 소문나는 것이지 통하는 것이 아니다.

○'문(聞)'과 '달(達)'은 서로 비슷하지만 같지 않다. 바로 참과 거짓이 나눠는 것이니 배우는 자들은 자세히 살피지 않으면 안 된다. 그러므로 공자가 이미 그것을 분명하게 구별하고도 아래 글에 다시 상세히 말씀하였다.

12-20-5 ◉夫達也者는 質直而好義하며 察言而觀色하며 慮以下人하나니 在邦必達하며 在家必達이니라.

●內主忠信而所行合宜하고 審於接物而卑以自牧58)은 皆自修於內요 不求人知

之事라. 然이나 德修於己而人信之면 則所行이 自無窒礙矣리라.

한자 審 **살필 심**·자세할 심, 窒 막을 질

'통한다'는 것은 소박·정직하고 도리를 좋아하며, 남의 말을 살피고 안색을 관찰하며, 신중히 생각하여 남에게 낮추는 것이니, 나라에 있어도 반드시 통하고 집안에 있어도 반드시 통한다.

○안으로 충실과 신의를 위주로 하고 행동하는 것이 알맞으며, 상대를 대함에 신중하고 낮춤으로 자신을 수양하는 것은, 모두가 안으로 자신을 닦고 남이 알아주기를 구하지 않는 일이다. 그러나 덕이 자신에게 닦아져서 남들이 믿어주면, 행동하는 것이 저절로 막힘이 없게 될 것이다.

12-20-6 ◉夫聞也者는 色取仁而行違요 居之不疑[59]하나니 在邦必聞하며 在家必聞이니라.

●善其顏色以取於仁이나 而行實背之하고 又自以爲是而無所忌憚하니 此는 不務實而專務求名者라. 故로 虛譽雖隆이나 而實德則病矣라.

●程子曰이라. 學者는 須是務實이요 不要近名[60]이라. 有意近名이면 大本已失이니 更學何事리오. 爲名而學이면 則是僞也라. 今之學者는 大抵爲名하니 爲名與爲利는 雖淸濁不同이나 然其利心則一也라.

●尹氏曰이라. 子張之學은 病在乎不務實이라. 故로 孔子告之니 皆篤實之事로 充乎內而發乎外者也라. 當時門人이 親受聖人之敎나 而差失有如此者하니 況後世乎아.

---

58) ≪주역(周易)·겸괘(謙卦)≫, "초육은 겸손한 군자이니 큰 내를 건너더라도 길하다. 상전(象傳)에서 이르기를, '겸손한 군자는 낮춤으로 자신을 수양한다.'라고 하였다.(初六, 謙謙君子, 用涉大川, 吉. 象曰, 謙謙君子, **卑以自牧也.**)"

59) ≪논어(論語)·양화(陽貨)≫에서 말한 '향원(鄕原)' 같은 사람이다.["고을에서 점잖은 체하는 사람은 덕을 해치는 자이다.(鄕原, 德之賊也.)"]

60) 근명(近名) : 명성을 추구함이다.

한자 隆 클 륭·**높을 륭**, 近 가까울 근·**추구할 근**, 抵 밀칠 저·거스를 저·**이를 저**

'소문난다'는 것은 안색은 인을 취하나 행동은 어긋나며, 그것[인(仁)]을 자처하면서 의심하지 않는 것이니, 나라에 있어도 반드시 소문나고 집안에 있어도 반드시 소문난다."

○안색을 좋게 하여 인을 취하지만 행동은 실상 그것과 어긋나고, 또 스스로 옳다고 여겨 꺼리는 바가 없으니, 이것은 실제를 힘쓰지 않고 오로지 명성을 구하는 것만을 힘쓰는 자이다. 그러므로 헛된 명성은 비록 높더라도 실질적인 덕은 병들게 된다.

○정자가 말하였다. "배우는 자들은 모름지기 실제를 힘쓸 것이고 명성을 추구하지 않아야 한다. 명성을 추구하는 데에 뜻을 두면 큰 근본은 이미 잃게 되니, 다시 무슨 일을 배우겠는가. 명성을 추구하여 공부한다면 이것은 거짓된 것이다. 오늘날의 배우는 자들은 대부분 명성을 추구하는데 명성을 추구하는 것과 이익을 추구하는 것은, 비록 맑음과 흐림은 같지 않으나 이로움을 탐하는 마음은 똑같다."

○윤씨[윤돈(尹焞)]가 말하였다. "자장의 학문은, 병폐가 실제를 힘쓰지 않는 데에 있었다. 그러므로 공자가 그에게 말씀한 것이니 모두 진지하고 실질적인 일로, 안에서 충만되어 밖으로 드러나는 것이다. 당시의 제자들이 직접 공자의 가르침을 받았으나 잘못이 이와 같은 자가 있었으니 하물며 후세이겠는가."

안연12 제21장

12-21-1 ◉樊遲가 從遊於舞雩之下러니 曰이라. 敢問崇德修慝辨惑하노이다.

●胡氏曰이라. 慝之字는 從心從匿하니 蓋惡之匿於心者라. 修者는 治而去之라.

한 자 雩 기우제 우, 慝 사악할 특, 匿 달아날 닉·숨을 닉·숨길 닉

번지가 (공자를) 따라 무우의 아래에서 노닐다가 말하였다. "덕을 높이고 사악을 닦아내며 미혹을 구별하는 것에 대하여 감히 묻겠습니다."

○호씨[호인(胡寅)]가 말하였다. "'특(慝)'이라는 글자는 '심(心)'을 따르고 '익(匿)'을 따랐으니, 악이 마음에 숨어있는 것이다. '수(修)'라는 것은 '다스려 없애다'이다."

12-21-2 ◉子曰이라. 善哉라. 問이여.

●善其切於爲己라.

공자가 말씀하였다. "훌륭하구나. 질문이.

○그것이 자기 수양을 위한 공부에 절실함을 좋게 여긴 것이다.

12-21-3 ◉先事後得이 非崇德與아. 攻其惡이요 無攻人之惡이 非修慝與아. 一朝之忿으로 忘其身하여 以及其親이 非惑與아.

●先事後得은 猶言先難後獲61)也라. 爲所當爲而不計其功이면 則德日積而不自知矣라. 專於治己而不責人이면 則己之惡이 無所匿矣라. 知一朝之忿爲甚微而禍及其親爲甚大면 則有以辨惑而懲其忿矣라. 樊遲가 麤鄙近利故로 告之以此三者하니 皆所以救其失也라.

●范氏曰이라. 先事後得은 上義而下利也라. 人惟有利欲之心故로 德不崇하고 惟不自省己過而知人之過故로 慝不修라. 感物而動者는 莫如忿이니 忘其身

61) ≪논어(論語)·옹야(雍也)≫, "인한 자는 어려운 것을 먼저 하고 얻는 것을 뒤로 하니, 인이라고 할 만하다.'(仁者, 先難而後獲, 可謂仁矣.)"

以及其親은 惑之甚者也라. 惑之甚者는 必起於細微하니 能辨之於早면 則不至於大惑矣라. 故로 懲忿62)이 所以辨惑也라.

한자 懲 징계할 징·경고할 징·**경계할 징**, 麤 거칠 추, 近 가까울 근·**추구할 근**, 鄙 교외 비·거칠 비·인색할 비

일을 먼저 하고 소득을 뒤로 하는 것이 덕을 높이는 것이 아니겠는가. 자신의 악을 질책하고 남의 악을 질책하지 않는 것이 사악을 닦아내는 것이 아니겠는가. 하루아침의 분노로 자신을 잊어 부모에게 누를 끼치는 것이 미혹이 아니겠는가."

○'선사후득(先事後得)'은 '어려운 것을 먼저 하고 얻는 것을 뒤로 한다(先難後獲)'는 말과 같다. 당연히 해야 할 것을 하고 그 공적을 따지지 않는다면 덕이 날로 쌓이면서도 스스로 알지 못하게 된다. 자기를 다스리는 데에 집중하고 남을 책망하지 않는다면, 자신의 악이 숨을 곳이 없게 된다. 하루아침의 분노는 매우 미미하지만 화가 그 어버이에게까지 미치는 것은 매우 크다는 것을 안다면 미혹을 구별하여 그 분노를 경계할 수 있게 된다. 번지가 거칠고 비루하였으며 이익을 추구하였기 때문에 이 세 가지로 말씀해 주었으니, 모두가 그의 잘못을 바로잡는 방법이었다.

○범씨[범조우(范祖禹)]가 말하였다. "일을 먼저 하고 소득을 뒤로 하는 것은 도리를 높이고 이익을 낮추는 것이다. 사람은 오직 이익에 대한 욕구의 마음이 있기 때문에 덕이 높아지지 않고, 오직 스스로 자신의 잘못을 살피지 않고 남의 잘못을 알기 때문에 사악이 닦아지지 않는다. 상대에게 감촉되어 움직이는 것은 분노만한 것이 없으니, 자신을 잊어 그 어버이에게까지 누가 되게 함은 미혹됨이 심한 것이다. 미혹됨이 심한 것은 반드시 미세한 데에서 일어나니, 조기에 그것을 구별할 수 있다면 큰 미혹에 이르지 않게 된다. 그러므로 분노를 경계하는 것이 미혹을 구별하는 방법

---

62) ≪주역(周易)·손괘(損卦)≫, "산 아래에 못이 있는 것이 손(損)이니, 군자가 보고서 분노를 경계하고 욕심을 막는다.(山下有澤, 損, 君子以, **懲忿**窒欲.)",

이다."

⊠ 안연12　제22장

12-22-1 ◉樊遲問仁한대 子曰이라. 愛人이니라. 問知한대 子曰이라. 知人이니라.

●愛人은 仁之施요 知人은 知之務라.

번지가 인에 대하여 묻자 공자가 말씀하였다. "사람을 사랑하는 것이다." 지혜에 대하여 묻자 공자가 말씀하였다. "사람을 아는 것이다."

○사람을 사랑하는 것은 인의 실천이고, 사람을 아는 것은 지혜의 일이다.

12-22-2 ◉樊遲未達이어늘,

●曾氏曰이라. 遲之意는 蓋以愛欲其周而知有所擇이라. 故로 疑二者之相悖耳라.

한자 悖 어지러울 패·**어긋날 패**·거스를 패

번지가 깨닫지 못하자,

○증씨[증기(曾幾)63)]가 말하였다. "번지의 뜻은, 사랑은 그것이 두루 미치기를 바라지만 지혜는 선택하는 바가 있다고 여겼다. 그러므로 두 가지가 서로 어긋난다고 의심한 것일 뿐이다."

---

63) 증기(曾幾) : 송(宋) 하남(河南) 출신으로 자가 길보(吉甫)이다. 호안국(胡安國)의 제자이며 저서에 ≪경설(經說)≫이 있다.

12-22-3 ◉子曰이라. 擧直錯諸枉이면 能使枉者直이니라.

●擧直錯枉者는 知也요 使枉者直은 則仁矣라. 如此면 則二者가 不惟不相悖라 而反相爲用矣라.

공자가 말씀하였다. "정직한 사람을 등용하고 모든 부정직한 사람을 버리면, 부정직한 자로 하여금 정직하게 할 수 있다."

○정직한 사람을 등용하고 부정직한 사람을 버리는 것은 지혜이고, 부정직한 사람으로 하여금 정직하게 하는 것은 인이다. 이와 같으면 두 가지가 서로 어긋나지 않을 뿐만 아니라 도리어 서로 쓰임이 된다.

12-22-4 ◉樊遲退하여 見子夏曰이라. 鄕也에 吾見於夫子而問知하니 子曰擧直錯諸枉이면 能使枉者直이라하니 何謂也오?

●遲以夫子之言으로 專爲知者之事하고 又未達所以能使枉者直之理라.

번지가 물러나서 자하를 만나 말하였다. "지난번에 내가 선생님을 뵙고 지혜에 대하여 물었더니 선생님께서 '정직한 사람을 등용하고 모든 부정직한 사람을 버리면, 부정직한 자로 하여금 정직하게 할 수 있다.'라고 하셨는데 무슨 말씀인지요?"

○번지는 공자의 말씀을 오로지 지혜로운 자의 일이라고 여겼고, 또한 부정직한 자로 하여금 정직하게 할 수 있는 이치를 깨닫지 못하였다.

12-22-5 ◉子夏曰이라. 富哉라. 言乎여.

●歎其所包者가 廣하여 不止言知라.

자하가 말하였다. "풍부합니다. 말씀이.

○그것이 포괄한 바가 넓어, 단지 지혜를 말씀한 것만이 아님을 감탄한 것이다.

12-22-6 ◉舜有天下에 選於衆하사 擧皐陶하니 不仁者가 遠矣요 湯有天下에 選於衆하사 擧伊尹하니 不仁者가 遠矣니라.

●伊尹은 湯之相也라. 不仁者遠은 言人皆化而爲仁하니 不見有不仁者하여 若其遠去爾니 所謂使枉者直也라. 子夏는 蓋有以知夫子之兼仁知而言矣라.

●程子曰이라. 聖人之語는 因人而變化하여 雖若有淺近者나 而其包含은 無所不盡이라. 觀於此章이면 可見矣라. 非若他人之言이 語近則遺遠하고 語遠則不知近也니라.

●尹氏曰이라. 學者之問也에 不獨欲聞其說이요 又必欲知其方하고 不獨欲知其方이요 又必欲爲其事라. 如樊遲之問仁知也에 夫子告之盡矣로되 樊遲未達故로 又問焉而猶未知其何以爲之也러니 及退而問諸子夏然後에 有以知之라. 使其未喩면 則必將復問矣리라. 旣問於師하고 又辨於友하니 當時學者之務實也가 如是라.

한자 皐 물가 고·언덕 고·높을 고, 陶 질그릇 도·가마 요

순임금이 천하를 소유했을 때 여러 사람들 중에서 골라 고요를 등용하니 인하지 않은 자들이 멀어졌고, 탕임금이 천하를 소유했을 때 여러 사람들 중에서 골라 이윤을 등용하니 인하지 않은 자들이 멀어졌습니다."

○이윤은 탕임금의 재상이었다. 인하지 않은 자가 멀어졌다는 것은, 사람들이 모두 교화되어 인을 실천하니 인하지 않은 자가 있음을 볼 수 없어 마치 그들이 멀리 사라진 것 같을 뿐이라는 말이니, 이른바 부정직한 자로 하여금 정직하게 한 것이다. 자하는 공자가 인과 지혜를 겸하여 말씀

하였음을 알 수 있었던 것이다.

○정자가 말하였다. "공자의 말씀은 사람에 따라 변화하여 비록 평범함이 있는 것 같지만 그것이 포함하고 있는 것은 지극하지 않은 것이 없다. 이 장을 보면 알 수 있다. 다른 사람들의 말이, 평범한 것을 말하면 원대한 것을 빠뜨리고, 원대한 것을 말하면 평범한 것을 알지 못하는 것과는 같지 않다."

○윤씨[윤돈(尹焞)]가 말하였다. "배우는 자들이 질문할 때에 비단 그 내용을 듣고자 했을 뿐만 아니라 또 반드시 그 방법을 알고자 하였고, 비단 그 방법을 알고자 했을 뿐만 아니라 또 반드시 그 일을 실천하고자 하였다. 예를 들면 번지가 인과 지혜를 물었을 때 공자가 알려준 것이 극진한데, 번지가 깨닫지 못했기 때문에 또 물었으나 그래도 그것을 어떻게 해야 할지를 알지 못하다가, 물러가서 자하에게 물은 뒤에야 그것을 알 수 있었던 것과 같다. 가령 그가 깨닫지 못했다면 틀림없이 장차 다시 물었을 것이다. 이미 선생님에게 묻고 또 벗에게서 분별하였으니, 당시의 배우는 자들이 실제를 힘쓴 것이 이와 같았다."

안연12 제23장

12-23 ◉子貢問友한대 子曰이라. 忠告而善道之하되 不可則止하여 無自辱焉이니라.

●友는 所以輔仁故로 盡其心以告之하고 善其說以道之라. 然이나 以義合者也니 故不可則止라. 若以數而見疏64)면 則自辱矣라.

자공이 벗에 대하여 묻자 공자가 말씀하였다. "충심으로 말해주고 잘 이끌어주되, 안 되면 멈추어 자신을 욕되게 하지 말 것이다."

---

64) ≪논어(論語)·이인(里仁)≫, "자유가 말하였다. '군주를 섬기면서 자주 (간언)하면 욕을 당하고, 벗 사이에 자주 (충고)하면 멀어진다.'(子游曰, 事君數, 斯辱矣, **朋友數, 斯疏矣.**)"

○벗은 인을 보강해주는 존재이기 때문에 그 마음을 다하여 말해주고 그 말을 좋게 하여 이끌어준다. 그러나 의리로써 합한 자이니 안 되면 멈출 것이다. 만일 자주 말하다가 멀어지면 자신을 욕되게 한다.

안연12 제24장

12-24 ◉曾子曰이라. 君子는 以文會友하고 以友輔仁이니라.

●講學以會友면 則道益明하고 取善以輔仁이면 則德日進이라.

증자가 말하였다. "군자는 글로 벗을 만나고, 벗으로 인을 보강한다."

○학문을 강론하는 것으로 벗을 만나면 도가 더욱 밝아지고, (벗의) 선을 취하여 인을 보강하면 덕이 날로 향상된다.

자로(子路) 제십삼(第十三)

凡三十章이라.

○모두 30장이다.

자로13 제1장

13-01-1 ◉子路問政한대 子曰이라. 先之勞之니라.

●蘇氏曰이라. 凡民之行[1]을 以身先之면 則不令而行이요 凡民之事[2]를 以身勞之[3]면 則雖勤不怨이라.

자로가 정치에 대하여 묻자 공자가 말씀하였다. "먼저 하고 힘쓸 것이다."

○소씨[소식(蘇軾)]가 말하였다. "백성들의 행실을 몸소 먼저 하면 명령하지 않아도 (백성들이) 실천하고, 백성들의 일을 몸소 힘쓰면 비록 힘들게 하더라도 원망하지 않는다."

13-01-2 ◉請益한대 曰이라. 無倦이니라.

●吳氏曰이라. 勇者는 喜於有爲而不能持久라. 故로 以此告之라.

●程子曰이라. 子路問政에 孔子旣告之矣어늘 及請益하니 則曰無倦而已요 未嘗復有所告하니 姑使之深思也니라.

더 말씀해주기를 청하자 말씀하였다. "(이것을) 싫증내지 말 것이다."

○오씨[오역(吳棫)]가 말하였다. "용감한 자는 성취가 있기를 좋아하지만 오래 지속하지 못한다. 그러므로 이것으로 말씀해준 것이다."

---

1) 세주에서 쌍봉 요씨[雙峰饒氏, 요노(饒魯)]는 이 구절에 대해, "행실이라는 것은 정치의 근본이다. 효도·공손·충실·신의 같은 것이 그것이다.(行者, 政之本. 孝悌忠信之類, 是也.)"라고 설명하였다.

2) 세주에서 쌍봉 요씨는 이 구절에 대해, "일이라는 것은 정치의 말단이다. 농사·수렵·군대의 일 같은 것이 그것이다.(事者, 政之末. 農畋師役之類, 是也.)"라고 설명하였다.

3) 세주에서 주자는, '논밭을 순시하고, 농사와 누에치기를 권장하는(循行阡陌, 勸課農桑)' 등의 일이라고 설명하였다.

○정자가 말하였다. "자로가 정치에 대하여 묻자 공자가 이미 말씀해 주었는데 더 말씀해 주기를 청하자, '싫증내지 말 것이다.'라고 말씀했을 뿐이고 일찍이 다시 말씀해준 것이 없으니, 우선 그에게 깊이 생각하도록 한 것이다."

자로13 제2장

13-02-1 ◉仲弓이 爲季氏宰하여 問政한대 子曰이라. 先有司요 赦小過하며 擧賢才니라.

●有司는 衆職也라. 宰兼衆職이나 然事必先之於彼하고 而後에 考其成功이면 則己不勞而事畢擧矣라. 過는 失誤也라. 大者는 於事에 或有所害하여 不得不懲이나 小者는 赦之면 則刑不濫而人心悅矣라. 賢은 有德者요 才는 有能者니 擧而用之면 則有司가 皆得其人하여 而政益修矣라.

한자 赦 용서할 사, 懲 **징계할 징**·경고할 징·경계할 징, 濫 퍼질 람{남}

중궁이 계씨의 가신이 되어 정치에 대하여 묻자 공자가 말씀하였다. "담당자를 앞세우고 작은 허물을 용서해주며, 훌륭한 자와 유능한 자를 등용할 것이다."

○'유사(有司)'는 여러 직무의 담당자이다. 가신은 여러 직무를 관장하지만 일은 반드시 그들[담당자]에게 먼저 맡기고 나중에 그 이룬 공적을 살핀다면 자신은 수고롭지 않으면서 일은 모두 거행된다. '과(過)'는 잘못이다. 큰 잘못은 일에 혹 해가 되는 바가 있어 징계하지 않을 수 없지만, 작은 것은 용서한다면 형벌이 남용되지 않아 민심이 기뻐하게 된다. '현(賢)'은 덕이 있는 자이고, '재(才)'는 능력이 있는 자이니, 이들을 등용하면 담당

자가 모두 적임자를 얻게 되어 정치가 더욱 닦아진다.

13-02-2 ◉曰焉知賢才而擧之리잇고? 曰擧爾所知면 爾所不知를 人其[4]舍諸아.

●仲弓이 慮無以盡知一時之賢才故로 孔子告之以此니라.
●程子曰이라. 人各親其親이니 然後에 不獨親其親[5]이라. 仲弓曰焉知賢才而擧之한대 子曰擧爾所知면 爾所不知를 人其舍諸아하니 便見仲弓與聖人用心之大小라. 推此義면 則一心可以興邦과 一心可以喪邦이니 只在公私之間爾라.
●范氏曰이라. 不先有司면 則君行臣職矣요 不赦小過면 則下無全人矣요 不擧賢才면 則百職廢矣라. 失此三者면 不可以爲季氏宰어든 況天下乎아.

"어떻게 훌륭한 자와 유능한 자를 알아서 등용합니까?" "네가 아는 이들을 등용하면 네가 알지 못하는 이들을 사람들이 설마 버려두겠느냐."

○중궁이 한 시기의 훌륭한 자와 유능한 자를 다 알 수 없는 것을 염려하였기 때문에 공자가 이것으로 말씀해준 것이다.
○정자가 말하였다. "사람들은 각기 자신의 어버이를 사랑하는데 그런 뒤에는 자신의 어버이만을 사랑하지 않는다. 중궁이 '어떻게 훌륭한 자와 유능한 자를 알아서 등용합니까?'라고 하자, 공자가 '네가 아는 이들을 등용하면 네가 알지 못하는 이들을 사람들이 설마 버려두겠느냐.'라고 말씀하였으니 곧 중궁과 공자의 마음씀씀이의 크고 작음을 알 수 있다. 이 도리를 확충해 나간다면, 마음 하나가 나라를 흥하게 할 수 있고 마음 하나가 나라를 잃게 할 수 있으니, 다만 공과 사의 사이에 달려 있을 뿐이다."
○범씨[범조우(范祖禹)]가 말하였다. "담당자를 앞세우지 않으면 군주가 신

---

4) 기(其) : '어찌', '설마'의 뜻으로, 반문을 나타낸다.
5) ≪예기(禮記)·예운(禮運)≫, "대도가 행해진 때에는 천하가 공적인 것이 되어 훌륭한 이와 능력 있는 이를 선발하였고, 신의를 강구하고 화목을 닦았다. 그러므로 사람들은 단지 자신의 어버이만을 친애하지 않았고, 단지 자신의 자식만을 사랑하지 않았다.(大道之行也, 天下爲公, 選賢與能, 講信修睦. 故人**不獨親其親**, 不獨子其子.)"

하의 직무를 행하게 되고, 작은 허물을 용서하지 않으면 아래에 온전한 사람이 없게 되고, 훌륭한 자와 유능한 자를 등용하지 않으면 모든 직무가 폐지된다. 이 세 가지를 잘못하면 계씨의 가신도 될 수 없는데 하물며 천하이겠는가."

자로13 제3장

13-03-1 ◉子路曰이라. 衛君이 待子而爲政하시나니 子將奚先이시리잇고?

◉衛君은 謂出公輒也라. 是時는 魯哀公之十年으로 孔子自楚反乎衛라.

한자 輒 문득 첩

자로가 말하였다. "위나라 군주가 선생님을 기다려 정치를 하시려는데, 선생님께서는 장차 무엇을 우선으로 하시겠습니까?"

○위나라 군주는 출공 첩을 이른다. 이때는 노나라 애공 10년으로 공자가 초나라에서 위나라로 돌아왔다.

13-03-2 ◉子曰이라. 必也正名乎인저.

◉是時에 出公은 不父其父而禰其祖[6]하니 名實이 紊矣라. 故로 孔子以正名爲先이라.

◉謝氏曰이라. 正名은 雖爲衛君而言이나 然爲政之道는 皆當以此爲先이라.

한자 紊 어지러울 문·번성할 문

---

6) 아래[13-03-7]의 '호씨왈(胡氏曰)'에 내용이 자세하다.

공자가 대답하였다. "반드시 명분을 바로잡겠다."

○이때에 출공은 자신의 아버지를 아버지로 여기지 않고 자신의 할아버지를 아버지로 제사 지냈으니, 명분과 실제가 문란해졌다. 그러므로 공자가 명분을 바로잡는 것을 우선으로 삼은 것이다.

○사씨[사양좌(謝良佐)]가 말하였다. "명분을 바로잡는 것은 비록 위나라 군주에 대해서 말씀한 것이지만, 정치를 하는 도리는 모두 이것을 우선으로 삼아야 한다."

13-03-3 ◉子路曰이라. 有是哉라 子之迂也여. 奚其正이시리잇고.

●迂는 謂遠於事情이니 言非今日之急務也라.

한자 迂 구불구불할 우·멀 우·사리에 어두울 우

자로가 말하였다. "이런 점이 있으시니 선생님은 실정에 어두우십니다. 어찌 그것을 바로잡으시려는지요."

○'우(迂)'는 실정에서 먼 것을 이르니, 오늘의 급선무가 아니라는 말이다.

13-03-4 ◉子曰이라. 野哉라 由也여. 君子는 於其所不知에 蓋闕如也니라.

●野는 謂鄙俗이라. 責其不能闕疑 而率爾妄對也라.

한자 闕 궁문(宮門) 궐·궁궐 궐·뺄 궐

공자가 말씀하였다. "거칠구나 자로야. 군자는 자신이 알지 못하는 것에

대해서는 빼놓는 것이다.

○'야(野)'는 거칠고 속됨을 이른다. 그가 의심스러운 것을 빼놓지 못하고 경솔하게 함부로 대답한 것을 책망하였다.

13-03-5 ◉名不正이면 則言不順하고 言不順이면 則事不成하고,

●楊氏曰이라. 名不當其實이면 則言不順하고 言不順이면 則無以考實而事不成이라.

명분이 바르지 않으면 말이 순조롭지 않고, 말이 순조롭지 않으면 일이 이루어지지 않으며,

○양씨[양시(楊時)]가 말하였다. "명분이 그 실제에 합당하지 않으면 말이 순조롭지 않고, 말이 순조롭지 않으면 실제를 살필 수 없어 일이 이루어지지 않는다."

13-03-6 ◉事不成이면 則禮樂不興하고 禮樂不興이면 則刑罰不中하고 刑罰不中이면 則民無所措手足이니라.

●范氏曰이라. 事得其序之謂禮요 物得其和之謂樂이라. 事不成이면 則無序而不和라. 故로 禮樂不興이요 禮樂不興이면 則施之政事에 皆失其道라. 故로 刑罰不中이라.

한자 措 둘 조·뒤섞일 착(錯과 통용)

일이 이루어지지 않으면 예악이 흥성하지 않고, 예악이 흥성하지 않으면 형벌이 맞지 않고, 형벌이 맞지 않으면 백성들이 손발을 둘 곳이 없다.

○범씨[범조우(范祖禹)]가 말하였다. “일이 그 질서를 얻은 것을 예라 이르고, 사물이 그 조화를 얻은 것을 악이라고 한다. 일이 이루어지지 않으면 질서가 없고 조화롭지 못하다. 그러므로 예악이 흥성하지 못하고, 예악이 흥성하지 못하면 그것을 정사에 시행하는 것이 모두 바른 도리를 잃는다. 그러므로 형벌이 맞지 않는다.”

13-03-7 ◉故로 君子가 名之인댄 必可言也며 言之인댄 必可行也니 君子는 於其言에 無所苟而已矣니라.

●程子曰이라. 名實相須니 一事苟면 則其餘는 皆苟矣라.

●胡氏曰이라. 衛世子蒯聵가 恥其母南子之淫亂하여 欲殺之라가 不果而出奔[7]이라. 靈公이 欲立公子郢이러니 郢이 辭하다. 公卒에 夫人이 立之한대 又辭하니 乃立蒯聵之子輒하여 以拒蒯聵[8]라. 夫蒯聵는 欲殺母라가 得罪於父하고 而輒은 據國以拒父하니 皆無父之人也니 其不可有國也가 明矣라. 夫子爲政에 而以正名爲先하니 必將具其事之本末하여 告諸天王하고 請于方伯하여 命公子郢而立之면 則人倫正하고 天理得하니 名正言順而事成矣리라. 夫子告之之詳이 如此로되 而子路는 終不喩也라. 故로 事輒不去라가 卒死其難하니 徒知食焉不避其難之爲義[9]요 而不知食輒之食이 爲非義也라.

한자 蒯 기름새 괴·지푸라기 괴, 聵 배냇귀머거리 외, 郢 땅 이름 영

그러므로 군자가 이름을 붙였으면 반드시 말할 수 있어야 하며, 말을 했으면 반드시 실천할 수 있어야 하니, 군자는 그 말에서 구차하게 하는 것이 없을 뿐이다.”

○정자가 말하였다. “명분과 실제는 서로를 필요로 하니, 한 가지 일이 구

7) ≪춘추좌전(春秋左傳)·정공(定公)·14년≫
8) ≪춘추좌전·애공(哀公)·2년≫
9) ≪춘추좌전·애공·15년≫

차하면 그 나머지는 모두 구차하게 된다.”

○호씨[호인(胡寅)]가 말하였다. “위나라 세자 괴외가 그의 모친인 남자의 음란함을 부끄러워하여 죽이려다가 이루지 못하고 달아났다. 영공이 공자 영을 세우려고 하였는데 영이 사양하였다. 영공이 죽자 부인이 그를 세웠으나 또다시 사양하니 마침내 괴외의 아들인 첩을 (군주로) 세워 괴외를 막았다. 괴외는 모친을 죽이려다가 부왕에게 죄를 얻었고 첩은 나라를 차지한 채 아버지를 막았으니, 모두 아비 없는 자들로 그들이 나라를 소유할 수 없는 것이 명백하다. 공자는 정치를 하는 데에 명분을 바로잡는 것을 우선으로 삼았으니, 반드시 장차 그 일의 본말을 갖추어 천자에게 아뢰고, 방백(方伯:제후 중의 우두머리)에게 청하여 공자 영을 임명하여 군주로 세웠다면, 인륜이 바르게 되고 천리가 맞게 되니 명분이 바르고 말이 순조로워져 일이 이루어졌을 것이다. 공자가 그에게 말씀해준 상세함이 이와 같았는데도 자로는 끝내 깨닫지 못하였다. 그래서 첩을 섬기면서 떠나지 않았다가 결국 그 난리에 죽었으니, 단지 그의 녹을 먹었으면 그 난을 피하지 않는 것이 도리인 것만 알고 첩의 녹을 먹는 것이 도리가 아님을 알지 못한 것이다.”

자로13 제4장

13-04-1 ◉樊遲請學稼한대 子曰吾不如老農호라. 請學爲圃한대 曰吾不如老圃호라.

●種五穀曰稼요 種蔬菜曰圃라.

한자 稼 심을 가·농사 가, 圃 밭 포, 蔬 푸성귀 소

번지가 곡식 농사를 배우려 하자 공자는, “나는 늙은 농사꾼만 못하다.”라고 하였다. 채소 농사짓는 것을 배우려 하자, “나는 늙은 채전꾼

만 못하다."라고 하였다.

○오곡을 심는 것을 '가(稼)'라 하고, 채소를 심는 것을 '포(圃)'라고 한다.

13-04-2 ◉樊遲出이어늘 子曰이라. 小人哉라. 樊須也여.

◉小人은 謂細民이니 孟子所謂小人之事者也[10]라.

번지가 나가자 공자가 말씀하였다. "서민이로다. 번수는.

○소인은 서민을 이르니 맹자가 말한 '소인(小人)의 일'이라는 것이다.

13-04-3 ◉上好禮면 則民莫敢不敬하고 上好義면 則民莫敢不服하고 上好信이면 則民莫敢不用情이라. 夫如是면 則四方之民이 襁負其子而至矣리니 焉用稼리오.

◉禮·義·信은 大人之事也라. 好義則事合宜라. 情은 誠實也라. 敬服用情은 蓋各以其類而應也라. 襁은 織縷爲之하여 以約小兒於背者라.

◉楊氏曰이라. 樊須가 遊聖人之門而問稼圃하니 志則陋矣라. 辭而闢之는 可也나 待其出而後에 言其非는 何也오? 蓋於其問也에 自謂農圃之不如하니 則拒之者가 至矣어늘 須之學이 疑不及此하여 而不能問하니 不能以三隅反[11]矣라. 故로 不復나 及其旣出하여는 則懼其終不喩也하고 求老農老圃而學焉이면 則其失이 愈遠矣라. 故로 復言之하여 使知前所言者는 意有在也니라.

---

10) ≪맹자(孟子)·등문공상(滕文公上)≫, "천하를 다스리는 것은 유독 농사지으면서 또한 할 수 있는가? 위정자의 일이 있고 백성의 일이 있다.(治天下, 獨可耕且爲與? 有大人之事, 有**小人之事**.)"

11) ≪논어(論語)·술이(述而)≫, "(알지 못해) 속상해하지 않으면 열어 주지 않고, (표현하지 못해) 답답해하지 않으면 드러내 주지 않지만, (속상해하고 답답해하여) 한 모퉁이를 들어주었는데 세 모퉁이를 돌이켜 추구하지 않으면 다시 일러주지 않는다.(不憤不啓, 不悱不發, 擧一隅, **不以三隅反**, 則不復也.)"

한자 襁 포대기 강, 縷 실 루, 隅 모퉁이 우, 懼 두려워할 구

윗사람이 예를 좋아하면 백성들이 공경하지 않는 이가 없고, 윗사람이 도리를 좋아하면 백성들이 복종하지 않는 이가 없으며, 윗사람이 신의를 좋아하면 백성들이 감히 진실한 마음으로 대하지 않는 이가 없다. 이와 같으면 사방의 백성들이 포대기로 자기 자식을 업고 올 것이니 어찌 농사를 짓겠는가."

○예·도리·신의는 위정자의 일이다. 도리를 좋아하면 일이 알맞게 된다. '정(情)'은 진실함이다. 공경하고 복종하며 진실한 마음으로 대함은 각기 그 종류에 따라 호응하는 것이다. '강(襁)'은 실을 짜서 만들어 어린아이를 등에 업는 것이다.

○양씨[양시(楊時)]가 말하였다. "번수가 성인의 문하에 머물면서 곡식 농사와 채소 농사에 대하여 물었으니 뜻이 비루하다. 거절하여 물리친 것은 옳았지만 그가 나가기를 기다린 뒤에 그의 잘못을 말씀한 것은 어째서인가? 그의 물음에 대하여 스스로 농사꾼과 채전꾼만 못하다고 말씀하였으니 거절한 것이 지극한데도 번수의 학문은 아마도 이에 미치지 못하여 물을 수 없었던 듯하니, [한 모퉁이를 들어줌에] 세 모퉁이를 돌이키지 못한 것이다. 그러므로 다시 말씀하지 않았는데, 그가 밖으로 나간 뒤에 이르러서는 그가 끝내 깨닫지 못하고 늙은 농사꾼과 늙은 채전꾼을 찾아가 배운다면 그 잘못이 더욱 심해질 것을 우려하였다. 그래서 다시 말씀하여 앞에서 말한 것은 뜻이 있는 곳이 있음을 알도록 한 것이다."

자로13 제5장

13-05 ◉子曰이라. 誦詩三百하되 授之以政에 不達하며 使於四方에 不能專對하면 雖多나 亦奚以爲리오.

● 專은 獨也라. 詩本人情하고 該物理하여 可以驗風俗之盛衰하고 見政治之得失하며 其言이 溫厚和平하여 長於風諭라. 故로 誦之者는 必達於政而能言也라.

● 程子曰이라. 窮經은 將以致用也어늘 世之誦詩者가 果能從政而專對乎아. 然則其所學者는 章句之末耳니 此가 學者之大患也니라.

한자 該 갖출 해·모두 해·그 해, 諭 깨우칠 유

공자가 말씀하였다. "≪시경≫ 3백 편을 외우면서도 그에게 정치를 맡겼을 때에 능통하지 못하고, 사방으로 사신 가서 독자적으로 응대하지 못한다면 비록 (외우는 시가) 많더라도 어디에 쓰겠는가."

○'전(專)'은 '홀로'이다. ≪시경≫은 사람의 정서에 근본을 두고 사물의 이치를 갖추고 있어, 풍속의 융성과 쇠퇴를 징험할 수 있고 정치의 잘잘못을 알 수 있으며, 그 언사가 온후하고 화평하여 완곡하게 일깨우는 데에 뛰어나다. 그러므로 그것을 외우는 자는 반드시 정치에 능통하고 말을 잘한다.

○정자가 말하였다. "경전을 깊이 파고드는 것은 장차 쓸모를 이루려는 것인데, 세상사람 중에 시를 외우는 자들이 과연 제대로 정치에 종사하고 독자적으로 응대할 수 있는가. 그렇다면 그가 배운 것은 장구(章句)의 말단일 뿐이니 이것이 배우는 자들의 큰 병폐이다."

자로13 제6장

13-06 ◉子曰이라. 其身이 正이면 不令而行하고 其身이 不正이면 雖令不從이니라.

공자가 말씀하였다. "그 자신이 바르면 명령하지 않아도 (백성들이) 실천하고 그 자신이 바르지 않으면 비록 명령하더라도 따르지 않는다."

자로13 제7장

13-07 ◉子曰이라. 魯衛之政이 兄弟也로다.

●魯는 周公之後요 衛는 康叔之後니 本兄弟之國이요 而是時衰亂하여 政亦相似라. 故로 孔子嘆之라.

공자가 말씀하였다. "노나라와 위나라의 정치가 형제간이로다."

○노나라는 주공(周公)의 후예이고 위나라는 강숙(康叔)의 후예이니 본래 형제의 나라인데, 이때에 쇠퇴하고 혼란하여 정치 또한 서로 비슷하였다. 그러므로 공자가 탄식한 것이다.

자로13 제8장

13-08 ◉子謂衛公子荊하시되 善居室이로다. 始有에 曰苟合矣라하고 少有에 曰苟完矣라하고 富有에 曰苟美矣라하니라.

●公子荊은 衛大夫라. 苟는 聊且粗略之意라. 合은 聚也요 完은 備也라. 言其循序而有節하여 不以欲速盡美로 累其心이라.

●楊氏曰이라. 務爲全美면 則累物而驕吝之心이 生이라. 公子荊이 皆曰苟而已니 則不以外物爲心하여 其欲이 易足故也니라.

한자 荊 싸리나무 형·가시나무 형, 聊 귀 울 료·**애오라지 료**·힘입을 료·즐길 료, 吝 아낄 린

공자가 위나라 공자 형(荊)에 대하여 말씀하기를, "집안을 잘 꾸린다.

처음으로 (재산을) 소유하게 되자 '그런대로 모였다'라 하였고, 약간 소유하게 되자 '그런대로 갖추어졌다'라 하였으며, 많이 소유하게 되자 '그런대로 아름다워졌다.'라고 하였다."

○공자 형은 위나라 대부이다. '구(苟)'는 '그런대로 대략'이라는 뜻이다. '합(合)'은 '모이다'이고 '완(完)'은 '갖추다'이다. 그가 순서를 따르면서 절제가 있어, 빨리 이루려고 함과 아름다움을 지극하게 함으로 마음을 얽매지 않았음을 말씀한 것이다.

○양씨[양시(楊時)]가 말하였다. "아름다움을 온전하게 하기를 힘쓰면 외물에 얽매여 교만하고 인색한 마음이 생긴다. 공자 형이 모두 '그런대로'라고만 말했으니 외물로 마음을 삼지 않아 그의 바람이 쉽게 충족된 이유이다."

자로13 제9장

13-09-1 ◉子適衛하실새 冉有僕이러니,

●僕은 御車也라.

공자가 위나라에 갈 때 염유가 수레를 몰았는데,

○'복(僕)'은 '수레를 몰다'이다.

13-09-2 ◉子曰이라. 庶矣哉라.

●庶는 衆也라.

공자가 말씀하였다. "(백성들이) 많아졌구나."

○'서(庶)'는 '많다'이다.

13-09-3 ◉冉有曰이라. 旣庶矣어든 又何加焉이리잇고. 曰富之니라.

●庶而不富면 則民生不遂라. 故로 制田里하고 薄賦斂하여 以富之라.

염유가 말하였다. "이미 많아졌으면 또 무엇을 더해야 합니까?" "부유하게 해주는 것이다."

○(백성들이) 많은데 부유하지 않으면 백성들의 생활이 이루어지지 않는다. 그러므로 토지와 거처를 마련하고 세금 징수를 적게 하여 부유하게 해주는 것이다.

13-09-4 ◉曰旣富矣어든 又何加焉이리잇고. 曰敎之니라.

●富而不敎면 則近於禽獸[12]라. 故로 必立學校하고 明禮義以敎之라.

●胡氏曰이라. 天生斯民에 立之司牧하여 而寄以三事[13]라. 然이나 自三代之後로 能擧此職者가 百無一二라. 漢之文明과 唐之太宗은 亦云庶且富矣나 西京[14]之敎는 無聞焉이라. 明帝는 尊師重傅하고 臨雍拜老[15]하며 宗戚子

---

12) ≪맹자(孟子)·등문공상(滕文公上)≫, "사람에게는 도리가 있는데, 밥을 배불리 먹고 옷을 따뜻하게 입으면서 편안히 지내기만 하고 가르침이 없으면 금수에 가까워진다. 성인이 또 이것을 근심하여 설을 사도로 삼아 인륜을 가르치게 하였다.(人之有道也, 飽食煖衣, **逸居而無敎, 則近於禽獸**. 聖人有憂之, 使契爲司徒, 敎以人倫.)"

13) 삼사(三事) : 위에서 말한 서(庶)·부(富)·교(敎)로 설명하기도 하는데, 여기서는 원론적인 말로 시작하는 것으로 보아 군(君)·사(師)·부(父)의 역할인 치(治)·교(敎)·생(生)으로 보는 것이 좋겠다.

14) 서경(西京) : 서한(西漢)의 수도라는 말에서 서한(西漢)을 가리킨다. 여기서는 서한의 문제(文帝)를 의미한다.

15) 노(老) : 삼로(三老)라고 일컬어지는 장로(長老)로, 재상을 지내다가 물러난 국가 원로

弟가 莫不受學16)이요 唐太宗은 大召名儒하고 增廣生員17)하니 敎亦至矣나 然而未知所以敎也라. 三代之敎는 天子公卿이 躬行於上하여 言行政事가 皆可師法하니 彼二君者가 其能然乎아.

한자 雍 화락할 옹·화목할 옹·**학교 옹**, 戚 도끼 척·슬퍼할 척·**친척 척**

"이미 부유해졌으면 또 무엇을 더해야 합니까?" "가르치는 것이다."

○부유한데 가르치지 않으면 금수에 가깝다. 그러므로 반드시 학교를 세우고 예의를 밝혀서 가르쳐야 한다.

○호씨[호인(胡寅)]가 말하였다. "하늘이 이 백성을 내고서 그들에게 다스리는 사람을 세워주어 세 가지 일을 맡겼다. 그러나 (하은주) 세 왕조 이후로 이 직책을 제대로 시행한 이가 백에 한두 명도 없었다. 한나라의 문제(文帝)18)와 명제(明帝)19), 당나라의 태종(太宗)20)은 또한 (백성들이) 많았고 또 부유하게 했다고 하는데, 서한(西漢)의 가르침은 알려진 것이 없다. 명제는 사부(師傅)를 존중하고 벽옹(辟雍)에 가서 장로(長老)에게 절하였으며 종실과 외척의 자제들이 배우지 않은 자가 없었고, 당 태종은 저명한 선비들을 많이 부르고 생원을 증원하였으니 가르침이 또한 지극하였으나 가르치는 방법을 알지 못하였다. (하은주) 세 왕조의 교육은 천자와 공경이 위에서 몸소 실천하여 언행과 정사가 모두 본받을 만하였으니, 저 두 군주가 어찌 그럴 수 있었겠는가."

를 임명한다.

16) ≪후한서(後漢書)·예의지(禮儀志)≫

17) ≪신당서(新唐書)·유학전(儒學傳)≫

18) 문제(文帝) : 서한(西漢) 제4대 황제로 재위 기간은 B.C. 179-B.C. 157년이다.

19) 명제(明帝) : 동한(東漢) 제2대 황제로 재위 기간은 58-75년이다.

20) 태종(太宗) : 당(唐) 제2대 황제로 재위 기간은 627-649년이다.

자로13 제10장

13-10 ◉子曰이라. 苟有用我者면 朞月而已라도 可也요 三年이면 有成이리라.

●朞月은 謂周一歲之月也라. 可者는 僅辭니 言紀綱이 布也라. 有成은 治功이 成也라.

●尹氏曰이라. 孔子가 歎當時莫能用己也故로 云然이라.

●愚按史記하니 此는 蓋爲衛靈公不能用而發이라.21)

한자 朞 주기 기(期와 같은 자)

공자가 말씀하였다. "만일 나를 써주는 이가 있다면, 1년만이라도 괜찮아질 것이고 3년이면 성취가 있을 것이다."

○'기월(朞月)'은 1년의 (열두) 달을 일주하는 것이다. '가(可)'는 '겨우'라는 말이니 기강이 펴지는 것을 말한다. '유성(有成)'은 치적이 이루어지는 것이다.

○윤씨[윤돈(尹焞)]가 말하였다. "공자가 당시에 자신을 써줄 수 있는 이가 없음을 한탄했기 때문에 그렇게 말씀한 것이다."

○내가 ≪사기≫를 살펴보니, 이것은 위나라 영공이 등용하지 못한 것 때문에 발언한 것이다.

---

21) ≪사기(史記)·공자세가(孔子世家)≫, "영공이 늙어서 정사에 태만하였고 공자를 등용하지 못하였다. 공자가 '아'하고 탄식하며 말씀하였다. '만일 나를 써주는 이가 있다면 1년만이라도 괜찮아질 것이고, 3년이면 성취가 있을 것이다.(靈公老, 怠於政, 不用孔子. 孔子喟然歎曰. 苟有用我者, 朞月而已, 可也, 三年有成.)"

자로13 제11장

13-11 ◉子曰이라. 善人이 爲邦百年이면 亦可以勝殘去殺矣라하니 誠哉라 是言也여.

●爲邦百年은 言相繼而久也라. 勝殘은 化殘暴之人하여 使不爲惡也요 去殺은 謂民化於善하여 可以不用刑殺也라. 蓋古有是言이어늘 而夫子稱之라.
●程子曰이라. 漢自高惠로 至於文景에 黎民醇厚하여 幾致刑措하니 庶乎其近之矣로다.
●尹氏曰이라. 勝殘去殺은 不爲惡而已니 善人之功이 如是라. 若夫聖人은 則不待百年이요 其化가 亦不止此라.

한자 殘 파괴할 잔·해칠 잔·**잔혹할 잔**, 黎 검을 려·많을 려·**백성 려**, 醇 진한 술 순, 措 둘 조·시행할 조·뒤섞일 착(錯과 통용)

공자가 말씀하였다. "'선한 사람이 나라를 다스리는 것이 백년이면 잔혹한 사람을 제압하고 사형을 없앨 수 있다.'라고 하니 참되구나 이 말이."

○'나라를 다스리는 것이 백년'이라는 것은 서로 이어서 오래임을 말한다. '승잔(勝殘)'은 잔혹한 사람을 교화시켜 나쁜 짓을 하지 않게 하는 것이고, '거살(去殺)'은 백성들이 선으로 교화되어 사형을 적용하지 않을 수 있음을 이른다. 옛날에 이 말이 있었는데 공자가 이것을 칭송한 것이다.
○정자가 말하였다. "한나라는 고조·혜제로부터 문제·경제에 이르기까지 백성들이 순박하여 거의 형벌이 쓰이지 않는 데에 이르렀으니, 아마도 여기에 가까웠을 것이다."
○윤씨[윤돈(尹焞)]가 말하였다. "잔혹한 사람을 제압하고 사형을 없애는 것은 나쁜 짓을 하지 않는 것일 뿐이니 선한 사람의 공적은 이와 같다. 성인의 경우는 백년을 기다릴 필요가 없고, 그 교화 또한 여기에 그치지

않는다.”

자로13 제12장

13-12 ◉子曰이라. 如有王者라도 必世而後仁이니라.

●王者는 謂聖人受命而興也라. 三十年爲一世라. 仁은 謂敎化浹也라.
●程子曰이라. 周는 自文武로 至於成王而後에 禮樂이 興하니 卽其效也라.
●或問이라. 三年必世로 遲速이 不同은 何也오? 程子曰이라. 三年有成은 謂法度紀綱有成而化行也라. 漸民以仁하고 摩民以義[22]하여 使之浹於肌膚하고 淪於骨髓하면 而禮樂可興이니 所謂仁也라. 此非積久면 何以能致리오.

한자 浹 젖을 협·**두루 미칠 협**, 漸 점차 점·적실 점, 摩 갈 마, 淪 잔물결 륜·빠질 륜·**스밀 륜**, 髓 골수 수

공자가 말씀하였다. “만일 왕천하하는 자가 있더라도 반드시 한 세대가 지난 뒤에야 (백성들이) 인해진다.”

○‘왕천하한다’는 것은 성인이 천명을 받아 일어나는 것을 이른다. 30년이 1세(世)이다. ‘인(仁)’은 교화가 두루 미치는 것을 이른다.
○정자가 말하였다. “주나라는 문왕·무왕으로부터 성왕에 이른 뒤에야 예악이 흥성하였으니 바로 그 효과이다.”
○어떤 사람이 물었다. “‘3년’과 ‘반드시 한 세대’로, 늦고 빠름이 같지 않은 것은 어째서입니까?” 정자가 대답하였다. “‘3년이면 성취가 있다’는 것은

22) ≪한서(漢書)·동중서전(董仲舒傳)≫, “태학(太學)을 세워 도성에서 가르치고 상서(庠序)를 두어 고을에서 교화하여, 인으로 백성들을 적시고 의로 백성들을 연마하며, 예로 백성들을 절제하였습니다. 그러므로 형벌이 매우 가벼운데도 금법을 어기지 않은 것은, 교화가 행해져 습속이 아름다워졌기 때문입니다.(立太學以敎於國, 設痒序以化於邑, **漸民以仁, 摩民以誼**, 節民以禮. 故其刑罰甚輕而禁不犯者, 敎化行而習俗美也.)”

법도와 기강에 성취가 있고 교화가 행해지는 것을 말한다. 인으로 백성을 적시고 의로 백성을 연마하여 그것이 피부에 두루 미치고 골수에 스며들게 하면, 예악이 흥성할 수 있으니 이른바 인이다. 이것은 쌓음이 오래되지 않으면 어떻게 이룰 수 있겠는가."

자로13 제13장

13-13 ◉子曰이라. 苟正其身矣면 於從政乎에 何有[23]며 不能正其身이면 如正人何오.

공자가 말씀하였다. "만약 자신을 바르게 한다면 정치에 종사하는 데에 무슨 어려움이 있겠으며, 자신을 바르게 할 수 없다면 어떻게 남을 바르게 하겠는가."

자로13 제14장

13-14 ◉冉子가 退朝어늘 子曰이라. 何晏也오? 對曰有政이러이다. 子曰이라. 其事也로다. 如有政인댄 雖不吾以나 吾其與聞之니라.

●冉有가 時爲季氏宰라. 朝는 季氏之私朝[24]也라. 晏은 晩也라. 政은 國政이요 事는 家事라. 以는 用也라. 禮에 大夫雖不治事라도 猶得與聞國政이라. 是時에 季氏專魯하여 其於國政에 蓋有不與同列로 議於公朝하고 而獨與家臣으로 謀於私室者라. 故로 夫子爲不知者而言하되 此必季氏之家事耳라. 若是國政이면 我嘗爲大夫하니 雖不見用이나 猶當與聞이라. 今旣不聞하니 則是非國政也라. 語意與魏徵獻陵之對[25]로 略相似하니 其所以正名分하여 抑

23) 하유(何有) : 하난지유(何難之有)의 준말이다.
24) 사조(私朝) : 대부가 자기 집안의 정무를 다스리던 곳을 일컫는다.

季氏하고 而教冉有之意가 深矣라.

한자 晏 맑을 안·편안할 안·늦을 안

염유가 조정에서 돌아오자 공자가 말씀하였다. "어찌 늦었는가?" "정사가 있었습니다."라고 대답하자 공자가 말씀하였다. "그의 집안일이었겠지. 만일 정사가 있었다면 비록 나를 써주지 않고 있으나 내가 아마 참여하여 들었을 것이다."

○염유가 당시에 계씨의 가신이었다. '조(朝)'는 계씨의 사적 조정이다. '안(晏)'은 '늦다'이다. '정(政)'은 국정이고 '사(事)'는 집안일이다. '이(以)'는 '쓰다'이다. 예법에, 대부는 비록 정사를 다스리지 않더라도 국정에 참여하여 들을 수 있었다. 이때 계씨가 노나라를 전횡하여 국정에 대하여 동급인 대부들과 나라의 조정에서 의논하지 않고, 혼자서 가신들과 개인 집무실에서 모의하였다. 그러므로 공자가 (자신을) 모르는 자로 설정하여 말씀하기를, "이것은 반드시 계씨의 집안일일 뿐이리라. 만일 국정이었다면 내가 전에 대부였으니 비록 등용되지 않았으나 그래도 마땅히 참여하여 들었을 것이다. 지금 이미 듣지 못하였으니 그것은 국정이 아니다."라고 한것이다. 말뜻이 위징의 헌릉에 관한 대답과 대략 비슷하니, 명분을 바로잡아 계씨를 억제하고 염유를 가르친 뜻이 깊다.

25) 헌릉(獻陵) : 당(唐) 고조(高祖)와 그 왕비인 태목황후(太穆皇后) 두씨(竇氏)의 능이다. ≪신당서(新唐書)·위징전(魏徵傳)≫에, "[태종(太宗)의 황후인] 문덕황후(文德皇后)를 장사 지낸 뒤에, 태종은 바로 정원 안에 층을 이룬 누대를 짓고 소릉(昭陵, 문덕황후의 능)을 바라보았다. 위징(魏徵)을 데리고 함께 올라갔는데 위징이 한참 보다가 이르기를, "신은 눈이 흐릿하여 잘 보지 못하겠습니다."라고 하였다. 황제가 손가락으로 가리키자 위징이 아뢰기를, "이 소릉 말씀이십니까?"라고 하였다. 황제가 "그렇소."라고 하자 위징이 아뢰기를, "신은 폐하께서 헌릉(獻陵)을 바라보시는 줄로 여겼습니다. 소릉의 경우는 신이 벌써 보았습니다."라고 하였다. 황제가 눈물을 흘리면서 그 일로 누대를 헐었다.(文德皇后既葬, 帝即苑中作層觀以望昭陵. 引徵同升, 徵孰視曰, 臣眊昏, 不能見. 帝指示之, 徵曰, 此昭陵邪? 帝曰, 然. 徵曰, 臣以爲陛下望獻陵. 若昭陵, 臣固見之. 帝泣, 爲毀觀.)"라는 기록이 있다.

⊠ 자로13 제15장

13-15-1 ◉定公이 問一言而可以興邦이라하니 有諸잇가? 孔子對曰이라. 言不可以若是其幾也어니와,

●幾는 期也니 詩曰如幾如式[26]이라. 言一言之間에 未可以如此而必期其效라.

정공이 묻기를, "한마디 말로 나라를 흥성하게 할 수 있다고 하는데 그런 것이 있습니까?"라고 하자 공자가 대답하였다. "말은 이와 같이 그렇게 기약할 수는 없지만,

○'기(幾)'는 '기약하다'이니 ≪시경≫에서, "기약한 대로 하고 법도대로 한다."라고 하였다. 한마디의 말 사이에서 이와 같이 반드시 그 효과를 기약할 수는 없다고 말씀한 것이다.

13-15-2 ◉人之言에 曰爲君難하며 爲臣不易라하나니,

●當時有此言也라.

사람들의 말에, '군주 노릇하기가 어려우며, 신하 노릇하기가 쉽지 않다.'라고 하니,

○당시에 이 말이 있었다.

13-15-3 ◉如知爲君之難也인댄 不幾乎一言而興邦乎잇가.

26) ≪시경(詩經)·소아(小雅)·초자(楚茨)≫, "너에게 온갖 복을 내리니, 기약한 대로 하고 법도대로 한다.(卜爾百福, 如幾如式.)"

◉因此言而知爲君之難이면 則必戰戰兢兢하여 臨深履薄[27]하여 而無一事之敢忽이라. 然則此言也가 豈不可以必期於興邦乎아. 爲定公言故로 不及臣也라.

만일 군주 노릇하는 어려움을 안다면, 한마디 말로 나라를 흥성하게 하는 것을 기약하지 않겠습니까."

○이 말로 말미암아 군주 노릇하는 어려움을 안다면 반드시 두려워하고 조심하여 깊은 연못에 다가선 듯이 하고, 얇은 얼음을 밟듯이 하여 한 가지 일도 감히 소홀히 함이 없을 것이다. 그렇다면 이 말이 아마도 반드시 나라를 흥성하게 하는 것을 기약할 수 있지 않겠는가. 정공에게 말했기 때문에 신하를 언급하지 않았다.

13-15-4 ◉曰一言而喪邦이라하니 有諸잇가? 孔子對曰이라. 言不可以若是其幾也어니와 人之言에 曰予無樂乎爲君이요 唯其言而莫予違也라하나니,

◉言他無所樂이요 惟樂此耳라.

"한마디 말로 나라를 잃는다고 하는데 그런 것이 있습니까?"라고 하자 공자가 대답하였다. "말은 이와 같이 그렇게 기약할 수는 없지만 사람들의 말에, '내가 군주 노릇하는 것을 즐거워할 것은 없고, 오직 그렇게 말하는데 나를 어기는 자가 없는 것뿐이다.'라고 하니,

○다른 것은 즐거워할 것이 없고 오직 이것을 즐거워할 뿐이라는 말이다.

---

27) ≪시경(詩經)·소아(小雅)·소민(小旻)≫, "감히 범을 맨손으로 잡지 않고 감히 황하를 맨몸으로 건너지 않는 것을, 사람들은 그 한 가지만 알고 그 다른 것은 알지 못하도다. 두려워하고 조심하여 깊은 연못에 다가선 듯이 하고 얇은 얼음을 밟듯이 하라.(不敢暴虎, 不敢馮河. 人知其一, 莫知其他. **戰戰兢兢, 如臨深淵, 如履薄冰.**)"

13-15-5 ◉如其善而莫之違也인댄 不亦善乎잇가. 如不善而莫之違也인댄 不幾乎一言而喪邦乎잇가.

◉范氏曰이라. 如不善而莫之違면 則忠言不至於耳하여 君日驕而臣日諂하리니 未有不喪邦者也라.

◉謝氏曰이라. 知爲君之難이면 則必敬謹以持之요 唯其言而莫予違면 則讒諂面諛之人이 至矣[28]라. 邦未必遽興喪也로되 而興喪之源은 分於此라. 然이나 此非識微之君子면 何足以知之리오.

한자 讒 참소할 참, 諛 아첨할 유, 遽 갑자기 거

만일 그것이 선한데 그를 어기는 자가 없다면 또한 좋지 않겠습니까. 만일 선하지 않은데 그를 어기는 자가 없다면 한마디 말로 나라를 잃는 것을 기약하지 않겠습니까."

○범씨[범조우(范祖禹)]가 말하였다. "만일 선하지 않은데 그를 어기는 자가 없다면, 충성스런 말이 귀에 이르지 않아 군주는 날로 교만해지고 신하는 날로 아첨할 것이니, 나라를 잃지 않을 자가 없다."

○사씨[사양좌(謝良佐)]가 말하였다. "군주 노릇하는 어려움을 안다면 반드시 공경과 삼감으로 지켜 나갈 것이고, 오직 그렇게 말하는데 나를 어기는 자가 없다면 참소하고 아첨하며 면전에서 아부하는 사람들이 이르게 된다. 나라는 반드시 갑자기 흥성하거나 잃지는 않지만 흥성하고 잃는 근원은 여기에서 나뉜다. 그러나 이것은 기미를 아는 군자가 아니라면 어떻게 알 수 있겠는가."

28) ≪맹자(孟子)·고자하(告子下)≫, "만일 선을 좋아하지 않으면 사람들이 장차 말하기를, '잘난 체하는 것을 내가 이미 안다.'라고 할 것이니 잘난 체하는 음성과 안색이 사람을 천리 밖에서 막는다. 선비가 천리 밖에서 발걸음을 멈춘다면 참소하고 아첨하며 면전에서 아부하는 사람들이 이르게 된다.(夫苟不好善, 則人將曰訑訑, 予旣已知之矣. 訑訑之聲音顔色, 距人於千里之外. 士止於千里之外, 則**讒諂面諛之人, 至矣.**)"

자로13 제16장

13-16-1 ◉葉公이 問政한대,

●音義가 並見第七篇이라.

섭공이 정치에 대하여 묻자,

○음과 뜻이 모두 제7편[<술이>]에 보인다.

13-16-2 ◉子曰이라. 近者는 說하고 遠者는 來니라.

●被其澤則說하고 聞其風則來라. 然이나 必近者說而後에 遠者來也라.

공자가 말씀하였다. "가까이 있는 자들은 기뻐하고, 먼 곳에 있는 자들은 오는 것입니다."

○그 은택을 입으면 기뻐하고 그 소문을 들으면 온다. 그러나 반드시 가까이 있는 자들이 기뻐한 뒤에 먼 곳에 있는 자들이 온다.

자로13 제17장

13-17 ◉子夏가 爲莒父宰하여 問政한대 子曰이라. 無欲速하며 無見小利니라. 欲速則不達하고 見小利則大事不成이니라.

●莒父는 魯邑名이라. 欲事之速成이면 則急遽無序하여 而反不達이요 見小者之爲利면 則所就者는 小하고 而所失者는 大矣라.

○程子曰이라. 子張問政에 子曰居之無倦하며 行之以忠[29]이라하시고 子夏問政에 子曰無欲速하며 無見小利라. 子張은 常過高而未仁[30]하고 子夏之病은 常在近小라. 故로 各以切己之事로 告之라.

한자 莒 토란 거·춘추시대 고을 이름 거

자하가 거보의 읍재가 되어 정치에 대하여 묻자 공자가 말씀하였다. "빨리 하기를 바라지 말고 작은 이익을 추구하지 말라. 빨리 하기를 바라면 달성하지 못하고 작은 이익을 추구하면 큰 일이 이루어지지 않는다."

○'거보(莒父)'는 노나라 고을 이름이다. 일이 빨리 이루어지기를 바라면서 성급하고 질서가 없어 도리어 달성하지 못하고, 이익이 되는 작은 것을 추구하면 이루는 것은 작고 잃는 것은 크게 된다.

○정자가 말하였다. "자장이 정치에 대하여 묻자 공자는, '마음가짐을 싫증내지 말 것이고 실천하기를 충심으로 할 것이다'라고 하였고, 자하가 정치에 대하여 묻자 공자는, '빨리 하기를 바라지 말고 작은 이익을 추구하지 말라'고 말씀하였다. 자장은 항상 지나치게 (뜻이) 높고 어질지 못하였으며, 자하의 병폐는 항상 비근하고 작은 데에 있었다. 그러므로 각각 (그들) 자신에게 절실한 일로 알려주었다."

자로13 제18장

13-18-1 ◉葉公이 語孔子曰이라. 吾黨에 有直躬者하니 其父가 攘羊이어늘 而子證之하니이다.

---

29) ≪논어(論語)·안연(顔淵)≫

30) ≪논어·자장(子張)≫, "자유가 말하였다. '나의 벗 자장은 잘하기 어려운 것을 하지만, 그러나 인하지 못하다.'(子游曰, 吾友張也, 爲難能也, 然而未仁.)"

●直躬은 直身而行者라. 有因而盜曰攘31)이라.

한자 攘 물리칠 양·**훔칠 양**, 證 증거 증·**고발할 증**

섭공이 공자에게 말하였다. "우리 고을에 행실이 정직한 자가 있으니 그의 아버지가 양을 훔치자 아들이 고발하였습니다."

○'직궁(直躬)'은 자신을 곧게 하여 행동하는 것이다. 연유가 있어 훔치는 것을 '양(攘)'이라 한다.

13-18-2 ◉孔子曰이라. 吾黨之直者는 異於是라. 父爲子隱하고 子爲父隱하니 直在其中矣니라.

●父子相隱은 天理人情之至也라. 故로 不求爲直이나 而直在其中이라.

●謝氏曰이라. 順理爲直이라. 父不爲子隱하고 子不爲父隱이면 於理順耶아. 瞽瞍殺人이어든 舜竊負而逃하여 遵海濱而處리라.32) 當是時에 愛親之心이 勝하니 其於直不直에 何暇計哉리오.

한자 瞽 소경 고, 瞍 소경 수, 濱 물가 빈

---

31) 십삼경본 ≪논어주소(論語注疏)≫에서, "연유가 있어 훔치는 것을 '양(攘)'이라고 하니, 양이 내 집으로 들어오자 아버지가 차지했음을 말한다.(**有因而盜曰攘**, 言因羊來入其家, 父卽取之.)"라고 설명하였다.

32) ≪맹자(孟子)·진심상(盡心上)≫, "도응이 묻기를, '순임금이 천자이고 고요가 옥관인데 고수가 사람을 죽였다면 어떻게 하겠습니까?' 맹자가 말하였다. '집행할 뿐이다.' '그렇다면 순임금은 금지하지 않습니까?' '순임금이 어떻게 금지할 수 있겠는가. 전수 받은 것이 있는 것이다.' '그렇다면 순임금은 어떻게 하시겠습니까?' '순임금은 천하를 버리기를 헌짚신을 버리듯이 보아서, 몰래 업고 도망하여 바닷가로 가서 살면서 종신토록 흔쾌히 즐기고 천하를 잊었을 것이다.(桃應問曰, 舜爲天子, 皐陶爲士, **瞽瞍殺人**, 則如之何? 孟子曰. 執之而已矣. 然則舜不禁與? 曰夫舜惡得而禁之. 夫有所受之也. 然則舜如之何? 曰舜視棄天下, 猶棄敝蹝也, **竊負而逃**, **遵海濱而處**, 終身訢然樂而忘天下.)"

공자가 말씀하였다. "우리 고을의 정직한 자는 이와 다릅니다. 아버지는 아들을 위해 숨겨주고 아들은 아버지를 위해 숨겨주니, 정직은 그 가운데에 있습니다."

○아버지와 아들이 서로 숨겨주는 것은 천리와 인정의 지극함이다. 그러므로 정직을 구하지 않아도 정직이 그 가운데에 있다.

○사씨[사양좌(謝良佐)]가 말하였다. "사리를 따르는 것이 정직이다. 아버지가 아들을 위하여 숨겨주지 않고, 아들이 아버지를 위하여 숨겨주지 않는다면 사리에 순조롭겠는가. 고수가 사람을 죽였다면 순임금은 몰래 업고 도망하여 바닷가로 가서 살았을 것이다. 이때에는 어버이를 사랑하는 마음이 우세하니 그것이 정직한지 정직하지 않은지에 대하여 어느 겨를에 따지겠는가."

자로13 제19장

13-19 ◉樊遲問仁하니 子曰이라. 居處恭하며 執事敬하며 與人忠이니 雖之夷狄이라도 不可棄也니라.

●恭은 主容이요 敬은 主事[33]니 恭見於外하고 敬主乎中이라. 之夷狄不可棄는 勉其固守而勿失也라.

●程子曰이라. 此是徹上徹下[34]語니 聖人은 初無二語也라. 充之면 則睟面盎背[35]요 推而達之면 則篤恭而天下平矣[36]라.

---

33) ≪논어(論語)·계씨(季氏)≫, "일에서는 신중하기를 생각하라.(事思敬.)"

34) 철상철하(徹上徹下) : 세주에서 잠실 진씨[蠶室陳氏, 진식(陳埴)]는, "범인이나 성인이나 모두 이 이치임을 이른다.(謂凡聖皆是此理.)"라고 설명하였다.

35) ≪맹자(孟子)·진심상(盡心上)≫, "군자가 본성으로 한 것은 인의예지가 마음속에 뿌리가 된다. 그것이 안색에 나타나는 것은 윤택하게 얼굴에 드러나고 등에 넘치며 사지에 베풀어져서 사지는 (내가) 말하지 않아도 안다.(君子所性, 仁義禮智, 根於心. 其生色也, **睟然見於面, 盎於背**, 施於四體, 四體不言而喩.)" "사지는 (내가) 말하지 않아도 안다."는 것은 몸가짐과 움직임이 저절로 그렇게 됨을 이른다.

●胡氏曰이라. 樊遲問仁者가 三에 此最先이요 先難[37]이 次之요 愛人[38]이 其最後乎인저.

한 자 睟 볼 수·**윤택할 수**·순수할 수(粹와 통용), 盎 동이 앙·**넘칠 앙**

번지가 인에 대하여 묻자 공자가 대답하였다. "평소 생활에 공손하고 일을 처리함에 조심스러우며 남들과 어울림에 충실할 것이니, 비록 이민족의 지역에 가더라도 버려서는 안 된다."

○'공(恭)'은 용모를 위주로 하고 '경(敬)'은 일(하는 마음가짐)을 위주로 하니, 공(恭)은 밖으로 드러나고 경(敬)은 마음을 주관한다. 이민족의 지역에 가더라도 버려서는 안 된다는 것은 굳게 지켜 잃지 말도록 힘쓰게 한 것이다.

○정자가 말하였다. "이것은 위아래를 관통하는 말씀이니 공자는 애당초 두 가지의 말씀이 없었다. 이것을 충만시키면 얼굴에 윤이 나고 등에 넘치며 확충하여 (상대에게) 이르게 하면 공손을 돈독히 함에 천하가 태평해지는 것이다."

○호씨[호인(胡寅)]가 말하였다. "번지가 인을 물은 것이 세 번인데 이것이 가장 처음이고, '어려운 것을 먼저 하는 것'이 그 다음이고, '사람을 사랑하는 것'이 아마 가장 나중일 것이다."

자로13 제20장

13-20-1 ◉子貢問曰何如라야 斯可謂之士矣잇고? 子曰이라. 行己

---

36) ≪중용(中庸)·제33장≫, "≪시경≫에 이르기를, '드러나지 않았는가, 여러 제후들이 그 덕을 본받는다.'라고 하였다. 이 때문에 군자가 공손을 돈독히 함에 천하가 태평해진다.(詩曰, 不顯惟德, 百辟其刑之. 是故君子, **篤恭而天下平**.)"

37) ≪논어(論語)·옹야(雍也)≫, "어려운 것을 먼저 하고 얻는 것을 뒤로 한다.(**先難**後獲.)"

38) ≪논어·안연(顏淵)≫, "사람을 사랑하는 것이다.(**愛人**.)"

有恥하며 使於四方하여 不辱君命이면 可謂士矣니라.

●此는 其志有所不爲而其材足以有爲者也라. 子貢能言故로 以使事告之라. 蓋爲使之難은 不獨貴於能言而已라.

자공이 묻기를, "어떠해야 그를 선비라고 이를 만합니까?"라고 하자 공자가 말씀하였다. "행실이 염치가 있고 사방에 사신으로 나가 군주의 명을 욕되게 하지 않으면 선비라고 할 만하다."

○이는 그 뜻은 하지 않는 것이 있고, 그 재능은 성취가 있을 수 있는 자이다. 자공은 말을 잘하였기 때문에 사신의 일로 말씀해준 것이다. 사신 노릇하기의 어려움은 단지 말을 잘하는 것을 귀하게 여길 뿐만이 아니기 때문이다.

13-20-2 ◉曰敢問其次하노이다. 曰宗族이 稱孝焉하며 鄕黨이 稱弟焉이니라.

●此는 本立而材不足者라. 故로 爲其次라.

"감히 그 다음을 묻겠습니다." "친족이 효성스러움을 칭찬하고, 고을 사람들이 공손함을 칭찬하는 것이다."

○이는 근본은 섰으나 재능이 부족한 자이다. 그러므로 그 다음이 된다.

13-20-3 ◉曰敢問其次하노이다. 曰言必信하며 行必果니 硜硜然小人哉나 抑亦可以爲次矣니라.[39]

39) ≪맹자(孟子)·이루하(離婁下)≫, "대인인 자는 약속한 말을 지키기를 기필하지 않고 행동을 결행하기를 기필하지 않아, 오직 의가 있는 대로 한다.(大人者, 言不必信, 行不必

●果는 必行也라. 硜은 小石之堅確者라. 小人은 言其識量之淺狹也라. 此는 其本末이 皆無足觀이나 然亦不害其爲自守也라. 故로 聖人猶有取焉이요 下此則市井之人이니 不復可爲士矣라.

한자 果 실과 과, 硜 돌 두드리는 소리 경·**견고할 경**, 確 굳을 확, 狹 좁을 협

"감히 그 다음을 묻겠습니다." "약속한 말을 반드시 지키고 행동을 반드시 결행하니 고집스런 소인이지만, 그러나 또한 다음이 될 수 있다."

○'과(果)'는 '반드시 실천하다'이다. '경(硜)'은 작은 돌이 단단한 것이다. 소인은 그 식견과 국량이 얕고 좁음을 말한다. 이것은 그 근본과 지엽이 모두 족히 볼 만한 것이 없으나 또한 그것이 스스로를 지킴이 되기에는 무방하다. 그러므로 공자가 그래도 취한 것이 있었고, 여기에서 내려가면 저잣거리의 사람이니 더 이상 선비가 될 수 없다.

13-20-4 ◉曰今之從政者는 何如하니잇고? 子曰이라. 噫라. 斗筲之人을 何足算也리오.

●今之從政者는 蓋如魯三家之屬이라. 噫는 心不平聲이라. 斗는 量名이니 容十升이요 筲는 竹器이니 容斗二升이니 斗筲之人은 言鄙細也라. 算은 數也니 子貢之問이 每下故로 夫子가 以是警之니라.
●程子曰이라. 子貢之意는 蓋欲爲皎皎之行하여 聞於人者요 夫子告之는 皆篤實自得之事니라.

한자 筲 대그릇 소, 皎 흴 교·**밝을 교**·깨끗할 교

"오늘날 정치에 종사하는 자들은 어떻습니까?"라고 하자 공자가 말씀

果, 惟義所在.)"

하였다. “아, 한 말이나 말 두 되 정도의 사람들을 어찌 족히 따질 것이 있겠는가.”

○오늘날 정치에 종사하는 자들은 노나라의 세 대부와 같은 부류이다. ‘희(噫)’는 마음이 편안하지 못한 소리이다. ‘두(斗)’는 용량의 이름으로 열 되를 담고, ‘소(筲)’는 대그릇으로 말 두 되를 담는다. ‘두소지인(斗筲之人)’은 비루하고 자잘하다는 말이다. ‘산(算)’은 ‘세다’이니 자공의 물음이 매번 내려갔기 때문에 공자가 이것으로 경계한 것이다.

○정자가 말하였다. “자공의 뜻은 뚜렷한 행동을 하여 남들에게 소문나고자 하는 것이었고, 공자가 그에게 알려준 것은 모두 성실히 하여 스스로 터득하는 일이었다.”

자로13 제21장

13-21 ◉子曰이라. 不得中行而與之인댄 必也狂狷乎인저. 狂者는 進取요 狷者는 有所不爲也니라.

●行은 道也라. 狂者는 志極高而行不掩이요 狷者는 知未及而守有餘라. 蓋聖人本欲得中道之人而敎之나 然旣不可得이요 而徒得謹厚之人이면 則未必能自振拔而有爲也라. 故不若得此狂狷之人이니 猶可因其志節而激厲裁抑之하여 以進於道니 非與其終於此而已也라. 孟子曰孔子가 豈不欲中道哉리오마는 不可必得故로 思其次也니 如琴張·曾晳·牧皮者가 孔子之所謂狂也라. 其志嘐嘐然曰古之人, 古之人이여하되 夷考[40]其行而不掩焉者也니라. 狂者를 又不可得이어든 欲得不屑不潔之士而與之라. 是狷也니 是又其次也[41]라.

한자 狷 성급할 견, 振 떨칠 진, 拔 뺄 발, 晳 밝을 석, 嘐 닭 울 교·뜻 클 효, 夷 오랑캐 이, 掩 가릴 엄, 屑 가루 설

40) 이고(夷考) : 말과 행실을 공평하게 놓고 비교하는 것이다.
41) ≪맹자(孟子)·진심하(盡心下)≫

공자가 말씀하였다. "중용의 도를 지닌 자를 얻어 함께할 수 없다면 반드시 (뜻이 큰) 광자(狂者)나 (지조가 있는) 견자(狷者)라야 한다. 광자는 진취적이고 견자는 하지 않는 것이 있다."

○'행(行)'은 '도(道)'이다. '광자(狂者)'는 뜻은 지극히 높으나 행실이 (말을) 덮지 못하고, '견자(狷者)'는 앎은 미치지 못하나 지킴은 넉넉함이 있다. 공자는 본래 중용의 도를 지닌 사람을 얻어 가르치고자 하였으나 이미 얻을 수 없었고, 단지 근후한 사람을 얻는다면 반드시 스스로 분발하여 성취가 있을 수 있는 것은 아니었다. 그러므로 뜻이 크거나 지조가 있는 이런 사람을 얻는 것이 나으니, 그래도 그들의 뜻과 절개에 따라 격려하고 억제하여 도에 나아가게 할 수 있으니 그들이 여기에서 끝날 뿐이라고 인정한 것이 아니다. 맹자가 말하기를, "공자가 어찌 중용의 도를 지닌 자를 바라지 않으셨겠는가마는 꼭 얻을 수는 없었기 때문에 그 다음을 생각한 것이니, 금장·증석·목피 같은 자들이 공자가 말씀한 광자이다. 그들의 뜻이 높고 커서 말하기를, '옛사람이여, 옛사람이여'하지만 공평하게 그 행실을 살펴보면 (행실이 말을) 덮지 못한 자들이다. 광자를 또한 얻을 수 없다면, 더러운 것을 달갑게 여기지 않는 선비를 얻어서 함께하고자 하였다. 이들이 견자이니 이들이 또한 그 다음이다."

자로13 제22장

13-22-1 ◉子曰이라. 南人이 有言曰人而無恒이면 不可以作巫醫라 하니 善夫라.

●南人은 南國之人이라. 恒은 常久也라. 巫는 所以交鬼神이요 醫는 所以寄死生이라. 故로 雖賤役이나 而尤不可以無常이니 孔子稱其言而善之라.

공자가 말씀하였다. "남쪽 나라 사람들이 하는 말이 있으니, '사람으로

서 한결같음이 없으면 무당이나 의원도 될 수 없다.'라고 하는데 훌륭하도다.

○'남인(南人)'은 남쪽 나라 사람이다. '항(恒)'은 '장구하다'이다. 무당은 귀신과 교류하는 자이고, 의원은 생사를 맡긴 자이다. 그러므로 비록 천한 일이지만 더욱이 한결같음이 없어서는 안 되니, 공자가 그 말을 일컬으며 훌륭하다고 한 것이다.

13-22-2 ◉不恒其德이면 或承之羞[42]라하니

●此는 易恒卦九三爻辭라. 承은 進也라.

'그 덕을 한결같게 하지 않으면 간혹 부끄러움에 이른다.'라고 하였다."

○이는 ≪주역·항괘(恒卦)·구삼(九三)≫의 효사이다. '승(承)'은 올림이다.

13-22-3 ◉子曰이라. 不占而已矣니라.

●復加子曰하여 以別易文也니 其義未詳이라. 楊氏曰君子於易에 苟玩其占[43]

42) ≪주역(周易)·항괘(恒卦)·구삼(九三)≫의 효사로, '승(承)'자에 대해, <정전(程傳)>에서는 "그 덕이 한결같지 못하면 치욕이 혹 이를 것이니, '或承之'는 때에 따라 이름이 있다고 일컬은 것이다.(其德不恒, 則羞辱或承之矣, 或承之, 謂有時而至也.)"라고 하여 승(承)을 지(至)로 풀었고, <주자본의(朱子本義)>에서는 "혹(或)이라는 것은 어떤 사람인지 알지 못하는 말이고 승(承)은 받듦이니, 사람들이 모두 받들어서 올릴 수 있어서 비롯되어 온 곳을 알지 못함을 말한다.(或者, 不知其何人之辭, 承, 奉也, 言人皆得奉而進之, 不知其所自來也.)"라고 하여 승(承)을 봉(奉)으로 풀었다. 즉 "누군가가 그에게 부끄러움을 보낸다."라는 말로 "누군가가 그를 부끄럽게 만든다."의 뜻이다. 여기서는 <정전(程傳)>의 풀이를 따랐다.

43) ≪주역·계사전상(繫辭傳上)≫, "군자는 머물러 있으면 그 상을 보고 그 말을 음미하며, 움직이면 그 변화를 보고 그 점을 음미한다.(君子, 居則觀其象而玩其辭, 動則觀其變而玩其占.)"

이면 則知無常之取羞矣라. 其爲無常也는 蓋亦不占而已矣라하니 意亦略通이라.

공자가 말씀하였다. "점을 치지 않았기 때문일 뿐이다."

○다시 '자왈(子曰)'을 더하여 ≪주역≫의 글과 구별하였는데 그 뜻은 잘 모르겠다. 양씨[양시(楊時)]가 말하기를, "군자가 ≪주역≫에서 만일 그 점괘를 음미하면 한결같음이 없는 것이 부끄러움을 취함을 알게 된다. 그가 한결같음이 없는 짓을 하는 것은 역시 점을 치지 않았기 때문일 뿐이다."라고 하였는데 의미가 또한 대략 통한다.

자로13 제23장

13-23 ◉子曰이라. 君子는 和而不同하고 小人은 同而不和니라.

●和者는 無乖戾之心이요 同者는 有阿比之意라.
●尹氏曰이라. 君子는 尙義故로 有不同이나 小人은 尙利하니 安得而和리오.

한자 乖 어그러질 괴, 戾 어그러질 려, 阿 언덕 아

공자가 말씀하였다. "군자는 화합하면서 뇌동하지 않고, 소인은 뇌동하면서 화합하지 않는다."

○'화(和)'라는 것은 어긋나서 틀어지는 마음이 없는 것이고, '동(同)'이라는 것은 편들면서 결탁하는 뜻이 있는 것이다.
○윤씨[윤돈(尹焞)]가 말하였다. "군자는 도리를 숭상하기 때문에 뇌동하지 않음이 있으나, 소인은 이익을 숭상하니 어떻게 화합할 수 있겠는가."

※ 자로13 제24장

13-24 ◉子貢이 問曰鄕人이 皆好之면 何如잇고? 子曰이라. 未可也니라. 鄕人皆惡之면 何如잇고? 子曰이라. 未可也[44]니라. 不如鄕人之善者가 好之요 其不善者가 惡之[45]니라.

◉一鄕之人은 宜有公論矣라. 然이나 其間에 亦各以類自爲好惡也라. 故善者好之하고 而惡者不惡면 則必其有苟合之行이요 惡者惡之하고 而善者不好면 則必其無可好之實이라.

자공이 묻기를, "고을 사람들이 모두 그를 좋아한다면 어떻습니까?"라고 하자 공자가 말씀하였다. "아직 안 된다." "고을 사람들이 모두 그를 싫어한다면 어떻습니까?" 공자가 말씀하였다. "아직 안 된다. 고을 사람 중의 선한 자가 그를 좋아하고, 그 중의 선하지 못한 자가 그를 싫어하는 것이 낫다."

○한 고을의 사람들에게는 의당 공론이 있다. 그러나 그 사이에 또한 각기 부류별로 스스로 좋아하거나 미워한다. 그러므로 선한 자가 그를 좋아하고 악한 자가 그를 싫어하지 않는다면 반드시 그에게는 구차하게 영합하는 행실이 있고, 악한 자가 그를 싫어하고 선한 자가 그를 좋아하지 않는다면 반드시 그에게는 좋아할 만한 실상이 없다.

---

44) ≪논어(論語)·위영공(衛靈公)≫, "많은 사람들이 그를 미워하더라도 반드시 살펴보고, 많은 사람들이 그를 좋아하더라도 반드시 살펴보아야 한다.(衆惡之, 必察焉, 衆好之, 必察焉.)"

45) ≪논어·이인(里仁)≫에서 말했듯이, "오직 인한 자만이 사람을 제대로 좋아할 수 있고 사람을 제대로 미워할 수 있기(惟仁者, 能好人, 能惡人)" 때문에 선하지 못한 자가 그를 싫어하는 것이다.

※ 자로13 第25장

13-25 ◉子曰이라. 君子는 易事[46]而難說也니 說之不以道면 不說也요 及其使人也하여는 器之니라. 小人은 難事而易說也니 說之雖不以道라도 說也요 及其使人也하여는 求備焉이니라.

●器之는 謂隨其材器而使之也라. 君子之心은 公而恕하고 小人之心은 私而刻하니 天理人欲之間은 每相反而已矣라.

공자가 말씀하였다. "군자는 섬기기는 쉽고 기쁘게 하기는 어려우니, 기쁘게 하기를 도로써 하지 않으면 기뻐하지 않고 그가 사람을 부리게 되면 기량대로 한다. 소인은 섬기기는 어렵고 기쁘게 하기는 쉬우니, 기쁘게 하기를 비록 도로써 하지 않더라도 기뻐하고 그가 사람을 부리게 되면 갖추기를 요구한다."

○'기지(器之)'는 그의 재능과 그릇에 따라 부리는 것을 이른다. 군자의 마음은 공정하면서 배려하고 소인의 마음은 사사로우면서 각박하니, 천리와 인욕의 사이는 매번 서로 반대될 뿐이다.

※ 자로13 第26장

13-26 ◉子曰이라. 君子는 泰而不驕하고 小人은 驕而不泰니라.

●君子는 循理故로 安舒而不矜肆라. 小人은 逞欲故로 反是라.

---

46) 이사(易事) : '섬기기는 쉽고'로 해석하는 경우와, '(그의 밑에서) 일하기는 쉽고'로 해석하는 경우가 있는데 서로 통한다. 섬기는 것이 그의 밑에서 일하는 것이기 때문이다.

한자 泰 클 태·**편안할 태**, 舒 펼 서, 矜 **자만할 긍**·엄숙할 긍·자랑할 긍·불쌍히 여길 긍, 肆 뚜렷할 사·**방자할 사**·베풀 사, 逞 왕성할 령·**쾌할 령**

공자가 말씀하였다. "군자는 편안하면서 교만하지 않고, 소인은 교만하면서 편안하지 못하다."

○군자는 이치를 따르기 때문에 편안하고 느긋하며 교만하거나 방자하지 않다. 소인은 욕심을 멋대로 부리기 때문에 이와 반대이다.

자로13 제27장

13-27 ◉子曰이라. 剛毅木訥이 近仁이니라.[47]

●程子曰이라. 木者는 質樸이요 訥者는 遲鈍이니 四者는 質之近乎仁者也라.
●楊氏曰이라. 剛毅則不屈於物欲하고 木訥則不至於外馳故로 近仁이라.

한자 毅 굳셀 의, 訥 **어눌할 눌**·말 적게 할 눌·말 더듬을 눌, 馳 달릴 치

공자가 말씀하였다. "단단하고 굳세며 질박하고 어눌함이 인에 가깝다."

○정자가 말하였다. '목(木)'이라는 것은 질박함이고, '눌(訥)'이라는 것은 느리고 둔함이다. 네 가지는 자질이 인에 가까운 것이다.
○양씨[양시(楊時)]가 말하였다. "단단하고 굳세면 물욕에 굽히지 않고, 질박하고 어눌하면 밖으로 치달림에 이르지 않기 때문에 인에 가깝다."

---

47) 세주에서 신안 진씨[新安陳氏, 진력(陳櫟)]는 반대 개념을 제시하여, "부드럽고 약하며 화려하고 말을 잘하는 것이 인에서 멂을 알 수 있다.(柔脆華辨之遠於仁, 可知也.)"라고 설명하였다.

자로13 제28장

13-28 ◉子路가 問曰何如라야 斯可謂之士矣잇고? 子曰이라. 切切偲偲하며 怡怡如也면 可謂士矣라. 朋友엔 切切偲偲요 兄弟엔 怡怡니라.

●胡氏曰이라. 切切은 懇到[48]也요 偲偲는 詳勉也요 怡怡는 和悅也라. 皆子路所不足故로 告之라. 又恐其混於所施면 則兄弟有賊恩[49]之禍하고 朋友有善柔[50]之損故로 又別而言之라.

한자 偲 책선할 시·수염 많을 시, 懇 정성 간, 混 섞을 혼, 賊 도둑 적·해칠 적

자로가 묻기를, "어떠해야 그를 선비라고 이를 만합니까?"라고 하자 공자가 말씀하였다. "간곡하고 격려하며 화락하면 선비라고 이를 만하다. 친구간에는 간곡하고 격려하며 형제간에는 화락한다."

○호씨[호인(胡寅)]가 말하였다. "'절절(切切)'은 '간곡하다'이고 '시시(偲偲)'는 '자상하게 격려하다'이며 '이이(怡怡)'는 '화락하다'이다. 모두가 자로가 부족한 것이기 때문에 말씀해준 것이다. 또 그가 베푸는 대상에 대하여 혼동하면, 형제간에는 은혜를 해치는 화가 있고 친구간에는 부드러움이 지나치는 해가 있을 것을 염려하였기 때문에 다시 구별하여 말씀한 것이다."

---

48) 간도(懇到) : 간지(懇至)와 같은 뜻으로, '간곡하다.'이다.

49) ≪맹자(孟子)·이루하(離婁下)≫, "선을 요구하는 것은 붕우의 도리이니, 부자간에 선을 요구하는 것은 은혜를 해치는 것 가운데 큰 것이다.(責善, 朋友之道也, 父子責善, 賊恩之大者.)"

50) 선유(善柔) : ≪논어(論語)·계씨(季氏)≫, "유익한 것이 세 가지 벗이고 해로운 것이 세 가지 벗이니, 벗이 정직하며 벗이 진실되며 벗이 견문이 많으면 유익하고, 벗이 치우침에 익숙하며 벗이 부드러움에 뛰어나며 벗이 말재주에 익숙하면 해롭다.(益者三友, 損者三友, 友直, 友諒, 友多聞, 益矣, 友便辟, 友善柔, 友便佞, 損矣.)"

자로13 제29장

13-29 ◉子曰이라. 善人이 教民七年이면 亦可以卽戎矣니라.

◉教民者는 教之以孝弟忠信之行과 務農講武之法이라. 卽은 就也요 戎은 兵也라. 民知親其上하고 死其長51)故로 可以卽戎이라.

◉程子曰이라. 七年云者는 聖人度其時可矣라. 如云朞月·三年52)·百年53)·一世54)·大國五年·小國七年55)之類는 皆當思其作爲如何라야 乃有益이라.

한자 卽 음식 먹을 즉·**나아갈 즉**·이를 즉·맞출 즉

공자가 말씀하였다. "선한 사람이 백성을 가르친 것이 7년이면 또한 전쟁에 나가게 할 수 있다."

○백성을 가르친다는 것은 그들에게 효도·공손·충실·신의의 행실과 농사에 힘쓰고 무예를 닦는 법을 가르치는 것이다. '즉(卽)'은 '나아가다'이고 '융(戎)'은 전쟁이다. 백성들이 자신의 윗사람을 친애하고 자신의 상관을 위

---

51) 기장(其長) : ≪맹자(孟子)·양혜왕하(梁惠王下)≫에서, "추나라가 노나라와 싸웠는데 (추나라) 목공이 물었다. '우리 관리가 죽은 것이 33명인데 백성들은 그들을 위해 죽은 자가 없습니다. 그들을 죽이자니 이루 다 죽일 수 없고, 죽이지 않자니 상관이 죽는 것을 흘겨보면서 구하지 않았으니, 어찌하면 좋겠습니까?(鄒與魯鬨, 穆公問曰. 吾有司死者, 三十三人而民莫之死也. 誅之則不可勝誅, 不誅則疾視其**長上**之死而不救, 如之何則可也?)"라고 말한 '長上'의 의미이다.

52) ≪논어(論語)·자로(子路)≫, "만일 나를 써줄 이가 있다면 1년만이라도 괜찮아질 것이고, 3년이면 성취가 있을 것이다.(苟有用我者, **朞月**而已, 可也, **三年**, 有成.)"

53) ≪논어·자로≫, "'선한 사람이 나라를 다스리는 것이 백년이면 잔혹한 사람을 제압하고 사형을 없앨 수 있다.'라고 하니 참되다. 이 말이.(善人, 爲邦**百年**, 亦可以勝殘去殺矣, 誠哉. 是言也.)"

54) ≪논어·자로≫, "만일 왕천하하는 자가 있더라도 반드시 한 세대가 지난 뒤에야 (백성들이) 인해진다.(如有王者, 必**世**而後仁.)"

55) ≪맹자·이루상(離婁上)≫, "문왕을 본받으면 대국은 5년, 소국은 7년이면 반드시 천하에 정치를 하게 될 것이다.(師文王, **大國五年**, **小國七年**, 必爲政於天下矣.)"

하여 죽을 줄 알기 때문에 전쟁에 나가게 할 수 있다.

○정자가 말하였다. "7년이라고 한 것은 성인이 그 시간이면 가능하다고 헤아린 것이다. 예컨대 1년, 3년, 백년, 한 세대, 큰 나라는 5년이고 작은 나라는 7년이라고 한 것 등은 모두 마땅히 그 행함이 어떠한가를 생각하여야 비로소 도움이 있을 것이다."

자로13 제30장

13-30 ◉子曰이라. 以不敎民戰이면 是謂棄之[56]니라.

●以는 用也라. 言用不敎之民以戰이면 必有敗亡之禍하니 是棄其民也라.

공자가 말씀하였다. "가르치지 않은 백성으로 전쟁을 하면 이것이 그들을 버린다고 하는 것이다."

○'이(以)'는 '쓰다'이다. 가르치지 않은 백성을 써서 전쟁을 하면 반드시 패망의 화가 있으니, 이것이 자기 백성을 버리는 것이라는 말씀이다.

56) ≪맹자(孟子)·고자하(告子下)≫, "백성을 가르치지 않고 (전쟁에) 쓴다면, 그것을 일러 백성을 해친다고 하는 것이다.(不敎民而用之, 謂之殃民.)"

헌문(憲問) 제십사(第十四)

●胡氏曰이라. 此篇은 疑原憲所記라. 凡四十七章이라.

○호씨가 말하였다. "이 편은 아마도 원헌이 기록한 것인 듯 하다." 모두 47장이다.

헌문14 제1장

14-01 ◉憲問恥한대 子曰이라. 邦有道에 穀하며 邦無道에 穀이 恥也니라.[1]

●憲은 原思名이라. 穀은 祿也라. 邦有道에 不能有爲하고 邦無道에 不能獨善[2]하고 而但知食祿은 皆可恥也라. 憲之狷介는 其於邦無道에 穀之可恥는 固知之矣로되 至於邦有道에 穀之可恥는 則未必知也라. 故로 夫子因其問而幷言之하니 以廣其志하여 使知所以自勉而進於有爲也라.

한자 介 경계 개·낄 개·**절개 개**·사람이나 사물을 세는 단위 개(個와 같은 자)

원헌이 부끄러움에 대하여 물으니 공자가 말씀하였다. "나라에 도가 있을 때 녹봉만 먹으며, 나라에 도가 없을 때 녹봉만 먹는 것이 부끄러움이다."

○'헌(憲)'은 원사(原思)의 이름이다. '곡(穀)'은 녹봉이다. 나라에 도가 있을 때에 성취가 있지 못하고 나라에 도가 없을 때에 홀로 (자신을) 선하게 하지 못하면서, 다만 녹봉 먹을 줄만 아는 것은 모두 부끄러울 만하다. 원헌의 강직함과 지조로는 나라에 도가 없을 때 녹봉만 먹는 것이 부끄러울 만함에 대해서는 원래 알고 있었으나, 나라에 도가 있을 때 녹봉만 먹는 것이 부끄러울 만함에 이르러서는 반드시 알고 있지는 않았을 것이다. 그러므로 공자가 그의 질문에 근거하여 아울러 말씀하였으니, 그의

---

1) ≪논어(論語)·태백(泰伯)≫, "나라에 도가 있는데 가난하고 비천한 것이 부끄러움이며, 나라에 도가 없는데 부유하고 존귀한 것이 부끄러움이다.(邦有道, 貧且賤焉, 恥也, **邦無道, 富且貴焉, 恥也**.)"

2) ≪맹자(孟子)·진심상(盡心上)≫, "옛사람들은 뜻을 얻으면 은택이 백성에게 가해졌고, 뜻을 얻지 못하면 몸을 닦아 세상에 드러났다. 곤궁하면 홀로 그 자신을 선하게 하였고, 영달하면 천하를 아울러 선하게 하였다.(古之人, 得志, 澤加於民, 不得志, 修身見於世. **窮則獨善其身**, 達則兼善天下.)"

뜻을 넓혀서 스스로 힘쓸 줄을 알아 성취가 있는 곳으로 나아가게 한 것이다.

▩ 헌문14 제2장

14-02-1 ◉克伐怨欲을 不行焉이면 可以爲仁矣잇가?

◍此亦原憲이 以其所能而問也라. 克은 好勝이요 伐은 自矜이요 怨은 忿恨이요 欲은 貪欲이라.

"이기기를 좋아함과 스스로를 자랑함, 원망과 탐욕을 행하지 않으면 인이라고 할 만합니까?"

○이 또한 원헌이 자신이 잘하는 것을 가지고 질문한 것이다. '극(克)'은 이기기를 좋아하는 것이고 '벌(伐)'은 스스로를 자랑하는 것이며, '원(怨)'은 화내고 유감스러워하는 것이고 '욕(欲)'은 탐욕이다.

14-02-2 ◉子曰이라. 可以爲難矣어니와 仁則吾不知也로라.

◍有是四者而能制之하여 使不得行은 可謂難矣라. 仁則天理渾然하여 自無四者之累하니 不行은 不足以言之也라.

◍程子曰이라. 人而無克伐怨欲은 惟仁者能之라. 有之而能制其情하여 使不行은 斯亦難能也나 謂之仁則未也라. 此는 聖人開示之深이어늘 惜乎憲之不能再問也라.

◍或曰四者不行을 固不得爲仁矣나 然亦豈非所謂克己之事와 求仁之方乎아. 曰이라. 克去己私하여 以復乎禮면 則私欲이 不留而天理之本然者가 得矣어니와 若但制而不行이면 則是未有拔去病根之意하여 而容其潛藏隱伏於胸中

也니 豈克己求仁之謂哉아. 學者察於二者[3]之間이면 則其所以求仁之功이 益親切而無滲漏矣리라.

한자 潛 물 건널 잠·**숨을 잠**·몰두할 잠, 滲 **샐 삼**·스밀 삼

공자가 말씀하였다. "어렵다고 할 수 있겠지만 인인지는 내가 모르겠다."

○이 네 가지가 있는데 제어할 수 있어서 행해지지 않도록 하는 것은 어렵다고 할 수 있다. 인은 천리가 온전하여 저절로 네 가지의 허물이 없으니, 행해지지 않는 것은 족히 말할 것이 못된다.

○정자가 말하였다. "사람으로서 이기기를 좋아함과 스스로를 자랑함, 원망과 탐욕이 없는 것은 오직 인한 자만이 할 수 있다. 그것이 있는데도 그 감정을 제어할 수 있어서 행해지지 않도록 하는 것은 또한 잘하기 어려운 것이지만, 그것을 인이라고 하면 아직 안 된다. 이는 성인이 열어서 보여준 것이 깊은데 애석하게도 원헌이 다시 묻지 못했다."

○어떤 사람이 말하기를, "네 가지가 행해지지 않는 것을 진실로 인이라고 할 수는 없겠지만, 또한 어찌 이른바 사욕을 이기는 일과 인을 구하는 방법이 아니겠습니까."라고 하였다. 답한다. '자신의 사욕을 이겨내어 예로 돌아간다면 사욕이 남아있지 않아 천리의 본래 상태가 얻어지겠지만, 만일 단지 제어하여 행해지지 않을 뿐이라면 이는 병의 뿌리를 뽑아내려는 의지가 없어 그것이 가슴속에 잠복되어 있는 것을 용납함이니, 어찌 사욕을 이기고 인을 구하는 것이라고 하겠는가. 학자들이 이 두 가지 사이에서 살피면 인을 구하는 공부가 더욱 가깝고 절실하여 물샐틈없게 될 것이다."

3) '이기기를 좋아함과 스스로를 자랑함, 원망과 탐욕을 행하지 않음(克伐怨欲, 不行焉)'과 '사욕을 이기는 일과 인을 구하는 방법(克己之事, 求仁之方)'의 두 가지이다.

※ 헌문14 제3장

14-03 ◉子曰이라. 士而懷居면 不足以爲士矣니라.

●居는 謂意所便安處也라.

공자가 말씀하였다. "선비로서 편안함을 그리워한다면 선비라고 할 수 없다."

○'거(居)'는 생각이 편안하게 여기는 곳을 이른다.

※ 헌문14 제4장

14-04 ◉子曰이라. 邦有道엔 危言危行하고 邦無道엔 危行言孫이니라.

●危는 高峻也요 孫은 卑順也라.

●尹氏曰이라. 君子之持身은 不可變也[4]어니와 至於言하여는 則有時而不敢盡하여 以避禍也라. 然則爲國者가 使士言孫하면 豈不殆哉아.

한 자 危 위태로울 위·두려워할 위·높을 위·**바를 위**

공자가 말씀하였다. "나라에 도가 있을 때에는 말을 곧게 하고 행실을 곧게 하며, 나라에 도가 없을 때에는 행실을 곧게 하되 말은 공손할 것이다."

---

4) ≪중용(中庸)·제10장≫, "나라에 도가 있을 때에는 곤궁할 때의 지조를 변치 않으니 강하구나 꿋꿋함이여. 나라에 도가 없을 때에는 죽음에 이르러도 지조를 변치 않으니 강하구나 꿋꿋함이여.(國有道, **不變塞焉**, 强哉矯. 國無道, **至死不變**, 强哉矯.)"

○'위(危)'는 '높고 가파르다'이고, '손(孫)'은 '낮고 온순하다'이다.
○윤씨[윤돈(尹焞)]가 말하였다. "군자의 몸가짐은 변할 수 없지만, 말에 이르러서는 때에 따라 감히 다하지 않아 화를 피하기도 한다. 그렇다면 나라를 다스리는 자가 선비로 하여금 말을 공손하게 하도록 한다면 어찌 위태롭지 않겠는가."

헌문14 제5장

14-05 ◉子曰이라. 有德者는 必有言이어니와 有言者는 不必有德이니라. 仁者는 必有勇이어니와 勇者는 不必有仁이니라.

●有德者는 和順積中하여 英華發外[5]나 能言者는 或便佞口給而已라. 仁者는 心無私累하여 見義必爲[6]요 勇者는 或血氣之强而已니라.
●尹氏曰이라. 有德者는 必有言이어니와 徒能言者는 未必有德也요 仁者는 志必勇이어니와 徒能勇者는 未必有仁也니라.

공자가 말씀하였다. "덕이 있는 자는 반드시 (훌륭한) 말이 있지만, (훌륭한) 말이 있는 자가 반드시 덕이 있는 것은 아니다. 인한 자는 반드시 용기가 있지만, 용기 있는 자가 반드시 인이 있는 것은 아니다."

○덕이 있는 자는 조화와 온순이 안에 쌓여 아름다움이 밖으로 나오지만, 말을 잘하는 자는 간혹 말재주와 구변일 뿐이기도 하다. 인한 자는 마음에 사사로운 얽매임이 없어 도리를 보면 반드시 행하지만, 용기 있는 자는 간혹 혈기의 강성함일 뿐이기도 하다.
○윤씨[윤돈(尹焞)]가 말하였다. "덕이 있는 자는 반드시 (훌륭한) 말이 있

5) ≪예기(禮記)·악기(樂記)≫, "조화와 온순이 안에 쌓여 아름다움이 밖으로 나오니 오직 음악은 가짜를 만들 수 없다.(和順積中, 而英華發外, 唯樂, 不可以爲僞.)"
6) ≪논어(論語)·위정(爲政)≫, "도리를 보고 행하지 않는 것이 용기가 없는 것이다.(見義不爲, 無勇也.)"

지만, 그저 말만 잘하는 자는 반드시 덕이 있는 것은 아니고, 인한 자는 뜻이 반드시 용맹스럽지만, 그저 용기에만 능한 자는 반드시 인이 있는 것은 아니다."

헌문14 제6장

14-06 ◉南宮适이 問於孔子曰羿는 善射하고 奡는 盪舟하되 俱不得其死이라. 然이나 禹稷은 躬稼而有天下하니이다. 夫子不答이러시니 南宮适이 出이어늘 子曰이라. 君子哉라 若人이여! 尙德哉라 若人이여!

● 南宮适은 卽南容也라. 羿는 有窮之君으로 善射라. 滅夏后相[7]而簒其位러니 其臣寒浞이 又殺羿而代之하니라. 奡는 春秋傳作澆한대 浞之子也라. 力能陸地行舟러니 後爲夏后少康[8]所誅라.[9] 禹平水土하고 暨稷播種하여 身親稼穡之事러니 禹受舜禪而有天下하고 稷之後는 至周武王하여 亦有天下라. 适之意는 蓋以羿奡로 比當世之有權力者하고 而以禹稷으로 比孔子也라. 故로 孔子不答이라. 然이나 适之言이 如此하여 可謂君子之人而有尙德之心矣니 不可以不與라. 故로 俟其出而贊美之하니라.

한자 适 빠를 괄, 羿 사람 이름 예, 奡 오만할 오(傲와 같은 자)·굳셀 오, 盪 씻을 탕·**밀 탕**·방종할 탕, 簒 빼앗을 찬, 浞 담글 착·**사람 이름 착**, 澆 물 줄 요·엷을 요, 暨 이를 기·**및 기**·쉴 기, 禪 봉선 선·**선양(禪讓)할 선**

남궁괄이 공자에게 묻기를, "예는 활쏘기를 잘했고, 오는 (육지에서)

---

7) 하후상(夏后相) : 하(夏)나라 제5대 천자이다.
8) 하후소강(夏后少康) : 하(夏)나라 제6대 천자이다.
9) ≪춘추좌전(春秋左傳)·양공(襄公)·4년≫

배를 가게 하였지만 모두 제대로 된 죽음을 얻지 못했습니다. 그러나 우임금과 후직은 몸소 농사지었는데도 천하를 소유하였습니다."라고 하였다. 공자가 대답하지 않다가 남궁괄이 나가자 공자가 말씀하였다. "군자답구나 이 사람이여. 덕을 숭상하는구나 이 사람이여."

○남궁괄은 바로 남용이다. '예(羿)'는 유궁국(有窮國)의 군주로 활쏘기를 잘 하였다. 하(夏)나라 천자인 상(相)을 멸망시키고 왕위를 찬탈하였는데 자신의 신하인 한착이 다시 예를 죽이고 그를 대신하였다. '오(奡)'는 ≪춘추좌전≫에 '요(澆)'로 되어 있는데 한착의 아들이다. 힘이 육지에서 배를 가게 할 수 있었는데 뒤에 하나라 천자인 소강(少康)에게 죽임을 당하였다. 우임금은 물과 땅을 다스리고 후직과 함께 씨앗을 뿌리면서 몸소 농사일을 하였는데, 우임금은 순임금의 선양을 받아 천하를 소유하였고, 후직의 후손은 주나라 무왕에 이르러 역시 천하를 소유하였다. 남궁괄의 뜻은 예와 오로 당시에 권력을 가진 자들을 비유하고, 우임금과 후직으로 공자를 비유한 것이다. 그러므로 공자가 대답하지 않았다. 그러나 남궁괄의 말이 이와 같아 군자다운 사람이고 덕을 숭상하는 마음이 있다고 할 만하니, 인정하지 않을 수 없었다. 그러므로 그가 나가기를 기다려 칭찬한 것이다.

헌문14 제7장

14-07 ◉子曰이라. 君子而不仁者는 有矣夫어니와 未有小人而仁者也니라.

●謝氏曰이라. 君子는 志於仁矣나 然毫忽[10]之間에 心不在焉이면 則未免爲不

10) 호홀(毫忽) : 호(毫)와 홀(忽) 모두 길이의 단위이다. ≪손자산경(孫子算經)≫에, "누에가 실을 토해낸 것이 홀(忽)이고, 10홀이 1사(絲)이고, 10사가 1호(毫)이다.(蠶吐絲爲忽, 十忽爲一絲, 十絲爲一毫.)"라고 하였다. 여기서는 '잠깐'이라는 시간의 단위로 쓰였다.

仁也니라.

공자가 말씀하였다. "군자이면서 인하지 않은 자는 있어도, 소인이면서 인한 자는 있지 않다."

○사씨[사양좌(謝良佐)]가 말하였다. "군자는 인에 뜻을 두지만 잠깐 동안이라도 마음이 거기에 있지 않으면 불인이 됨을 면치 못한다."

※ 헌문14 제8장

14-08 ◉子曰이라. 愛之란 能勿勞乎아. 忠焉이란 能勿誨乎아.

●蘇氏曰이라. 愛而勿勞는 禽犢之愛也요 忠而勿誨는 婦寺11)之忠也라. 愛而知勞之면 則其爲愛也가 深矣요 忠而知誨之면 則其爲忠也가 大矣라.

한자 誨 가르칠 회, 犢 송아지 독, 寺 절 사·사당 사·관아 시·**근시(近侍) 시**

공자가 말씀하였다. "사랑한다고 수고롭게 하지 않을 수 있겠는가. 충성한다고 깨우치지 않을 수 있겠는가."

○소씨[소식(蘇軾)]가 말하였다. "사랑하면서 수고롭게 하지 않는 것은 새나 송아지에 대한 (어미의) 사랑이고, 충성하면서 깨우치지 않는 것은 (군주에 대한) 시녀의 충성이다. 사랑하면서도 수고롭게 할 줄 안다면 그 사랑됨이 깊고, 충성하면서도 깨우칠 줄 안다면 그 충성됨이 크다."

11) 부시(婦寺) : 부시(婦侍)와 통하여 궁중에서 군주를 모시는 여자를 가리킨다.

헌문14 제9장

14-09 ◉子曰이라. 爲命에 裨諶이 草創之하고 世叔이 討論[12]之하고 行人[13]子羽가 修飾之하고 東里子産이 潤色之하니라.

●裨諶以下四人은 皆鄭大夫라. 草는 略也요 創은 造也니 謂造爲草藁也라. 世叔은 游吉也니 春秋傳에 作子大叔이라. 討는 尋究也요 論은 講議也라. 行人은 掌使之官이요 子羽는 公孫揮也라. 修飾은 謂增損之라. 東里는 地名으로 子産所居也라. 潤色은 謂加以文采也라. 鄭國之爲辭命에 必更此四賢之手而成[14]하니 詳審精密에 各盡所長이라. 是以로 應對諸侯에 鮮有敗事라. 孔子言此는 蓋善之也라.

한자 裨 도울 비, 諶 믿을 심·진실한 심, 草 풀 초·풀 벨 초·시작할 초, 藁 마를 고·초고 고(稿와 같은 자), 揮 휘두를 휘, 更 고칠 경·겪을 경·다시 갱

공자가 말씀하였다. "외교문서를 만들 때 비심이 초고를 짓고 세숙이 의견을 냈으며, 행인인 자우가 가감하였고 동리의 자산이 꾸몄다."

○'비심(裨諶)' 이하 네 사람은 모두 정나라 대부이다. '초(草)'는 대략이고, '창(創)'은 '처음 만들다'이니 초고를 짓는 것을 이른다. '세숙(世叔)'은 유길인데, ≪춘추좌전≫에는 자태숙(子大叔)으로 되어 있다. '토(討)'는 '탐구하다'이고, '논(論)'은 '강론하다'이다. '행인(行人)'은 사신의 일을 담당하는 벼슬이고, '자우(子羽)'는 공손휘이다. '수식(修飾)'은 더하고 더는 것을 이른다. '동리(東里)'는 지명으로 자산이 살던 곳이다. '윤색(潤色)'은

12) 토론(討論) : 의견을 내어 논의하는 것이다.
13) 행인(行人) : 천자를 조회하거나 제후간에 방문하는 일을 담당하던 관직명이다.
14) ≪춘추좌전(春秋左傳)·양공(襄公)·31년≫

문채를 더하는 것을 이른다. 정나라가 외교문서를 만들 때 반드시 이 네 현자의 손을 거쳐 완성하였으니, 자세하고 정밀함에서 각기 장점을 다하였다. 이 때문에 제후들과 응대할 때에 실패하는 일이 적었다. 공자가 이것을 말씀한 것은 그것을 좋게 여긴 것이다.

헌문14 제10장

14-10-1 ◉或問子産한대 子曰이라. 惠人也니라.

●子産之政이 不專於寬이나 然其心則一以愛人爲主라. 故로 孔子以爲惠人[15]이라하니 蓋擧其重而言也라.

어떤 사람이 자산에 대하여 묻자 공자가 말씀하였다. "자애로운 사람이다."

○자산의 정사가 관대함만을 오로지하지는 않았으나, 그의 마음은 한결같이 사람을 사랑하는 것을 위주로 하였다. 그러므로 공자가 자애로운 사람이라고 하였으니 그 중의 중요한 것을 들어 말씀한 것이다.

14-10-2 ◉問子西한대 曰이라. 彼哉彼哉[16]여.

●子西는 楚公子申이라. 能遜楚國하고 立昭王하여 而改紀其政[17]하니 亦賢大夫也라. 然이나 不能革其僭王之號하고 昭王이 欲用孔子에 又沮止之하며 其後에 卒召白公하여 以致禍亂[18]하니 則其爲人을 可知矣라. 彼哉者는 外

---

15) ≪춘추좌전(春秋左傳)·소공(昭公)·20년≫, "자산이 죽자 공자가 듣고 눈물을 흘리면서 말하기를, '옛사람들이 남긴 바의 자애로운 사람이었다.'라고 하였다.(及子産卒, 仲尼聞之, 出涕曰, 古之遺愛也.)"

16) 피재피재(彼哉彼哉) : 경시하는 표현으로 말할 가치가 없다는 상투어이다. 십삼경본 ≪논어주소(論語注疏)≫에서, "족히 일컬을 만한 것이 없다.(無足可稱也.)"라고 설명하였다.

17) ≪춘추좌전·소공·26년≫, ≪춘추좌전·정공(定公)·6년≫

之之詞라.

자서에 대하여 묻자 말씀하였다. "그런 사람이지, 그런 사람이지!"

○자서는 초나라 공자(公子)인 신이다. 초나라를 사양하고 소왕을 세워서 정치를 개혁하고 바로잡을 수 있었으니 역시 훌륭한 대부였다. 그러나 왕을 참칭한 칭호[19]를 고치지 못하였고 소왕이 공자(孔子)를 등용하려 하자 더구나 그것을 저지하였으며, 그 후에 마침내 백공을 불러들여 재난을 초래하였으니 그의 사람됨을 알 수 있다. '피재(彼哉)'라는 것은 그를 배척한 말씀이다.

14-10-3 ◉問管仲한대 曰이라. 人也는 奪伯氏駢邑三百[20]하여늘 飯疏食하되 沒齒無怨言하니라.

●人也는 猶言此人也라. 伯氏는 齊大夫요 駢邑은 地名이라. 齒는 年也라. 蓋桓公이 奪伯氏之邑하여 以與管仲한대 伯氏는 自知己罪而心服管仲之功故로 窮約以終身하되 而無怨言이라. 荀卿이 所謂與之書社三百而富人이 莫之敢拒者[21]가 卽此事也라.

●或問이라. 管仲子産은 孰優오? 曰이라. 管仲之德은 不勝其才요 子産之才는 不勝其德이라. 然이나 於聖人之學엔 則槪乎其未有聞也라.

한자 駢 나란히 할 변, 約 묶을 약·단속할 약·**빈곤할 약**, 荀 풀이름 순, 槪 평미레 개·**대개 개**

---

18) ≪춘추좌전(春秋左傳)·애공(哀公)·16년≫

19) 초(楚)나라의 군주가 '자(子)'의 작위에 해당하는데 '왕(王)'이라고 칭한 것을 가리킨다.

20) 삼백(三百) : 주자는 집주에서 ≪순자(荀子)·중니(仲尼)≫의 내용을 인용하였는데 그렇다면 300서사(書社) 7,500호이다.[주대(周代)에 25가(家)에 1사(社)를 세웠는데 그 호구(戶口)와 전지(田地)를 장부에 기록한 것, 또는 그 지역을 가리켜 서사(書社)라고 하였다.] 십삼경본 ≪논어주소(論語注疏)≫에서는, '백씨(伯氏)의 식읍(食邑) 300호(伯氏食邑三百家)"라고 하여 300호로 보았다.

21) ≪순자(荀子)·중니(仲尼)≫, "그에게 300서사(書社)를 주었는데, 부자들이 감히 그에게 저항하는 이가 없었다.(與之書社三百, 而富人莫之敢距也."

관중에 대하여 물으니 말씀하였다. "이 사람은 백씨의 병읍(騈邑) 300호를 빼앗았는데 (백씨는) 거친 밥을 먹으면서도 평생토록 원망하는 말이 없었다."

○'인야(人也)'는 이 사람이라는 말과 같다. 백씨는 제나라의 대부이고 병읍은 지명이다. '치(齒)'는 나이이다. 환공이 백씨의 고을을 빼앗아 관중에게 주었는데 백씨는 스스로 자신의 죄를 알고 관중의 공적에 진심으로 승복하였기 때문에 곤궁하게 평생을 마치면서도 원망하는 말이 없었다. 순자가 이른바, "그에게 300서사(書社)를 주었는데, 부자들이 감히 그에게 저항하는 이가 없었다."라고 한 것이 바로 이 일이다.

○어떤 사람이 물었다. "관중과 자산은 누가 더 낫습니까?" 대답이다. "관중의 덕은 그 재주를 이기지 못하였고, 자산의 재주는 그 덕을 이기지 못하였다. 그러나 성인의 학문에 대해서는 똑같이 그들은 들은 것이 없었다."

헌문14 제11장

14-11 ◉子曰이라. 貧而無怨은 難하고 富而無驕는 易하니라.

●處貧難하고 處富易는 人之常情이라. 然人當勉其難이요 而不可忽其易也니라.

공자가 말씀하였다. "가난하면서 원망이 없기는 어렵고, 부유하면서 교만이 없기는 쉽다."

○가난함에 대처하기가 어렵고 부유함에 대처하기가 쉬운 것이 사람의 일반적인 정서이다. 그러나 사람은 그 어려운 것을 힘써야 하고, 그 쉬운 것을 소홀히 해서는 안 된다.

※ 헌문14 제12장

14-12 ◉子曰이라. 孟公綽이 爲趙魏老則優어니와 不可以爲滕薛大夫니라.

●公綽은 魯大夫라. 趙魏는 晉卿之家라. 老는 家臣之長이라. 大家는 勢重而無諸侯之事하고 家老는 望尊而無官守之責이라. 優는 有餘也라. 滕薛은 二國名이요 大夫는 任國政者라. 滕薛은 國小政繁하고 大夫는 位高責重이라. 然則公綽은 蓋廉靜寡欲而短於才者也리라.

●楊氏曰이라. 知之弗豫하여 枉其才而用之면 則爲棄人矣라. 此君子所以患不知人也[22]라. 言此則孔子之用人을 可知矣라.

한 자 綽 너그러울 작, 滕 물이 솟구칠 등·나라 이름 등, 薛 맑은대쑥 설·나라 이름 설

공자가 말씀하였다. "맹공작은 조씨와 위씨 집안에서 가신의 우두머리가 되기에는 넉넉하지만, 등나라와 설나라의 대부가 될 수는 없다."

○맹공작은 노나라 대부이다. 조씨와 위씨는 진(晉)나라 경(卿)의 집안이다. '노(老)'는 가신의 우두머리이다. 큰 집안은 세력이 대단하지만 제후의 일이 없고, 가신의 우두머리는 명망이 높지만 관직의 책임이 없다. '우(優)'는 '넉넉하다'이다. 등과 설은 두 나라의 이름이고, 대부는 국정을 맡은 자이다. 등과 설은 나라가 작으나 정사가 번다하며, 대부는 지위가 높고 책임이 중요하다. 그렇다면 맹공작은 아마도 청렴하고 조용하며 욕심이 적었으나 재능이 부족한 자였을 것이다.

○양씨[양시(楊時)]가 말하였다. "알기를 미리 하지 못하여 그의 재능을 잘

---

22) ≪논어(論語)·학이(學而)≫, "남이 자기를 알아주지 않는 것을 걱정하지 말고, 남을 알아보지 못하는 것을 걱정할 것이다.(不患人之不己知, 患不知人也.)"

못되게 사용하면 사람을 버리는 것이 된다. 이것이 군자가 남을 알아보지 못하는 것을 걱정하는 이유이다. 이것을 말씀하였으니 공자가 사람을 쓴 방법을 알 수 있다."

헌문14 제13장

14-13-1 ◉子路問成人한대 子曰이라. 若臧武仲之知와 公綽之不欲과 卞莊子之勇과 冉求之藝에 文之以禮樂이면 亦可以爲成人矣니라.

●成人은 猶言全人이라. 武仲은 魯大夫로 名이 紇이요 莊子는 魯卞邑大夫라. 言兼此四子之長이면 則知足以窮理하고 廉足以養心하며 勇足以力行하고 藝足以泛應이라. 而又節之以禮하고 和之以樂하여 使德成於內而文見乎外면 則材全德備하여 渾然不見一善成名之迹이요 中正和樂하여 粹然無復偏倚駁雜之蔽하여 而其爲人也가 亦成矣라. 然이나 亦之爲言이 非其至者니 蓋就子路之所可及而語之也라. 若論其至인댄 則非聖人之盡人道면 不足以語此니라.

한자 卞 법도 변·조급할 변·**성 변**, 紇 굵은 실 흘·종족 이름 흘, 粹 순수할 수, 駁 얼룩말 박

자로가 완전한 사람에 대하여 물으니 공자가 대답하였다. "만일 장무중의 지혜와 맹공작의 무욕과 변장자의 용기와 염구의 재능에, 거기에다 예악으로 문채를 낸다면 역시 완전한 사람이 될 수 있다."

○'성인(成人)'은 '완전한 사람[전인(全人)]'이라는 말과 같다. 장무중은 노나라 대부로 이름이 흘(紇)이고, 변장자는 노나라 변읍(卞邑)의 대부이다. 이 네 사람의 장점을 겸한다면 지혜는 이치를 추구할 만하고 청렴은 마음을 수양할 만하며, 용기는 힘써 행할 만하고 재능은 두루 적용할 만하다. 다시 거기에 예로 조절하고 음악으로 조화하여, 덕이 안에서 이루어

지고 문채가 밖에서 드러나게 한다면, 재주가 완전하고 덕이 갖추어져 온전한 채 한 가지 선으로 이름을 이룬 자취를 볼 수 없으며, 중정하고 화락해져 순수한 채 다시는 치우치고 기울거나 뒤섞여 어지러운 폐단이 없어 그 사람됨이 또한 완전해진다는 말씀이다. 그러나 '역(亦)'의 말뜻은 지극한 것은 아니니, 자로가 미칠 수 있는 것을 가지고 말씀한 것이다. 만일 그 지극한 것을 논한다면 성인(聖人)으로서 사람의 도리를 다한 이가 아니면 이에 대해 말할 만하지 못하다.

14-13-2 ◉曰이라. 今之成人者는 何必然이리오. 見利思義하며 見危授命하며 久要에 不忘平生之言이면 亦可以爲成人矣니라.

●復加曰字者는 旣答而復言也라. 授命은 言不愛其生하고 持以與人也라. 久要는 舊約也요 平生은 平日也라. 有是忠信之實이면 則雖其才知禮樂이 有所未備나 亦可以爲成人之次也니라.

●程子曰이라. 知之明하고 信之篤하며 行之果는 天下之達德也[23]니 若孔子所謂成人도 亦不出此三者라. 武仲은 知也요 公綽은 仁也요 卞莊子는 勇也요 冉求는 藝也니 須是合此四人之能하고 文之以禮樂이면 亦可以爲成人矣라. 然而論其大成이면 則不止於此라. 若今之成人은 有忠信而不及於禮樂하니 則又其次者也라.

●又曰이라. 臧武仲之知는 非正也니 若文之以禮樂이면 則無不正矣리라.

●又曰이라. 語成人之名인댄 非聖人이면 孰能之리오. 孟子曰唯聖人然後에 可以踐形[24]이라하니 如此라야 方可以稱成人之名이라.

●胡氏曰이라. 今之成人以下는 乃子路之言이니 蓋不復聞斯行之[25]之勇이요

---

23) ≪중용(中庸)·제20장≫, "지(知)·인(仁)·용(勇) 이 세 가지는 천하의 공통된 덕이다.(知仁勇三者, **天下之達德**也.)"

24) ≪맹자(孟子)·진심상(盡心上)≫, "(사람으로서의) 모습은 타고난 것이다. 오직 성인인 뒤에야 타고난 모습[본성(本性)]을 실천한다.(形色, 天性也. **惟聖人然後, 可以踐形.**)"

25) ≪논어(論語)·선진(先進)≫, "자로가 '(도리를) 들었으면 그것을 실천합니까?'라고 묻자 공자가 말씀하였다. '부형이 계시니 어떻게 그렇게 들었다고 실천하겠는가.'(子路問聞斯行諸? 子曰. 有父兄在, 如之何其**聞斯行之.**)"

而有終身誦之26)之固矣라하니 未詳是否라.

한자 踐 밟을 천

공자가 말씀하였다. "오늘날의 완전한 사람은 어찌 꼭 그러하겠는가. 이익을 보고 도리를 생각하며 위태로움을 보고 목숨을 바치며 오래된 약속에 대하여 평소 했던 말을 잊지 않는다면, 또한 완전한 사람이 될 수 있다."

○다시 '왈(曰)자'를 더한 것은 이미 대답하고 다시 말씀한 것이다. '수명(授命)'은 그 목숨을 아끼지 않고 가져다가 남에게 준다는 말이다. '구요(舊要)'는 오래된 약속이고, '평생(平生)'은 평소이다. 이러한 충실과 신의의 실상이 있다면 비록 그 재능과 지혜, 예와 악이 갖추어지지 못한 바가 있더라도 또한 완전한 사람의 다음은 될 수 있다.

○정자가 말하였다. "지혜가 밝고 신의가 두터우며 실천이 과감한 것은 천하의 공통된 덕이니, 공자가 말씀한 완전한 사람의 경우도 이 세 가지에서 벗어나지 않는다. 장무중은 지혜로웠고 맹공작은 인했으며, 변장자는 용맹하였고 염구는 재능이 있었으니, 모름지기 이 네 사람의 능력을 합하고 거기에 예악으로 문채를 낸다면 또한 완전한 사람이 될 수 있다. 그렇지만 그 큰 완전함을 논한다면 여기에 그치지 않는다. 오늘날의 완전한 사람인 경우는 충실과 신의가 있으나 예악에 미치지 못하니 또한 그 다음인 자이다."

○또 말하였다. "장무중의 지혜는 바른 것이 아니었으니, 만약 거기에 예악으로 문채를 내었다면 바르지 않음이 없게 되었을 것이다."

○또 말하였다. "완전한 사람이라는 명칭을 말한다면 성인(聖人)이 아니면 누가 가능하겠는가. 맹자가 말하기를, '오직 성인인 뒤에야 타고난 모습[본성(本性)]을 실천한다.'라고 하였으니, 이와 같아야 비로소 완전한 사

---

26) ≪논어(論語)·자한(子罕)≫, "'(남을) 해치지 않고 (남의 것을) 탐내지 않는다면 어찌 좋지 않겠는가.' 자로가 (이 시구를) 내내 읊조리자 공자가 말씀하였다. '이 방법이 어찌 좋을 수 있겠는가.'(不忮不求, 何用不臧. 子路**終身誦之**, 子曰. 是道也, 何足以臧.)"

람이라는 명칭에 맞을 수 있다."

○호씨[호인(胡寅)]가 말하기를, "'금지성인(今之成人)' 이하는 바로 자로의 말이니, '들으면 행하는 용맹'을 되풀이하지 않고 '종신토록 외우는 고루함'이 있게 된 것이다."라고 하였는데, 옳은지는 잘 모르겠다.

헌문14 제14장

14-14-1 ◉子問公叔文子於公明賈曰이라. 信乎夫子는 不言不笑不取乎아?

●公叔文子는 衛大夫公孫枝也라. 公明은 姓이오 賈는 名으로 亦衛人이라. 文子의 爲人은 其詳을 不可知나 然必廉靜之士리라. 故로 當時以三者稱之라.

공자가 공명가에게 공숙문자에 대하여 물었다. "참으로 그분은 말씀하지 않고 웃지 않고 취하지 않으시는가?"

○공숙문자는 위나라 대부인 공손지이다. 공명은 성이고 가는 이름으로 역시 위나라 사람이다. 공숙문자의 사람됨은 그 상세한 것을 알 수 없으나 반드시 청렴하고 조용한 선비였을 것이다. 그러므로 당시 사람들이 이 세 가지로 그를 칭송하였다.

14-14-2 ◉公明賈가 對曰이라. 以[27]告者가 過也로소이다. 夫子는 時然後言이라 人不厭其言하고 樂然後笑라 人不厭其笑하며 義然後取라 人不厭其取하나니이다. 子曰이라. 其然가? 豈其然乎리오.

---

27) 이(以) : 언해본에 '써'로 되어 있어 '그런 말로'라고 번역하였다. 양백준(楊伯峻)은 '이(以)'를 '차(此)'로 설명하여 '이것은'으로 번역하였다.

●厭者는 苦其多而惡之之辭라. 事適其可면 則人不厭而不覺其有是矣라. 是以로 稱之或過하여 而以爲不言不笑不取也라. 然이나 此言也는 非禮義充溢於中하여 得時措之宜[28]者면 不能이라. 文子가 雖賢이나 疑未及此라. 但君子與人爲善[29]이요 不欲正言其非也라. 故로 曰其然가? 豈其然乎리오하니 蓋疑之也라.

한자 溢 넘칠 일·**가득할 일**, 措 둘 조·**시행할 조**·뒤섞일 착(錯과 통용)

공명가가 대답하였다. "그런 말로 아뢴 자가 지나쳤습니다. 그분은 때에 맞은 뒤에 말씀하므로 사람들이 그분의 말씀을 싫어하지 않고, 즐거운 뒤에 웃으므로 사람들이 그분의 웃음을 싫어하지 않으며, 도리에 맞은 뒤에 취하므로 사람들이 그분의 취함을 싫어하지 않습니다." 공자가 말씀하였다. "그러할까? 어찌 그러하겠는가."

○'염(厭)'이라는 것은 그것이 많음을 괴로워하여 싫어한다는 말이다. 일이 그 적당함에 맞으면 사람들이 싫어하지 않아 그에게 이것이 있음을 깨닫지 못한다. 그 때문에 칭찬함이 혹 지나쳐 '말하지 않고 웃지 않고 취하지 않는다.'라고 한 것이다. 그러나 이 말은 예의가 마음속에 가득 차서 때에 따른 조치가 알맞음을 얻은 자가 아니라면 할 수 없다. 공숙문자가 비록 훌륭하였으나 아마도 여기에는 미치지 못했을 것이다. 다만 군자는 남이 선을 하도록 도와주니 그 잘못을 곧바로 말하려고 하지 않는다. 그러므로 '그러할까? 어찌 그러하겠는가."라고 말씀한 것이니 의심한 것이다.

---

28) ≪중용(中庸)·제25장≫, "성(誠)이라는 것은 스스로가 자기를 이룰 뿐만이 아니고 상대를 이루어 주니, 자기를 이루는 것은 인이고 상대를 이루어 주는 것은 지이다. 성(性)의 덕성으로, 내외를 합한 도이다. 그러므로 때에 따른 조치가 알맞은 것이다.(誠者, 非自成己而已也, 所以成物也, 成己仁也, 成物知也. 性之德也, 合內外之道也. 故**時措之宜**也.)"

29) ≪맹자(孟子)·공손추상(公孫丑上)≫, "남에게서 취하여 선을 행하는 것이 남이 선을 하도록 도와주는 것이다. 그러므로 군자는 남이 선을 하도록 도와주는 것보다 더 위대한 것이 없다.(取諸人以爲善, 是與人爲善者也. 故**君子, 莫大乎與人爲善**.)"

헌문14 제15장

14-15 ◉子曰이라. 臧武仲이 以防으로 求爲後於魯하니 雖曰不要君이나 吾不信也하노라.

●防은 地名으로 武仲所封邑也라. 要는 有挾而求也라. 武仲이 得罪奔邾라가 自邾如防하여 使請立後而避邑하여 以示若不得請이면 則將據邑以叛이라. 是要君也라.

●范氏曰이라. 要君者는 無上30)이니 罪之大者也라. 武仲之邑은 受之於君하니 得罪出奔이면 則立後在君이요 非己所得專也어늘 而據邑以請하니 由其好知31)而不好學也32)라.

●楊氏曰이라. 武仲이 卑辭請後하니 其跡은 非要君者나 而意實要之라. 夫子之言은 亦春秋誅意33)之法也니라.

한자 挾 낄 협·지닐 협·의지할 협·**믿을 협**, 邾 나라 이름 주, 叛 배반할 반, 奔 달릴 분, 卑 낮을 비, 誅 벨 주·**책할 주**

공자가 말씀하였다. "장무중이 방읍을 가지고 노나라에 후계자를 삼아 줄 것을 요구하였으니, 비록 군주에게 강요하지 않았다고 말하지만 나는 믿지 않는다."

---

30) ≪효경(孝經)·오형(五刑)≫, "군주에게 강요하는 자는 군주를 무시하는 것이고, 성인을 비난하는 자는 법을 무시하는 것이며, 효도를 비난하는 자는 어버이를 무시하는 것이다.(要君者無上, 非聖人者無法, 非孝者無親.)"

31) ≪논어(論語)·헌문(憲問)≫, "자로가 완전한 사람에 대하여 물으니 공자가 대답하였다. '만일 장무중의 지혜와 맹공작의 무욕과 변장자의 용기와 염구의 재능에 거기에다 예악으로 문채를 낸다면, 역시 완전한 사람이 될 수 있다.'(子路問成人, 子曰. 若臧武仲之知, 公綽之不欲, 卞莊子之勇, 冉求之藝, 文之以禮樂, 亦可以爲成人矣.)"

32) ≪논어·양화(陽貨)≫, "지혜를 좋아하면서 배우기를 좋아하지 않으면, 그 폐단은 방탕이다.(好知不好學, 其蔽也蕩.)"

33) 주의(誅意) : 행동이 아닌, 마음속의 의도를 질책하는 것을 가리킨다.

○‘방(防)’은 지명으로 장무중이 봉해진 읍이다. ‘요(要)’는 믿는 것을 가지고 요구하는 것이다. 장무중이 죄를 짓고 주(邾)나라로 달아났다가 주나라에서 방읍으로 가서, 후계자를 세워주면 읍을 떠나겠다고 사람을 보내 요청하게 함으로써 만약 요청을 허락받지 못하면 장차 읍을 점거하여 배반할 것임을 보였다. 이것은 군주에게 강요한 것이다.

○범씨[범조우(范祖禹)]가 말하였다. “군주에게 강요하는 것은 군주를 무시하는 것이니 죄 가운데에서 큰 것이다. 장무중의 봉읍은 군주에게 받은 것이니 죄를 짓고 달아났으면 후계자를 세우는 것은 군주에게 달려있고 자신이 멋대로 할 수 있는 것이 아닌데 읍을 점거하여 요청하였으니, 그가 지혜를 좋아했지만 배우기를 좋아하지 않았던 데에서 비롯된 것이다.”

○양씨[양시(楊時)]가 말하였다. “장무중이 겸손한 말로 후계자를 요청하였으니 그 자취는 군주에게 강요한 것이 아니었지만, 의도는 실상 강요한 것이다. 공자의 말씀은 또한 ≪춘추≫에서의, ‘의도를 질책하는 법’이다.”

헌문14 제16장

14-16 ◉子曰이라. 晉文公은 譎而不正하고 齊桓公은 正而不譎하니라.

●晉文公은 名이 重耳요 齊桓公은 名이 小白이라. 譎은 詭也라. 二公은 皆諸侯盟主로 攘夷狄以尊周室者也라. 雖其以力假仁[34)]하여 心皆不正이나 然桓公伐楚에 仗義執言하여 不由詭道[35)]하니 猶爲彼善於此[36)]라. 文公則伐衛以致楚하고 而陰謀以取勝[37)]하니 其譎甚矣라. 二君他事도 亦多類此라. 故로

34) ≪맹자(孟子)·공손추상(公孫丑上)≫, “힘으로써 인의의 이름을 빌리는 자는 패자이니, 패자는 반드시 대국을 소유하여야 한다. 덕으로써 인의를 행하는 자는 왕천하하는 자이니, 왕천하하는 자는 대국을 필요로 하지 않는다.(以力假仁者覇, 覇必有大國, 以德行仁者王, 王不待大).”

35) ≪춘추좌전(春秋左傳)·희공(僖公)·4년≫

36) ≪맹자·진심하(盡心下)≫, “≪춘추(春秋)≫에는 의로운 전쟁이 없으니, 저것이 이것보다 나은 것은 있다.(春秋, 無義戰, 彼善於此, 則有之矣.)”

37) ≪춘추좌전·희공·28년≫

夫子言此하여 以發其隱이라.

한자 譎 **속일 휼**·굽을 휼, 攘 물리칠 양, 詭 **속일 궤**·책할 궤, 仗 병장기 장·**기댈 장**

공자가 말씀하였다. "진나라 문공은 속임수를 쓰고 바르지 않았으며 제나라 환공은 바르고 속임수를 쓰지 않았다."

○진나라 문공은 이름이 중이(重耳)이고 제나라 환공은 이름이 소백(小白)이다. '휼(譎)'은 '속이다'이다. 두 공(公)은 모두 제후의 맹주로 이민족을 물리치고 주나라 왕실을 높인 자들이다. 비록 힘으로써 인의의 이름을 빌려 마음이 모두가 바르지 못하였으나 환공은 초나라를 칠 때에 대의에 의지하여 주장을 지켰고 속이는 방법을 따르지 않았으니 그래도 후자가 전자보다는 나은 것이 된다. 문공은 위(衛)나라를 침으로써 초나라를 끌어들였고 음모로 승리를 취하였으니 그 속임수가 심하였다. 두 군주의 다른 일도 역시 이와 같은 것들이 많다. 그러므로 공자가 이것을 말씀하여 그 숨겨진 것을 드러내었다.

헌문14 제17장

14-17-1 ◉子路曰이라. 桓公이 殺公子糾어늘 召忽은 死之하고 管仲은 不死하니 曰未仁乎인저.

●按春秋傳하면 齊襄公無道하니 鮑叔牙는 奉公子小白奔莒이라. 及無知弑襄公하니 管夷吾·召忽은 奉公子糾奔魯[38]라. 魯人納之나 未克하고 而小白入

---

38) ≪춘추좌전(春秋左傳)·장공(莊公)·8년≫, "양공이 즉위했는데 한결같음이 없었다. 포숙아가 말하기를, '군주가 백성을 다스림이 태만하니 난이 장차 일어날 것이다.'라 하고 공자 소백을 받들고 거나라로 망명하였다. 난이 일어나자 관이오와 소흘은 공자 규를 받들고 우리에게 망명해왔다.(襄公立, 無常. 鮑叔牙曰, 君使民慢, 亂將作矣. 奉公子小白

하니 是爲桓公이라. 使魯殺子糾而請管召하니 召忽은 死之하고 管仲은 請囚어늘 鮑叔牙가 言於桓公하여 以爲相[39]이라. 子路疑管仲忘君事讐하니 忍心害理하여 不得爲仁也라.

한자 糾 노끈 규·꼴 규, 鮑 절인 어물 포, 讐 원수 수

자로가 말하였다. "환공이 공자 규를 죽였는데, 소홀은 그를 위해 죽었고 관중은 죽지 않았으니 (관중은) 인하지 못하다고 하겠습니다."

○≪춘추좌전≫을 살펴보면, 제나라 양공이 무도하자 포숙아는 공자 소백(小白, 환공)을 받들고 거(莒)나라로 망명하였다. 무지(無知)가 양공을 시해하자 관중과 소홀은 공자 규를 받들고 노나라로 망명하였다. 노나라 사람들이 그[공자 규]를 (제나라로) 들여보냈으나 이기지 못하였고, 소백이 들어가니 이 사람이 환공이다. (환공이) 노나라로 하여금 공자 규를 죽이도록 하고 관중과 소홀을 요구하니, 소홀은 그를 위해 죽었고 관중은 갇히기를 청했는데 포숙아가 환공에게 말하여 정승으로 삼았다. 자로는 관중이 주군을 잊고 원수를 섬겼으니 마음을 모질게 먹고 이치를 해쳐 인이 될 수 없다고 의심한 것이다.

14-17-2 ◉子曰이라. 桓公이 九合諸侯하되 不以兵車는 管仲之力也니 如其仁이리오 如其仁이리오.

出奔莒. 亂作, 管夷吾·召忽奉公子糾來奔.)"

39) ≪춘추좌전(春秋左傳)·장공(莊公)·9년≫, "포숙아가 군사를 거느리고 와서 말했다. '공자 규는 친족이니, 청컨대 군주께서 그를 죽이시기 바랍니다. 관중과 소홀은 원수이니, 청컨대 인수해서 뜻대로 하겠습니다.' 마침내 공자 규를 생두에서 죽이자 소홀은 그를 위해 죽었고 관중은 갇히기를 청하였다. 포숙아는 그를 인수하였다가 당부에 이르러 그를 풀어주고 돌아가 군주에게 고하기를, '관이오는 고해보다 잘 다스리니 재상을 시키는 것이 좋겠습니다.'라고 하자 환공이 그 말을 따랐다.(鮑叔帥師來言曰. 子糾, 親也, 請君討之. 管召, 讐也, 請受而甘心焉. 乃殺子糾于生竇, 召忽死之, 管仲請囚. 鮑叔受之, 及堂阜而稅之, 歸而以告曰, 管夷吾治於高傒, 使相可也. 公從之.)"

●九는 春秋傳에 作糾한대 督也니 古字通用이라. 不以兵車는 言不假威力也라. 如其仁은 言誰如其仁者니 又再言以深許之라. 蓋管仲雖未得爲仁人이나 而其利澤及人이니 則有仁之功矣라.

공자가 말씀하였다. "환공이 제후들을 규합하는데 전차를 쓰지 않은 것은 관중의 힘이었으니 (누가) 그의 인만 하겠는가, (누가) 그의 인만 하겠는가."

○'구(九)'는 ≪춘추좌전≫에 '규(糾)'로 되어 있는데 '독려하다'이니 옛 글자는 통용하였다. 전차를 쓰지 않았다는 것은 위협적인 무력을 빌리지 않았음을 말한다. '여기인(如其仁)'은 '누가 그의 인만한 자이겠는가'라는 말인데 다시 두 번 말씀하여 깊이 인정하였다. 관중이 비록 인한 사람이 될 수는 없으나 그 혜택이 사람들에게 미쳤으니 인의 공이 있는 것이다.

헌문14 제18장

14-18-1 ◉子貢曰이라. 管仲은 非仁者與인저. 桓公이 殺公子糾어늘 不能死요 又相之온여.

●子貢은 意不死猶可어니와 相之則已甚矣라.

자공이 말하였다. "관중은 인한 자가 아닐 것입니다. 환공이 공자 규를 죽였는데 죽지도 못하고 더구나 그를 도왔습니다."

○자공은, 관중이 죽지 않은 것은 그래도 괜찮지만 그를 도운 것은 너무 심했다고 생각한 것이다.

14-18-2 ◉子曰이라. 管仲이 相桓公霸諸侯하여 一匡天下하니 民

到于今에 受其賜라. 微管仲이면 吾其被髮左衽矣리라.

●霸는 與伯同이니 長也요 匡은 正也라. 尊周室하고 攘夷狄이 皆所以正天下也라. 微는 無也라. 衽은 衣衿也니 被髮左衽은 夷狄之俗也라.

한자 霸 **패자(霸者) 패**·으뜸 패, 匡 바를 광·**바로잡을 광**, 被 이불 피·덮을 피·**풀어헤칠 피**, 衽 옷깃 임, 衿 옷깃 금

공자가 말씀하였다. "관중이 환공을 도와 제후들을 제패하여 한번 천하를 바로잡자, 백성들이 지금에 이르도록 그 혜택을 받고 있다. 관중이 없었더라면 우리는 아마 머리를 풀고 옷깃을 좌측으로 했을 것이다.(이민족에게 지배당했을 것이다.)

○'패(霸)'는 '패(伯)'와 같으니 '우두머리 노릇하다'이고, '광(匡)'은 '바로잡다'이다. 주나라 왕실을 높이고 이민족을 물리친 것이 모두 천하를 바로잡은 것이다. '미(微)'는 '없다'이다. '임(衽)'은 옷깃이니 머리를 풀고 옷깃을 좌측으로 하는 것은 이민족의 풍속이다.

14-18-3 ◉豈若匹夫匹婦之爲諒也라 自經於溝瀆而莫之知也리오.

●諒은 小信也라. 經은 縊也라. 莫之知는 人不知也라. 後漢書에 引此文한대 莫字上에 有人字라.40)

●程子曰이라. 桓公은 兄也요 子糾는 弟也니 仲이 私於所事하여 輔之以爭國은 非義也라. 桓公殺之는 雖過나 而糾之死는 實當이라. 仲이 始與之同謀하니 遂與之同死라도 可也요 知輔之爭爲不義하고 將自免以圖後功도 亦可也라. 故로 聖人이 不責其死而稱其功이라. 若使桓弟而糾兄하여 管仲所輔者가

---

40) ≪후한서(後漢書)·응소전(應劭傳)≫, "옛날에 소홀이 공자 규의 난리에 스스로 죽었는데, 공자께서 말씀하기를, '도랑에서 목매어 죽어도 사람들이 그것을 아는 이가 없다.'라고 하였습니다.(昔召忽親死子糾之難, 而孔子曰, **經於溝讀, 人莫之知.**)"

正이어늘 桓奪其國而殺之면 則管仲之與桓은 不可同世之讐也라. 若計其後功而與其事桓이면 聖人之言이 無乃害義之甚하여 啓萬世反覆不忠之亂乎아. 如唐之王珪·魏徵은 不死建成之難[41]하고 而從太宗하니 可謂害於義矣라. 後雖有功이나 何足贖哉리오.

●愚謂컨대 管仲은 有功而無罪故로 聖人獨稱其功이요 王魏는 先有罪而後有功하니 則不以相掩이 可也라.

한 자 諒 성실할 량·**믿을 량**, 溝 봇도랑 구, 瀆 도랑 독, 縊 **목맬 의**·액, 珪 홀 규, 贖 **속바칠 속**·살 수, 掩 가릴 엄

어찌 일반 백성들이 작은 신의를 지키느라 스스로 도랑에서 목매어 죽어도 그것을 아는 이가 없는 것과 같겠는가."

○'양(諒)'은 작은 신의이다. '경(經)'은 '목매다'이다. '막지지(莫之知)'는 '사람들이 알지 못하다'이다. ≪후한서≫에서 이 글을 인용하였는데, '막(莫)'자 위에 '인(人)'자가 있다.

○정자가 말하였다. "환공은 형이고 공자 규는 아우였으니 관중이 섬기던 이에게 사사로이 하여 그를 도와 나라를 다툰 것은 도리가 아니었다. 환공이 그[공자 규]를 죽인 것은 비록 지나쳤으나 규의 죽음은 실로 마땅하였다. 관중이 처음에 공자 규와 함께 일을 도모하였으니 결국 그와 함께 죽는 것도 괜찮았겠지만, 그를 도와 다툰 것이 도리가 아님을 알고 스스로 죽음을 면하여 훗날의 공을 도모한 것도 또한 괜찮았다. 그러므로 공자는 그의 죽음을 요구하지 않았고 그의 공을 칭찬하였다. 만일 환공이 아우였고 공자 규가 형이어서 관중이 도운 것이 정당하였는데 환공이 그 나라를 빼앗고 그를 죽였다면, 관중은 환공과는 세상을 함께할 수 없는 원수이다. 만일 그 훗날의 공을 계산하여 그가 환공을 섬긴 것을 인정하였다면 성인의 말씀이 도리를 해친 것이 심하여, 만세에 반복하여 불충하

---

41) 건성지난(建成之難) : 당(唐) 태조 이연(李淵)의 장자로서 태자로 책봉된 이건성(李建成)이 동생인 이세민(李世民)에게 위협을 느껴 제거하려다가 도리어 살해된 사건이다. [현무문지변(玄武門之變)]

는 어지러움을 연 것이 아니겠는가. 당나라의 왕규와 위징 같은 경우는 건성의 난리에 죽지 않고 태종을 따랐으니 도리를 해쳤다고 할 수 있다. 뒤에 비록 공이 있었으나 어찌 속죄할 수 있겠는가."

○내가 생각하건대, 관중은 공이 있었고 죄가 없었기 때문에 성인이 유독 그 공을 칭찬한 것이고, 왕규와 위징은 먼저 죄가 있었고 뒤에 공이 있었으니 공으로 죄를 덮어주지 않는 것이 옳다.

헌문14 제19장

14-19-1 ◉公叔文子之臣大夫僎이 與文子로 同升諸公[42]이러니,

●臣은 家臣이요 公은 公朝라. 謂薦之與己同進하여 爲公朝之臣也라.

한자 僎 갖출 선, 薦 천거할 천

공숙문자의 가신인 대부 선이 공숙문자와 함께 조정에 오르자,

○'신(臣)'은 가신이고, '공(公)'은 조정이다. (공숙문자가) 그를 천거하여 자기와 함께 나아가서 조정의 신하가 되었음을 이른다.

14-19-2 ◉子聞之하시고 曰이라. 可以爲文矣로다.

●文者는 順理而成章之謂라. 謚法에 亦有所謂錫民爵位曰文者라.

●洪氏曰이라. 家臣之賤而引之하여 使與己並이 有三善焉이라. 知人이 一也요 忘己가 二也요 事君이 三也라.

42) 공(公) : 조정, 관아를 가리킨다.[≪시경(詩經)·국풍(國風)·고양(羔羊)≫, "물러나서 밥 먹기를 조정에서 나왔으니, 차분하고 차분하도다.(退食自公, 委蛇委蛇.)"]

한자 諡 시호 시, 錫 주석 석·줄 석

공자가 듣고 말씀하였다. "(시호를) 문이라고 할 만하다."

○'문(文)'이라는 것은 결을 따라 문채를 이룬 것을 말한다. 시법(諡法)에 또 한 백성에게 작위를 내려준 것을 문이라고 한 것이 있다.

○홍씨[홍흥조(洪興祖)]가 말하였다. "가신은 미천한데 그를 이끌어 자기와 나란하게 한 것이 세 가지 좋은 점이 있다. 사람을 알아본 것이 첫째이고, 자신을 잊은 것이 둘째이고, 군주를 섬긴 것이 셋째이다."

헌문14 제20장

14-20-1 ◉子言衛靈公之無道也러시니 康子曰이라. 夫如是로되 奚而不喪이니잇고?

●喪은 失位也라.

공자가 위나라 영공의 무도함을 말씀하자 계강자가 말하였다. "이와 같은데도 어찌하여 (지위를) 잃지 않습니까?"

○'상(喪)'은 '지위를 잃다'이다.

14-20-2 ◉孔子曰이라. 仲叔圉는 治賓客하고 祝鮀는 治宗廟하고 王孫賈는 治軍旅라. 夫如是니 奚其喪이리오.[43]

---

43) ≪논어(論語)·옹야(雍也)≫, "축관(祝官)인 타와 같은 말재주가 없고 송나라 조와 같은 미모가 없으면, 지금 세상에서 화를 면하기 어렵다.(不有祝鮀之佞, 而有宋朝之美, 難乎免於今之世矣.)" ; ≪논어·팔일(八佾)≫, "왕손가가 물었다. '아랫목 신에게 아첨하기보다는 부엌 신에게 아첨하는 것이 낫다.'라고 하는데, 무슨 말입니까? 공자가 말씀하였

●仲叔圉는 卽孔文子也라. 三人은 皆衛臣으로 雖未必賢이나 而其才可用이라. 靈公이 用之하고 又各當其才라.

●尹氏曰이라. 衛靈公之無道는 宜喪也로되 而能用此三人하여 猶足以保其國하니 而況有道之君이 能用天下之賢才者乎아. 詩曰無競維人이면 四方其訓之라.44)

한자 圉 마부 어, 鮀 모래무지 타

공자가 말씀하였다. "중숙어는 빈객을 다스리고, 축타는 종묘를 다스리며, 왕손가는 군대를 다스리고 있습니다. 이와 같으니 어찌 그가 지위를 잃겠습니까."

○중숙어는 바로 공문자이다. 세 사람은 모두 위나라 신하로 비록 꼭 훌륭했던 것은 아니었으나 그들의 재능이 쓸 만하였다. 영공이 그들을 등용하였고 또한 각각 그 재능에 맞게 하였다.

○윤씨[윤돈(尹焞)]가 말하였다. "위나라 영공의 무도함은 마땅히 (지위를) 잃어야 할 텐데 이 세 사람을 등용할 수 있어서 오히려 자기 나라를 보존할 수 있었으니, 하물며 도가 있는 군주가 천하의 훌륭한 인재를 등용할 수 있는 경우이겠는가. ≪시경≫에 '이보다 더 힘씀이 있을 수 없는 사람이라면 사방이 그를 본받는다.'라고 하였다."

헌문14 제21장

14-21 ◉子曰이라. 其言之不怍이면 則爲之也難하니라.45)

다. '그렇지 않습니다. 하늘에 죄를 지으면 빌 곳이 없습니다.'(王孫賈問曰. 與其媚於奧, 寧媚於竈, 何謂也? 子曰. 不然. 獲罪於天, 無所禱也.)"

44) ≪시경(詩經)·대아(大雅)·억(抑)≫

45) ≪논어(論語)·이인(里仁)≫, "옛날에 말을 (함부로) 꺼내지 않은 것은 몸(실천)이 따르지 못할 것을 부끄러워했기 때문이다.(古者言之不出, 恥躬之不逮也.)" ; ≪논어·헌문(憲問)≫, "군자는 자신의 말을 부끄러워하고 자신의 실천을 넘치게 한다.(君子, 恥其言而過其行.)"

●大言不慙이면 則無必爲之志하여 而自不度其能否矣라. 欲踐其言이나 豈不難哉아.

한자 怍 부끄러워할 작, 慙 부끄러워할 참

공자가 말씀하였다. "자신의 말을 부끄러워하지 않으면 그것을 실천하기가 어렵다."

○큰소리치면서 부끄러워하지 않으면 반드시 하겠다는 뜻이 없어 스스로 자신이 할 수 있는지의 여부를 헤아리지 않는다. 자신의 말을 실천하려고 하더라도 어찌 어렵지 않겠는가.

헌문14 제22장

14-22-1 ◉陳成子가 弑簡公이어늘,

●成子는 齊大夫로 名이 恒이라. 簡公은 齊君으로 名이 壬이라. 事在春秋哀公十四年이라.

진성자가 간공을 시해하자,

○진성자는 제나라 대부로 이름이 항(恒)이다. 간공은 제나라 군주로 이름이 임(壬)이다. 일이 ≪춘추좌전(春秋左傳)·애공(哀公)·14년≫ 조에 있다.

14-22-2 ◉孔子가 沐浴而朝하사 告於哀公曰이라. 陳恒이 弑其君하니 請討之하소서.

●是時에 孔子致仕居魯라. 沐浴齊戒以告君은 重其事而不敢忽也라. 臣弑其君은 人倫之大變이라 天理所不容하니 人人得而誅之온 況隣國乎아. 故로 夫子가 雖已告老나 而猶請哀公討之라.

한자 弑 죽일 시, 誅 벨 주·책할 주

공자가 목욕하고 조회에 나가 애공에게 아뢰었다. "진항이 자신의 군주를 시해하였으니 토벌하소서."

○이때에 공자는 벼슬을 그만두고 노나라에 있었다. 목욕재계하고 군주에게 아뢴 것은 그 일을 중대하게 여겨 감히 소홀히 하지 않은 것이다. 신하가 자신의 군주를 시해하는 것은 인륜의 큰 변고라서 천리에 용납될 수 없으니 사람마다 그를 성토할 수 있는데, 하물며 이웃나라이겠는가. 그러므로 공자가 비록 이미 벼슬에서 물러났지만 그래도 애공에게 토벌하기를 요청한 것이다.

14-22-3 ◉公曰이라. 告夫三子하라.

●三子는 三家也라. 時에 政在三家하여 哀公不得自專이라. 故로 使孔子告之라.

애공이 말하였다. "저 세 대부에게 알리시오."

○'삼자(三子)'는 세 대부이다. 당시에 정권이 세 대부에게 있어 애공이 스스로 결단하지 못하였다. 그래서 공자로 하여금 그들에게 알리게 한 것이다.

14-22-4 ◉孔子曰이라. 以吾從大夫之後라 不敢不告也하니 君曰告夫三子者온여.

●孔子가 出而自言如此라. 意謂弑君之賊은 法所必討요 大夫謀國하니 義所當告어늘 君이 乃不能自命三子而使我告之邪아.

공자가 말씀하였다. "내가 대부의 뒤를 따르기 때문에 감히 아뢰지 않을 수 없었는데, 군주께서 저 세 대부에게 알리라고 하시는구나."

○공자가 나와서 혼자 이와 같이 말씀한 것이다. 생각하기를, '군주를 시해한 역적은 법률상 반드시 토벌해야 하고, 대부는 나라의 일을 도모하니 의리상 마땅히 아뢰어야 하는데, 군주께서 오히려 직접 세 대부에게 명하지 못하고 나로 하여금 알리게 하시는가.'라고 한 것이다.

14-22-5 ◉之三子하여 告한대 不可라하여늘 孔子曰이라. 以吾從大夫之後라 不敢不告也니라.

●以君命으로 往告로되 而三子는 魯之强臣으로 素有無君之心하여 實與陳氏로 聲勢相倚라. 故로 沮其謀而夫子復以此應之하니 其所以警之者가 深矣라.
●程子曰이라. 左氏가 記孔子之言하여 曰陳恒弑其君에 民之不予者가 半이니 以魯之衆으로 加齊之半이면 可克也[46]라하니 此는 非孔子之言이라. 誠若此言이면 是는 以力이요 不以義也라. 若孔子之志는 必將正名其罪하여 上告天子하고 下告方伯하여 而率與國以討之라. 至於所以勝齊者하여는 孔子之餘事也니 豈計魯人之衆寡哉아. 當是時하여 天下之亂이 極矣니 因是足以正

46) ≪춘추좌전(春秋左傳)·애공(哀公)·14년≫, "제나라 진항이 서주에서 자신의 군주인 임을 시해하였다. 공자는 사흘 동안 재계하고 제나라를 정벌할 것을 세 차례 요청하였다. 애공이 말하기를, '노나라는 제나라 때문에 약해진 지 오래인데 그대가 그들을 정벌하자면 장차 어떻게 하겠소?'라고 하자 공자가 대답하였다. '진항이 자신의 군주를 시해했는데 (제나라) 백성 중에 편들지 않는 자가 반이니 노나라의 대중을 가지고 제나라의 반을 보태면 이길 수 있습니다.' 애공이 말하였다. '그대가 계손에게 말하시오.' 공자가 하직하고 물러나와 어떤 사람에게 말했다. '내가 대부의 뒤를 따르기 때문에 감히 알리지 않을 수 없었다.'(齊陳恒弑其君壬于舒州. 孔丘三日齊, 而請伐齊三. 公曰, 魯爲齊弱, 久矣, 子之伐之, 將若之何? 對曰, 陳恒弑其君, **民之不與者半, 以魯之衆, 加齊之半, 可克也.** 公曰. 子告季孫. 孔子辭, 退而告人曰. 吾以從大夫之後也, 故不敢不言.)"

之면 周室其復興乎인저. 魯之君臣이 終不從之하니 可勝惜哉아.

●胡氏曰이라. 春秋之法에 弑君之賊은 人得而討之하니 仲尼此擧는 先發後聞이 可也라.

한자 倚 의지할 의·믿을 의·**기울 의**, 沮 막을 저

세 대부에게 가서 알리자 안 된다고 하니 공자가 말씀하였다. "내가 대부의 뒤를 따르기 때문에 감히 알리지 않을 수 없었다."

○군주의 명으로 가서 알렸지만 세 대부는 노나라의 강한 신하로 본래 군주를 무시하는 마음이 있어서 실로 진씨와 형편이 서로 기울었다. 그러므로 그 계획을 저지하자 공자가 다시 이 말씀으로 대응하였으니 그 경계한 것이 깊다.

○정자가 말하였다. "좌씨가 공자의 말씀을 기록하여, '진항이 자신의 군주를 시해하였는데 (제나라) 백성 중에 편들지 않는 자가 반이니 노나라의 대중을 가지고 제나라의 반을 보태면 이길 수 있습니다'라 하였다고 했는데, 이것은 공자의 말씀이 아니다. 정말로 이 말과 같다면 이것은 힘에 근거한 것이지 의리에 근거한 것이 아니다. 공자의 뜻과 같아서는, 반드시 장차 그 죄를 바르게 지목하여 위로는 천자에게 아뢰고 아래로는 제후 중의 우두머리에게 말하여, 동맹국을 거느리고 토벌하도록 했을 것이다. 제나라를 이기는 것에 이르러서는 공자의 부차적인 일이었으니 어찌 노나라 사람이 많고 적은 것을 계산하였겠는가. 이때에 천하의 어지러움이 극에 달하였으니 이로 인하여 바로잡을 수 있었다면 주나라 왕실이 아마 부흥했을 것이다. 노나라의 군주와 신하들이 끝내 따르지 않았으니 애석함을 이겨낼 수 있겠는가."

○호씨[호인(胡寅)]가 말하였다. "≪춘추≫의 법에 군주를 시해한 역적은 사람마다 토벌할 수 있었으니, 공자의 이 일은 (노나라에서) 먼저 토벌하고 뒤에 (천자에게) 아뢰는 것이 좋았을 것이다."

헌문14 제23장

14-23 ◉子路問事君한대 子曰이라. 勿欺也요 而犯之니라.47)

●犯은 謂犯顔諫爭이라.
●范氏曰이라. 犯이 非子路之所難也요 而以不欺爲難故로 夫子가 告以先勿欺而後犯也라.

자로가 군주 섬기는 것에 대하여 묻자 공자가 말씀하였다. "속이지 말 것이고, 맞설 것이다."

○'범(犯)'은 안색을 무릅쓰며 간쟁하는 것이다.
○범씨[범조우(范祖禹)]가 말하였다. "맞서는 것이 자로가 하기 어려운 것이 아니고 속이지 않는 것이 어려운 것이었기 때문에 공자가, 먼저 속이지 말 것이고, 그 뒤에 맞서라고 말씀하였다."

헌문14 제24장

14-24 ◉子曰이라. 君子는 上達하고 小人은 下達이니라.

●君子循天理故로 日進乎高明하고 小人은 徇人欲故로 日究乎汚下라.

한자 徇 순시할 순·전시할 순·따를 순, 汚 더러울 오

공자가 말씀하였다. "군자는 위로 이르고, 소인은 아래로 이른다."

---

47) ≪논어(論語)·헌문(憲問)≫, "충성한다고 깨우치지 않을 수 있겠는가.(忠焉, 能勿誨乎.)"

○군자는 천리를 따르기 때문에 날마다 높고 밝은 데로 나아가고, 소인은 욕심을 따르기 때문에 날마다 더럽고 낮은 데로 찾아든다.

헌문14 제25장

14-25 ◉子曰이라. 古之學者는 爲己러니 今之學者는 爲人이로다.

●程子曰이라. 爲己는 欲得之於己也요 爲人은 欲見知於人也니라.
●程子曰이라. 古之學者는 爲己하여 其終은 至於成物48)이러니 今之學者는 爲人하여 其終은 至於喪己라.
●愚按컨대 聖賢論學者用心得失之際에 其說多矣라. 然未有如此言之切而要者라. 於此에 明辨而日省之면 則庶乎其不昧於所從矣리라.

공자가 말씀하였다. "옛날의 배우는 자들은 자기 수양을 위해 공부했는데, 오늘날의 배우는 자들은 남이 알아주기를 위해 공부한다."

○정자가 말하였다. "'위기(爲己)'는 자신에게서 터득하고자 하는 것이고, '위인(爲人)'은 남에게 알려지고자 하는 것이다."
○정자가 말하였다. "옛날의 배우는 자들은 자신에게서 터득하기를 위해 공부하다가 그 마지막에는 상대를 이뤄줌에 이르렀는데, 지금의 배우는 자들은 남이 알아주기를 위해 공부하다가 그 마지막에는 자기를 잃는 데에 이른다."
○내가 살펴보건대, 성현들이 배우는 자들의 마음씀씀이가 잘되고 잘못되는 구분을 논하면서 그 말씀이 많았다. 그러나 아직 이 말처럼 절실하고 요긴한 것은 없었다. 여기에서 밝게 분별하고 날마다 살피면 아마도 장차

48) ≪중용(中庸)·제25장≫, "성(誠)이라는 것은 스스로가 자기를 이룰 뿐만이 아니고 상대를 이루어 주니, 자기를 이루는 것은 인이고 상대를 이루어 주는 것은 지이다.(誠者, 非自成己而已也, 所以成物也, 成己仁也, 成物知也.)"

따를 바에 어둡지 않게 될 것이다.

⊠ 헌문14 제26장

14-26-1 ◉蘧伯玉이 使人於孔子어늘,

●蘧伯玉은 衛大夫로 名이 瑗이라. 孔子居衛에 嘗主於其家러시니 既而反魯故로 伯玉이 使人來也라.

한자 蘧 패랭이꽃 거·성 거, 瑗 도리옥 원

거백옥이 공자에게 사람을 보냈는데,

○거백옥은 위나라 대부로 이름이 '원(瑗)'이다. 공자가 위나라에 있을 때 일찍이 그의 집에 머물렀는데, 얼마 후 노나라로 돌아왔기 때문에 거백옥이 사람을 보내온 것이다.

14-26-2 ◉孔子가 與之坐而問焉曰夫子는 何爲오? 對曰夫子는 欲寡其過而未能也니이다. 使者出이어늘 子曰이라. 使乎使乎여.

●與之坐는 敬其主以及其使也라. 夫子는 指伯玉也라. 言其但欲寡過而猶未能하니 則其省身克己에 常若不及之意를 可見矣라. 使者之言이 愈自卑約에 而其主之賢이 益彰하니 亦可謂深知君子之心而善於詞令者矣라. 故로 夫子再言使乎하여 以重美之시니라.

●按莊周稱, 伯玉行年五十而知四十九年之非49)라하고 又曰伯玉行年六十而六

---

49) 이 구절은 ≪장자(莊子)≫의 기록이 아니고 ≪회남자(淮南子)≫에 나오는데 약간 다르다. ≪회남자·원도훈(原道訓)≫에는, "거백옥은 나이 50이 되면서 49년 동안의 잘못이 있었다.(蘧伯玉年五十, 而有四十九年非.)"로 되어 있다.

十化[50]라. 蓋其進德之功에 老而不倦이라. 是以로 踐履篤實하고 光輝宣著하여 不惟使者知之요 而夫子도 亦信之也라.

공자가 그와 함께 앉아서 묻기를, "그분은 무엇을 하시는가?"라고 하자 대답하기를, "그분은 자신의 허물을 적게 하고자 하지만 아직은 잘하지 못하십니다."라고 하였다. 심부름꾼이 나가자 공자가 말씀하였다. "심부름꾼답구나, 심부름꾼답구나."

○그와 함께 앉은 것은 그 주인을 공경하여 그 심부름꾼에게까지 미친 것이다. '부자(夫子)'는 거백옥을 가리킨다. 그분은 다만 허물을 적게 하고자 하지만 아직은 잘 못한다고 말하였으니, 그가 자신을 살피고 사욕을 이기는 데에 항상 미치지 못할 듯이 하는 뜻을 알 수 있다. 심부름꾼의 말이 스스로 겸손하고 조심할수록 그 주인의 훌륭함이 더욱 드러났으니, 또한 군자의 마음을 깊이 알고 응대의 말에 뛰어난 자라고 할 만하다. 그러므로 공자가 "심부름꾼답구나"를 두 번 말씀하여 거듭 칭찬한 것이다.

○살펴보건대 장주가 이르기를, "거백옥은 나이 50이 되어 49년 동안의 잘못을 알았다."라 하였고, 또 "거백옥은 나이 60이 되면서 60번 변하였다."라고 하였다. 그가 덕을 향상시키는 공부에 늙어서도 게을리 하지 않았던 것이다. 이 때문에 실천이 진지하고 성실하였으며 빛이 뚜렷하게 드러나, 오직 심부름꾼만이 그것을 알았던 것이 아니고 공자도 역시 믿은 것이다.

헌문14 제27장

14-27 ◉子曰이라. 不在其位하여는 不謀其政이니라.

---

50) ≪장자(莊子)·즉양(則陽)≫, "거백옥은 나이 60이 되면서 60번 변하였으니, 일찍이 전에 옳다고 했던 것에 대하여 결국은 그것이 틀렸다고 굽히지 않은 적이 없었다.(蘧伯玉行年六十, 而六十化, 未嘗不始於是之, 而卒詘之以非也.)"

●重出[51]이라.

공자가 말씀하였다. "그 지위에 있지 않으면 그 정사를 논의하지 말 것이다."

○거듭 나왔다.

헌문14 제28장

14-28 ◉曾子曰이라. 君子는 思不出其位니라.

●此는 艮卦之象辭也[52]라. 曾子蓋嘗稱之한대 記者가 因上章之語而類記之也라.
●范氏曰이라. 物各止其所면 而天下之理가 得矣라. 故로 君子所思가 不出其位면 而君臣上下大小가 皆得其職也라.

한자 艮 머무를 간·어려울 간·**간괘 간**

증자가 말하였다. "군자는 생각이 그 지위를 벗어나지 않는다."

○이것은 (≪주역≫) 간괘 상전(象傳)의 글이다. 증자가 일찍이 이 말을 일컬었는데, 기록하는 자가 앞 장의 말씀에 따라 종류별로 기록한 것이다.
○범씨[범조우(范祖禹)]가 말하였다. "만물이 각자 제자리에 머물면 천하의 이치가 얻어진다. 그러므로 군자가 생각하는 것이 그 지위를 벗어나지 않으면, 군주와 신하, 위와 아래, 큰 것과 작은 것들이 모두 그 직분을 얻게 된다."

---

51) ≪논어(論語)·태백(泰伯)≫
52) ≪주역(周易)·간괘(艮卦)≫의 상사(象辭)에, "거듭된 산이 간(艮)이니, 군자가 보고서 생각이 그 지위를 벗어나지 않는다.(兼山艮, 君子, 以, **思不出其位**.)"라고 하였다.

헌문14 제29장

14-29 ◉子曰이라. 君子는 恥其言而過其行이니라.[53]

●恥者는 不敢盡之意요 過者는 欲有餘之辭라.[54]

공자가 말씀하였다. "군자는 자신의 말을 부끄러워하고 자신의 실천을 넘치게 한다."

○'치(恥)'라는 것은 감히 다하지 않는다는 뜻이고, '과(過)'라는 것은 넉넉하기를 바란다는 말이다.

헌문14 제30장

14-30-1 ◉子曰이라. 君子道者가 三에 我無能焉이라. 仁者는 不憂하고 知者는 不惑하고 勇者는 不懼니라.

●自責以勉人也라.

공자가 말씀하였다. "군자의 도라는 것이 세 가지인데, 나는 거기에서 잘하는 것이 없다. 인한 자는 근심하지 않고, 지혜로운 자는 미혹되지 않으며, 용감한 자는 두려워하지 않는다."

---

53) ≪논어(論語)·이인(里仁)≫, "옛날에 말을 (함부로) 꺼내지 않은 것은 몸(실천)이 따르지 못할 것을 부끄러워했기 때문이다.(古者言之不出, 恥躬之不逮也.)"

54) ≪중용(中庸)·제13장≫, "평소의 덕을 행하고 평소의 말을 삼가 (실천에) 부족한 바가 있으면 감히 힘쓰지 않지 않으며, (말에) 남음이 있으면 감히 다하지 않는다. 말은 실천을 돌아보고 실천은 말을 돌아보니, 군자가 어찌 진지하지 않겠는가.(庸德之行, 庸言之謹, 有所不足, 不敢不勉, **有餘不敢盡.** 言顧行, 行顧言, 君子胡不慥慥爾.)"

○스스로를 책망하여 사람들을 힘쓰게 한 것이다.

14-30-2 ◉子貢曰이라. 夫子自道也샷다.

◉道는 言也니 自道는 猶云謙辭라.
◉尹氏曰이라. 成德은 以仁爲先하고 進學은 以知爲先이라. 故로 夫子之言이 其序有不同者55)는 以此니라.

자공이 말하였다. "선생님께서 스스로 하신 말씀이다."

○'도(道)'는 '혼자 말하다'이니, '자도(自道)'는 '겸사이시다'라고 말한 것과 같다.
○윤씨[윤돈(尹焞)]가 말하였다. "덕을 이루는 것은 인을 우선으로 삼고, 학문을 향상시키는 것은 지혜를 우선으로 삼는다. 그러므로 공자의 말씀이 (<자한>편과) 차례에 다름이 있는 것은 이 때문이다."

헌문14 제31장

14-31 ◉子貢이 方人하니 子曰이라. 賜也는 賢乎哉아? 夫我則不暇로라.

◉方은 比也라. 乎哉는 疑辭라. 比方人物而較其短長이 雖亦窮理之事나 然專務爲此면 則心馳於外하여 而所以自治者가 疎矣라. 故로 褒之而疑其辭하고 復自貶以深抑之라.
◉謝氏曰이라. 聖人責人에 辭不迫切而意已獨至가 如此라.

55) ≪논어(論語)·자한(子罕)≫에서는, "지혜로운 자는 미혹되지 않고 인한 자는 근심하지 않으며 용감한 자는 두려워하지 않는다.(知者不惑, 仁者不憂, 勇者不懼.)"라고 하였다.

한자 馳 달릴 치, 褒 기릴 포, 貶 떨어뜨릴 폄

자공이 사람들을 비교하자 공자가 말씀하였다. "사는 현명한가? 나는 (그럴) 여가를 내지 못하겠던데."

○'방(方)'은 '비교하다'이다. '호재(乎哉)'는 의문의 어조사이다. 인물을 비교하여 그 장단점을 견주는 것이 비록 또한 이치를 추구하는 일이지만, 전적으로 이것을 하는 데에만 힘쓰면 마음이 밖으로 치달아 자신을 다스리는 것이 소홀해진다. 그러므로 그를 칭찬하면서 그 말씀을 의문으로 하였고, 다시 자신을 낮춤으로써 그를 깊이 억제한 것이다.

○사씨[사양좌(謝良佐)]가 말하였다. "공자가 사람을 책망할 때에 말씀은 박절하지 않으면서 뜻은 이미 도리어 지극함이 이와 같았다."

헌문14 제32장

14-32 ◉子曰이라. 不患人之不己知요 患其不能也니라.

●凡章에 指同而文不異者는 一言而重出也요 文小異者는 屢言而各出也라. 此章은 凡四見而文皆有異[56]하니 則聖人이 於此一事에 蓋屢言之라. 其丁寧之意를 亦可見矣라.

공자가 말씀하였다. "남이 나를 알아주지 않는 것을 걱정하지 말고, 자신이 잘하지 못하는 것을 걱정할 것이다."

56) ≪논어(論語)·학이(學而)≫, "남이 자기를 알아주지 않는 것을 걱정하지 말고, 남을 알아보지 못하는 것을 걱정할 것이다.(不患人之不己知, 患不知人也.)" ; ≪논어·이인(里仁)≫, "자신을 알아주는 이가 없는 것을 걱정하지 말고, 알려질 수 있는 존재가 되기를 추구할 것이다.(不患莫己知, 求爲可知也.)" ; ≪논어·위영공(衛靈公)≫, "군자는 능력이 없는 것을 근심하고, 남이 자신을 알아주지 않는 것을 근심하지 않는다.(君子, 病無能焉, 不病人之不己知也.)"

○여러 장에서 뜻이 같고 글이 다르지 않은 것은 한 번 말씀하였는데 거듭 나온 것이고, 글이 약간 다른 것은 여러 번 말씀하여 각각 나온 것이다. 이 장은 모두 네 번 나오는데 글이 모두 다름이 있으니, 공자가 이 한 가지 일에 대하여 여러 번 말씀한 것이다. 그 간절한 뜻을 또한 알 수 있다.

헌문14 제33장

14-33 ◉子曰이라. 不逆詐하며 不億不信이나 抑亦先覺者가 是賢乎인저.

●逆은 未至而迎之也요 億은 未見而意之也라. 詐는 謂人欺己요 不信은 謂人疑己라. 抑은 反語辭라. 言雖不逆不億이나 而於人之情僞에 自然先覺이라야 乃爲賢也라.

●楊氏曰이라. 君子는 一於誠而已나 然未有誠而不明者라. 故로 雖不逆詐하고 不億不信이나 而常先覺也라. 若夫不逆不億이라가 而卒爲小人所罔焉이면 斯亦不足觀也已라.

한자 逆 거스를 역, 詐 속일 사, 億 억 억, 罔 그물 망·없을 망·속일 망

공자가 말씀하였다. "(남이) 속일 것이라고 예측하지 않고, (남이) 믿지 않을 것이라고 억측하지 않지만, 또한 먼저 깨닫는 자가 현명한 자이리라."

○'역(逆)'은 아직 이르지 않았는데 추산하는 것이고, '억(億)'은 아직 보이지 않는데 예상하는 것이다. '사(詐)'는 남이 자기를 속이는 것을 이르고, '불신(不信)'은 남이 자기를 의심하는 것을 이른다. '억(抑)'은 반어사이다. 비록 예측하지 않고 억측하지 않으나, 남의 진정과 거짓에 대하여 자연스럽게 먼저 깨달아야 현명한 자라고 말씀한 것이다.

○양씨[양시(楊時)]가 말하였다. "군자는 참됨에 한결같을 뿐이지만, 참되면

서 현명하지 않은 자는 없다. 그러므로 비록 속일 것이라고 예측하지 않고 믿지 않을 것이라고 억측하지 않지만, 항상 먼저 깨닫는다. 만일 예측하지 않고 억측하지 않다가, 끝내 소인에게 속는다면 또한 볼 만한 것이 없다."

헌문14 제34장

14-34-1 ◉微生畝가 謂孔子曰이라. 丘는 何爲是栖栖者與오? 無乃爲佞乎아?

●微生은 姓이요 畝는 名也라. 畝가 名呼夫子而辭甚倨하니 蓋有齒德而隱者리라. 栖栖는 依依也라. 爲佞은 言其務爲口給以悅人也라.

한자 栖 깃들일 서·바쁜 모양 서, 倨 거만할 거

미생무가 공자에게 말하였다. "공구는 어찌하여 이리도 연연해하는 것인가? 말재주를 부리는 것이 아닌가?"

○'미생(微生)'은 성이고 '무(畝)'는 이름이다. 미생무가 공자를 이름으로 부르면서 말이 매우 거만하니 아마도 나이와 덕이 있으면서 은둔한 자인 듯하다. '서서(栖栖)'는 '연연해하다'이다. '위녕(爲佞)'은 그가 말재주를 부려 남들을 기쁘게 하는 데에 힘쓴다는 말이다.

14-34-2 ◉孔子曰이라. 非敢爲佞也라 疾固也니라.

●疾은 惡也요 固는 執一57)而不通也라. 聖人之於達尊58)에 禮恭而言直이 如

57) ≪맹자(孟子)·진심상(盡心上)≫, "한쪽을 고집하는 것을 미워하는 것은, 그것이 도를 해

此하니 其警之가 亦深矣라.

공자가 말씀하였다. "감히 말재주를 부리는 것이 아니고, 완고함을 싫어하는 것입니다."

○'질(疾)'은 '싫어하다'이고, '고(固)'는 '한 가지를 고집하여 변통하지 않다'이다. 공자가 공통적으로 높이는 대상에 대하여 예절은 공손하면서도 말씀은 곧은 것이 이와 같았으니, 그를 경계한 것이 또한 깊다.

헌문14 제35장

14-35 ◉子曰이라. 驥는 不稱其力이라 稱其德也니라.

●驥는 善馬之名이라. 德은 謂調良也라.
●尹氏曰이라. 驥雖有力이나 其稱在德이라. 人有才而無德이면 則亦奚足尙哉리오.

한자 驥 천리마 기·준마 기

공자가 말씀하였다. "천리마는 그 힘을 칭송하는 것이 아니고, 그 덕을 칭송하는 것이다."

○'기(驥)'는 좋은 말의 명칭이다. 덕은 조련되어 순한 것을 이른다.

치기 때문이다. 하나를 들고 백 가지를 폐하는 것이다.(所惡執一者, 爲其賊道也. 擧一而廢百也.)"

58) ≪맹자(孟子)·공손추하(公孫丑下)≫, "천하에 공통적으로 높이는 대상이 세 가지가 있으니, 관직이 하나이고 나이가 하나이고 덕이 하나이다. 조정에는 관직만한 것이 없고, 고을에는 나이만한 것이 없고, 세상을 돕고 백성을 이끄는 데는 덕만한 것이 없다.(天下有達尊三, 爵一齒一德一. 朝廷莫如爵, 鄕黨莫如齒, 輔世長民莫如德.)"

○윤씨[윤돈(尹焞)]가 말하였다. "천리마는 비록 힘이 있으나 그 칭송은 덕에 달려있다. 사람이 재주만 있고 덕이 없으면 또한 어찌 숭상할 만하겠는가."

▩ 헌문14 제36장

14-36-1 ◉或曰이라. 以德報怨이 何如하니잇고?

●或人所稱은 今見老子書라.59) 德은 謂恩惠也라.

어떤 사람이 말하였다. "은혜로 원한을 갚는 것이 어떻습니까?"

○어떤 사람이 일컬은 것은 지금 ≪노자≫ 책에 보인다. 덕은 은혜를 이른다.

14-36-2 ◉子曰이라. 何以報德고.

●言於其所怨에 旣以德報之矣면 則人之有德於我者는 又將何以報之乎아.

공자가 말씀하였다. "무엇으로 은혜를 갚을 것인가.

○자신이 원한으로 여기는 자에게 이미 은혜로 갚았다면, 나에게 은혜를 베푼 사람에게는 다시 장차 무엇으로 갚을 것인가라고 말씀한 것이다.

14-36-3 ◉以直報怨이요 以德報德이니라.

---

59) ≪노자(老子)·제63장≫, "작은 것을 크게 보고 적은 것을 많게 보며, 원한을 은혜로 갚는다.(大小多少, **報怨以德**.)"

●於其所怨者에 愛憎取舍를 一以至公而無私[60]가 所謂直也라. 於其所德者에는 則必以德報之요 不可忘也라. 或人之言은 可謂厚矣라. 然이나 以聖人之言으로 觀之면 則見其出於有意之私하여 而怨德之報가 皆不得其平也라. 必如夫子之言然後에 二者之報가 各得其所라. 然이나 怨有不讐而德無不報면 則又未嘗不厚也라. 此章之言이 明白簡約하되 而其指意는 曲折反覆하여 如造化之簡易가 易知[61]而微妙가 無窮하니 學者所宜詳玩也니라.

정직으로 원한을 갚고, 은혜로 은혜를 갚을 것이다."

○자신이 원한으로 여기는 자에게 사랑과 미움, 취하고 버림을 한결같이 지극히 공평하고 사심이 없게 하는 것이 이른바 정직이다. 자신이 은혜롭게 여기는 자에게는 반드시 은혜로 갚고 잊지 않아야 한다. 어떤 사람의 말은 너그럽다고 할 만하다. 그러나 성인의 말씀으로 살펴보면, 그것이 의도가 있는 사심에서 나와서 원한과 은혜에 대한 보답이 모두 공평함을 얻지 못했음을 볼 수 있다. 반드시 공자의 말씀과 같이 한 뒤에야 두 가지의 보답이 각각 제자리를 얻는다. 그러나 원한에는 복수하지 않음이 있고, 덕에는 갚지 않음이 없다면 또한 일찍이 후덕하지 않은 것이 아니다. 이 장의 말씀은 명백하면서 간략하지만 그 뜻은 복잡하고 변화무쌍하여, 마치 조화가 간략하고 평이하여 알기는 쉽지만 미묘함은 무궁한 것과 같으니, 배우는 자들은 마땅히 자세히 음미해야 한다.

---

60) ≪논어(論語)·이인(里仁)≫의, "오직 인한 자만이 사람을 제대로 좋아할 수 있고, 사람을 제대로 미워할 수 있다.(子曰, 惟仁者, 能好人, 能惡人.)"에 대해 주자가, "사심이 없는 뒤에 좋아하고 미워함이 이치에 합당하다.(無私心然後, 好惡當於理.)"라고 설명하였다.

61) ≪주역(周易)·계사전상(繫辭傳上)≫, "건(乾)은 큰 시작을 주관하고, 곤(坤)은 만물을 만들어 완성한다. 건(乾)은 평이함으로 주관하고 곤(坤)은 간략함으로 해낼 수 있으니, 평이하면 알기 쉽고 간략하면 따르기 쉽다.(乾知大始, 坤作成物. 乾以易知, 坤以簡能, 易則易知, 簡則易從.)"

헌문14 第37장

14-37-1 ◉子曰이라. 莫我知也夫인저.

●夫子自歎하여 以發子貢之問也라.

공자가 말씀하였다. "나를 아는 이가 없구나!"

○공자가 스스로 탄식하여 자공의 질문을 일으킨 것이다.

14-37-2 ◉子貢曰何爲其莫知子也잇고. 子曰이라. 不怨天하며 不尤人이요 下學而上達하노니 知我者는 其天乎인저.

●不得於天而不怨天하고 不合於人而不尤人이요 但知下學而自然上達이라. 此는 但自言其反己自修하여 循序漸進耳요 無以甚異於人而致其知也라. 然이나 深味其語意면 則見其中自有人不及知而天獨知之之妙라. 蓋在孔門에 唯子貢之智가 幾足以及此라. 故로 特語以發之어늘 惜乎其猶有所未達也로다.
●程子曰이라. 不怨天하며 不尤人하니 在理에 當如此라.
●又曰이라. 下學上達은 意在言表라.
●又曰이라. 學者는 須守下學上達之語니 乃學之要라. 蓋凡下學人事가 便是上達天理라. 然이나 習而不察[62]이면 則亦不能以上達矣라.

자공이, "어째서 그렇게 선생님을 아는 이가 없겠습니까."라고 하자 공자가 말씀하였다. "하늘을 원망하지 않고 남을 탓하지 않으며, 아래로 (인간의 일을) 배워 위로 (천리에) 통하니, 나를 아는 이는 아마도 하

62) ≪맹자(孟子)·진심상(盡心上)≫, "행하면서도 밝지 못하고, 익히면서도 자세하지 못하여, 종신토록 따르면서도 그 도를 모르는 자가 많다.(行之而不著焉, 習矣而不察焉, 終身由之而不知其道者, 衆也.)"

늘일 것이다."

○천운(天運)을 얻지 못해도 하늘을 원망하지 않고, 남과 맞지 않아도 남을 탓하지 않으면서, 다만 아래로 배워 자연히 위로 통하는 것만을 안다. 이는 다만 자신을 반성하여 스스로를 닦으면서 차례를 따라 점점 나아갈 뿐이고, 남과 심히 다르게 하여 그 알아줌을 구함이 없다는 말씀이다. 그러나 이 말씀의 뜻을 깊이 음미해보면 그 가운데에는 자연히 사람들은 미처 알지 못하고 하늘만이 홀로 아는 오묘함이 있음을 볼 수 있다. 아마 공자의 문하에서 오직 자공의 지혜만이 거의 여기에 미칠 수 있었을 것이다. 그러므로 특별히 말씀하여 드러내주었는데 애석하게도 아마 깨닫지 못한 것이 있었던 듯하다.

○정자가 말하였다. "하늘을 원망하지 않고 남을 탓하지 않으니, 도리에 있어 마땅히 이와 같아야 한다."

○또 말하였다. "아래로 배워 위로 통한다는 것은 뜻이 말 밖에 있다."

○또 말하였다. "배우는 자들은 모름지기 아래로 배워 위로 통한다는 말씀을 지켜야 할 것이니, 바로 학문의 요체이다. 아래로 인간의 일을 배우는 것이 바로 위로 천리에 통하는 것이다. 그러나 익히기만 하고 자세히 알지 못하면 또한 위로 통할 수 없다."

헌문14 제38장

14-38-1 ◉公伯寮가 愬子路於季孫이어늘 子服景伯이 以告曰이라. 夫子가 固有惑志於公伯寮하나니 吾力이 猶能肆諸市朝니이다.

●公伯寮는 魯人이라. 子服은 氏요 景은 諡요 伯은 字이니 魯大夫子服何也라. 夫子는 指季孫이니 言其有疑於寮之言也라. 肆는 陳尸也니 言欲誅寮라.

한자 寮 벼슬아치 료, 愬 하소연할 소, 肆 뚜렷할 사·방자할 사·베풀 사·처형하여 시신을 전시할 사공백료가 계손에게 자로를 참소하자 자복경백이 (공자에게) 아뢰었다. “그분[계손]께서 진실로 공백료로 인해 마음에 미혹됨이 있는데, 제 힘이 그래도 그를 죽여 저잣거리에 펼쳐 놓을 수 있습니다.”

○공백료는 노나라 사람이다. 자복은 성씨이고, 경은 시호이며, 백은 자이니, 노나라 대부인 자복하이다. ‘부자(夫子)’는 계손을 가리키니 그가 공백료의 말로 의혹을 갖게 되었다는 말이다. ‘사(肆)’는 시신을 진열하는 것이니 공백료를 죽이고자 한다는 말이다.

14-38-2 ◉子曰이라. 道之將行也與도 命也며 道之將廢也與도 命也니 公伯寮가 其如命何리오.

◉謝氏曰이라. 雖寮之愬가 行이라도 亦命也니 其實은 寮無如之何라.
◉愚謂건대 言此以曉景伯하고 安子路而警伯寮耳니 聖人이 於利害之際에 則不待決於命而後泰然也니라.

공자가 말씀하였다. “도가 장차 행해지는 것도 운명이고 도가 장차 폐지되는 것도 운명이니, 공백료가 장차 운명을 어떻게 하겠는가.”

○사씨[사양좌(謝良佐)]가 말하였다. “비록 공백료의 참소가 행해진다 하더라도 또한 운명이니, 실상은 공백료가 어떻게 할 수 없는 것이다.”
○내가 생각하건대, 이것을 말씀하여 자복경백을 깨우치고 자로를 안심시켰으며 공백료를 경계한 것일 뿐이니, 성인이 이해의 사이에서 운명에서 결정을 기다린 뒤에 태연한 것은 아니다.

※ 헌문14 제39장

14-39-1 ◉子曰이라. 賢者는 辟世하고,

●天下無道而隱[63]이니 若伯夷·太公이 是也라.

공자가 말씀하였다. "현자는 세상을 피하고,

○천하에 도가 없어 은둔하는 것이니, 백이와 태공 같은 이들이 그들이다.

14-39-2 ◉其次는 辟地하고,

●去亂國하여 適治邦이라.

그 다음은 지역을 피하며,

○어지러운 나라를 떠나 다스려지는 나라로 가는 것이다.

14-39-3 ◉其次는 辟色하고,

●禮貌衰而去라.[64]

그 다음은 안색을 피하고,

---

63) ≪논어(論語)·태백(泰伯)≫, "위태로운 나라에 들어가지 않고 어지러운 나라에 머물지 않으며, 천하에 도가 있으면 나타나고 도가 없으면 숨을 것이다.(危邦不入, 亂邦不居, 天下有道則見, **無道則隱**.)"

64) ≪맹자(孟子)·고자하(告子下)≫, "맞이함에 공경을 지극히 하면서 예가 있으면 나아가고, 예모가 쇠퇴하면 떠난다.(迎之致敬以有禮, 則就之, **禮貌衰則去之**.)"

○예모가 쇠퇴하여 떠나는 것이다.

14-39-4 ◉其次는 辟言이니라.

◉有違言而後去也라.[65]
◉程子曰이라. 四者는 雖以大小次第言之나 然非有優劣也요 所遇不同耳니라.

그 다음은 말을 피한다."

○(도리에) 어긋나는 말이 있은 뒤에 떠나는 것이다.
○정자가 말하였다. "네 가지는 비록 크고 작은 차례로 말씀하였으나, 우열이 있는 것이 아니고 만난 경우가 같지 않을 뿐이다."

헌문14 제40장

14-40 ◉子曰이라. 作者가 七人矣로다.

◉李氏曰이라. 作은 起也라. 言起而隱去者가 今七人矣라. 不可知其誰何한대 必求其人以實之면 則鑿矣니라.

한자 鑿 끌 착·뚫을 착·천착할 착

공자가 말씀하였다. "일어나 떠난 자가 일곱 사람이다."

---

65) 그 구체적인 예가 ≪논어(論語)·위영공(衛靈公)≫에 보인다.["위나라 영공이 공자에게 진법(陳法)에 대하여 묻자 공자가 대답하기를, '제사의 일은 들은 적이 있지만 군대의 일은 배우지 못했습니다.'라 하고 다음날 마침내 떠났다.(衛靈公, 問陳於孔子, 孔子對曰, 俎豆之事, 則嘗聞之矣, 軍旅之事, 未之學也. 明日遂行.)"]

○이씨[이욱(李郁)]가 말하였다. "'작(作)'은 '일어나다'이다. 일어나서 은둔해버린 자가 지금 일곱 사람이라는 말씀이다. 그들이 누구인지는 알 수 없는데, 반드시 그 사람들을 찾아 실증하려고 한다면 천착하는 것이다."

헌문14 제41장

14-41 ◉子路가 宿於石門이러니 晨門[66]曰奚自오? 子路曰自孔氏로라. 曰是는 知其不可而爲之者與아?

●石門은 地名이라. 晨門은 掌晨啓門이니 蓋賢人隱於抱關[67]者也라. 自는 從也니 問其何所從來也라.

●胡氏曰이라. 晨門은 知世之不可而不爲라. 故로 以是譏孔子라. 然이나 不知聖人之視天下無不可爲之時也니라.

자로가 석문에서 묵는데 성문의 문지기가 "어디에서 오셨는가?"라고 물었다. 자로가 "공씨로부터 왔습니다."라고 대답하자, "그 사람은 안 될 줄을 알면서도 그것을 하는 자이지?"라고 하였다.

○'석문(石門)'은 지명이다. '신문(晨門)'은 새벽에 성문을 여는 것을 담당하니, 현자로서 관문을 지키는 데에 은둔한 자이다. '자(自)'는 '따르다'이니 그가 어디로부터 왔는가를 물은 것이다.

○호씨[호인(胡寅)]가 말하였다. "성문의 문지기는 세상이 안 될 줄을 알아서 하지 않았다. 그러므로 이것으로 공자를 비판하였다. 그러나 성인은 천하가 할 수 없을 때가 없다고 본다는 것을 알지 못하였다."

---

66) 신문(晨門) : 아침저녁으로 성문의 개폐(開閉)를 담당하는 자이다.

67) ≪맹자(孟子)·만장하(萬章下)≫, "높은 자리를 사양하고 낮은 자리에 머물며, 부유함을 사양하고 가난함에 머무는 것은 어디에서 마땅한가? 관문을 지키고 목탁을 치는 일이다.(辭尊居卑, 辭富居貧, 惡乎宜乎? **抱關擊柝**.)"

헌문14 제42장

14-42-1 ◉子가 擊磬於衛러시니 有荷蕢而過孔氏之門者曰이라. 有心哉라. 擊磬乎여.

●磬은 樂器라. 荷는 擔也요 蕢는 草器也라. 此荷蕢者도 亦隱士也라. 聖人之心은 未嘗忘天下어늘 此人이 聞其磬聲而知之하니 則亦非常人矣라.

한자 磬 경쇠 경, 荷 연 하·**멜 하**, 蕢 삼태기 궤, 擔 멜 담

공자가 위나라에서 경쇠를 치는데 삼태기를 메고 공자의 문을 지나던 자가 말하였다. "(천하에) 마음을 두고 있구나. 경쇠를 치는 소리가."

○'경(磬)'은 악기이다. '하(荷)'는 '메다'이고 '궤(蕢)'는 짚으로 만든 그릇이다. 삼태기를 멘 이 사람도 또한 은사이다. 성인의 마음은 일찍이 천하를 잊은 적이 없었는데, 이 사람이 그 경쇠 소리를 듣고서 그것을 알았으니, 역시 평범한 사람이 아니다.

14-42-2 ◉旣而曰이라. 鄙哉라. 硜硜乎여! 莫己知也어든 斯已而已矣니 深則厲요 淺則揭니라.

●硜硜은 石聲이니 亦專確之意라. 以衣涉水曰厲요 攝衣涉水曰揭라. 此兩句는 衛風匏有苦葉之詩也니 譏孔子가 人不知己而不止하여 不能適淺深之宜라.

한자 硜 **돌 소리 경**·견고할 경, 厲 숫돌 려·엄할 려·힘쓸 려·**물 건널 려**, 揭 들 게·**잡을 게**, 攝 끌 섭·**당길 섭**·겸할 섭, 確 굳을 확, 匏 박 포

조금 있다가 말하였다. "비루하구나. 땡땡 소리여! 자기를 알아주는 이가 없으면 그만일 뿐이니, 물이 깊으면 옷을 벗어들고 건너고, 물이 얕으면 옷을 걷고 건널 것이다."

○'경경(硜硜)'은 돌 소리이니, 역시 전일하고 확고하다는 뜻이다. 옷을 든 채로 물을 건너는 것을 '여(厲)'라 하고, 옷을 걷고 물을 건너는 것을 '게(揭)'라 한다. 이 두 구(句)는 ≪시경·위풍·포유고엽≫이라는 시인데, 공자가 사람들이 자기를 알아주지 않는데도 멈추지 않아서, 얕고 깊음의 마땅함에 맞추지 못하는 것을 비판한 것이다.

14-42-3 ◉子曰이라. 果哉라. 末之[68]難矣리라.

●果哉는 嘆其果於忘世也라. 末은 無也라. 聖人은 心同天地하여 視天下猶一家하고 中國猶一人하여 不能一日忘也라. 故로 聞荷蕢之言하고 而嘆其果於忘世라. 且言人之出處를 若但如此면 則亦無所難矣라.

공자가 말씀하였다. "과감하구나! 어렵게 여길 것이 없겠구나."

○'과재(果哉)'는 그가 세상을 잊는 데에 과감한 것을 탄식한 것이다. '말(末)'은 '없다'이다. 성인은 마음이 천지와 같아 천하를 한 집안과 같이 보고 나라 안을 한 사람과 같이 보아 하루도 잊을 수 없었다. 그러므로 삼태기를 멘 이의 말을 듣고서 그가 세상을 잊는 데에 과감함을 탄식한 것이다. 또 말씀하기를, "사람이 출사하고 은거하는 것을 만일 단지 이와 같이만 한다면 또한 어렵게 여길 것이 없겠다."라고 한 것이다.

---

68) 지(之) : 목적어로서 '난(難)'을 의동사로 만드는 역할을 하는데, 부정문에서 동사와 도치되었다.

※ 헌문14 제43장

14-43-1 ◉子張曰이라. 書云高宗이 諒陰三年을 不言[69]이라하니 何謂也잇고?

●高宗은 商王武丁也라. 諒陰은 天子居喪之名이니 未詳其義라.

자장이 말하였다. "≪서경≫에 이르기를, '고종이 양암에서 3년 동안을 말씀하지 않았다.'라고 하였는데 무엇을 말한 것입니까?"

○고종은 상나라 왕인 무정(武丁)이다. '양암(諒陰)'은 천자가 상중에 머무는 곳의 명칭인데 그 의미는 잘 모르겠다.

14-43-2 ◉子曰이라. 何必高宗이리오. 古之人이 皆然하니 君薨이어든 百官總己하여 以聽於冢宰三年하니라.

●言君薨하니 則諸侯亦然이라. 總己는 謂總攝己職이라. 冢宰는 大宰也라. 百官聽於冢宰故로 君得以三年不言也라.

●胡氏曰이라. 位有貴賤이나 而生於父母는 無以異者라. 故로 三年之喪은 自天子達[70]이라. 子張이 非疑此也요 殆以爲人君三年不言이면 則臣下無所稟令[71]하여 禍亂이 或由以起也라. 孔子告以聽於冢宰하시니 則禍亂은 非所憂矣라.

---

69) ≪서경(書經)·주서(周書)·무일(無逸)≫, "고종 시기에는 오랫동안 밖에서 수고하면서 이에 백성들과 함께하였습니다. 일어나 즉위하시자 곧 양암에서 3년 동안 말씀하지 않았습니다.(其在高宗時, 舊勞于外, 爰暨小人. 作其卽位, 乃或亮陰, 三年不言.)"

70) ≪맹자(孟子)·등문공상(滕文公上)≫, "삼년상에 자최의 거친 상복과 죽을 먹는 것은 천자로부터 일반 백성에 이르기까지 삼대가 공통으로 하였다.(三年之喪, 齊疏之服, 飦粥之食, 自天子達於庶人, 三代共之.)"

71) ≪서경·상서(商書)·열명상(說命上)≫, "천자께서 만방에 군주가 되심에 백관이 법을 받들어서 왕의 말씀을 명령으로 삼습니다. 말씀을 하지 않으시면 신하들이 명령을 받을 곳이 없습니다.(天子惟君萬邦, 百官承式, 王言惟作命. 不言, 臣下罔攸稟令.)"

한자 薨 죽을 훙, 總 **모을 총**·묶을 총·거느릴 총, 冢 무덤 총, 攝 낄 섭·당길 섭·겸할 섭·**대신할 섭**, 稟 줄 품·**받을 품**

공자가 말씀하였다. "어찌 꼭 고종뿐이었겠는가. 옛사람이 모두 그러하였으니 군주가 죽으면 백관들은 자기의 직책을 모아서 3년 동안 총재를 따랐다."

○'군주가 죽으면'이라고 말했으니 제후도 역시 그랬던 것이다. '총기(總己)'는 자기의 직책을 모아서 거두는 것을 이른다. 총재는 태재이다. 백관들이 총재를 따랐기 때문에 군주가 3년 동안 말하지 않을 수 있었다.

○호씨[호인(胡寅)]가 말하였다. "지위에는 귀천이 있으나 부모에게서 태어난 것은 다른 것이 없다. 그러므로 삼년상은 천자로부터 공통적이다. 자장이 이것을 의심한 것이 아니고, 아마 군주가 3년 동안 말하지 않으면 신하들이 명령을 받을 곳이 없어 재난과 어지러움이 혹시 이로 말미암아 일어날까를 생각한 것이다. 공자가 총재를 따르는 것으로 말씀해 주었으니 재난과 어지러움은 걱정할 것이 아니다."

헌문14 제44장

14-44 ◉子曰이라. 上이 好禮則民易使也니라.

●謝氏曰이라. 禮達而分定[72]故로 民易使라.

공자가 말씀하였다. "윗사람이 예를 좋아하면 백성들을 부리기가 쉽다."

---

72) ≪예기(禮記)·예운(禮運)≫, "백성은 군주를 본받아 스스로를 다스리고, 군주를 봉양하여 스스로를 안정시키며, 군주를 섬겨 스스로를 드러낸다. 그러므로 예가 통해지고 분수가 정해지며 그러므로 사람들은 모두 올바른 죽음을 좋아하고 구차한 삶을 싫어한다.(百姓則君以自治也, 養君以自安也, 事君以自顯也. 故**禮達而分定**, 故人皆愛其死而患其生.)"

○사씨[사양좌(謝良佐)]가 말하였다. “예가 통해지고 분수가 정해지기 때문에 백성들을 부리기가 쉽다.”

헌문14 제45장

14-45 ◉子路問君子한대 子曰이라. 修己以敬이니라. 曰如斯而已乎잇가? 曰修己以安人이니라. 曰如斯而已乎잇가? 曰修己以安百姓이니 修己以安百姓은 堯舜도 其猶病諸시니라.

●修己以敬의 夫子之言이 至矣盡矣어늘 而子路少之라. 故로 再以其充積之盛이 自然及物者로 告之하니 無他道也라. 人者는 對己而言이요 百姓則盡乎人矣라. 堯舜猶病은 言不可以有加於此니 以抑子路하여 使反求諸近也니라. 蓋聖人之心은 無窮하니 世雖極治나 然豈能必知四海之內에 果無一物不得其所哉리오. 故로 堯舜도 猶以安百姓爲病이라. 若曰吾治已足이라하면 則非所以爲聖人矣라.

●程子曰이라. 君子는 修己以安百姓하니 篤恭而天下平73)이라. 唯上下가 一於恭敬이면 則天地自位하고 萬物自育74)하며 氣無不和而四靈75)畢至矣라. 此는 體信達順76)之道니 聰明睿知가 皆由是出이라. 以此事天饗帝라.

---

73) ≪중용(中庸)·제33장≫, “군자가 공손을 돈독히 함에 천하가 태평해진다.(君子, **篤恭而天下平**.)”

74) ≪중용·제1장≫, “중화를 지극하게 하면, 천지가 자리 잡히고 만물이 자라난다.(致中和, **天地位**焉, **萬物育**焉.)”

75) 사령(四靈) : 네 종류의 신령한 동물로, 기린(麒麟)·봉황(鳳凰)·거북[귀(龜)]·용(龍)을 가리킨다.[≪예기(禮記)·예운(禮運)≫, “무엇을 ‘사령’이라고 하는가? 기린과 봉황과 거북과 용을 일러 사령이라고 한다.(何謂四靈? **麟·鳳·龜·龍, 謂之四靈**.)”]

76) ≪예기·예운≫, “선왕(先王)은 예를 닦아 의에 이를 수 있었고, 참됨을 체득하여 화순에 이를 수 있었다.(先王能修禮以達義, **體信以達順**.)” 세주에서 주자는, “참됨을 체득함은 중용을 지극하게 한다는 뜻이고, 화순에 이름은 조화를 지극하게 한다는 뜻이다.(體信, 是致中意, 達順, 是致和意.)”라고 설명하였다.

한자 病 병 병·앓을 병·근심할 병·**부족하게 여길 병**, 睿 밝을 예·**슬기로울 예**, 饗 잔치할 향·**제사 지낼 향**(享과 통용)

자로가 군자에 대하여 묻자 공자가 말씀하였다. "경건함으로 자신을 수양한다." "이와 같을 뿐입니까?" "자신을 수양하여 남을 편안하게 한다." "이와 같을 뿐입니까?" "자신을 수양하여 백성들을 편안하게 하니 자신을 수양하여 백성들을 편안하게 하는 것은 요임금과 순임금도 아마 그것에 대해서는 오히려 부족하게 여기셨을 것이다."

○'경건함으로 자신을 수양한다.'는 공자의 말씀이 지극하고 극진한데, 자로는 이것을 미진하게 여겼다. 그래서 다시 그것이 가득 쌓여 성대함이 자연스럽게 상대에게 미치는 것을 가지고 말씀해 주었으니 다른 도리가 없다. '남'이라는 것은 자신을 상대로 하여 말한 것이고, '백성'은 남을 모두 포괄한 것이다. '요임금과 순임금도 오히려 부족하게 여겼다.'는 것은 여기에 더할 것이 있을 수 없다는 말씀이니, 자로를 억제하여 가까운 것에서 돌이켜 찾게 한 것이다. 성인의 마음은 무궁하니, 세상이 비록 지극하게 다스려지더라도 어찌 반드시 천하에 과연 한 존재도 제자리를 얻지 못한 것이 없다고 알 수 있겠는가. 그러므로 요임금과 순임금도 오히려 백성들을 편안하게 하는 것을 부족하게 여긴 것이다. 만약 "나의 다스림이 이미 충분하다."라고 한다면 성인이 될 수 없다.

○정자가 말하였다. "군자는 자신을 수양하여 백성들을 편안하게 하니 공손을 돈독히 함에 천하가 태평해진다. 오직 상하가 공경에 한결같으면, 천지가 저절로 자리 잡히고 만물이 저절로 자라나며, 기운이 조화롭지 않음이 없고 네 종류의 신령한 동물이 모두 이르게 된다. 이는 참됨을 체득하여 화순에 이르는 방법이니 총명예지가 모두 여기에서 나온다. 이로써 하늘을 섬기고 상제에게 제사를 올린다."

※ 헌문14 제46장

14-46 ◉原壤이 夷俟러니 子曰幼而不孫弟하며 長而無述焉이요 老而不死가 是爲賊이라하시고 以杖叩其脛하시다.

●原壤은 孔子之故人이라. 母死而歌77)하니 蓋老氏之流로 自放於禮法之外者라. 夷는 蹲踞也요 俟는 待也니 言見孔子來而蹲踞以待之也라. 述은 猶稱也라. 賊者는 害人之名이라. 以其自幼至老에 無一善狀하고 而久生於世하여 徒足以敗常亂俗78)이니 則是賊而已矣라. 脛은 足骨也라. 孔子旣責之하고 而因以所曳之杖으로 微擊其脛하여 若使勿蹲踞然이라.

한자 叩 두드릴 고, 脛 정강이 경, 蹲 웅크릴 준, 踞 걸터앉을 거, 曳 끌 예

원양이 걸터앉은 채 (공자를) 기다리자 공자가 말씀하기를, "어려서는 공손하지 않았고, 장성해서는 칭찬할 것이 없었으며, 늙어서는 죽지도 않는 것이 바로 (남을) 해치는 자이다."라 하고 지팡이로 그의 정강이를 가볍게 쳤다.

○원양은 공자의 친구이다. 어머니가 죽자 노래를 불렀으니, 노자의 무리로서 예법의 밖에서 거리낌이 없었던 자이다. '이(夷)'는 '걸터앉다'이고 '사(俟)'는 '기다리다'이니, 공자가 오는 것을 보고 걸터앉아 기다렸다는 말이다. '술(述)'은 '칭찬하다'와 같다. 적(賊)이라는 것은 남을 해치는 자의 명칭이다. 그가 어려서부터 늙을 때까지 한 가지도 좋은 행실이 없었고, 세상에 오래 살면서 그저 윤상(倫常)을 무너뜨리고 풍속을 어지럽히기에 족하였으니, 이는 바로 해치는 자일 뿐이다. '경(脛)'은 정강이이다. 공자가

---

77) ≪예기(禮記)·단궁하(檀弓下)≫

78) ≪서경(書經)·주서(周書)·군진(君陳)≫, "법을 어기고 분란을 일으키는 데에 익숙하며, 윤상을 무너뜨리고 풍속을 어지럽히는 이는, 세 가지에서 작은 것이라도 용서하지 말 것이다.(狃于姦宄, 敗常亂俗, 三細不宥.)"

질책한 뒤에 이어서 끌던 지팡이로 그의 정강이를 가볍게 쳐서, 걸터앉아 있지 못하도록 하듯이 하였다.

헌문14 제47장

14-47-1 ◉闕黨童子將命이어늘 或問之曰이라. 益者與잇가?

●闕黨은 黨名이라. 童子는 未冠者之稱이라. 將命은 謂傳賓主之言이라. 或人이 疑此童子가 學有進益故로 孔子使之傳命하여 以寵異之也라.

궐당의 동자가 명을 전하자 어떤 사람이 그에 대하여 물었다. "진보하는 자이기 때문입니까?"

○궐당은 고을 이름이다. 동자는 아직 관례를 하지 않은 자의 칭호이다. '장명(將命)'은 손님과 주인의 말을 전하는 것을 이른다. 어떤 사람이 이 동자가 학문에 진전이 있기 때문에 공자가 그로 하여금 명을 전하게 함으로써 총애하여 남다르게 하는가 하고 의심한 것이다.

14-47-2 ◉子曰이라. 吾는 見其居於位也하며 見其與先生79) 並行也라. 非求益者也라. 欲速成者也니라.

●禮에 童子는 當隅坐80)隨行81)이라. 孔子言吾見此童子가 不循此禮라. 非能

---

79) 선생(先生) : 십삼경본 ≪논어주소(論語注疏)≫에서, "'선생(先生)은 어른이다.(先生, 成人也.)"라고 설명하였다.

80) 우좌(隅坐) : ≪예기(禮記)·단궁상(檀弓上)≫, "증자(曾子)가 병이 들어 누웠는데 위독하였다. 악정자춘이 병상 아래에 앉아 있고, 증원과 증신이 발치에 앉아 있었으며, 동자가 구석에 앉아 촛불을 들고 있었다.(曾子寢疾, 病. 樂正子春坐於牀下, 曾元·曾申坐於足, 童子**隅坐**而執燭.)"

81) 수행(隨行) : ≪예기·왕제(王制)≫, "길에서 남자는 오른편으로 가고 여자는 왼편으로

求益이요 但欲速成爾라. 故로 使之給使令之役하여 觀長少之序하고 習揖遜之容하니 蓋所以抑而敎之요 非寵而異之也라.

한자 隅 모퉁이 우

공자가 말씀하였다. "나는 그가 자리에 머무는 것을 보고 그가 어른과 나란히 걷는 것을 보았다. 진보를 추구하는 자가 아니라 빨리 이루기를 바라는 자이다."

○≪예기(禮記)≫에서, "동자는 구석에 앉고 뒤따라가야 한다."라고 하였다. 공자가 말씀하기를, "나는 이 동자가 이 예를 따르지 않는 것을 보았다. 진보를 추구할 수 있는 자가 아니고, 다만 빨리 이루기를 바랄 뿐이다."라고 하였다. 그러므로 그에게 심부름의 일을 주어 어른과 아이의 질서를 관찰하게 하고, 인사하고 겸양하는 모습을 익히게 한 것이니, 그를 억제하여 가르친 것이지 총애하여 남다르게 한 것이 아니다.

가며, 수레는 중앙으로 간다. 아버지의 연배면 뒤따르고 형의 연배면 처져가며, 벗 사이에서는 서로 앞서지 않는다.(道路, 男子由右, 婦人由左, 車從中央. 父之齒隨行, 兄之齒鴈行, 朋友不相踰.)"

위영공(衛靈公) 제십오(第十五)

●凡四十一章이라.

○모두 41장이다.

❋ 위영공15 제1장

15-01-1 ◉衛靈公이 問陳於孔子한대 孔子對曰俎豆之事는 則嘗聞之矣어니와 軍旅之事는 未之學也라하고 明日에 遂行하다.[1]

●陳은 謂軍師行伍之列이라. 俎豆는 禮器라.

●尹氏曰이라. 衛靈公은 無道之君也[2]요 復有志於戰伐之事라. 故로 答以未學而去之라.

한자 俎 **적대(炙臺) 조**·도마 조, 豆 콩 두·**제기 이름 두**, 伍 **대열 오**·군대 오

위나라 영공이 공자에게 진법(陣法)에 대하여 묻자 공자가 대답하기를, "제사의 일은 들은 적이 있지만 군대의 일은 아직 배우지 못했습니다." 라 하고 다음날 마침내 떠났다.

○'진(陳)'은 군대의 대열을 말한다. '조두(俎豆)'는 제기이다.

○윤씨[윤돈(尹焞)]가 말하였다. "위나라 영공은 무도한 군주였고 게다가 전쟁의 일에 뜻을 두었다. 그러므로 아직 배우지 못했다고 대답하고 떠난 것이다."

15-01-2 ◉在陳絶糧하니 從者病하여 莫能興이라.

---

1) ≪논어(論語)·헌문(憲問)≫에서, "현자는 세상을 피하고 그 다음은 지역을 피하며, 그 다음은 안색을 피하고 그 다음은 말을 피한다.(賢者辟世, 其次辟地, 其次辟色, 其次辟言.)"라고 하였듯이 '말을 피한(辟言)' 예이다.

2) ≪논어·헌문≫, "공자가 위나라 영공의 무도함을 말씀하자 계강자가 말하였다. '이와 같은데도 어찌하여 지위를 잃지 않습니까?' 공자가 말씀하였다. '중숙어는 빈객의 일을 다루고 축타는 종묘의 일을 다루며, 왕손가는 군대의 일을 다루니, 이와 같은데 어찌 그가 지위를 잃겠습니까.'(子言衛靈公之無道也, 康子曰. 夫如是, 奚而不喪? 孔子曰. 仲叔圉治賓客, 祝鮀治宗廟, 王孫賈治軍旅, 夫如是, 奚其喪.)"

◉孔子는 去衛適陳이라. 興은 起也라.

진(陳)나라에서 양식이 떨어지니 수행하는 자들이 병들어 일어나지 못하였다.

○공자는 위나라를 떠나 진나라로 갔다. '흥(興)'은 '일어나다'이다.

15-01-3 ◉子路가 慍見曰君子도 亦有窮乎잇가? 子曰君子는 固窮하고 小人은 窮斯濫矣니라.

◉何氏曰이라. 濫은 溢也라. 言君子固有窮時나 不若小人窮則放溢爲非라.
◉程子曰固窮者는 固守其窮이라하니 亦通이라.
◉愚謂컨대 聖人은 當行而行하여 無所顧慮하고 處困而亨[3]하여 無所怨悔[4]를 於此可見이라. 學者는 宜深味之라.

한자 溢 **넘칠 일**·가득할 일

자로가 성이 나서 (공자를) 뵙고 말하기를, "군자도 곤궁할 때가 있습니까?"라고 하자 공자가 말씀하기를, "군자는 본디 곤궁하고,[5] 소인은 곤궁하면 넘친다."

○하씨[하안(何晏)]가 말하였다. "'남(濫)'은 '넘치다'이다. 군자는 본디 곤궁

3) 처곤이형(處困而亨) : ≪주역(周易)·곤괘(困卦)·단전(彖傳)≫에서, "곤궁해져도 형통할 바를 잃지 않으니, 아마도 군자뿐일 것이다.(困而不失其所亨, 其唯君子乎.)"라고 하였다.

4) 세주에서 경원 보씨[慶源輔氏, 보광(輔廣)]는, "마땅히 떠나야 하면 떠나서 돌아보거나 염려함이 없었던 것은 의리에서의 용감함이고, 곤경에 처해서도 형통하여 원망하거나 후회함이 없었던 것은 의리에서의 편안함이다.(當行而行, 無所顧慮, 義之勇也, 處困而亨, 無所怨悔, 義之安也.)"라고 설명하였다.

5) 군자가 본디 곤궁한 것은, ≪논어(論語)·위영공(衛靈公)≫에서 말씀했듯이, '군자는 도를 도모하고, 먹을 것을 도모하지 않기(君子謀道, 不謀食)' 때문이다.

할 때가 있으나, 소인이 곤궁하면 방종하여 잘못을 저지르는 것과는 같지 않다고 말씀한 것이다."

○정자는 "'고궁(固窮)'이라는 것은 그 곤궁함을 굳게 지키는 것이다."라고 하였는데, 또한 통한다.

○내가 생각하건대, 공자는 마땅히 떠나야 하면 떠나서 돌아보거나 염려함이 없었고, 곤경에 처해서도 형통하여 원망하거나 후회함이 없었던 것을 여기에서 볼 수 있다. 배우는 자들은 깊이 음미해야 할 것이다.

위영공15 제2장

15-02-1 ◉子曰이라. 賜也아. 女以予爲多學而識之者與아.

●子貢之學이 多而能識矣니 夫子는 欲其知所本也라. 故로 問以發之라.

공자가 말씀하기를, "사야! 너는 내가 많이 배워서 그것을 기억하는 자라고 생각하느냐?"라고 하자,

○자공의 학문이 많이 배우고 잘 기억하는 것이었으니, 공자는 그에게 근본이 되는 것을 알게 하고자 하였다. 그래서 질문하여 그것을 드러낸 것이다.

15-02-2 ◉對曰이라. 然하이다. 非與잇가?

●方信而忽疑하니 蓋其積學이 功至而亦將有得也리라.

(자공이) 대답하였다. "그렇습니다. 아닙니까?"

○막 믿고 있다가 갑자기 의심하게 되었으니 그가 학문을 쌓은 것이 공부가 지극하여 또한 장차 터득함이 있을 것이다.

15-02-3 ◉曰이라. 非也라. 予는 一以貫之니라.

◉說見第四篇[6]이라. 然이나 彼以行言이요 而此以知言也라.

◉謝氏曰이라. 聖人之道가 大矣하여 人不能遍觀而盡識이니 宜其以爲多學而識之也라. 然이나 聖人이 豈務博者哉리오. 如天之於衆形에 匪物物刻而雕之也라. 故로 曰予一以貫之라. 德輶如毛한대 毛猶有倫하니 上天之載는 無聲無臭가 至矣라.[7]

◉尹氏曰이라. 孔子之於曾子에 不待其問而直告之以此요 曾子復深喩之曰唯라. 若子貢則先發其疑而後告之로되 而子貢은 終亦不能如曾子之唯也라. 二子所學之淺深을 於此可見이라.

◉愚按컨대 夫子之於子貢에 屢有以發之[8]하고 而他人不與焉하니 則顔曾以下

---

6) ≪논어(論語)·이인(里仁)≫에서, "공자가 말씀하였다. '증삼아. 나의 도는 하나가 (만사를) 꿰뚫고 있다.'라고 하였다.(子曰. 參乎. 吾道, 一以貫之.)"에 대해 주자는, "성인의 마음은 온전한 한 가지 이치이면서 두루 적응되고 세세한 데까지 합당하여 적용이 각각 다르다. 증자는 그 적용되는 곳에서 이미 일에 따라 정밀히 살피고 힘써 행하였지만, 다만 아직 그 본체가 하나임을 알지 못했을 뿐이다. 공자는 그가 참됨이 쌓였고 힘씀이 오래되어 장차 터득하는 바가 있을 것을 알았다. 이 때문에 불러서 말씀해 주었다.(聖人之心, 渾然一理而泛應曲當, 用各不同. 曾子, 於其用處, 蓋已**隨事精察**而力行之, 但未知其體之一爾. 夫子, 知其眞積力久, 將有所得. 是以呼而告之.)"라고 설명하였다.

7) ≪중용(中庸)·제33장≫, "≪시경(詩經)≫[<대아(大雅)·황의(皇矣)>편]에 이르기를, '나는 밝은 덕에서 음성과 안색을 크게 여기지 않기를 생각한다.'라고 하였는데, 공자가 말씀하기를, '음성과 안색은 백성을 교화하는 데에 있어 말단적인 것이다.'라고 하셨다. ≪시경≫[대아·증민(烝民)편]에 이르기를, '덕은 가볍기가 터럭과 같다.'라고 하였는데 터럭은 그래도 비교할 만한 것이 있다. [≪시경·대아·문왕(文王)≫편에서 말한] '하늘의 일은 소리도 없고 냄새도 없다.'라고 한 것이 지극하다.(詩云, 予懷明德, 不大聲以色. 子曰, 聲色之於以化民, 末也. 詩云, 德輶如毛. 毛猶有倫, 上天之載, 無聲無臭. 至矣.)"

8) ≪논어·헌문(憲問)≫, "공자가 말씀하였다. '나를 아는 이가 없구나!' 자공이, '어째서 그렇게 선생님을 아는 이가 없겠습니까.'라고 하자 공자가 말씀하였다. '하늘을 원망하지 않고, 남을 탓하지 않으며, 아래로 (인간의 일을) 배워 위로 (천리에) 통하니, 나를 아는 이는 아마도 하늘일 것이다.'(子曰, 莫我知也夫. 子貢曰, 何爲其莫知子也. 子曰, 不怨天, 不尤人, 下學而上達, 知我者, 其天乎.)" ; ≪논어·양화(陽貨)≫, "공자가 말씀하였다. '나는 말이 없고자 한다.' 자공이 말하였다. '선생님께서 만약 말씀하지 않으시면

로 諸子所學之淺深을 又可見矣라.

한자 遍 두루 편, 匪 광주리 비·아닐 비(非와 통용)

공자가 말씀하였다. "아니다. 나는 하나가 (만사를) 꿰뚫고 있다."

○해설이 제4편[<이인(里仁)>편]에 보인다. 그러나 그것은 행실[실천]로 말씀한 것이고, 이것은 지식[이치]으로 말씀한 것이다.

○사씨[사양좌(謝良佐)]가 말하였다. "공자의 도가 커서 사람들이 두루 보고 다 알 수 없었으니, 그[자공]가 (공자는) 많이 배워서 그것을 기억한다고 생각한 것이 당연하다. 그러나 공자가 어찌 박학을 힘쓴 자이겠는가. 마치 하늘이 모든 형체에 대해서 대상마다 새겨서 조각한 것이 아님과 같다. 그러므로 '나는 하나가 (만사를) 꿰뚫고 있다.'라고 말씀한 것이다. [≪시경·대아·증민(烝民)≫편에] '덕은 가볍기가 터럭과 같다.'라고 하였는데, 터럭은 그래도 비교할 만한 것이 있다. [≪시경·대아·문왕(文王)≫편에서 말한] '하늘의 일은 소리도 없고 냄새도 없다.'라고 한 것이 지극하다."

○윤씨[윤돈(尹焞)]가 말하였다. "공자가 증자에 대해서는 그의 질문을 기다리지 않고 곧바로 이것[一以貫之]으로 말씀하였으며, 증자도 다시 깊이 깨닫고 '예'라고 대답하였다. 자공 같은 경우는 먼저 그의 의문을 일으킨 뒤에 말씀해 주었는데도, 자공은 끝내 역시나 증자가 '예'라고 한 것처럼 하지 못했다. 두 사람이 공부한 것의 깊이를 여기에서 볼 수 있다."

○내가 살펴보건대, 공자가 자공에게는 자주 계발해준 것이 있었고 다른 사람은 여기에 끼지 못하였으니, 안자·증자 이하로 여러 제자가 공부한 것의 깊이를 또한 볼 수 있다.

저희들이 무엇을 전하겠습니까?' 공자가 말씀하였다. '하늘이 무엇을 말하겠는가. 네 계절이 운행되고 만물이 자라나는데, 하늘이 무엇을 말하겠는가.'(子曰. 予欲無言. 子貢曰, 子如不言, 則小子何述焉. 子曰. 天何言哉, 四時行焉, 百物生焉, 天何言哉.)"

위영공15 제3장

15-03 ◉子曰이라. 由아 知德者가 鮮矣니라.

●由는 呼子路之名而告之也라. 德은 謂義理之得於己者니 非己有之면 不能知其意味之實也라.

●自第一章으로 至此는 疑皆一時之言이니 此章은 蓋爲慍見發也리라.

공자가 말씀하였다. "유야, 덕을 아는 자가 드물구나."

○'유(由)'는 자로의 이름을 불러 말씀해준 것이다. '덕(德)'은 도리가 자신에게 얻어진 것이니, 자신이 그것[덕]을 소유한 이가 아니면 그 의미의 실체를 알 수 없다.

○제1장부터 여기까지는 아마 모두 같은 시기의 말씀인 듯하니, 이 장은 아마도 자로가 성이 나서 뵌 것 때문에 말씀하였을 것이다.

위영공15 제4장

15-04 ◉子曰이라. 無爲而治者는 其舜也與신저. 夫何爲哉시리오. 恭己正南面而已矣시니라.

●無爲而治者는 聖人德盛而民化하여 不待其有所作爲也라. 獨稱舜者는 紹堯之後하고 而又得人以任衆職故로 尤不見其有爲之迹也라. 恭己者는 聖人敬德之容이라. 旣無所爲니 則人之所見이 如此而已니라.

한자 紹 이을 소

공자가 말씀하였다. "작위함이 없이 다스린 이는 아마도 순임금일 것이다. 무엇을 작위하셨겠는가. 자신을 공손히 하고 바르게 남면하였을 뿐이다."

○'작위함이 없이 다스렸다는 것'은, 성인이 덕이 성대하여 백성들이 교화되어 그가 작위하는 것이 있기를 기다리지 않은 것이다. 유독 순임금만을 일컬은 것은, 요임금의 뒤를 이었고 더욱이 인재를 얻어 여러 직책을 맡겼기 때문에, 특히 작위함이 있었던 자취가 보이지 않았기 때문이다. '자신을 공손히 했다'는 것은 성인의 경건한 덕의 모습이다. 이미 작위하는 것이 없었으니 사람들이 보는 것이 이와 같았을 뿐이다.

위영공15 제5장

15-05-1 ◉子張問行[9]한대,

●猶問達之意也라.[10]

자장이 '행해짐'에 대하여 묻자,

○[<안연>편에서 자장이] '통함[달(達)]'에 대하여 물은 뜻과 같다.

15-05-2 ◉子曰이라. 言忠信하며 行篤敬이면 雖蠻貊之邦이라도 行矣[11]어니와 言不忠信하며 行不篤敬이면 雖州里나 行乎哉아.

---

9) 자장이 물은 '행해짐[행(行)]'은 자신의 뜻이 세상에 행해지는 것이고, 뒤에서 공자가 대답한 '행해짐'은 자신의 도가 세상에 행해지는 것이다.

10) ≪논어(論語)·안연(顔淵)≫, "자장이 물었다. '선비는 어떠해야 통한다고 할 수 있습니까?'(子張問, 士何如, 斯可謂之達矣?)"

11) 십삼경본 ≪논어주소(論語注疏)≫에서, "비록 이민족 지역의 먼 나라에서도 그의 도가 행해질 수 있다.(雖蠻貊遠國, 其道行矣.)"라고 설명하였다.

●子張은 意在得行於外라. 故로 夫子가 反於身而言之하니 猶答干祿[12]問達[13]之意也라. 篤은 厚也라. 蠻은 南蠻이요 貊은 北狄이라. 二千五百家爲州라.

한자 蠻 남방 종족 만, 貊 북방 종족 맥

공자가 말씀하였다. "말이 충실하고 신의로우며 행실이 독실하고 경건하면, 비록 이민족의 나라라도 행해질 수 있지만, 말이 충실하지 못하고 신의롭지 못하며 행실이 독실하지 못하고 경건하지 못하면, 비록 고향이라도 행해질 수 있겠는가.

○자장은, 뜻이 밖으로 행해질 수 있는 데에 있었다. 그러므로 공자가 자신으로 되돌리게 하여 말씀하였으니, '녹을 구함'과 '통함[달(達)]'을 물은 것에 대답해준 뜻과 같다. '독(篤)'은 '두텁다'이다. '만(蠻)'은 남만(南蠻)이고, '맥(貊)'은 북적(北狄)이다. 2천5백 호가 주(州)이다.

15-05-3 ◉立則見其參於前也요 在輿則見其倚於衡也니 夫然後行이니라.

●其者는 指忠信篤敬而言이라. 參은 讀如毋往參焉[14]之參이니 言與我相參也라. 衡은 軛也라. 言其於忠信篤敬에 念念不忘하니 隨其所在하여 常若有見하여 雖欲頃刻離之라도 而不可得然後에 一言一行이 自然不離於忠信篤敬하

12) ≪논어(論語)·위정(爲政)≫, "자장이 녹봉을 구하는 것을 배우려 하니 공자가 말씀하였다. '많이 듣고 의심스러운 것은 빼놓은 채 그 나머지[의심스럽지 않은 것]를 조심스럽게 말하면 허물이 적고, 많이 보고서 위태로운 것은 빼놓은 채 그 나머지[위태롭지 않은 것]를 조심스럽게 행하면 후회가 적다. 말에 허물이 적고, 행동에 후회가 적으면, 녹봉은 그 가운데에 있다.'(子張, 學**干祿**, 子曰. 多聞闕疑, 愼言其餘則寡尤, 多見闕殆, 愼行其餘則寡悔, 言寡尤, 行寡悔, 祿在其中矣.)"

13) ≪논어·안연(顔淵)≫

14) ≪예기(禮記)·곡례상(曲禮上)≫, "두 사람이 앉아 있거나 두 사람이 서 있으면 가서 함께 있지 말고, 두 사람이 서 있으면 가운데로 지나가지 말 것이다.(離坐離立, **毋往參焉**, 離立者, 不出中間.)"

여 而蠻貊可行也라.

한자 倚 의지할 의, 衡 **끌채 앞 가로나무 형**·저울대 형·가로 횡(橫과 통용), 軛 멍에 액

서 있으면 그것이 앞에 함께 있음을 보고, 수레에서는 그것이 멍에에 기대어 있음을 볼 것이니, 그런 뒤에야 행해지는 것이다."

○그것[其]이라는 것은 충실과 신의, 독실과 경건을 가리켜 말씀한 것이다. '참(參)'은 "가서 함께 있지 말라(毋往參焉)"의 '참(參)'처럼 읽으니 나와 서로 함께 있음을 말한다. '형(衡)'은 멍에이다. 자신이 충실과 신의, 독실과 경건에 대하여 생각하고 생각하여 잊지 않으니, 있는 곳에 따라 항상 봄이 있는 듯하여 비록 잠시 떠나려 하여도 떠날 수 없는 뒤에야, 말 한 마디와 행동 하나가 저절로 충실과 신의, 독실과 경건에서 벗어나지 않아 이민족 지역에서도 행해질 수 있다는 말씀이다.

15-05-4 ◉子張이 書諸紳하니라.

●紳은 大帶之垂者라. 書之는 欲其不忘也라.

●程子曰이라. 學要鞭辟近裏[15]하여 著己而已라. 博學而篤志하고 切問而近思[16]라. 言忠信하고 行篤敬하여 立則見其參於前이요 在輿則見其倚於衡이니 卽此是學이라. 質美者는 明得盡하여 查滓[17]便渾化하니 却與天地同體요 其次는 惟莊敬以持養之나 及其至則一也니라.

---

15) 편벽근리(鞭辟近裏) : 투철하게 탐구하여 깊이 파고드는 것을 가리킨다.

16) ≪논어(論語)·자장(子張)≫, "자하가 말하였다. '배우기를 널리 하면서 뜻을 독실하게 하고, 절실하게[절실한 것으로] 물으면서 가까이 생각하면, 인은 그 가운데 있다.'(子夏曰, 博學而篤志, **切問而近思**, 仁在其中矣.)"

17) 사재(查滓) : 찌꺼기, 침전물.

한자 紳 큰 띠 신, 鞭 채찍 편, 辟 임금 벽·**밝힐 벽**·기울 벽, 査 뗏목 사·조사할 사·**찌꺼기 사**, 滓 찌끼 재, 渾 흐릴 혼·둥글 혼·**온전할 혼**

자장이 큰 띠에 그것을 썼다.

○'신(紳)'은 큰 띠가 드리워진 것이다. 그것을 쓴 것은 자신이 잊지 않고자 한 것이다.

○정자가 말하였다. "학문은 채찍질하고 탐구하여 안으로 파고들어 자신에게 붙게 해야 할 뿐이다. 배우기를 널리 하고 뜻을 돈독히 하며, 간절하게 묻고 가깝게 생각하라. 말이 충실하고 신의로우며 행실이 독실하고 경건하여, 서 있으면 그것이 앞에 함께 있음을 보고 수레에서는 그것이 멍에에 기대어 있음을 볼 것이니, 바로 이것이 학문이다. 자질이 아름다운 자는 철저하게 알아 찌꺼기가 바로 순화되니 곧 천지와 한몸이 되고, 그 다음은 오직 중후함과 경건함으로 유지하고 기를 뿐이지만, 그 지극한 데에 이르러서는 똑같다."

위영공15 제6장

15-06-1 ◉子曰이라. 直哉라 史魚여. 邦有道에 如矢하며 邦無道에 如矢로다.

●史는 官名이라. 魚는 衛大夫로 名이 鰌라. 如矢는 言直也라. 史魚自以不能進賢退不肖로 旣死에 猶以尸諫[18]이라. 故로 夫子稱其直이라. 事見家語라.

---

18) 시간(尸諫) : 사어(史魚)가 자신이 죽은 뒤에 정당(正堂)에 빈소를 차리지 말도록 유언하여 군주에게 간언이 올라가도록 한 일이다.[≪공자가어(孔子家語)·곤서(困誓)≫, "병이 심해 죽게 되자 그의 아들에게 이르기를, '내가 위나라 조정에 있으면서 거백옥을 올리고 미자하를 물리치지 못했으니, 이것은 내가 신하 노릇하면서 군주를 바르게 하지 못한 것이다. 살아서 군주를 바르게 하지 못했으니 죽어서 예를 갖출 수 없다. 내가 죽거든 네가 시신을 창문 아래에 둘 것이니, 내게 있어 마무리가 될 것이다.'라고 하였

한자 鰌 미꾸라지 추(鰍와 같은 자)

공자가 말씀하였다. "곧도다, 사어여! 나라에 도가 있을 때에 화살과 같았고, 나라에 도가 없을 때에도 화살과 같았다.

○'사(史)'는 관직명이다. '어(魚)'는 위나라 대부로 이름이 추(鰌)이다. '여시(如矢)'는 '곧다'는 말이다. 사어는 자신이 훌륭한 사람을 올리고 무능한 사람을 물리치지 못한 것 때문에, 죽은 뒤에도 오히려 시신으로 간언하였다. 그러므로 공자가 그의 곧음을 칭찬하였다. 일이 ≪공자가어(孔子家語)≫에 보인다.

15-06-2 ◉君子哉라 蘧伯玉이여. 邦有道則仕하고 邦無道則可卷而懷之로다.

●伯玉出處가 合於聖人之道故로 曰君子라. 卷은 收也요 懷는 藏也라. 如於孫林父·甯殖放弑之謀에 不對而出[19]이 亦其事也니라.

●楊氏曰이라. 史魚之直은 未盡君子之道요 若蘧伯玉然後에 可免於亂世라. 若史魚之如矢면 則雖欲卷而懷之라도 有不可得也니라.

한자 蘧 풀이름 거, 甯 차라리 녕

군자답다, 거백옥이여! 나라에 도가 있으면 벼슬하고, 나라에 도가 없

다. 그 아들이 그 말을 따랐는데 영공이 조문을 왔다가 이상하게 여겨 물었다. 그 아들이 부친의 말을 영공에게 아뢰자 공이 놀라 낯빛이 바뀌면서 이르기를, '이는 나의 잘못이다.'라 하고 이에 객실에 빈소를 차리게 하고, 거백옥을 등용하고 미자하를 물리쳐 멀리 보냈다.(病將卒, 命其子曰, 吾在衛朝, 不能進蘧伯玉, 退彌子瑕, 是吾爲臣不能正君也. 生而不能正君, 死無以成禮. 我死, **汝置屍牖下, 於我畢矣.** 其子從之, 靈公弔焉, 怪而問焉. 其子以其父言告公, 公愕然失容曰, 是寡人之過也. 於是命之殯於客位, 進蘧伯玉而用之, 退彌子瑕而遠之.)]

19) ≪춘추좌전(春秋左傳)·양공(襄公)·14년≫

으면 거두어 간직할 수 있구나."

○거백옥의 출사와 은거가 성인의 도에 맞았기 때문에 군자답다고 한 것이다. '권(卷)'은 '거두다'이고 '회(懷)'는 '간직하다'이다. 예를 들어 손임보와 영식이 (군주를) 추방하여 시해하려 한 모의에 대답하지 않고 나간 것이 또한 그런 일이다.

○양씨[양시(楊時)]가 말하였다. "사어의 곧음은 군자의 도를 다하지 못한 것이고, 거백옥과 같은 뒤에야 난세에서 화를 면할 수 있다. 사어처럼 화살과 같으면, 비록 거두어 간직하고자 하더라도 또한 그럴 수 없다."

위영공15 제7장

15-07 ◉子曰이라. 可與言而不與之言이면 失人이요 不可與言而與之言이면 失言이라. 知者는 不失人하며 亦不失言이니라.

공자가 말씀하였다. "함께 말할 만한데 그와 함께 말하지 않으면 사람을 잃고, 함께 말할 만하지 않은데 그와 함께 말하면 말을 잃는다. 지혜로운 자는 사람을 잃지 않고, 또한 말도 잃지 않는다."

위영공15 제8장

15-08 ◉子曰이라. 志士仁人은 無求生以害仁이요 有殺身以成仁[20]이니라.

20) ≪논어(論語)·이인(里仁)≫, "공자가 말씀하였다. '아침에 도를 들으면, 저녁에 죽어도 좋다.'(子曰, 朝聞道, 夕死, 可矣.)"

●志士는 有志之士요 仁人은 則成德之人也라. 理當死而求生이면 則於其心에 有不安矣니 是害其心之德也라. 當死而死면 則心安而德全矣라.

●程子曰이라. 實理가 得之於心이면 自別이라. 實理者는 實見得是하고 實見得非也라. 古人에 有捐軀隕命者한대 若不實見得이면 惡能如此리오. 須是實見得生不重於義하고 生不安於死也라. 故로 有殺身以成仁者하니 只是成就一箇是而已라.

한자 捐 버릴 연, 軀 몸 구, 隕 떨어질 운·잃을 운

공자가 말씀하였다. "뜻을 지닌 선비와 인을 이룬 사람은 살기를 구하느라 인을 해침이 없고, 자신을 죽여서 인을 이룸이 있다."

○'지사(志士)'는 뜻을 지닌 선비이고, '인인(仁人)'은 덕을 이룬 사람이다. 이치상 마땅히 죽어야 하는데 살기를 구한다면 그 마음에 편안하지 않음이 있게 되니, 이것은 그 마음의 덕을 해치는 것이다. 마땅히 죽어야 하기에 죽는다면 마음이 편안하고 덕이 온전해진다.

○정자가 말하였다. "참된 이치가 마음에 터득되면 저절로 달라진다. 참된 이치라는 것은 옳음을 참되게 알고 그름을 참되게 아는 것이다. 옛사람 중에 몸을 버리고 목숨을 잃은 이들이 있었는데, 만일 참되게 알지 못했다면 어떻게 그와 같을 수 있었겠는가. 모름지기 사는 것이 도리보다 중요하지 않고, 사는 것이 죽음보다 편안치 않음을 참되게 알아야 한다. 그러므로 자신을 죽여서 인을 이룬 자가 있었으니, 다만 옳음 하나를 이룬 것일 뿐이다."

위영공15 제9장

15-09 ◉子貢問爲仁한대 子曰이라. 工欲善其事인댄 必先利其器라. 居是邦也하여 事其大夫之賢者하며 友其士之仁者니라.

◉賢은 以事言이요 仁은 以德言이라. 夫子嘗謂子貢悅不若己者[21]라. 故로 以是告之하니 欲其有所嚴憚切磋하여 以成其德也니라.

◉程子曰이라. 子貢問爲仁이요 非問仁也라. 故로 孔子告之以爲仁之資而已니라.

자공이 인을 실천하는 것에 대하여 묻자 공자가 말씀하였다. "기술자가 그의 일을 잘하고자 하면 반드시 먼저 그의 연장을 벼려야 한다. (그렇듯이) 어느 나라에 머물면서 그 나라 대부 중에 훌륭한 자를 섬기고, 그 나라 선비 중에 인한 자를 사귈 것이다."

○'현(賢)'은 일을 가지고 말씀한 것이고, '인(仁)'은 덕을 가지고 말씀한 것이다. 공자가 일찍이 자공은 자기만 못한 자를 좋아한다고 말씀한 적이 있다. 그러므로 이것으로 그에게 말씀해 주었으니, 그가 두려워하고 조심하며 갈고 닦는 대상이 있어 자신의 덕을 이루기를 바란 것이다.

○정자가 말하였다. "자공이 인을 실천하는 것에 대하여 물었고 인에 대하여 물은 것이 아니다. 그러므로 공자는 그에게 인을 실천할 자료로 말씀해준 것일 뿐이다."

위영공15 제10장

15-10-1 ◉顔淵問爲邦한대,

◉顔子는 王佐之才라. 故로 問治天下之道어늘 曰爲邦者는 謙辭라.

안연이 나라를 다스리는 것에 대하여 묻자,

---

21) ≪공자가어(孔子家語)·육본(六本)≫, "공자가 말씀하였다. '상(商)은 자기보다 훌륭한 사람과 머물기를 좋아하고 사(賜)는 자기만 못한 자에게서 기쁨을 취하기를 좋아한다.' (子曰. 商也好與賢己者處, 賜也好說不若己者.)"

○안연은 제왕을 보좌할 인재였다. 그러므로 천하를 다스리는 도에 대하여 물은 것인데, 나라를 다스린다고 한 것은 겸사이다.

15-10-2 ◉子曰이라. 行夏之時하고,

●夏時는 謂以斗柄이 初昏에 建寅之月로 爲歲首也라. 天開於子하고 地闢於丑하고 人生於寅이라. 故로 斗柄이 建此三辰之月을 皆可以爲歲首하여 而三代迭用之라. 夏以寅하니 爲人正이요 商以丑하니 爲地正이요 周以子하니 爲天正也라. 然이나 時以作事22)하니 則歲月은 自當以人爲紀라. 故로 孔子嘗曰吾得夏時23)焉이라한대 而說者以爲夏小正之屬이라. 蓋取其時之正과 與其令之善이요 而於此에 又以告顔子也라.

한자 柄 자루 병, 闢 열 벽, 迭 갈마들 질

공자가 말씀하였다. "하나라의 달력을 쓰고,

○하나라의 달력은 북두칠성의 자루가 초저녁에 인방(寅方)에 서는 달[음력 1월]을 정월로 삼은 것을 이른다. 하늘은 자회(子會)24)에서 열렸고, 땅은 축회(丑會)에서 열렸으며, 사람은 인회(寅會)에서 생겨났다. 그러므로 북두칠성의 자루가 이 세 때에 서는 달을 모두 정월로 삼을 수 있어서 세 왕조가 차례로 썼다. 하나라는 인월(寅月)로 인정(人正)25)을 삼았고, 은나라는 축월(丑月)[음력 12월]로 지정(地正)26)을 삼았으며, 주나라는 자월

---

22) ≪춘추좌전(春秋左傳)·문공(文公)·6년≫, "윤달로 절기를 바로잡고, 절기로 농사를 지으며, 농사로 민생을 풍요롭게 하니, 백성을 살리는 도가 여기에 있다.(閏以正時, **時以作事**, 事以厚生, 生民之道於是乎在矣.)"

23) ≪예기(禮記)·예운(禮運)≫, "공자가 말씀하였다. '나는 하나라의 도를 보고자 하여 그래서 기나라에 갔는데 증거를 대기에 부족하였지만, 하나라의 달력을 얻었다.'(孔子曰. 我欲觀夏道, 是故之杞, 而不足徵也, **吾得夏時焉**.)"

24) 자회(子會) : 소옹(邵雍)의 ≪황극경세서(皇極經世書)≫에 의하면, 129,600년을 1원(元)으로 하고, 1원을 12회(會)로 나누어, 12지(支)에 할당한 첫 번째이다.[1원(元)은 12회(會), 1회(會)는 30운(運), 1운(運)은 12세(世), 1세(世)는 30년이다.]

25) 인정(人正) : 사람을 기준으로 한 정월이다.

(子月)[음력 11월]로 천정(天正)[27]을 삼았다. 그러나 절기에 따라 농사를 지으니 달력은 자연히 인정(人正)을 기준으로 삼아야 한다. 그러므로 공자가 일찍이 말씀하기를, "나는 하나라의 달력을 얻었다."라고 하였는데, 해설하는 자가 <하소정(夏小正)>[28] 등이라고 하였다. 그 절기의 바른 것과 그 월령의 좋은 것을 취했는데 여기에서 다시 안연에게 말씀해준 것이다.

15-10-3 ◉乘殷之輅하며,

●商[29]輅는 木輅也라. 輅者는 大車之名이라. 古者에 以木爲車而已러니 至商而有輅之名하니 蓋始異其制也라. 周人은 飾以金玉하니 則過侈而易敗하여 不若商輅之朴素渾堅而等威已辨하여 爲質而得其中也라.

한자 輅 큰 수레 로, 渾 흐릴 혼·둥글 혼·클 혼

은나라의 수레를 타며,

○은나라 수레는 나무 수레였다. '노(輅)'라는 것은 큰 수레의 이름이다. 옛날에는 나무로 수레를 만들었을 뿐이었는데 은나라에 이르러 노(輅)라는 이름이 있게 되었으니, 처음으로 그 제도를 달리한 것이다. 주나라 사람들은 금과 옥으로 장식하였으니 지나치게 사치스럽고 쉽게 부서져, 은나라의 수레가 소박하고 매우 견고하면서도 등급에 따른 위의(威儀)가 이미 구분되어 질박하면서도 그 중용을 얻은 것만 못하였다.

15-10-4 ◉服周之冕하고,

---

26) 지정(地正) : 땅을 기준으로 한 정월이다.
27) 천정(天正) : 하늘을 기준으로 한 정월이다.
28) 하소정(夏小正) : ≪대대례기(大戴禮記)≫의 편명으로, 월령체류이다.
29) 상(商) : 은(殷) 17대 왕인 반경(盤庚)이 은(殷)으로 천도하기 전의 나라 이름이다.

●周冕有五하니 祭服之冠也라. 冠上有覆하고 前後有旒하니 黃帝以來로 蓋已有之로되 而制度儀等이 至周始備라. 然이나 其爲物이 小而加於衆體之上故로 雖華而不爲靡하고 雖費而不及奢라. 夫子取之는 蓋亦以爲文而得其中也라.

한자 冕 면류관 면, 旒 깃발 류·**면류관 끈 류**, 靡 쓰러질 미·세밀할 미·**낭비할 미**

주나라의 면류관을 착용하고,

○주나라의 면류관은 다섯 가지가 있는데 제사 복식의 관이다. 관 위에 덮개가 있고 앞뒤에 술이 있는데, 황제 이래로 이미 있었으나 제도와 위의의 등급은 주나라에 이르러 비로소 갖추어졌다. 그러나 그 물건 됨됨이가 작으면서 몸체 각 부분의 위에 놓이기 때문에, 비록 화려하더라도 낭비가 되지 않고 비록 비용이 들더라도 사치에 이르지 않았다. 공자가 이것을 취한 것은, 역시 문채가 나면서 그 중용을 얻었기 때문이다.

15-10-5 ◉樂則韶舞[30)]요,

●取其盡善盡美[31)]라.

한자 韶 **순임금 음악 소**·아름다울 소

음악은 소무(韶舞)이고,

○그것이 지극히 선하고 지극히 아름다움을 취한 것이다.

---

30) 소무(韶舞) : 순(舜)임금의 음악과 무용을 가리킨다.

31) ≪논어(論語)·팔일(八佾)≫, "공자가 소(韶)에 대해, '지극히 아름답고, 지극히 선하다.' 라고 하였다.(子謂韶, 盡美矣, 又盡善也.)"

15-10-6 ◉放鄭聲하며 遠佞人이니 鄭聲은 淫하고 佞人은 殆니라.

●放은 謂禁絶之라. 鄭聲은 鄭國之音이요 佞人은 卑諂辯給之人이라. 殆는 危也라.

●程子曰이라. 問政이 多矣로되 惟顔淵告之以此라. 蓋三代之制가 皆因時損益이나 及其久也에는 不能無弊라. 周衰에 聖人不作故로 孔子斟酌先王之禮하여 立萬世常行之道에 發此以爲之兆耳라. 由是求之면 則餘皆可考也라.

●張子曰이라. 禮樂은 治之法也라. 放鄭聲하고 遠佞人은 法外意也나 一日不謹이면 則法壞矣라. 虞夏君臣이 更相戒飭은 意蓋如此라.

●又曰이라. 法立而能守면 則德可久하고 業可大라.[32] 鄭聲佞人은 能使人喪其所守故로 放遠之하니라.

●尹氏曰이라. 此所謂百王不易之大法이니 孔子之作春秋가 蓋此意也라. 孔顔이 雖不得行之於時나 然其爲治之法은 可得而見矣니라.

한자 佞 **말재주 있을 녕**·아첨할 녕, 弊 엎어질 폐·해질 폐·**폐단 폐**, 斟 술 따를 짐·**짐작할 짐**, 兆 점 조·조짐 조·**개시할 조**, 飭 신칙할 칙

정나라 음악을 내치고 말재주 있는 사람을 멀리할 것이니, 정나라 음악은 음란하고 말 잘하는 사람은 위태롭다."

○'방(放)'은 금하여 끊는 것을 이른다. '정성(鄭聲)'은 정나라의 음악이고, '영인(佞人)'은 비굴하게 아첨하며 말을 잘하는 사람이다. '태(殆)'는 '위태롭다'이다.

○정자가 말하였다. "정치에 대하여 물은 것이 많으나 오직 안연에게만 이것으로 말씀해 주었다. 세 왕조의 제도가 모두 때에 따라 가감하였지만

---

32) ≪주역(周易)·계사전상(繫辭傳上)≫, "건(乾)은 평이함으로 주관하고, 곤(坤)은 간략함으로 해낼 수 있다. 평이하면 알기 쉽고, 간략하면 따르기 쉬우며, 알기 쉬우면 친함이 있고, 따르기 쉬우면 공이 있다. 친함이 있으면 오래 갈 수 있고, 공이 있으면 크게 할 수 있으며, 오래 갈 수 있으면 현인의 덕이고, 크게 할 수 있으면 현인의 업적이다.(乾以易知, 坤以簡能. 易則易知, 簡則易從, 易知則有親, 易從則有功. **有親則可久, 有功則可大**, 可久則賢人之德, 可大則賢人之業.)"

그것이 오래되면서 폐단이 없을 수 없었다. 주나라가 쇠퇴하면서 성인이 나오지 않자 공자가 선왕의 예를 참작하여 만세에 항상 시행할 수 있는 도를 세웠는데 이것을 말씀하여 그 발단으로 삼았을 뿐이다. 여기에서 말미암아 찾는다면 나머지도 모두 고찰할 수 있다."

○장자[장재(張載)]가 말하였다. "예악은 다스림의 법도이다. 정나라 음악을 내치고 말 잘하는 사람을 멀리하는 것은 법도 밖의 뜻이지만, 하루라도 삼가지 않으면 법도가 무너진다. 순임금 때와 하나라의 군주와 신하들이 번갈아 서로 경계하고 신칙한 것은 뜻이 대개 이와 같았다."

○또 말하였다. "법도가 확립되어 지킬 수 있으면 덕이 오래갈 수 있고 업적이 커질 수 있다. 정나라 음악과 말 잘하는 사람은 사람들로 하여금 그 지킬 바를 잃게 할 수 있기 때문에 내치고 멀리하는 것이다."

○윤씨[윤돈(尹焞)]가 말하였다. "이것이 이른바 '백대의 왕들이 바꾸지 않을 대법(大法)'이라는 것이니, 공자가 ≪춘추≫를 지은 것이 이 뜻이었다. 공자와 안자가 비록 당시에 이것을 시행하지 못하였으나 그 다스림을 이루는 방법은 알 수 있다."

위영공15 제11장

15-11 ◉子曰이라. 人無遠慮면 必有近憂니라.[33]

●蘇氏曰이라. 人之所履者가 容足之外는 皆爲無用之地나 而不可廢也[34]라.

---

33) 미리 대비하지 않으면 바로 문제가 생길 수 있다는 뜻으로, ≪주역(周易)·기제(旣濟)≫의 상사(象辭)에, "군자가 보고서 환난을 생각하여 미리 방비한다.(君子以, 思患而豫防之.)"라고 하였다. 예를 들자면, '교육은 백년대계'라고 하는데, 백년의 대계가 없으면 바로 문제가 발생하는 것이 그런 것이다.

34) 소식(蘇軾)의 설명은 ≪장자(莊子)·외물(外物)≫에서, "쓸모가 없는 것을 알아야 비로소 쓸모를 말할 수 있다. 천지가 넓고 크지 않은 것은 아니지만 사람이 필요로 하는 것은 발을 디디는 곳일 뿐이다. 그렇다면 발 옆으로 파내어 황천에까지 이르게 한다면 사람들은 그래도 (발을 디디는 곳만이) 쓸모가 있겠는가.(知無用, 而始可與言用矣. 天地非不廣且大也, 人之所用, 容足耳. 然則厠足而墊之, 致黃泉, 人尙有用乎.)"라고 한 것을 인용한 것으로, 지금 당장의 일에만 생각을 기울이지 말 것을 충고한 말이다. 소식은 장자

故로 慮不在千里之外면 則患在几席之下矣니라.

공자가 말씀하였다. "사람이 멀리 염려함이 없으면 반드시 가까운 근심이 생긴다."

○소씨[소식(蘇軾)]가 말하였다. "사람이 밟는 것이 발을 디디는 곳 이외에는 모두 쓸모없는 땅이지만 버릴 수 없다. 그러므로 염려가 천리 밖에 있지 않으면, 화가 안석 아래에 있게 된다."

위영공15 제12장

15-12 ◉子曰이라. 已矣乎라. 吾未見好德을 如好色者也[35]케라.

●已矣乎는 歎其終不得而見之也라.

공자가 말씀하였다. "끝났구나. 나는 덕을 좋아하기를 여색을 좋아하듯이 하는 자를 보지 못하였다."

○'이의호(已矣乎)'는 공자가 끝내 그런 사람을 볼 수 없음을 탄식한 것이다.

위영공15 제13장

15-13 ◉子曰이라. 臧文仲은 其竊位者與인저. 知柳下惠[36]之賢而不

가 제시한 공간적인 비유를 시간적인 내용으로 끌어다 썼다고 하겠다.

35) ≪논어(論語)·자한(子罕)≫, "공자가 말씀하였다. '나는 덕을 좋아하기를 여색을 좋아하듯이 하는 자를 보지 못하였다.'(子曰. 吾未見好德, 如好色者也.)"

36) 유하혜(柳下惠) : 춘추시대 노(魯)나라의 대부로 성명은 전획(展獲)이고 자가 계(季)이다. 유하(柳下)를 식읍으로 받아 유하계(柳下季)라고 불렸다. 죽은 후에 혜(惠)를 시호

與立也로다.37)

◉竊位는 言不稱其位而有愧於心이 如盜得而陰據之也라. 柳下惠는 魯大夫展獲이니 字가 禽이라. 食邑柳下하고 諡曰惠라. 與立은 謂與之並立於朝라.

◉范氏曰이라. 臧文仲이 爲政於魯에 若不知賢이면 是不明也요 知而不擧면 是蔽賢也라. 不明之罪는 小하고 蔽賢之罪는 大故로 孔子以爲不仁38)하고 又以爲竊位하니라.

공자가 말씀하였다. "장문중은 아마도 지위를 도적질한 자이리라. 유하혜의 훌륭함을 알고도 함께 조정에 서지 않았으니."

○'절위(竊位)'는 자신의 지위에 맞게 하지 못하여 마음에 부끄러움이 있는 것이, 마치 도둑질하여 얻고 몰래 차지한 것과 같다는 말씀이다. 유하혜는 노나라 대부 전획으로 자가 금(禽)이다. 유하(柳下)를 식읍으로 받았고 시호를 혜(惠)라 하였다. '여립(與立)'은 그와 조정에 함께 서는 것을 이른다.

○범씨[범조우(范祖禹)]가 말하였다. "장문중이 노나라에서 정치를 하면서 만약 훌륭한 사람을 알아보지 못했다면 이는 명철하지 못한 것이고, 알고도 추천하지 않았다면 이것은 훌륭한 사람을 가린 것이다. 명철하지 못한 죄는 작고 훌륭한 사람을 가린 죄는 크기 때문에, 공자가 인하지 않다 하였고 또 지위를 도적질하였다고 하였다."

로 받아 유하혜(柳下惠)라고도 한다.

37) 장문중과 반대의 경우가 공숙문자(公叔文子)의 예이다.[≪논어(論語)·헌문(憲問)≫, "공숙문자의 가신인 대부 선이 공숙문자와 함께 조정에 오르자, 공자가 듣고 말씀하였다. '(시호를) 문이라고 할 만하다.'(公叔文子之臣大夫僎, 與文子, 同升諸公, 子聞之曰. 可以爲文矣.)"]

38) ≪춘추좌전(春秋左傳)·문공(文公)·2년≫, "공자가 말씀하였다. '장문중은 그 인하지 못한 것이 세 가지이고 지혜롭지 못한 것이 세 가지이다. 전금을 낮추고 여섯 관문을 없앴으며 여자들에게 자리를 짜게 한 것이 세 가지 인하지 못한 것이다. 헛된 그릇을 만들고 순리에 어긋나는 제사를 지냈으며 원거에게 제사 지낸 것이 세 가지 지혜롭지 못한 것이다.'(仲尼曰. 臧文仲, 其不仁者三, 不知者三. 下展禽, 廢六關, 妾織蒲, 三不仁也. 作虛器, 縱逆祀, 祀爰居, 三不知也.)"

※ 위영공15　第14장

15-14 ◉子曰이라. 躬自[39]厚而薄責於人이면 則遠怨矣니라.

●責己厚故로 身益修하고 責人薄故로 人易從이라. 所以人不得而怨之라.

공자가 말씀하였다. "자신을 (책망하기를) 많이 하고, 남을 책망하기를 적게 하면 원망을 멀리하게 된다."

○자기를 책망함이 많으므로 자신이 더욱 닦아지고, 남을 책망함이 적으므로 남들이 쉽게 따른다. 그래서 사람들이 그를 원망할 수 없다.

※ 위영공15　第15장

15-15 ◉子曰이라. 不曰如之何如之何者는 吾末如之何也已矣니라.

●如之何如之何者는 熟思而審處之辭也라. 不如是而妄行이면 雖聖人이라도 亦無如之何矣라.

공자가 말씀하였다. "'어떻게 하나, 어떻게 하나'라고 말하지 않는 자는 나도 그를 어떻게 할 수 없을 뿐이다."

○'여지하여지하(如之何如之何)'라는 것은 깊이 생각하고 신중히 처리한다는 말이다. 이와 같이 하지 않고 함부로 행동한다면, 비록 성인이라도 또한 그를 어떻게 할 수 없다.

---

39) 궁자(躬自) : 자신, 몸소.

⊠ 위영공15 第16장

15-16 ◉子曰이라. 群居終日에 言不及義요 好行小慧면 難矣哉라.

●小慧는 私智也라. 言不及義면 則放辟邪侈40)之心이 滋하고 好行小慧면 則行險僥倖41)之機가 熟이라. 難矣哉者는 言其無以入德而將有患害也라.

한자 辟 임금 벽·**기울 벽**, 滋 불을 자, 僥 바랄 요, 倖 요행 행

공자가 말씀하였다. "무리지어 머물면서 종일토록 말이 의리에 미치지 않고 잔꾀 부리기를 좋아하면 (덕의 경지에 들어가기가) 어렵다."

○'소혜(小慧)'는 사적인 지혜이다. 말이 의리에 미치지 않으면 방탕하고 편벽되며 간사하고 지나친 마음이 불어나고, 잔꾀 부리기를 좋아하면 위험한 짓을 하고 요행을 바라는 조짐이 성숙한다. '난의재(難矣哉)'라는 것은 그가 덕의 경지에 들어갈 수가 없어 장차 근심과 재난이 있을 것이라는 말이다.

⊠ 위영공15 第17장

15-17 ◉子曰이라. 君子는 義以爲質42)이요 禮以行之하며 孫以出之43)하며 信以成之44)하나니 君子哉라.

---

40) 방벽사치(放辟邪侈) : ≪맹자(孟子)·양혜왕상(梁惠王上)≫, "만일 한결같은 마음이 없다면, 방탕하고 편벽되며 간사하고 지나친 짓을 하지 않는 것이 없다.(苟無恒心, **放辟邪侈**, 無不爲已.)"

41) 행험요행(行險僥倖) : ≪중용(中庸)·제14장≫, "군자는 평이함에 머물면서 천명을 기다리고, 소인은 위험한 것을 행하고 요행을 바란다.(君子居易以俟命, 小人**行險以徼幸**.)"

42) 행하는 일의 기준을 옳은지 아닌지에 두는 것이다.

●義者는 制事之本故로 以爲質幹이요 而行之必有節文하며 出之必以退遜하며 成之必在誠實이니 乃君子之道也라.

●程子曰이라. 義以爲質하여 如質幹然하고 禮行此하며 孫出此하고 信成此라. 此四句는 只是一事니 以義爲本이라.

●又曰이라. 敬以直內면 則義以方外45)라. 義以爲質이면 則禮以行之하고 孫以出之하고 信以成之니라.

공자가 말씀하였다. "군자는 의[옳은 일]로 본질을 삼고 예로 그것[옳은 일]을 행하며, 겸손으로 그것을 드러내고 성실로 그것을 이루니 군자답다."

○'의(義)'라는 것은 일을 처리하는 근본이므로 줄기로 삼고, 그것을 행함에는 반드시 조절과 수식이 있어야 하며, 그것을 드러낼 때에는 반드시 겸손으로 해야 하고 그것을 이룸은 반드시 성실에 달려있으니 바로 군자의 도이다.

○정자가 말하였다. "의로 본질을 삼아 줄기처럼 하고 예로 이것을 행하며, 겸손으로 이것을 드러내고 성실로 이것을 이룬다. 이 네 구절은 단지 한 가지 일이니 의로 근본을 삼는다."

○또 말하였다. "공경으로 안을 곧게 하였으면 의로 밖을 바르게 한다. 의로 본질을 삼았으면 예로 그것을 행하고, 겸손으로 그것을 드러내며 성실로 그것을 이룬다."

---

43) 예를 통해 조절과 조화가 이루어지니 겸손으로 남에게 드러낼 수 있다.

44) 성취는 처음부터 끝까지 한결같은 성실에서 가능하다.

45) ≪주역(周易)·곤괘(坤卦)·문언전(文言傳)≫, "군자는 공경으로 안을 곧게 하고, 의로 밖을 바르게 한다. 공경과 의가 수립되니 덕이 외롭지 않다.(君子, 敬以直內, 義以方外. 敬義立而德不孤.)"

위영공15 제18장

15-18 ◉子曰이라. 君子는 病無能焉이요 不病人之不己知也니라.

공자가 말씀하였다. "군자는 능력이 없는 것을 근심하고, 남이 자신을 알아주지 않는 것을 근심하지 않는다."

위영공15 제19장

15-19 ◉子曰이라. 君子는 疾沒世而名不稱焉46)이니라.

●范氏曰이라. 君子는 學以爲己하고 不求人知47)라. 然이나 沒世而名不稱焉이면 則無爲善之實을 可知矣라.

공자가 말씀하였다. "군자는 세상을 마치면서 이름이 칭송되지 않는 것을 싫어한다."

○범씨[범조우(范祖禹)]가 말하였다. "군자는 배움으로써 자기 수양을 위하고 남이 알아주기를 구하지 않는다. 그러나 세상을 마치면서 이름이 칭송되지 않는다면 선을 행한 실상이 없음을 알 수 있다."

---

46) ≪논어(論語)·자한(子罕)≫, "40·50이 되어도 알려짐이 없다면, 이 또한 두려워할 만하지 않다.(四十五十而無聞焉, 斯亦不足畏也已.)" ; ≪논어·헌문(憲問)≫, "어려서는 공손하지 않았고, 장성해서는 칭찬할 것이 없으며, 늙어서는 죽지도 않는 것이 바로 (남을) 해치는 자이다.(幼而不孫弟, 長而無述焉, 老而不死, 是爲賊.)"

47) ≪논어·헌문≫, "공자가 말씀하였다. '옛날의 배우는 자들은 자기 수양을 위해 공부했는데, 오늘날의 배우는 자들은 남이 알아주기를 위해 공부한다.'(子曰. 古之學者爲己, 今之學者爲人.)"

※ 위영공15 제20장

15-20 ◉子曰이라. 君子는 求諸己요 小人은 求諸人이니라.

●謝氏曰이라. 君子는 無不反求諸己요 小人은 反是라. 此君子小人所以分也니라.

●楊氏曰이라. 君子는 雖不病人之不己知나 然이나 亦疾沒世而名不稱也라. 雖疾沒世而名不稱이나 然이나 所以求者는 亦反諸己而已라. 小人은 求諸人故로 違道干譽48)하여 無所不至니라. 三者는 文不相蒙이나 而意實相足하니 亦記言者之意니라.

한 자 干 방패 간·**구할 간**·범할 간·마를 간(乾과 통용), 蒙 입을 몽·**이어받을 몽**·소나무겨우살이 몽

공자가 말씀하였다. "군자는 자신에게서 구하고, 소인은 남에게서 구한다."

○사씨[사양좌(謝良佐)]가 말하였다. "군자는 자신에게 돌이켜 구하지 않는 것이 없고, 소인은 이와 반대로 한다. 이것이 군자와 소인이 나누어지는 이유이다."

○양씨[양시(楊時)]가 말하였다. "군자는 비록 남이 자신을 알아주지 않는 것을 근심하지 않지만, 또한 세상을 마치면서 이름이 칭송되지 않는 것을 싫어한다. 비록 세상을 마치면서 이름이 칭송되지 않는 것을 싫어하지만, 구하는 방법은 또한 자신에게 돌이키는 것일 뿐이다. 소인은 남에게서 구하기 때문에, 도를 어기고 명예를 구하면서 이르지 않는 곳이 없다. 세 가지가 글은 서로 이어지지 않았으나 뜻은 실로 서로를 보충해주니, 또한

---

48) ≪서경(書經)·우서(虞書)·대우모(大禹謨)≫, "도를 어기면서 백성들의 칭찬을 구하지 마시고, 백성들을 거스르면서 자신의 욕심을 따르지 마소서.(罔違道以干百姓之譽, 罔咈百姓以從己之欲.)"

말씀을 기록한 자의 뜻이다.”

※ 위영공15 제21장

15-21 ◉子曰이라. 君子는 矜而不爭[49]하고 群而不黨[50]이니라.

●莊以持己曰矜이라. 然이나 無乖戾之心故로 不爭이라. 和以處衆曰群이라. 然이나 無阿比之意故로 不黨이라.

한자 矜 **엄숙할 긍**·자랑할 긍·불쌍히 여길 긍, 乖 어그러질 괴, 戾 어그러질 려, 比 견줄 비·따를 비·친할 비·아첨할 비·**무리 비**

공자가 말씀하였다. “군자는 엄숙하지만 다투지 않고, 어울리지만 무리 짓지 않는다.”

○장중함으로 자신을 유지하는 것을 ‘긍(矜)’이라고 한다. 그러나 어긋나고 틀어지는 마음이 없기 때문에 다투지 않는다. 화합으로 여러 사람과 지내는 것을 ‘군(群)’이라고 한다. 그러나 편들고 결탁하는 뜻이 없기 때문에 무리 짓지 않는다.

※ 위영공15 제22장

15-22 ◉子曰이라. 君子는 不以言擧人하며 不以人廢言이니라.[51]

---

49) ≪논어(論語)·양화(陽貨)≫, “옛날의 엄숙한 자는 반듯하였는데, 지금의 엄숙한 자는 사납다.(古之矜也廉, 今之矜也忿戾.)”

50) ≪논어·양화≫, “시는 (뜻을) 일으킬 수 있고 (시속을) 살필 수 있으며, 어울릴 수 있고 원망[풍자]할 수 있다.(詩可以興, 可以觀, **可以群**, 可以怨.)”고 하였듯이 ‘어울릴 수 있는(可以群)’ 경지이다.

공자가 말씀하였다. "군자는 말 때문에 사람을 등용하지 않고, 사람 때문에 말을 버리지 않는다."

위영공15 제23장

15-23 ◉子貢이 問曰有一言而可以終身行之者乎잇가? 子曰이라. 其恕乎인저. 己所不欲을 勿施於人이니라.52)

●推己及物은 其施不窮이라. 故로 可以終身行之니라.

●尹氏曰이라. 學은 貴於知要하니 子貢之問은 可謂知要矣라. 孔子가 告以求仁之方也하니 推而極之면 雖聖人之無我53)라도 不出乎此라. 終身行之가 不亦宜乎아.

자공이 "한마디 말로써 평생 실천할 만한 것이 있습니까?"라고 묻자 공자가 말씀하였다. "아마도 '서(恕)'일 것이다. 자기가 원하지 않는 것을 남에게 가하지 말 것이다."

○자신의 마음을 확충하여 상대에게 미치는 것은 그 베풂이 끝이 없다. 그러므로 평생 실천할 만하다.

○윤씨[윤돈(尹焞)]가 말하였다. "학문은 요점을 아는 것을 귀하게 여기는데, 자공의 질문은 요점을 알았다고 할 만하다. 공자가 인을 구하는 방법으로 말씀해 주었으니, 이것을 미루어 지극하게 한다면 비록 성인으로 사욕이 없는 경지라도 여기에서 벗어나지 않는다. 평생 실천하는 것이 마땅

---

51) ≪논어(論語)·공야장(公冶長)≫, "이제 나는 사람에 대하여 그의 말을 듣고 그의 행동을 살핀다.(今吾於人也, 聽其言而觀其行.)"

52) ≪맹자(孟子)·진심상(盡心上)≫, "서(恕)를 힘써서 행하면 인을 구하는 것이 이보다 가까운 것이 없다.(强恕而行, 求仁莫近焉.)"

53) ≪논어·자한(子罕)≫, "공자는 네 가지가 전혀 없었으니 사사로운 뜻이 없었고, 기필함이 없었으며, 고집함이 없었고, 사욕이 없었다.(子絶四, 毋意, 毋必, 毋固, 毋我.)"

하지 않겠는가.”

※ 위영공15 제24장

15-24-1 ◉子曰이라. 吾之於人也에 誰毁誰譽리오. 如有所譽者면 其有所試矣니라.

●毁者는 稱人之惡而損其眞이요 譽者는 揚人之善而過其實이라. 夫子無是也나 然或有所譽者면 則必嘗有以試之하여 而知其將然矣라. 聖人이 善善之速이나 而無所苟가 如此요 若其惡惡은 則已緩矣[54]라. 是以로 雖有以前知其惡이라도 而終無所毁也니라.

한 자 緩 헐거울 완·느릴 완·늦출 완

공자가 말씀하였다. “내가 남들에 대하여 누구를 헐뜯고 누구를 과찬하겠는가. 만일 과찬하는 경우가 있다면 그것은 시험한 바가 있었기 때문이다.

○‘훼(毁)’라는 것은 남의 나쁜 점을 일컬으면서 그 참됨을 덜어내는 것이고, ‘예(譽)’라는 것은 남의 좋은 점을 드러내면서 그 실상을 넘어서는 것이다. 공자는 이런 일이 없었지만, 혹 과찬하는 경우가 있다면 반드시 일찍이 그를 시험한 것이 있어서 그가 장차 그럴 것임을 안 것이다. 공자는 선을 칭찬함이 빨랐지만 구차한 바가 없음이 이와 같았고, 악을 미워하는 경우는 매우 늦춰서 하였다. 이 때문에 비록 미리 그의 악을 알게 되더라도 끝내 그를 헐뜯는 경우가 없었다.

54) ≪춘추공양전(春秋公羊傳)·소공(昭公)·20년≫, “군자가 선을 칭찬하는 것은 널리 하고 악을 미워하는 것은 좁게 하며, 악을 미워하는 것은 그 본인에 국한시켰고 선을 칭찬하는 것은 자손에게까지 미쳤다.(君子之善善也長, 惡惡也短, 惡惡止其身, 善善及子孫.)”

15-24-2 ◉斯民也는 三代之所以直道而行也니라.

◉斯民者는 今此之人也라. 三代는 夏商周也라. 直道는 無私曲也라. 言吾之所以無所毁譽者는 蓋以此民이 卽三代之時하여 所以善其善하고 惡其惡하여而無所私曲之民故로 我今亦不得而枉其是非之實也니라.

◉尹氏曰이라. 孔子之於人也에 豈有意於毁譽之哉시리오. 其所以譽之者는 蓋試而知其美故也라. 斯民也는 三代所以直道而行이니 豈得容私於其間哉리오.

이 백성들은 세 왕조에 걸쳐 곧은 도를 가지고 행동한 이들이다."

○'사민(斯民)'이라는 것은 지금의 이 사람들이다. '삼대(三代)'는 하·상·주이다. '직도(直道)'는 사사로움과 굽음이 없는 것이다. 내가 헐뜯거나 과찬하는 바가 없는 이유는 이 백성들이 삼대의 시기에 걸쳐 그 선을 권장하고 그 악을 미워하여 사사롭고 굽은 것이 없는 백성들이기 때문에, 내가 지금 또한 그들의 옳고 그른 실상을 왜곡할 수 없다는 말씀이다.

○윤씨[윤돈(尹焞)]가 말하였다. "공자가 사람들에 대하여 어찌 헐뜯거나 과찬하는 데에 뜻을 두셨겠는가. 그가 과찬한 것은 시험해서 그의 아름다움을 알았기 때문이다. 이 백성들은 삼대에 곧은 도를 가지고 행동한 이들이니 어찌 그 사이에 사사로움을 용납할 수 있겠는가."

위영공15 제25장

15-25 ◉子曰이라. 吾猶及史之闕文也와 有馬者가 借人乘之러니 今亡矣夫인저.

◉楊氏曰이라. 史闕文과 馬借人의 此二事는 孔子가 猶及見之러니 今亡矣夫는 悼時之益偸也라.

◉愚謂컨대 此必有爲而言이니 蓋雖細故나 而時變之大者를 可知矣라.

◉胡氏曰이라. 此章은 義疑하니 不可强解라.

한자 闕 궁문(宮門) 궐·궁궐 궐·**빨 궐**, 悼 슬퍼할 도, 偸 훔칠 투

공자가 말씀하였다. "나는 그래도 사관(史官)이 글을 빼놓는 것과, 말을 가진 자가 남에게 빌려주어 타게 하는 것을 보았는데 지금은 없어졌구나."

○양씨[양시(楊時)]가 말하였다. "사관이 글을 빼놓는 것과, 말을 남에게 빌려주는 이 두 가지 일은 공자가 그래도 미처 보았는데 지금은 없어졌다는 것은, 시대가 더욱 야박해졌음을 안타까워한 것이다."

○내가 생각하건대, 이것은 반드시 이유가 있어서 한 말씀일 것이니 비록 작은 일이지만 시대의 변화라는 큰 것을 알 수 있다.

○호씨[호인(胡寅)]가 말하였다. "이 장은 뜻이 의심스러우니 억지로 해석하면 안 된다."

위영공15 제26장

15-26 ◉子曰이라. 巧言은 亂德이요 小不忍則亂大謀니라.

◉巧言은 變亂是非하니 聽之면 使人喪其所守라. 小不忍은 如婦人之仁과 匹夫之勇55)이 皆是라.

공자가 말씀하였다. "잘 꾸미는 말은 덕을 어지럽히고, 작은 것을 참지 못하면 큰 계획을 어지럽힌다."

---

55) ≪맹자(孟子)·양혜왕하(梁惠王下)≫, "칼을 잡고 노려보면서 말하기를, '그대가 어찌 감히 나를 당하리오.'라고 한다면, 이것은 필부의 용기로 한 사람을 상대하는 것입니다. (夫撫劍疾視曰, 彼惡敢當我哉. 此匹夫之勇, 敵一人者也.)"

○좋게 꾸미는 말은 옳고 그름을 바꾸고 어지럽히니, 그것을 들으면 사람으로 하여금 자신이 지킬 바를 잃게 한다. 작은 것을 참지 못함은, 아녀자의 인애와 필부의 용기 같은 것이 모두 그것이다.

위영공15 제27장

15-27 ◉子曰이라. 衆惡之라도 必察焉하며 衆好之라도 必察焉이니라.

●楊氏曰이라. 惟仁者라야 能好惡人이라.[56] 衆好惡之而不察이면 則或蔽於私矣라.

공자가 말씀하였다. "많은 사람들이 그를 미워하더라도 반드시 살펴야 하고, 많은 사람들이 그를 좋아하더라도 반드시 살펴야 한다."

○양씨[양시(楊時)]가 말하였다. "오직 인한 자만이 사람을 제대로 좋아하고 미워할 수 있다. 많은 사람들이 좋아하거나 미워하는데 살피지 않는다면 간혹 사사로움에 가리게 된다."

위영공15 제28장

15-28 ◉子曰이라. 人能弘道요 非道弘人이니라.

●弘은 廓而大之也라. 人外無道하고 道外無人이라. 然이나 人心有覺하고 而道體無爲故로 人能大其道요 道不能大其人也니라.

●張子曰이라. 心能盡性[57]이니 人能弘道也요 性不知檢其心이니 非道弘人也라.

---

56) ≪논어(論語)·이인(里仁)≫, "공자가 말씀하였다. '오직 인한 자만이 사람을 제대로 좋아할 수 있고, 사람을 제대로 미워할 수 있다.'(子曰. 惟仁者, 能好人, 能惡人.)"

한자 廓 넓을 확·클 확, 외성 곽, 檢 봉함할 검·검사할 검·제한할 검

공자가 말씀하였다. "사람이 도를 넓힐 수 있지, 도가 사람을 넓히는 것이 아니다."

○'홍(弘)'은 넓혀서 크게 하는 것이다. 사람의 밖에 도가 없고, 도의 밖에 사람이 없다. 그러나 사람의 마음은 지각이 있고 도의 본체는 행위가 없기 때문에, 사람이 그 도를 크게 할 수 있지 도가 사람을 크게 할 수는 없다.
○장자[장재(張載)]가 말하였다. "마음은 본성을 극진하게 할 수 있으니[58] 사람이 도를 넓힐 수 있고, 본성은 마음을 단속할 줄을 모르니 도가 사람을 넓히는 것이 아니다."

⊠ 위영공15 제29장

15-29 ◉子曰이라. 過而不改를 是謂過矣니라.

●過而能改면 則復於無過라. 唯不改면 則其過遂成하여 而將不及改矣라.

공자가 말씀하였다. "잘못하고도 고치지 않는 것, 이것을 잘못이라고 한다."

○잘못하고서 고칠 수 있다면 잘못이 없는 데로 돌아간다. 다만 고치지 않으면 그 잘못이 마침내 완성되어 장차 고치는 데에 이르지 못할 것이다.

---

57) ≪중용(中庸)·제22장≫, "오직 천하에서 지극히 참된 분이라야 능히 그 본성을 극진하게 할 수 있다.(惟天下至誠, 爲能盡其性.)"
58) 세주에서 잠실 진씨[蠶室陳氏, 진식(陳埴)]는, "본성은 도를 가리키고, 마음은 사람을 가리킨다.(性指道, 心指人.)"라고 설명하였다.

위영공15 제30장

15-30 ◉子曰이라. 吾嘗終日不食하고 終夜不寢하여 以思하니 無益이라 不如學也로라.

●此는 爲思而不學59)者言之라. 蓋勞心以必求가 不如遜志60)而自得也라.
●李氏曰이라. 夫子는 非思而不學者요 特垂語以教人爾라.

공자가 말씀하였다. "내가 일찍이 종일토록 먹지 않고 밤새도록 자지 않으면서 생각하였는데 유익함이 없었으니, 배우는 것만 못하였다."

○이것은 생각하기만 하고 배우지 않는 자를 위하여 말씀한 것이다. 마음을 수고롭게 하여 반드시 구하려고 하는 것이, 뜻을 겸손하게 하여 스스로 터득하는 것만 못하다.
○이씨[이욱(李郁)]가 말하였다. "공자는 생각하기만 하고 배우지 않은 이가 아니고, 다만 말씀을 남겨서 사람들을 가르쳤을 뿐이다."

위영공15 제31장

15-31 ◉子曰이라. 君子는 謀道요 不謀食하나니 耕也에 餒在其中矣요 學也에 祿在其中矣라. 君子는 憂道요 不憂貧이니라.

●耕은 所以謀食이나 而未必得食이요 學은 所以謀道나 而祿在其中이라. 然

59) ≪논어(論語)·위정(爲政)≫, "배우면서 생각하지 않으면 (터득함이) 없고, 생각하면서 배우지 않으면 위태롭다.(學而不思則罔, 思而不學則殆.)"
60) ≪서경(書經)·상서(商書)·열명하(說命下)≫, "배움은 뜻을 겸손하게 해야 하니, 힘써서 항시 민첩하게 하면 그 닦아짐이 마침내 이를 것입니다.(惟學遜志, 務時敏, 厥修乃來.)"

이나 其學也는 憂不得乎道而已요 非爲憂貧之故하여 而欲爲是以得祿也니라.
●尹氏曰이라. 君子는 治其本而不卹其末이니 豈以自外至者로 爲憂樂哉리오.

한자 餒 주릴 뇌, 卹 **근심할 휼**(恤과 통용)·진휼할 휼

공자가 말씀하였다. "군자는 도를 도모하지 먹을 것을 도모하지 않으니, 농사짓는 데에도 굶주림이 그 가운데에 있고 배우는 데에도 녹이 그 가운데에 있다. 군자는 도를 걱정하지 가난을 걱정하지 않는다."

○농사짓는 것은 먹을 것을 도모하는 것이지만 반드시 먹을 것을 얻는 것은 아니고, 배우는 것은 도를 도모하는 것이지만 녹이 그 가운데 있다. 그러나 그 배움은 도를 얻지 못함을 걱정할 뿐이지, 가난을 걱정하는 이유 때문에 그것을 하여 녹봉을 얻으려는 것이 아니다.
○윤씨[윤돈(尹焞)]가 말하였다. "군자는 근본을 다스리고 그 말단을 근심하지 않으니, 어찌 밖에서 이르는 것으로 근심이나 즐거움을 삼겠는가."

위영공15 제32장

15-32-1 ◉子曰이라. 知及之라도 仁不能守之면 雖得之나 必失之니라.

●知足以知此理나 而私欲間之면 則無以有之於身矣라.

공자가 말씀하였다. "지식이 거기에 미치더라도 인이 그것을 지킬 수 없으면, 비록 얻더라도 반드시 잃는다.

○지식이 족히 이 이치를 알 수 있더라도 사욕이 거기에 끼어들면 자신에게 그것을 소유할 수 없게 된다.

15-32-2 ◉知及之하고 仁能守之라도 不莊以涖之면 則民不敬이니라.

●涖는 臨也니 謂臨民也라. 知此理而無私欲以間之면 則所知者가 在我而不失矣라. 然猶有不莊者는 蓋氣習之偏하여 或有厚於內而不嚴於外者라. 是以로 民不見其可畏而慢易之라. 下句放此라.

한자 涖 이를 리·**임할 리**, 慢 게으를 만·**소홀히 할 만**

지식이 거기에 미치고 인이 그것을 지킬 수 있더라도, 증후함으로 대하지 않으면, 백성들이 공경하지 않는다.

○'이(涖)'는 '대하다'이니 백성들을 대하는 것을 이른다. 이 이치를 알고 사욕이 끼어듦이 없으면 아는 것이 자신에게 있어 잃지 않게 된다. 그러나 아직도 중후하지 않은 것이 있음은 기질과 습관이 치우쳐, 혹은 내면을 두터이 하였으나 외면을 엄숙하게 하지 못한 것이 있음이다. 이 때문에 백성들이 그의 두려워할 만함을 보지 못해서, 함부로 하고 쉽게 여기는 것이다. 아래 구절도 이와 같다.

15-32-3 ◉知及之하고 仁能守之하며 莊以涖之라도 動之不以禮면 未善也니라.

●動之는 動民也니 猶曰鼓舞而作興之云爾라. 禮는 謂義理之節文이라.

●愚謂컨대 學至於仁이면 則善有諸己[61]而大本이 立矣라. 涖之不莊하고 動之不以禮는 乃其氣稟學問之小疵나 然亦非盡善之道也라. 故로 夫子歷言之하여 使知德愈全則責愈備하니 不可以爲小節而忽之也라.

한자 稟 줄 품·**받을 품**, 疵 흠 자

61) ≪맹자(孟子)·진심하(盡心下)≫, "바람직한 것을 선(善)이라 하고, 그것을 자신에게 소유한 것을 신(信)이라 한다.(可欲之謂善, **有諸己**之謂信.)"

지식이 거기에 미치고 인이 그것을 지킬 수 있으며, 중후함으로 대하더라도, 그들을 움직이게 함에 예를 따르도록 하지 않으면, 최선이 아니다."

○'동지(動之)'는 '백성을 움직이게 하다'이니 그들을 고무하여 일으킨다는 말과 같다. 예는 의리가 조절되고 수식된 것을 이른다.

○내가 생각하건대, 배움이 인에 이르면 선이 자신에게 소유되어 큰 근본이 확립된다. 그들을 대함에 중후하지 않고 움직이게 함에 예를 따르도록 하지 않는 것은, 바로 그 기질과 학문의 작은 하자이지만 또한 최선의 도가 아니다. 그러므로 공자가 차례로 말씀하여 덕이 온전해질수록 요구가 더욱 구비되니, 작은 부분이라고 여겨 소홀히 해서는 안 됨을 알도록 한 것이다.

위영공15 제33장

15-33 ◉子曰이라. 君子는 不可小知而可大受也요 小人은 不可大受而可小知也니라.

●此는 言觀人之法이라. 知는 我知之也요 受는 彼所受也라. 蓋君子於細事에 未必可觀이나 而材德足以任重이요 小人은 雖器量[62]淺狹이나 而未必無一長可取니라.

한자 淺 얕을 천, 狹 좁을 협

공자가 말씀하였다. "군자는 작은 일에서는 알아볼 수 없으나 큰 일에서는 맡길 수 있고, 소인은 큰 일에서는 맡길 수 없으나 작은 일에서는

62) 세주에서 운봉 호씨[雲峰胡氏, 호병문(胡炳文)]는 기량(器量)을 설명하여, "재능이 이루어진 것이 그릇이고, 덕성이 가득해진 것이 국량이다.(材之所成爲器, 德之所充爲量.)"라고 설명하였다.

알아줄 수 있다."

○이것은 사람을 관찰하는 방법을 말씀한 것이다. '지(知)'는 내가 알아보는 것이고, '수(受)'는 그가 받는 것이다. 군자는 작은 일에서는 반드시 알아볼 수 있는 것은 아니지만 재능과 덕이 족히 중책을 맡길 만하고, 소인은 비록 그릇과 국량이 얕고 좁지만 반드시 취할 만한 장점이 하나도 없는 것은 아니다.

위영공15 제34장

15-34 ◉子曰이라. 民之於仁也는 甚於水火라. 水火는 吾見蹈而死者矣어니와 未見蹈仁而死者也로라.

●民之於水火는 所賴以生하니 不可一日無라. 其於仁也에도 亦然이라. 但水火는 外物이요 而仁은 在己하며 無水火면 不過害人之身이요 而不仁則失其心이라. 是는 仁有甚於水火하여 而尤不可一日無者也라. 況水火는 或有時而殺人이나 仁則未嘗殺人하니 亦何憚而不爲哉리오.
●李氏曰이라. 此는 夫子勉人爲仁之語시니 下章放此니라.

한자 蹈 밟을 도, 賴 힘입을 뢰, 憚 꺼릴 탄

공자가 말씀하였다. "사람들이 인에 대한 것은 물이나 불보다 요긴하다. 물이나 불은 밟다가 죽은 자를 내가 보았지만, 아직 인을 밟다가 죽은 자를 보지 못하였다."

○사람이 물이나 불에 대한 것은 (그것을) 의지하여 사니 하루라도 없어서는 안 된다. 그가 인에 대한 것도 역시 그러하다. 다만 물이나 불은 외적인 것이고 인은 자신에게 있으며, 물이나 불이 없으면 사람의 몸을 해치

는 데에 지나지 않지만 인하지 않으면 그 본심을 잃는다. 이것은 인이 물이나 불보다 요긴함이 있어서, 더욱이 하루라도 없어서는 안 되는 것이다. 하물며 물이나 불은 간혹 때에 따라 사람을 죽이기도 하지만, 인은 일찍이 사람을 죽인 적이 없으니 또한 무엇을 꺼려서 하지 않겠는가.

○이씨[이욱(李郁)]가 말하였다. "이것은 공자가 사람들에게 인을 하도록 권면한 말씀이니 아래 장도 이와 같다."

위영공15 제35장

15-35 ◉子曰이라. 當仁하여는 不讓於師니라.63)

●當仁은 以仁爲己任也라. 雖師나 亦無所遜은 言當勇往而必爲也라. 蓋仁者는 人所自有而自爲之라. 非有爭也니 何遜之有리오.

●程子曰이라. 爲仁在己하니 無所與遜이나 若善名은 在外니 則不可不遜이라.

공자가 말씀하였다. "인을 담당해서는 스승에게도 양보하지 않는다."

○'당인(當仁)'은 인을 자신의 책임으로 삼는 것이다. 비록 스승이라도 또한 양보하는 바가 없다는 것은, 마땅히 용감하게 가서 반드시 행해야 함을 말씀한 것이다. 인이라는 것은 사람이 스스로 소유하고 있어 스스로 행하는 것이다. 다툴 것이 있는 것이 아니니 무슨 양보함이 있겠는가.

○정자가 말하였다. "인을 행하는 것은 자신에게 달려있으니 양보와 관계되는 것이 없지만, 좋은 명성 같은 것은 밖에 있는 것이니 양보하지 않으면 안 된다."

---

63) '인을 담당해서는 스승에게도 양보하지 않는' 구체적인 예를, ≪맹자(孟子)·등문공상(滕文公上)≫에서 볼 수 있다. "안연이 말하기를, '순임금은 어떤 분이고 나는 어떤 사람인가. 성취가 있는 자는 역시 저분과 같다.'라고 하였습니다.(顔淵曰, 舜何人也, 予何人也, 有爲者亦若是.)"

위영공15 제36장

15-36 ◉子曰이라. 君子는 貞而不諒이니라.

●貞[64]은 正而固也요 諒은 則不擇是非而必於信[65]이라.

공자가 말씀하였다. "군자는 곧으면서도 신의에 집착하지 않는다."

○'정(貞)'은 바르고 견고함이고, '양(諒)'은 시비를 가리지 않고 신의에 집착하는 것이다.

위영공15 제37장

15-37 ◉子曰이라. 事君하되 敬其事[66]而後其食이니라.

●後는 與後獲[67]之後으로 同이라. 食은 祿也라. 君子之仕也에 有官守者는 修其職하고 有言責者[68]는 盡其忠이라. 皆以敬吾之事而已요 不可先有求祿

64) ≪주역(周易)·건괘(乾卦)·문언전(文言傳)≫, "정(貞)이라는 것은 일의 근간이다.(貞者, 事之幹也.)"

65) ≪논어(論語)·헌문(憲問)≫, "공자가 말씀하였다. '관중이 환공을 도와 제후들을 제패하여 한번 천하를 바로잡자 백성들이 지금에 이르도록 그 혜택을 받고 있다. 관중이 없었더라면 우리는 아마 머리를 풀고 옷깃을 좌측으로 했을 것이다.(이민족에게 지배당했을 것이다.) 어찌 일반 백성들이 작은 신의를 지키느라 스스로 도랑에서 목매어 죽어도 그것을 아는 이가 없는 것과 같겠는가.(子曰, 管仲相桓公霸諸侯, 一匡天下, 民到于今, 受其賜. 微管仲, 吾其被髮左衽矣. 豈若匹夫匹婦之**爲諒**也, 自經於溝瀆而莫之知也.)"

66) ≪논어·계씨(季氏)≫, "일에서는 신중하기를 생각하라.(**事思敬**.)"

67) ≪논어·옹야(雍也)≫, "인한 자는 어려운 것을 먼저 하고 얻는 것을 뒤로 하니, 인이라고 할 만하다.(仁者, 先難而**後獲**, 可謂仁矣.)"

68) ≪맹자(孟子)·공손추하(公孫丑下)≫, "관리의 직분이 있는 자가 그 직분을 제대로 하지 못하면 떠나고, 간언의 책임이 있는 자가 그 말을 제대로 하지 못하면 떠난다.(有官守者, 不得其職則去, **有言責者**, 不得其言則去.)"

之心也니라.

공자가 말씀하였다. "군주를 섬김에 그 일을 신중하게 하고 그 녹봉은 뒤로 한다."

○'후(後)'는 '얻는 것을 뒤로 함[후획(後獲)]'의 후(後)와 같다. '식(食)'은 녹봉이다. 군자가 벼슬을 함에 관리의 직분이 있는 자는 그 직책을 닦고, 간언의 책임이 있는 자는 그 충성을 다한다. 모두 자신의 일을 신중하게 할 뿐이지 먼저 녹봉을 구하는 마음을 가져서는 안 된다.

위영공15 제38장

15-38 ◉子曰이라. 有教면 無類니라.

◉人性皆善이나 而其類有善惡之殊者는 氣習之染也라. 故로 君子有教면 則人皆可以復於善하여 而不當復論其類之惡矣니라.

공자가 말씀하였다. "가르침이 있으면 부류가 없어진다."

○사람의 본성은 다 선하지만 그 부류에 선과 악의 다름이 있는 것은 기질과 습관이 물들인 것이다. 그러므로 군자가 가르침이 있으면 사람들은 모두 선을 회복할 수 있어, 당연히 다시 그 부류가 악한지를 논하지 않게 된다.

위영공15 제39장

15-39 ◉子曰이라. 道不同이면 不相爲謀니라.

●不同은 如善惡邪正之類라.

공자가 말씀하였다. "도가 같지 않으면 서로 일을 도모하지 않는다."

○'부동(不同)'은 선함과 악함, 사특함과 바름과 같은 종류이다.

※ 위영공15 제40장

15-40 ◉子曰이라. 辭는 達而已矣니라.

●辭는 取達意而止요 不以富麗爲工이라.

공자가 말씀하였다. "말은 (뜻을) 전달할 뿐이다."

○말은 뜻을 전달함을 취할 뿐이고, 풍부함과 화려함으로 뛰어남을 삼지 않는다.

※ 위영공15 제41장

15-41-1 ◉師冕이 見할새 及階어늘 子曰階也라 하시고 及席이어늘 子曰席也라하시고 皆坐어늘 子告之曰某在斯某在斯라하시다.

●師는 樂師로 瞽者라. 冕은 名이라. 再言某在斯는 歷擧在坐之人以詔之라.

한자 冕 면류관 면, 瞽 소경 고, 詔 고할 조

악사인 면이 (공자를) 뵐 적에 섬돌에 이르자 공자가 "섬돌입니다."라

하였고, 자리에 이르자 공자가 "자리입니다."라 하였으며, 모두가 앉자 공자가 그에게, "아무개는 여기에 있고, 아무개는 여기에 있습니다."라고 말씀하였다.

○'사(師)'는 악사로 소경이다. 면은 이름이다. "아무개는 여기에 있습니다."를 두 번 말씀한 것은, 자리에 있는 사람들을 차례로 들어서 그에게 알려준 것이다.

15-41-2 ◉師冕出커늘 子張問曰이라. 與師言之道與잇가?

●聖門學者가 於夫子之一言一動에 無不存心省察이 如此라.

악사 면이 나가자 자장이 물었다. "악사와 이야기하는 도리입니까?"

○공자 문하에서 배우던 자들이 공자의 한마디 말씀과 한 가지 움직임에 대하여 유념하고 살피지 않음이 없었던 것이 이와 같았다.

15-41-3 ◉子曰이라. 然하다. 固相師之道也니라.

●相은 助也라. 古者에 瞽必有相하니 其道如此라. 蓋聖人於此에 非作意而爲之요 但盡其道而已니라.

●尹氏曰이라. 聖人處己爲人에 其心一致하니 無不盡其誠故也라. 有志於學者가 求聖人之心이면 於斯에 亦可見矣라.

●范氏曰이라. 聖人이 不侮鰥寡69)하고 不虐無告70)를 可見於此라. 推之天下

69) ≪서경(書經)·주서(周書)·강고(康誥)≫, "감히 홀아비와 과부를 업신여기지 않으셨고 등용하여야 할 사람을 등용하셨으며, 공경하여야 할 사람을 공경하셨고 위엄을 보여야 할 사람에게 위엄을 보이시어 (덕이) 백성들에게 드러나셨다.(**不敢侮鰥寡**, 庸庸, 祗祗, 威威, 顯民.)"

70) ≪서경·우서(虞書)·대우모(大禹謨)≫, "하소연할 데가 없는 이를 학대하지 않았고 곤궁

하면 無一物不得其所矣리라.

한자 鰥 홀아비 환, 虐 해칠 학·사나울 학·얕볼 학

공자가 말씀하였다. "그렇다. 본디 악사를 돕는 도리이다."

○'상(相)'은 '돕다'이다. 옛날에 소경은 반드시 도와주는 이가 있었으니 그 도리가 이와 같았다. 공자가 이에 대해서 마음을 먹고 한 것이 아니고 다만 그 도리를 다했을 뿐이다.

○윤씨[윤돈(尹焞)]가 말하였다. "공자는 처신함과 남을 대함에 그 마음이 일치하였으니, 그 정성을 다하지 않음이 없었기 때문이다. 배움에 뜻을 둔 자가 성인의 마음을 추구한다면 여기에서 또한 볼 수 있다."

○범씨[범조우(范祖禹)]가 말하였다. "공자가 홀아비와 과부를 무시하지 않았고, 하소연할 데가 없는 이를 얕보지 않았음을 여기에서 볼 수 있다. 천하 사람들에게 이것을 확충한다면 하나의 존재도 제자리를 얻지 못하는 것이 없게 될 것이다."

한 자들을 물리치지 않은 것은, 오직 요임금만이 이에 능하셨다.(不虐無告, 不廢困窮, 惟帝時克.)"

계씨(季氏)[1] 제십육(第十六)

洪氏曰이라. 此篇은 或以爲齊論이라. 凡十四章이라.

○홍씨[홍흥조(洪興祖)]가 말하였다. "이 편은 어떤 사람이 말하기를 제논어(齊論語)라고 하였다." 모두 14장이다.

1) 세주에서 후재 풍씨[厚齋馮氏, 풍의(馮椅)]는, "상편[15편]은 위영공(衛靈公)을 첫 장으로 하여 제후의 잘못을 기록하였고, 이 편[16편]은 계씨(季氏)를 첫 장으로 하여 대부의 잘못을 기록하였으며, 하편[17편]은 양화(陽貨)를 첫 장으로 하여 가신의 잘못을 기록하였다.(上篇首衛靈公, 以識諸侯之失, 此篇首季氏, 以識大夫之失, 下篇首陽貨, 以識陪臣之失.)"라고 설명하였다.

⊠ 계씨16 제1장

16-01-1 ◉季氏가 將伐顓臾러니,

●顓臾는 國名이니 魯附庸[2)]也라.

한자 顓 전단할 전, 臾 잠깐 유

계씨가 전유국을 치려고 하자,

○전유는 나라 이름으로 노나라의 속국이다.

16-01-2 ◉冉有 · 季路가 見於孔子曰이라. 季氏가 將有事於顓臾로소이다.

●按左傳·史記컨대 二子仕季氏가 不同時라. 此云爾者는 疑子路嘗從孔子하여 自衛反魯하여 再仕季氏라가 不久而復之衛也라.

염유와 계로가 공자를 뵙고 말하였다. "계씨가 장차 전유국에 일을 벌이려 합니다."

○≪좌전≫과 ≪사기≫를 살펴보면 두 사람이 계씨에게 벼슬한 것은 때가 같지 않다. 여기에서 이렇게 말한 것은 아마 자로가 일찍이 공자를 따라

---

2) 부용(附庸) : ≪맹자(孟子)·만장하(萬章下)≫, "천자의 제도는 땅이 사방 천 리이고 공과 후는 모두 사방 백 리이며, 백은 70리이고 자와 남은 50리이니, 모두 네 등급이다. 50리가 되지 못하는 나라는 천자에게 직접 통하지 않고 제후에게 붙으니, 부용이라고 한다.(天子之制, 地方千里, 公侯皆方百里, 伯七十里, 子男五十里, 凡四等. 不能五十里, 不達於天子, 附於諸侯, 曰**附庸**.)"

위나라에서 노나라로 돌아와 다시 계씨에게 벼슬하다가, 오래지 않아 다시 위나라로 갔기 때문인 듯하다.

16-01-3 ◉孔子曰이라. 求야 無乃爾是[3]過與아.

●冉求爲季氏聚斂[4]하고 尤用事故로 夫子獨責之니라.

공자가 말씀하였다. "염구야! 바로 네가 진실로 잘못한 것이 아니냐?"

○염구는 계씨를 위하여 세금을 거두어들였고 더욱이 실권을 행사하였기 때문에, 공자가 유독 그를 책망한 것이다.

16-01-4 ◉夫顓臾는 昔者에 先王이 以爲東蒙主하시고 且在邦域之中矣니 是는 社稷之臣也니 何以伐爲[5]리오.

●東蒙은 山名이라. 先王이 封顓臾於此山之下하여 使主其祭하니 在魯地七百里之中이라. 社稷은 猶云公家라. 是時에 四分魯國하여 季氏取其二하고 孟孫·叔孫이 各有其一라. 獨附庸之國이 尙爲公臣이러니 季氏가 又欲取以自益이라. 故로 孔子言顓臾는 乃先王封國이니 則不可伐이요 在邦域之中하니 則不必伐이요 是社稷之臣이니 則非季氏所當伐也라. 此는 事理之至當이요 不易之定體어늘 而一言盡其曲折이 如此하니 非聖人이면 不能也라.

"저 전유국은 옛날에 선왕께서 동몽산의 제주(祭主)로 삼으셨고 또 나라의 영토 안에 있으니, 이는 사직의 신하국인데 어찌 정벌하겠는가."

---

3) 시(是) : '식(寔)'과 통하여 '진실로', '정말로'의 뜻이다.

4) ≪논어(論語)·선진(先進)≫, "계씨가 주공보다 부유하였는데도 염구가 그를 위해 세금을 거두어 더 보태주었다.(季氏富於周公, 而求也, 爲之聚斂而附益之.)"

5) 위(爲) : 의문어조사이다.[굴원(屈原) <어부사(漁父辭)>, "무슨 까닭으로 깊이 생각하고 높이 행동하여 자신을 쫓겨나게 하였소.(何故深思高擧, 自令放爲.)"]

○'동몽(東蒙)'은 산 이름이다. 선왕이 이 산 아래에 전유국을 봉하여 그 제사를 주관하게 하였는데 노나라 땅 7백 리 안에 있었다. 사직은 공가(公家)라는 말과 같다. 이때에 노나라를 4등분하여 계씨가 그 둘을 차지하였고, 맹손과 숙손이 각각 그 하나씩을 차지하였다. 오직 부용국만이 아직도 노나라의 신하 나라였는데, 계씨가 또 차지하여 자신에게 보태려 하였다. 그러므로 공자가 말씀하기를, "전유국은 바로 선왕이 봉한 나라이니 치면 안 되고, 나라의 영토 안에 있으니 칠 필요가 없으며, 사직의 신하국이니 계씨가 쳐야 할 대상이 아니다."라고 한 것이다. 이것은 사리가 지극히 마땅하고 바꿀 수 없는 고정된 제도인데, 한마디 말씀으로 그 복잡한 내막을 극진하게 한 것이 이와 같으니 공자가 아니면 할 수 없다.

16-01-5 ◉冉有曰이라. 夫子가 欲之언정 吾二臣者는 皆不欲也로이다.

●夫子는 指季孫이라. 冉有는 實與謀로되 以夫子非之故로 歸咎於季氏라.

염유가 말하였다. "그분께서 바라는 것이지 저희 두 신하는 모두 바라지 않습니다."

○'부자(夫子)'는 계손을 가리킨다. 염유는 실제로 모의에 참여하였으나 공자가 그것을 비난하였기 때문에, 계씨에게 허물을 돌린 것이다.

16-01-6 ◉孔子曰이라. 求아. 周任有言曰陳力就列하여 不能者면[6] 止라하니 危而不持하며 顚而不扶면 則將焉用彼相矣리오.

●周任은 古之良史라. 陳은 布也요 列은 位也라. 相은 瞽者之相也라. 言二子不欲이면 則當諫이요 諫而不聽이면 則當去也라.

6) 언해본에는 '는'으로 현토하였는데 '者'를 가정의 연사로 보아 '면'으로 바꿨다.

공자가 말씀하였다. "염구야! 주임이 한 말이 있으니, '능력을 펼쳐 벼슬자리에 나갔다가 잘하지 못하면 그만둘 것이다.'라고 하였지. (눈먼 자가) 위태로운데 잡아주지 않고 넘어지는데 부축해주지 않는다면, 장차 어디에 저 돕는 이를 쓰겠느냐.

○주임은 옛날의 훌륭한 사관이었다. '진(陳)'은 '펼치다'이고, '열(列)'은 지위이다. '상(相)'은 눈먼 자의 돕는 이이다. 두 사람이 바라지 않으면 마땅히 간언해야 하고, 간언해도 듣지 않으면 마땅히 떠나야 한다는 말씀이다.

16-01-7 ◉且爾言이 過矣로다. 虎兕가 出於柙하며 龜玉이 毁於櫝中이 是誰之過與오.

●兕는 野牛也라. 柙은 檻也요 櫝은 匱也라. 言在柙而逸하고 在櫝而毁면 典守者가 不得辭其過하여 明二子居其位而不去면 則季氏之惡에 己不得不任其責也라.

한자 兕 **무소 시**·외뿔소 시, 柙 **우리 합**·나무 이름 합, 櫝 함 독, 檻 우리 함, 匱 함 궤, 逸 달릴 일·**달아날 일**·잃을 일·숨을 일·편안할 일

또 네 말이 잘못되었다. 호랑이와 무소가 우리에서 나오고, 거북 껍질과 보옥이 궤 안에서 부숴진다면, 이것은 누구의 잘못인가."

○'시(兕)'는 무소이다. '합(柙)'은 우리이고, '독(櫝)'은 궤이다. 우리에 두었는데 달아나고 궤에 두었는데 손상된다면, 맡아서 지키는 자가 그 잘못을 변명할 수 없다고 말씀하여, 두 사람이 그 지위에 있으면서 떠나지 않았으면 계씨의 악행에 자신들이 그 책임을 담당하지 않을 수 없음을 밝힌 것이다.

16-01-8 ◉冉有曰이라. 今夫顓臾는 固而近於費하니 今不取면 後世에 必爲子孫憂하리이다.

●固는 謂城郭完固라. 費는 季氏之私邑이라. 此則冉有之飾辭라. 然이나 亦可見其實與季氏之謀矣라.

염유가 말하였다. "지금 저 전유국은 견고하면서 비읍에 가까우니, 지금 취하지 않으면 후세에 반드시 자손의 근심거리가 될 것입니다."

○'고(固)'는 성곽이 완전하고 견고함을 이른다. '비(費)'는 계씨의 개인 읍이다. 이것은 바로 염유가 꾸민 말이다. 그러나 또한 그가 실제로 계씨의 모의에 참여하였음을 알 수 있다.

16-01-9 ◉孔子曰이라. 求아. 君子는 疾夫舍曰欲之요 而必爲之辭니라.

●欲之는 謂貪其利라.

공자가 말씀하였다. "염구야! 군자는 바란다고 말하지 않고 굳이 그것에 대하여 변명하는 것을 미워한다.

○'욕지(欲之)'는 그 이익을 탐하는 것을 이른다.

16-01-10 ◉丘也는 聞有國有家者는 不患寡而患不均하며 不患貧而患不安이라하니 蓋均이면 無貧이요 和면 無寡요 安이면 無傾이니라.

●寡는 謂民少요 貧은 謂財乏이라. 均은 謂各得其分이요 安은 謂上下相安이

라. 季氏之欲取顓臾는 患寡與貧耳라. 然이나 是時에 季氏據國하고 而魯君無民하니 則不均矣요 君弱臣强하여 互生嫌隙하니 則不安矣라. 均則不患於貧而和하고 和則不患於寡而安하며 安則不相疑忌而無傾覆之患이라.

한자 乏 가난할 핍, 隙 틈 극, 覆 쏟을 복·뒤집을 복·**뒤집힐 복**·넘어질 복·덮을 부

내가 듣으니, 국가를 소유한 자는 (백성의) 적음을 근심하지 않고 (백성의 수가) 공평하지 않음을 근심하며, (재물의) 부족을 근심하지 않고 (공평하지 않아) 편안하지 못함을 근심한다고 하였다. 공평하면 (안정됨으로써) 부족이 없게 되고, 화합하면 (안정되어 백성의) 적음이 없으며, 편안하면 기울어짐이 없다.

○'과(寡)'는 백성이 적은 것을 이르고, '빈(貧)'은 재물이 부족한 것을 이른다. '균(均)'은 각기 자신의 분수를 얻는 것을 이르고, '안(安)'은 상하가 서로 편안한 것을 이른다. 계씨가 전유국을 취하려는 것은 (백성이) 적은 것과 (재물이) 부족한 것을 근심한 것일 뿐이다. 그러나 이때에 계씨가 나라를 차지하고 노나라 군주는 백성이 없었으니 공평하지 않았고, 군주는 약하고 신하는 강하여 서로 혐의와 간격이 생겼으니 편안하지 않았다. 공평하면 (재물의) 부족을 근심하지 않아 화합하고, 화합하면 (백성의) 적음을 근심하지 않아 편안하며, 편안하면 서로 의심하거나 시기하지 않아 기울고 전복되는 근심이 없다.

16-01-11 ◉夫如是故로 遠人이 不服하면 則修文德以來之하고 旣來之면 則安之니라.

●內治가 修然後에 遠人服이라. 有不服이면 則修德以來之니 亦不當勤兵於遠이라.

이와 같으므로 먼 지역 사람들이 복종하지 않으면 문덕(文德, 교화의 덕)을 닦아 그들을 오게 하고, 이미 그들을 오게 하였으면 편안하게 해 줄 것이다.

○안의 다스림이 닦아진 뒤에 먼 지역 사람들이 복종한다. 복종하지 않음이 있으면 덕을 닦아 그들을 오게 할 것이니, 역시 먼 지역에 군대를 동원해서는 안 된다.

16-01-12 ◉今由與求也는 相夫子하되 遠人이 不服而不能來也하고 邦分崩離析而不能守也하며,

●子路는 雖不與謀나 而素不能輔之以義하니 亦不得爲無罪라. 故로 併責之니라. 遠人은 謂顓臾라. 分崩離析은 謂四分公室하고 家臣屢叛이라.

지금 자로와 염구는 그분을 도우면서 먼 지역 사람들이 복종하지 않는데도 오게 하지 못하고, 나라가 무너지고 와해되는데도 지키지 못하며,

○자로는 비록 모의에 참여하지 않았으나 본디 의(義)로써 보좌하지 못했으니, 또한 죄가 없을 수 없다. 그러므로 함께 꾸짖은 것이다. '원인(遠人)'은 전유국을 이른다. '분붕리석(分崩離析)'은 공실(公室)이 넷으로 나뉘고 가신이 자주 반란을 일으킨 것을 이른다.

16-01-13 ◉而謀動干戈於邦內하니 吾는 恐季孫之憂가 不在顓臾而在蕭墻之內也하노라.

●干은 楯也요 戈는 戟也라. 蕭墻은 屛也라. 言不均不和하여 內變將作이라. 其後에 哀公이 果欲以越伐魯而去季氏[7]라.

---

7) ≪춘추좌전(春秋左傳)·애공(哀公)·27년≫

●謝氏曰이라. 當是時하여 三家强하고 公室弱이어늘 冉求가 又欲伐顓臾以附益之라. 夫子所以深罪之는 爲其瘠魯以肥三家也라.

●洪氏曰이라. 二子가 仕於季氏에 凡季氏所欲爲를 必以告於夫子하니 則因夫子之言而救止者가 宜亦多矣리라. 伐顓臾之事가 不見於經傳하니 其以夫子之言而止也與인저.

한자 干 **방패 간**·구할 간·범할 간·마를 간(乾과 통용), 蕭 산쑥 소·쓸쓸할 소, 楯 **방패 순**·난간 순, 戟 창 극, 瘠 파리할 척

그런데도 나라 안에서 무력을 동원할 것을 모의하니, 나는 계손씨의 근심이 전유국에 있지 않고 가림담 안에 있을까를 염려하노라."

○'간(干)'은 방패이고, '과(戈)'는 창이다. '소장(蕭墻)'은 가림벽이다. 공평하지 못하고 화합하지 못하여 내부의 변란이 장차 일어날 것이라고 말씀한 것이다. 그 뒤에 애공이 과연 월나라를 이용하여 노나라를 쳐서 계씨를 제거하려고 하였다.

○사씨[사양좌(謝良佐)]가 말하였다. "이때에 세 대부가 강하고 공실(公室)이 약했는데, 염구가 다시 전유국을 쳐서 그에게 더 보태주려고 하였다. 공자가 그를 깊이 꾸짖은 까닭은 그것이 노나라를 여위게 하여 세 대부를 살찌게 하는 것이었기 때문이다."

○홍씨[홍흥조(洪興祖)]가 말하였다. "두 사람이 계씨에게 벼슬하면서 계씨가 하려 한 모든 것을 반드시 공자에게 아뢰었으니, 그렇다면 공자의 말씀으로 인하여 말려서 제지한 것이 또한 마땅히 많았을 것이다. 전유국을 친 일이 경전에 보이지 않으니 아마도 공자의 말씀 때문에 그만두었을 것이다."

계씨16 제2장

16-02-1 ◉孔子曰이라. 天下有道면 則禮樂征伐이 自天子出하고 天下無道면 則禮樂征伐이 自諸侯出이라. 自諸侯出이면 蓋十世에 希不失矣요 自大夫出이면 五世에 希不失矣요 陪臣執國命이면 三世에 希不失矣니라.

●先王之制에 諸侯는 不得變禮樂專征伐이라. 陪臣은 家臣也라. 逆理愈甚이면 則其失之愈速하니 大約世數가 不過如此라.

한자 陪 **중첩될 배**·더할 배·모실 배

공자가 말씀하였다. "천하에 도가 있으면 예악과 정벌이 천자에게서 나오고, 천하에 도가 없으면 예악과 정벌이 제후에게서 나온다. 제후에게서 나오면 대개 10세대에서 (정권을) 잃지 않는 경우가 드물고, 대부에게서 나오면 5세대에서 잃지 않는 경우가 드물며, 가신[家臣, 배신(陪臣)[8]]이 나라의 정권을 잡으면 3세대에서 잃지 않는 경우가 드물다.

○선왕의 제도에, 제후는 예악을 바꾸거나 정벌을 마음대로 할 수 없다. '배신(陪臣)'은 가신이다. 이치를 거스름이 심할수록 그 잃는 것이 더욱 빠르니, 대략의 세대수가 이와 같음에서 벗어나지 않는다.

16-02-2 ◉天下有道면 則政不在大夫하고,

●言不得專政이라.

---

8) 배신(陪臣) : 신하의 신하를 가리키는 말로 여기서는 대부의 가신(家臣)을 가리킨다.

천하에 도가 있으면 정사가 대부에게 있지 않고,

○(대부가) 정사를 마음대로 할 수 없다는 말씀이다.

16-02-3 ◉天下有道면 則庶人不議하나니라.

●上無失政이면 則下無私議니 非箝其口하여 使不敢言也라.
●此章은 通論天下之勢라.

한자 箝 끼울 겸·재갈 먹일 겸

천하에 도가 있으면 백성들이 (정사에 대해) 논의하지 않는다."

○위에서 잘못된 정사가 없으면 아래에서 사사로운 논의가 없으니, 그들의 입에 재갈을 물려서 감히 말하지 못하게 하는 것이 아니다.
○이 장은 천하의 형세를 전체적으로 논의하였다.[9]

계씨16 제3장

16-03 ◉孔子曰이라. 祿之去公室이 五世矣요 政逮於大夫가 四世矣라. 故로 夫三桓之子孫이 微矣니라.

●魯自文公薨에 公子遂가 殺子赤하고 立宣公하여 而君失其政으로 歷成襄昭定이 凡五公이라. 逮는 及也라. 自季武子始專國政으로 歷悼平桓子에 凡四

9) "自天子出"은 요(堯)·순(舜)·우(禹)·탕(湯)·문(文)·무(武)의 경우이고, "自諸侯出"은 제(齊) 환공(桓公), 진(晉) 문공(文公) 같은 경우이고, "自大夫出"은 춘추시대 전기인 노(魯)나라 세 대부의 경우이고, "陪臣執國命"은 춘추시대 후기인 공산불뉴(公山不狃), 양호(陽虎) 같은 경우임을 전체적으로 말했음을 가리킨다.

世而爲家臣陽虎所執이라. 三桓은 三家니 皆桓公之後라. 此는 以前章之說로 推之而知其當然也라.

◉此章은 專論魯事하니 疑與前章으로 皆定公時語라.

◉蘇氏曰이라. 禮樂征伐이 自諸侯出이면 宜諸侯之强也로되 而魯以失政하고 政逮於大夫면 宜大夫之强也로되 而三桓以微는 何也오. 强生於安하고 安生於上下之分定이어늘 今諸侯大夫가 皆陵其上하니 則無以令其下矣라. 故로 皆不久而失之也라.

한자 逮 **따라잡을 체**·미칠 체·이어질 체, 薨 죽을 훙, 悼 슬퍼할 도

공자가 말씀하였다. "녹봉이 제후[공실(公室)]를 떠난 지가 5세대가 되었고, 정사가 대부에게 이른 지가 4세대가 되었다. 그러므로 저 세 대부인 삼환씨의 자손들이 미약해졌다."

○노나라는 문공이 죽음에 공자 수가 자적을 살해하고 선공을 세워[10] 군주가 그 정권을 잃게 되면서부터 성공·양공·소공·정공을 거친 것이 모두 다섯 제후이다. '체(逮)'는 '미치다'이다. 계무자가 처음으로 국정을 전단한 뒤로부터 계도자·계평자·계환자를 거치면서 모두 4세대인데 가신 양호에게 구속되었다. '삼환(三桓)'은 세 집안이니 모두 환공의 후손이다. 이것은 앞 장의 내용으로 추론하여 그것이 마땅히 그러할 것임을 안 것이다.

○이 장은 전적으로 노나라 일을 논하였으니 아마 앞 장과 함께 모두 정공 시기의 말씀인 듯하다.

○소씨[소식(蘇軾)]가 말하였다. "예악과 정벌이 제후로부터 나오면 제후가 강성함이 마땅할 텐데 노나라는 정권을 잃었고, 정사가 대부에게 이르면 대부가 강성함이 마땅할 텐데 세 대부가 미약해진 것은 어째서인가? 강성함은 안정에서 생기고, 안정은 상하의 분수가 정해지는 데서 생기는데, 지금 제후와 대부가 모두 자신의 윗사람을 능멸하니 그 아랫사람을 명령할 수가 없게 된 것이다. 그러므로 오래지 않아 잃은 것이다."

---

10) ≪춘추좌전(春秋左傳)·문공(文公)·18년≫

계씨16 제4장

16-04 ◉孔子曰이라. 益者三友요 損者三友라. 友直하며 友諒하며 友多聞이면 益矣요 友便辟[11]하며 友善柔[12]하며 友便佞이면 損矣니라.

●友直則聞其過요 友諒則進於誠이요 友多聞則進於明이라. 便은 習熟也니 便辟은 謂習於威儀而不直이라. 善柔는 謂工於媚悅而不諒이요 便佞은 謂習於口語而無聞見之實이라. 三者損益은 正相反也니라.

●尹氏曰이라. 自天子以至於庶人에 未有不須友以成者요 而其損益에 有如是者하니 可不謹哉아.

한자 辟 임금 벽·기울 벽, 佞 말재주 있을 녕·아첨할 녕

공자가 말씀하였다. "유익한 것이 세 가지 벗이고, 해로운 것이 세 가지 벗이다. 벗이 정직하며, 벗이 진실하며, 벗이 견문이 많으면 유익하고, 벗이 치우침에 익숙하며, 벗이 부드러움에 뛰어나며, 벗이 말재주에 익숙하면 해롭다."

○벗이 정직하면 자신의 허물을 듣고, 벗이 진실하면 참됨을 향상시키고, 벗이 견문이 많으면 명철함을 향상시킨다. '편(便)'은 '익숙하다'이니 '편벽(便辟)'은 세부적인 예에 익숙하고 곧지 않은 것을 이른다. '선유(善柔)'는 아첨에 뛰어나고 진실하지 않은 것을 이르고, '편녕(便佞)'은 말에 익숙하고 견문의 실상이 없는 것을 이른다. 세 가지의 해로움과 유익함은 정반대이다.

○윤씨[윤돈(尹焞)]가 말하였다. "천자로부터 백성에 이르기까지 벗을 필요

---

11) 편벽(便辟) : 겉만 번지르르하고 마음이 곧지 못한 것이다.
12) 선유(善柔) : 부드러운 얼굴로 남에게 비위맞추기를 잘하는 것이다.

로 하여 성취하지 않는 자가 없는데, 그 해로움과 유익함에 이와 같은 것이 있으니 삼가지 않을 수 있겠는가."

※ 계씨16 제5장

16-05 ◉孔子曰이라. 益者三樂요 損者三樂라. 樂節禮樂하며 樂道人之善하며 樂多賢友면 益矣요 樂驕樂하며 樂佚遊하며 樂宴樂이면 損矣니라.

●節은 謂辨其制度聲容之節이라. 驕樂則侈肆而不知節이요 佚遊則惰慢而惡聞善이요 宴樂則淫溺而狎小人이라. 三者損益도 亦相反也니라.
●尹氏曰이라. 君子之於好樂에 可不謹哉아.

한자 佚 달아날 일·편안할 일·**방탕할 일**, 侈 사치할 치·교만할 치·**방종할 치**, 肆 뚜렷할 사·**방자할 사**·베풀 사, 狎 익숙할 압

공자가 말씀하였다. "유익한 것이 세 가지 좋아함이고, 해로운 것이 세 가지 좋아함이다. (행동을) 예악으로 조절하기를 좋아하고,[13] 남의 좋은 점을 말하기를 좋아하며, 훌륭한 벗을 많이 두기를 좋아하면 유익하고, 교만하게 즐기기를 좋아하고, 방탕하게 놀기를 좋아하며, 편안하게 즐기기를 좋아하면 해롭다."

○절은 [예(禮)의] 제도와 [악(樂)의] 소리·모습의 절차를 분별하는 것을 이른다. 교만하게 즐기면 지나치고 방자해져 절제를 모르고, 방탕하게 놀면 태만해져 선을 듣기를 싫어하고, 편안하게 즐기면 지나치게 빠져 소인배

13) 십삼경본 ≪논어주소(論語注疏)≫에서, "'예악으로 조절하기를 좋아한다'는 것은 모든 움직임이 다 예악의 절도를 얻는 것을 이른다.(**樂節禮樂**者, 謂凡所動作, 皆得禮樂之節也.)"라고 설명하였다.

들을 가까이한다. 세 가지의 해로움과 유익함도 또한 서로 반대가 된다.
○윤씨[윤돈(尹焞)]가 말하였다. "군자가 좋아함에 있어서 삼가지 않을 수 있겠는가."

계씨16 제6장

16-06 ◉孔子曰이라. 侍於君子에 有三愆이라. 言未及之而言을 謂之躁요 言及之而不言을 謂之隱이요 未見顔色而言을 謂之瞽니라.

●君子는 有德位之通稱이다. 愆은 過也라. 瞽는 無目하여 不能察言觀色이라.
●尹氏曰이라. 時然後言이면 則無三者之過矣라.

한 자 愆 허물 건, 躁 성급할 조

공자가 말씀하였다. "군자를 모실 때에 세 가지의 허물이 있다. 말씀이 자기에게 미치지 않았는데 말하는 것을 '조급'이라 하고, 말씀이 자기에게 미쳤는데 말하지 않는 것을 '숨김'이라 하고, 안색을 보지 않고 말하는 것을 '소경'이라고 한다."

○군자는 덕과 지위를 지닌 이의 통칭이다. '건(愆)'은 잘못이다. 소경은 눈이 없어 말을 살피거나 안색을 관찰하지 못한다.
○윤씨[윤돈(尹焞)]가 말하였다. "때에 맞은 뒤에 말하면 세 가지의 잘못이 없게 된다."

계씨16 제7장

16-07 ◉孔子曰이라. 君子는 有三戒라. 少之時에 血氣가 未定이라

戒之在色이요 及其壯也하여는 血氣가 方剛이라 戒之在鬪요 及其老也하여는 血氣가 旣衰라 戒之在得이니라.

● 血氣는 形之所待以生者로 血陰而氣陽也라.14) 得은 貪得也라. 隨時知戒하여 以理勝之면 則不爲血氣所使也라.

● 范氏曰이라. 聖人이 同於人者는 血氣也요 異於人者는 志氣也라. 血氣는 有時而衰로되 志氣則無時而衰也라. 少未定과 壯而剛과 老而衰者는 血氣也요 戒於色과 戒於鬪와 戒於得者는 志氣也라. 君子는 養其志氣故로 不爲血氣所動이라. 是以로 年彌高而德彌邵也15)니라.

한자 戒 **경계할 계**·재계할 계, 邵 **아름다울 소**(劭와 통용)·고을 이름 소

공자가 말씀하였다. "군자는 세 가지 경계할 것이 있다. 젊었을 때에는 혈기가 안정되지 않았으니 경계할 것이 여색에 있고, 장성해서는 혈기가 한창 강하니 경계할 것이 싸움에 있고, 늙어서는 혈기가 이미 쇠퇴하였으니 경계할 것이 탐욕에 있다."

○혈기는 몸이 필요로 하여 살아가는 것으로, '혈(血)'은 음적인 것이고 '기(氣)'는 양적인 것이다. '득(得)'은 얻기를 탐하는 것이다. 때에 맞게 경계할 줄 알아 도리로 그것을 이겨내면, 혈기에 부림을 당하지 않는다.

○범씨[범조우(范祖禹)]가 말하였다. "성인이 남들과 같은 것은 혈기이고, 남들과 다른 것은 지기(志氣)이다. 혈기는 때에 따라 쇠퇴함이 있으나 지

---

14) 원(元) 호병문(胡炳文) ≪논어통(論語通)≫ 권1, "사람은 음양(陰陽)을 부여받아 몸이 생긴다. 몸이 필요로 하여 살아가는 것이 기혈(氣血)인데, '혈(血)'은 음(陰)에서 부여받아 맥(脈)의 안에서 운행하면서 영(營)이 되고, '기(氣)'는 양(陽)에서 부여받아 맥(脈)의 밖에서 운행하면서 위(衛)가 된다.(人稟陰陽以生形. 形之所待以生者, 氣血, **血稟於陰**, 行於脈之內, 而為營, **氣稟於陽**, 行於脈之外而為衛.)"

15) 한(漢) 양웅(揚雄) ≪법언(法言)·효지(孝至)≫, "내가 <전(傳)>에서 들었는데 '늙으면 경계할 것이 탐욕에 있다.'고 하였다. 나이가 더욱 많아질수록 덕이 더욱 아름다워진 이들은 공자의 무리일 것이다.(吾聞諸傳, 老則戒之在得. **年彌高而德彌邵者**, 是孔子之徒與.)"

기는 때에 따라 쇠퇴함이 없다. 젊을 때에 안정되지 않는 것과 장성해서 강한 것과 늙어서 쇠퇴하는 것은 혈기이고, 여색을 경계하고 싸움을 경계하고 탐욕을 경계하는 것은 지기이다. 군자는 그 지기를 기르기 때문에 혈기에 동요되지 않는다. 이 때문에 나이가 더욱 많아질수록 덕이 더욱 아름다워진다."

계씨16 제8장

16-08-1 ◉孔子曰이라. 君子有三畏라. 畏天命하며 畏大人하며 畏聖人之言이니라.

●畏者는 嚴憚之意也라. 天命者는 天所賦之正理也라. 知其可畏면 則其戒謹恐懼[16]하여 自有不能已者하여 而付畀之重을 可以不失矣라. 大人과 聖言은 皆天命으로 所當畏니 知畏天命이면 則不得不畏之矣라.

한자 畀 줄 비

공자가 말씀하였다. "군자는 세 가지 두려워할 것이 있다. 천명을 두려워하고, 대인(大人)[17]을 두려워하며, 성인(聖人)의 말씀을 두려워한다.

○'외(畏)'라는 것은 두려워한다는 뜻이다. 천명이라는 것은 하늘이 부여해준 바른 이치이다. 그것이 두려워할 만함을 알면 곧 그 조심하고 두려워하여 저절로 그만둘 수 없는 것이 있어 부여받은 소중한 것을 잃지 않을 수 있다. 대인과 성인의 말씀은 모두 하늘이 명한 것으로, 마땅히 두려워해야 할 바이니, 천명을 두려워할 줄 알면 그들을 두려워하지 않을 수 없게 된다.

16) ≪중용(中庸)·제1장≫, "군자는 자신이 보지 못하는 것을 조심하고, 자신이 듣지 못하는 것을 두려워한다.(君子, **戒愼乎**其所不睹, **恐懼乎**其所不聞.)"

17) 세주에서 주자는 '대인(大人)'을 설명하여, "이는 지위와 나이와 덕을 (두루) 갖춘 사람을 가리킨다.(是指有位有齒有德之大人.)"라고 하였다.

16-08-2 ◉小人은 不知天命而不畏也라 狎大人하며 侮聖人之言이니라.

●侮는 戱玩也라. 不知天命故로 不識義理而無所忌憚이 如此라.

●尹氏曰이라. 三畏者는 修己之誠에 當然也라. 小人은 不務修身誠己하니 則何畏之有리오.

한 자 狎 가까울 압·익숙할 압

소인은 천명을 알지 못하여 두려워하지 않는지라 대인에게 함부로 하며 성인의 말씀을 업신여긴다."

○'모(侮)'는 장난치는 것이다. 천명을 알지 못하기 때문에 의리를 알지 못하여 꺼리는 바가 없음이 이와 같다.

○윤씨[윤돈(尹焞)]가 말하였다. "세 가지 두려워할 것은 자신을 수양하는 정성에서 당연한 것이다. 소인은 몸을 수양하고 자신을 참되게 하기를 힘쓰지 않으니 무슨 두려워함이 있겠는가."

계씨16 제9장

16-09 ◉孔子曰이라. 生而知之者는 上也요 學而知之者는 次也요 困而學之는 又其次也니 困而不學이면 民이라 斯爲下矣니라.

●困은 謂有所不通이라. 言人之氣質不同하여 大約有此四等이라.

●楊氏曰이라. 生知와 學知로 以至困學에 雖其質不同이나 然及其知之면 一也라.[18] 故로 君子는 惟學之爲[19]貴니 困而不學然後에 爲下라.

---

18) ≪중용(中庸)·제20장≫, "어떤 사람은 나면서부터 알고, 어떤 사람은 배워서 알며, 어떤 사람은 곤란해져서 아는데, 그가 아는 데에 이르게 되면 똑같다.(或生而知之, 或學而知之, 或困而知之, **及其知之, 一也.**)"

19) 지위(之爲) : 지(之)와 마찬가지로 목적어를 도치시키는 용법이다.

공자가 말씀하였다. "나면서부터 아는 자는 상등이고, 배워서 아는 자는 다음이며, 곤란해져 배우는 자는 또 그 다음인데, 곤란해졌는데도 배우지 않으면 백성이라서 이에 하등이 된다."

○'곤(困)'은 통하지 못하는 것이 있음을 이른다. 사람의 기질이 같지 않아 대략 이 네 가지 등급이 있다는 말씀이다.

○양씨[양시(楊時)]가 말하였다. "생지(生知)와 학지(學知)로부터 곤학(困學)에 이르기까지는 비록 그 기질이 같지 않으나, 그들이 앎에 이르면 똑같다. 그러므로 군자는 오직 배움을 귀하게 여기니, 곤란해졌는데도 배우지 않은 뒤에야 하등이 된다."

계씨16 제10장

16-10 ◉孔子曰이라. 君子有九思라. 視思明하며 聽思聰하며 色思溫하며 貌思恭하며 言思忠하며 事思敬[20]하며 疑思問하며 忿思難[21]하며 見得思義니라.

●視無所蔽면 則明無不見이요 聽無所壅이면 則聰無不聞이라. 色은 見於面者요 貌는 擧身而言이라. 思問則疑不蓄이요 思難則忿必懲이요 思義則得不苟라.

●程子曰이라. 九思는 各專其一이라.

●謝氏曰이라. 未至於從容中道[22]하여는 無時而不自省察也라. 雖有不存焉者

20) ≪논어(論語)·술이(述而)≫, "공자가 말씀하였다. '범을 맨손으로 잡고 황하를 맨몸으로 건너다가 죽어도 후회가 없는 자를 나는 함께하지 않겠다. 반드시 일을 대하여 두려워하고 계획하기를 좋아하여 이루는 자라야 한다.'(子曰. 暴虎馮河, 死而無悔者, 吾不與也. 必也**臨事而懼**, 好謀而成者也.)"

21) ≪논어·안연(顔淵)≫, "하루아침의 분노로 자신을 잊어, 부모에게 누를 끼치는 것이 미혹이 아니겠는가.(**一朝之忿, 忘其身, 以及其親**, 非惑與.)"

22) ≪중용(中庸)·제20장≫, "참된 자는 힘쓰지 않고도 (이치에) 맞으며 생각하지 않고도 터득하여 조용히 도에 맞으니 성인(聖人)이고, 참되려고 하는 자는 선(善)을 택하여 굳게 지키는 자이다.(誠者, 不勉而中, 不思而得, **從容中道**, 聖人也, 誠之者, 擇善而固執之者也.)"

라도 寡矣23)니 此之謂思誠24)이라.

한자 壅 막을 옹·**가릴 옹**, 懲 **징계할 징**·경고할 징·경계할 징

공자가 말씀하였다. "군자는 아홉 가지 생각하는 것이 있다. 볼 때에는 분명하게 보기를 생각하고, 들을 때에는 밝게 듣기를 생각하며, 안색에서는 온화하기를 생각하고, 모습에서는 공손하기를 생각하며, 말에서는 충실하기를 생각하고, 일에서는 신중하기를 생각하며, 의심날 때에는 묻기를 생각하고, 분할 때에는 (분대로 행동한 뒤의) 어려워질 것을 생각하며, 얻을 것을 보고는 도리를 생각한다."

○보는 데에 가리는 것이 없으면 분명하여 보이지 않는 것이 없고, 듣는 데에 막는 것이 없으면 밝아서 들리지 않는 것이 없다. '색(色)'은 얼굴에 나타나는 것이고, '모(貌)'는 온몸을 들어 말한 것이다. 묻기를 생각하면 의심이 쌓이지 않고, 어려워질 것을 생각하면 분이 반드시 징계되며, 도리를 생각하면 얻음이 구차하지 않다.

○정자가 말하였다. "'구사(九思)'는 각각 그 (해당되는) 하나에 전적으로 적용하는 것이다."

○사씨[사양좌(謝良佐)]가 말하였다. "조용히 도에 맞는 경지에 이르지 못했으면 어느 때든 스스로 살펴야 한다. (이렇게 하면) 비록 (본심을) 보존하지 못하는 것이 있더라도 (보존하지 못하는 것이) 적을 것이니, 이것을 일러 '참되기를 생각한다.'라고 하는 것이다."

---

23) ≪맹자(孟子)·진심하(盡心下)≫, "맹자가 말하였다. '마음을 수양하는 것은 욕심을 적게 하는 것보다 더 좋은 것이 없다. 그 사람됨이 욕심이 적으면, 비록 (본심을) 보존하지 못하는 것이 있더라도 (보존하지 못하는 것이) 적을 것이고, 그 사람됨이 욕심이 많으면 비록 (본심을) 보존하는 것이 있더라도 (보존하는 것이) 적을 것이다.'(孟子曰. 養心, 莫善於寡欲, 其爲人也寡欲, **雖有不存焉者, 寡矣**, 其爲人也多欲, 雖有存焉者, 寡矣.)"

24) ≪맹자·이루상(離婁上)≫, "참된 것은 하늘의 도이고, 참되기를 생각하는 것은 사람의 도이다.(誠者, 天之道也, **思誠者**, 人之道也.)"

계씨16 제11장

16-11-1 ◉孔子曰이라. 見善如不及하며 見不善如探湯을 吾見其人矣요 吾聞其語矣로라.

●眞知善惡而誠好惡之니 顏曾冉閔之徒가 蓋能之矣리라. 語는 蓋古語也라.

한자 探 더듬을 탐·찾을 탐

공자가 말씀하였다. "선을 보면 따라가지 못할 듯이 하고, 선하지 않은 것을 보면 끓는 물에 손을 넣은 것처럼 했음을, 나는 그런 사람을 보았고 그런 말을 들었다.

○선과 악을 참되게 알아서 진실로 좋아하고 싫어함이니, 안자·증자·염백우·민자건 등이 아마 이에 능하였을 것이다. '어(語)'는 옛말이다.

16-11-2 ◉隱居以求其志하며 行義以達其道[25]를 吾聞其語矣요 未見其人也로라.

●求其志는 守其所達之道也요 達其道는 行其所求之志也라. 蓋惟伊尹太公之流가 可以當之라. 當時에 若顏子亦庶乎此나 然이나 隱而未見하고 又不幸而蚤死故로 夫子云然이라.

한자 蚤 벼룩 조·이른 아침 조·일찍 조(早와 통용)

25) 세주에서 신안 진씨[新安陳氏, 진력(陳櫟)]는, "몸이 닦여짐에 제가·치국·평천하의 일로 확대하는 것이다.(身脩而推以齊治平之事.)"라고 설명하였다.

은거하면서 자신의 뜻을 추구하고, 도리를 실천하면서 자신의 도를 이룸을, 나는 그런 말을 들었지만 그런 사람을 보지 못했다."

○'자신의 뜻을 추구함'은 자신이 이루려는 도를 지키는 것이고, '자신의 도를 이룸'은 추구하던 뜻을 실천하는 것이다. 아마도 이윤과 태공의 부류만이 이에 해당될 수 있을 것이다. 당시에 안자 같은 이가 또한 이에 가까웠으나, 숨어서 나타나지 않았고 또 불행히 일찍 죽었기 때문에 공자가 이렇게 말씀한 것이다.

계씨16 제12장

16-12-1 ◉齊景公은 有馬千駟하되 死之日에 民無德而稱焉이요 伯夷叔齊는 餓于首陽之下하되 民到于今稱之하나니라.

●駟는 四馬也라. 首陽은 山名이라.

"제나라 경공은 말 사천 마리를 소유하였으나 죽는 날에 사람들이 덕으로 칭송할 것이 없었고, 백이와 숙제는 수양산 아래에서 굶주렸으나 사람들이 지금에 이르도록 칭송한다."

○'사(駟)'는 네 마리 말이고, '수양(首陽)'은 산 이름이다.

16-12-2 ◉其斯之謂與인저.

●胡氏曰이라. 程子以爲第十二篇錯簡誠不以富亦祇以異가 當在此章之首라하니 今詳文勢컨대 似當在此句之上라. 言人之所稱이 不在於富而在於異也라.
●愚謂컨대 此說이 近是요 而章首에 當有孔子曰字니 蓋闕文耳라. 大抵此書後十篇은 多闕誤라.

“아마도 이것을 일컬은 것이리라.”

○호씨[호인(胡寅)]가 말하였다. “정자는 제12편[<안연(顔淵)>편]의 착간인 ‘진실로 부유함 때문이 아니고, 또한 단지 다른 것 때문이다.(誠不以富, 亦祇以異)’26)가 이 장의 머리에 있어야 한다고 하였는데, 지금 글의 흐름을 자세히 살펴보면 마땅히 이 구절의 위에 있어야 할 듯하다. 사람들이 칭송하는 것이 부유함에 있지 않고 다만 다른 것에 있음을 말씀한 것이다.”

○내가 생각하건대, 이 말이 아마도 옳은 듯하고 장의 머리에 ‘孔子曰’이라는 글자가 있어야 하니 아마 궐문(闕文)일 뿐이리라. 대개 이 책의 뒤 10편은 빠지고 잘못된 것이 많다.

계씨16 제13장

16-13-1 ◉陳亢27)이 問於伯魚曰이라. 子亦有異聞乎아.

●亢以私意窺聖人하여 疑必陰厚其子라.

한자 亢 목 항, 窺 엿볼 규

진항이 백어에게 물었다. “그대는 역시 달리 들은 것이 있으시겠지요?”

---

26) ≪논어(論語)·안연(顔淵)≫에서 말한, “誠不以富, 亦祇以異”는 “사랑하면 그가 살기를 바라고 미워하면 그가 죽기를 바라는데, 이미 그가 살기를 바랐다가 또 그가 죽기를 바라는 것이 미혹이다.(愛之欲其生, 惡之欲其死, 旣欲其生, 又欲其死, 是惑也.)”의 뒤에 이어지는 관계로 “진실로 부유해지지도 못하고, 또한 단지 이상해질 뿐이다.”로 해석하였지만, 여기에서는 제나라 경공과 백이·숙제에 대한 평으로 나온 말이니 이처럼 달리 해석해야 하겠다.

27) 진항(陳亢) : 춘추시대 진(陳)나라 사람으로 공자의 제자이다. 자가 자금(子禽)인데 B.C. 511년생으로 백어(伯魚, B.C. 532년생)보다 21년 연하라서 다음의 대화에서 존대어를 조절하였다.

○진항이 개인적인 뜻으로 성인을 엿보아, 반드시 자신의 아들에게 남몰래 두터이 했을 것이라고 의심한 것이다.

16-13-2 ◉對曰이라. 未也로라. 嘗獨立이어시늘 鯉가 趨而過庭이러니 曰學詩乎아? 對曰未也로이다. 不學詩면 無以言이라하여시늘 鯉가 退而學詩호라.

●事理通達而心氣和平28)이라. 故로 能言이라.

한자 趨 달릴 추·**빨리 걸을 추**·추구할 추·향할 추·독촉할 촉

(백어가) 대답하였다. "없었소. 일찍이 홀로 서 계시기에 내가 빠른 걸음으로 뜰을 지나는데 '시를 배웠느냐?'라 하셔서 '아직 안 배웠습니다.'라고 대답했지요. '시를 배우지 않으면 말을 할 수 없다.'라고 하셔서 내가 물러나 시를 배웠소."

○사리가 통해지고 심기가 화평해진다. 그러므로 말을 할 수 있다.

16-13-3 ◉他日에 又獨立이어시늘 鯉가 趨而過庭이러니 曰學禮乎아. 對曰未也로이다. 不學禮면 無以立이라하여시늘 鯉가 退而學禮호라.

●品節詳明而德性堅定29)이라. 故로 能立이라.

---

28) 세주에서 경원 보씨[慶源輔氏, 보광(輔廣)]는, "시는 사람의 감정에 근본을 두고 사물의 이치를 갖추고 있다. 그러므로 그것을 배우는 자는 사리가 통해진다. 그 가르침이 되는 것은 온유돈후하여 사람으로 하여금 각박하지 않고 비난하지 않게 한다. 그러므로 그것을 배우는 자는 심기가 화평해진다.(詩, 本人情, 該物理. 故學之者, **事理通達**. 其爲教, 溫柔敦厚, 使人不絞不訐. 故學之者, **心氣和平.**)"라고 설명하였다.

29) 세주에서 경원 보씨는, "예는 3,300가지의 조목이 있는데 그 순서가 자른 듯하여 어지

"훗날에 또 홀로 서 계시기에 내가 빠른 걸음으로 뜰을 지나는데 '예를 배웠느냐?'라 하셔서 '아직 안 배웠습니다.'라고 대답했지요. '예를 배우지 않으면 설 수 없다.'라고 하셔서 내가 물러나 예를 배웠소."

○등급에 따른 조절이 자세하게 밝아지고 덕성이 견고하게 확정된다. 그러므로 설 수 있다.

16-13-4 ◉聞斯二者로라.

●當獨立之時하여 所聞이 不過如此하니 其無異聞을 可知라.

"이 두 가지를 들었소."

○홀로 서 계실 때에 들은 것이 이와 같은 것에 지나지 않았으니, 그가 달리 들은 것이 없었음을 알 수 있다.

16-13-5 ◉陳亢이 退而喜曰이라. 問一得三하니 聞詩聞禮하고 又聞君子之遠其子也로라.

●尹氏曰이라. 孔子之教其子가 無異於門人故로 陳亢이 以爲遠其子라.

진항이 물러나 기뻐하면서 말하였다. "하나를 물어 셋을 얻었으니, 시에 대하여 듣고, 예에 대하여 들었으며, 또 군자가 자신의 아들을 멀리하는 것에 대하여 들었구나."

럽힐 수 없다 그러므로 그것을 배우는 자는 등급에 따른 조절이 자세하게 밝아진다. 그 가르침이 되는 것은 공손하고 검소하며 중후하고 경건하여, 사람으로 하여금 지나치지 않고 두려워하지 않게 한다. 그러므로 그것을 배우는 자는 덕성이 견고하게 확정된다.(禮, 有三千三百之目, 其序, 截然而不可亂. 故學之者, **品節詳明**. 其爲教, 恭儉莊敬, 使人不淫不懾. 故學之者, **德性堅定**.)"라고 설명하였다.

○윤씨[윤돈(尹焞)]가 말하였다. "공자가 자신의 아들을 가르친 것이 제자들과 다름이 없었기 때문에, 진항이 자신의 아들을 멀리한다고 한 것이다."

계씨16 제14장

16-14 ◉邦君之妻를 君이 稱之曰夫人이요 夫人이 自稱曰小童이라. 邦人이 稱之曰君夫人이요 稱諸異邦曰寡小君이요 異邦人이 稱之에 亦曰君夫人이니라.

●寡는 寡德이니 謙辭라.

●吳氏曰이라. 凡語中所載에 如此類者는 不知何謂라. 或古有之나 或夫子嘗言之를 不可考也니라.

제후국 군주의 아내를 군주가 칭할 때는 '부인(夫人)'이라 하고, 부인이 자칭할 때는 '소동(小童)'이라고 한다. 나라 사람들이 칭할 때는 '군부인(君夫人)'이라 하고, 다른 나라 사람들에게 칭할 때는 '과소군(寡小君)'이라고 하며, 다른 나라 사람들이 칭할 때에도 역시 '군부인(君夫人)'이라고 한다.

○'과(寡)'는 '덕이 적다'이니 겸사이다.

○오씨[오역(吳棫)30)]가 말하였다. "무릇 ≪논어≫ 중에 실려 있는 것에서 이런 종류와 같은 것은 무엇을 이르는지 모르겠다. 혹 옛날에 그런 것이 있었는지, 혹 공자가 일찍이 말씀한 것인지를 고찰할 수 없다."

---

30) 오역(吳棫) : 송(宋) 건안(建安) 출신으로 자가 재로(才老)이다. ≪논어지장(論語指掌)≫ 등을 저술하였다.

양화(陽貨) 제십칠(第十七)

●凡二十六章이라.

○모두 26장이다.

양화17 제1장

17-01-1 ◉陽貨가 欲見孔子어늘 孔子가 不見한대 歸孔子豚이어늘 孔子는 時[1]其亡也而往拜之[2]러시니 遇諸塗하시다.

●陽貨는 季氏家臣으로 名이 虎라. 嘗囚季桓子而專國政에 欲令孔子來見己나 而孔子不往이라. 貨는 以禮에 大夫有賜於士에 不得受於其家면 則往拜其門 故로 瞰孔子之亡而歸之豚하여 欲令孔子來拜而見之也라.

한자 瞰 볼 감·엿볼 감

양화가 공자를 만나려고 하였으나 공자가 만나주지 않자 공자에게 삶은 돼지를 보내니, 공자는 그가 없는 것을 살펴 절하러 가다가 길에서 마주쳤다.

○양화는 계씨의 가신으로 이름이 호(虎)이다. 일찍이 계환자를 가두고 나라의 정사를 전횡하면서 공자로 하여금 자기를 만나러 오게 하려고 하였으나 공자가 가지 않았다. 양화는 예법에 대부가 사(士)에게 선물을 했는데 자기 집에서 받지 못하였으면 대부의 문에 절하러 가는 것을 근거로 공자가 없는 것을 엿보고 삶은 돼지를 보내 공자로 하여금 절하러 오게 하여 만나려고 한 것이다.

---

1) 시(時) : 때를 보다, 살피다, 엿보다.(伺也.)

2) ≪맹자(孟子)·등문공하(滕文公下)≫, "양화가 공자를 만나려고 하였으나 (자신이) 무례하기를 싫어하였다. 대부가 사(士)에게 선물을 했는데 자기 집에서 받지 못하였으면 대부의 문에 가서 절하였기 때문에, 양화는 공자가 집에 없을 때를 엿보아 공자에게 삶은 돼지고기를 보냈다. 공자도 역시 그가 집에 없을 때를 엿보아 찾아가서 절하였다. (陽貨, 欲見孔子而惡無禮. 大夫有賜於士, 不得受於其家, 則往拜其門, 陽貨矙孔子之亡也, 而饋孔子蒸豚. 孔子亦矙其亡也, 而往拜之.)"

17-01-2 ◉謂孔子曰이라. 來하라. 予與爾言하리라. 曰懷其寶而迷其邦을 可謂仁乎아. 曰不可하다. 好從事而亟失時를 可謂知乎아. 曰不可하다. 日月이 逝矣라 歲不我與[3]니라. 孔子曰諾다. 吾將仕矣로리라.

●懷寶迷邦은 謂懷藏道德하여 不救國之迷亂이라. 亟는 數也라. 失時는 謂不及事幾之會라. 將者는 且然而未必之辭라. 貨語는 皆譏孔子而諷使速仕나 孔子固未嘗如此요 而亦非不欲仕也라. 但不仕於貨耳故로 直據理答之하고 不復與辯하여 若不諭其意者라. 陽貨之欲見孔子는 雖其善意나 然不過欲使助己爲亂耳라. 故로 孔子不見者는 義也요 其往拜者는 禮也라. 必時其亡而往者는 欲其稱也요 遇諸塗而不避者는 不終絶也라. 隨問而對者는 理之直也요 對而不辯者는 言之孫而亦無所詘也라.

●楊氏曰이라. 揚雄謂孔子於陽貨也에 敬所不敬은 爲詘身以信道[4]라하니 非知孔子者라. 蓋道外無身이요 身外無道하니 身詘矣而可以信道를 吾未之信也라.

한자 亟 빠를 극·자주 기, 逝 갈 서, 譏 나무랄 기, 詘 굽힐 굴

공자에게 말하였다. "이리 오시오. 내가 그대와 말 좀 하겠소. 보배를 품고서 나라를 혼미하게 하는 것을 인이라고 할 수 있소?" "할 수 없습니다." "일에 힘쓰기를 좋아하면서 자주 때를 놓치는 것을 지혜라고

---

3) 여(與) : 기다리다.(待也.)

4) ≪법언(法言)·오백(五百)≫, "어떤 사람이 묻기를, '성인도 굽히는 일이 있습니까?' '있습니다.' '누구에게 굽힙니까?' '공자는 남자에 대하여 만나고자 하지 않는 이였고, 양호에 대하여 공경하고자 하지 않는 이였습니다. 만나지 않으려는 이를 만나고, 공경하지 않는 자를 공경하였으니 굽힌 것이 아니고 무엇이겠습니까.' '위나라의 영공이 진법을 물었을 때는 어찌하여 굽히지 않았습니까?' '몸을 굽히는 것은 장차 도를 펴려는 것입니다. 도를 굽혀서 자신을 펴는 것은 비록 천하(를 얻더)라도 하지 않습니다.'(或問, 聖人有詘乎? 曰有. 曰焉詘乎. 曰仲尼於南子, 所不欲見也, 陽虎, 所不欲敬也. 見所不見, **敬所不敬**, 不詘如何. 曰衛靈公問陳, 則何以不詘? 曰**詘身將以信道**也. 如詘道而信身, 雖天下, 不爲也.)"

할 수 있소?" "할 수 없습니다." "해와 달은 가는지라 세월은 나를 기다리지 않습니다." 공자가 말씀하기를, "좋습니다. 내가 장차 벼슬하리이다."라고 하였다.

○'보배를 품고서 나라를 혼미하게 함'은 도덕을 지니고서 나라의 어지러움을 구제하지 않음을 이른다. '기(亟)'는 '자주'이다. '때를 놓침'은 일의 기회의 때에 미치지 못함을 이른다. '장(將)'이라는 것은 장차 그렇겠지만 단정하지는 않는 말이다. 양화의 말은 모두 공자를 비판하면서 속히 벼슬하게 하도록 풍자한 것이었지만, 공자가 본래 이와 같은 적이 없었고 또한 벼슬하고자 하지 않은 것도 아니었다. 다만 양화에게 벼슬하지 않았을 뿐이었기 때문에 단지 이치에 근거하여 대답하고 다시 그와 변론하지 않아, 마치 그의 의도를 깨닫지 못한 이처럼 하였다. 양화가 공자를 만나려고 한 것은 비록 그것이 좋은 뜻이었더라도, 그러나 자기를 도와 어지러운 짓을 하게 하려는 데에 불과하였을 뿐이다. 그러므로 공자가 만나지 않은 것은 도리이고, 절하러 간 것은 예이다. 굳이 그가 없는 것을 살펴 찾아간 것은 그것이 걸맞기를 바란 것이고, 길에서 마주치고서 피하지 않은 것은 끝내 끊지는 않은 것이다. 질문에 따라 대답한 것은 이치의 바름이고, 대답하면서 변론하지 않은 것은 말씀은 공손하되 또한 굽힌 것이 없음이다.

○양씨[양시(楊時)]가 말하였다. "양웅이 이르기를, '공자가 양화에 대하여 공경하지 않는 사람을 공경한 것은 자신을 굽혀서 도를 펴기 위함이었다.'라고 하였는데, 공자를 안 자가 아니다. 도의 밖에 자신이 없고 자신의 밖에 도가 없으니, 자신이 굽혀지고서 도를 펼 수 있다는 것을 나는 믿지 못하겠다."

양화17 제2장

17-02 ◉子曰이라. 性相近也나 習相遠也니라.

●此所謂性은 兼氣質而言者也라. 氣質之性은 固有美惡之不同矣라. 然이나 以其初而言이면 則皆不甚相遠也라. 但習於善則善하고 習於惡則惡하니 於是에 始相遠耳라.

●程子曰이라. 此는 言氣質之性이요 非言性之本也라. 若言其本이면 則性卽是理요 理無不善이라. 孟子之言性善이 是也니 何相近之有哉리오.

공자가 말씀하였다. "성품은 서로 가까우나 습관으로 서로 멀어진다."

○여기에서 일컬은 '성(性)'은 [본연지성(本然之性)에] 기질을 겸하여 말씀한 것이다. 기질지성(氣質之性)은 본디 좋고 나쁜 차이가 있다. 그러나 그 처음을 가지고 말하자면 모두 서로 심하게 멀지는 않다. 다만 선에 습관이 들면 선하고 악에 습관이 들면 악하니, 여기에서 비로소 서로 멀어질 뿐이다.

○정자가 말하였다. "이것은 기질지성을 말한 것이고 성품의 근본을 말한 것이 아니다. 그 근본을 말하자면 성(性)은 곧 이(理)고 이(理)는 선하지 않음이 없다. 맹자가 성선(性善)을 말한 것이 그것이니, 무슨 '서로 가까움'이 있겠는가."

양화17 제3장

17-03 ◉子曰이라. 唯上知與下愚는 不移니라.

●此는 承上章而言人之氣質이 相近之中에 又有美惡一定하여 而非習之所能移者라.

●程子曰이라. 人性本善이어늘 有不可移者는 何也오? 語其性則皆善也나 語其才則有下愚之不移라. 所謂下愚有二焉하니 自暴自棄也라. 人苟以善自治면 則無不可移니 雖昏愚之至라도 皆可漸磨而進也라. 惟自暴者는 拒之以不信하고 自棄者는 絶之以不爲[5]라. 雖聖人與居라도 不能化而入也니 仲尼之所

謂下愚也라. 然이나 其質은 非必昏且愚也요 往往强戾而才力有過人者이니 商辛이 是也라. 聖人은 以其自絶於善으로 謂之下愚나 然考其歸則誠愚也라.
●或曰이라. 此與上章으로 當合爲一이니 子曰二字는 蓋衍文耳라.

한 자 戾 어그러질 려·사나울 려

공자가 말씀하였다. "오직 가장 지혜로운 자와, 가장 어리석은 자는 바뀌지 않는다."

○이것은 앞 장을 받아, 사람의 기질이 서로 가까운 가운데에 다시 좋고 나쁨이 한 번 정해져 습관으로 바꿀 수 있는 것이 아닌 자가 있음을 말씀한 것이다.

○정자가 말하였다. "사람의 성품이 본래 선한데 바뀔 수 없는 자가 있는 것은 어째서인가? 그 성품을 말하자면 모두 선하지만 그 재질을 말하자면 가장 어리석어 바뀌지 않는 자가 있다. 이른바 가장 어리석은 자에는 두 종류가 있으니, 자신을 해치는 자와 자신을 버리는 자이다. 사람이 만약 선으로 자신을 다스린다면 바뀔 수 없음이 없으니, 비록 어리석기가 지극하더라도 모두가 점차 연마하여 향상될 수 있다. 다만 자신을 해치는 자는 (선을) 막으며 믿지 않고, 자신을 버리는 자는 (선을) 끊으며 행하지 않는다. 비록 성인이 함께 지내더라도 감화시켜 (선의 경지에) 들어가게 할 수 없으니, 공자가 말씀한 가장 어리석은 자들이다. 그러나 그 기질은 반드시 어둡고 어리석기만 한 것이 아니고 왕왕 강하고 사나우면서 재능과 힘에서 남들보다 뛰어난 자가 있으니, 상(商)나라의 주왕(紂王)이 그런 사람이다. 성인은 스스로 선을 끊는 것 때문에 그들을 가장 어리석은 자

---

5) ≪맹자(孟子)·이루상(離婁上)≫, "자신을 해치는 자는 더불어 말할 수 없고, 자신을 버리는 자는 더불어 성취가 있을 수 없다. 말할 때에 예의를 비방하는 것을 '자신을 해친다'고 이르고, 내 몸은 인에 머물 수 없고 의를 따를 수 없다고 하는 것을 '자신을 버린다'고 이른다.(自暴者, 不可與有言也, 自棄者, 不可與有爲也. **言非禮義, 謂之自暴**也, **吾身不能居仁由義, 謂之自棄**也.)" 세주에서 주자는 '자포자(自暴者)'를 강포한 악인[강악(剛惡)]으로, '자기자(自棄者)'를 유약한 악인[유악(柔惡)]으로 설명하였다.

라고 하였지만 그 귀결을 살펴보면 참으로 어리석다."
○어떤 사람이 말하였다. "이 장은 앞 장과 합하여 하나로 해야 하니, '자왈(子曰)'이라는 두 글자는 바로 연문(衍文)이다."

양화17 제4장

17-04-1 ◉子之武城하사 聞弦歌之聲하시다.

●弦은 琴瑟也라. 時에 子游爲武城宰하여 以禮樂爲敎故로 邑人이 皆弦歌也라.

한자 琴 작은 거문고 금, 瑟 큰 거문고 슬

공자가 무성에 가서 거문고에 맞추어 노래 부르는 소리를 들었다.

○'현(弦)'은 거문고이다. 당시에 자유가 무성의 읍재가 되어 예악으로 가르침을 폈기 때문에 고을 사람들이 모두 거문고에 맞추어 노래를 불렀다.

17-04-2 ◉夫子가 莞爾而笑曰이라. 割鷄에 焉用牛刀리오.

●莞爾는 小笑貌니 蓋喜之也라. 因言其治小邑에 何必用此大道也라.

한자 莞 왕골 완·미소 지을 완, 割 나눌 할

공자가 미소 지으며 말씀하였다. "닭을 잡는 데 어찌 소 잡는 칼을 쓰는가."

○'완이(莞爾)'는 작게 웃는 모습이니 기뻐한 것이다. 이어서 말씀하기를, 그가 작은 고을을 다스리는데 어찌 이런 큰 방법을 쓸 필요가 있는가라고 말씀한 것이다.

17-04-3 ◉子游對曰이라. 昔者에 偃也가 聞諸夫子호니 曰君子가 學道則愛人이요 小人이 學道則易使也라호이다.

●君子小人은 以位言之라. 子游所稱은 蓋夫子之常言이라. 言君子小人이 皆不可以不學故로 武城雖小나 亦必敎以禮樂이라.

한자 偃 쓰러질 언·누울 언

자유가 대답하였다. "옛날에 제가 선생님께 듣기에, '군자가 도를 배우면 사람을 사랑하고 소인이 도를 배우면 부리기가 쉽다.'라고 하셨습니다."

○군자와 소인은 지위로 말한 것이다. 자유가 일컬은 것은 공자가 항상 하시던 말씀이다. 군자와 소인이 모두 배우지 않아서는 안 되기 때문에 무성이 비록 작지만 역시 반드시 예악으로 가르쳐야 한다고 말한 것이다.

17-04-4 ◉子曰이라. 二三子아 偃之言이 是也라. 前言은 戲之耳니라.

●嘉子游之篤信[6]하고 又以解門人之惑也라. 治有大小나 而其治之에 必用禮樂은 則其爲道一也라. 但衆人이 多不能用이어늘 而子游獨行之라. 故로 夫子驟聞而深喜之하고 因反其言以戲之러시니 而子游以正對라. 故復是其言하고 而自實其戲也니라.

---

6) ≪논어(論語)·태백(泰伯)≫, "독실하게 [도를] 믿으면서도 배우기를 좋아하고, 죽음으로 [도를] 지키면서도 도를 잘 행할 것이다.(篤信好學, 守死善道.)"

한자 驟 내달릴 취·서두를 취·**갑작스러울 취**

공자가 말씀하였다. "제자들아, 자유의 말이 옳다. 앞의 말은 농담한 것일 뿐이다."

○자유가 독실하게 믿는 것을 가상히 여기고 또 제자의 의혹을 풀어준 것이다. 다스림은 크고 작은 것이 있으나 그 다스림에 반드시 예악을 써야 하는 것은 그 도리인 것이 한가지이다. 다만 많은 사람들이 대부분 제대로 쓰지 못하는데 자유만이 유독 그것을 실천하였다. 그래서 공자가 갑자기 듣고 매우 기뻐하였고, 이어서 그 말씀을 반대로 하여 농담하였는데 자유가 정도(正道)로 대답하였다. 그러므로 다시 그의 말을 옳다고 하고 스스로 그 농담을 인정한 것이다.

양화17 제5장

17-05-1 ◉公山弗擾가 以費畔7)하여 召어늘 子欲往이라.

●弗擾는 季氏宰니 與陽虎共執桓子하고 據邑以叛이라.

한자 擾 번거로울 요·어지럽힐 요, 畔 두둑 반·**배반할 반**(叛과 같은 자)

공산불요가 비읍으로 반란을 일으키고 (공자를) 부르자 공자가 가려고 하였다.

○공산불요는 계씨의 가신으로, 양호와 함께 계환자를 가두고 비읍을 점거하여 반란을 일으켰다.

---

7) ≪춘추좌전(春秋左傳)·정공(定公)·5년≫

17-05-2 ◉子路가 不說曰이라. 末之也已[8]니 何必公山氏之之也시리잇고?

●末은 無也라. 言道旣不行하여 無所往矣어늘 何必公山氏之往也라.

자로가 기뻐하지 않으며 말하였다. "가실 곳이 없으면 그만이지 하필 공산씨에게 가려 하십니까?"

○'말(末)'은 '없다'이다. 도가 이미 행해지지 않아 갈 곳이 없게 되었는데 하필 공산씨에게 가시겠느냐는 말이다.

17-05-3 ◉子曰이라. 夫召我者가 而豈徒哉리오. 如有用我者면 吾其爲東周乎인저.

●豈徒哉는 言必用我也라. 爲東周는 言興周道於東方이라.
●程子曰이라. 聖人은 以天下無不可有爲之人이요 亦無不可改過之人故로 欲往이라. 然而終不往者는 知其必不能改故也니라.

공자가 말씀하였다. "나를 부르는 자가 어찌 부질없이 그러겠는가. 만약 나를 써줄 자가 있다면 나는 장차 동쪽의 주나라를 만들 것이다."

○'어찌 부질없이 그러겠는가'는 반드시 나를 등용할 것이라는 말씀이다. '동쪽의 주나라를 만들겠다'는 것은 동쪽[노(魯)]에서 주나라의 도를 일으키겠다는 말씀이다.
○정자가 말하였다. "공자는 천하에 성취가 있을 수 없는 사람이 없고, 또 허물을 고칠 수 없는 사람이 없다고 생각하였기 때문에 가려고 하였다.

---

8) 주자나 언해본에서는 '이(已)'를 허사로 취급하였는데 '그만두다'의 실사로 보는 것[양백준]이 문맥의 연결에서 볼 때 더 좋다.

그러나 끝내 가지 않은 것은 그가 반드시 고치지 못할 것임을 알았기 때문이다.”

양화17 제6장

17-06 ◉子張이 問仁於孔子한대 孔子曰이라. 能行五者於天下면 爲仁矣니라. 請問之한대 曰이라. 恭寬信敏惠니 恭則不侮하고 寬則得衆하며 信則人任焉하고 敏則有功하며 惠則足以使人이니라.

●行是五者면 則心存而理得矣라. 於天下는 言無適而不然이니 猶所謂雖之夷狄이라도 不可棄[9]者라. 五者之目은 蓋因子張所不足而言耳라. 任은 倚仗也라. 又言其效如此라.

●張敬夫曰이라. 能行此五者於天下면 則其心이 公平而周遍을 可知矣라. 然이나 恭이 其本與인저.

●李氏曰이라. 此章은 與六言·六蔽[10]와 五美·四惡之類[11]로 皆與前後文體로 大不相似라.

자장이 공자에게 인에 대하여 묻자 공자가 말씀하였다. “천하에서 다섯 가지를 실천할 수 있으면 인이 된다.” 그것을 여쭙자 말씀하였다. “공손 · 관대 · 신의 · 근면 · 은혜이니, 공손하면 모욕을 당하지 않고, 관대하면 민심을 얻고, 신의로우면 사람들이 의지하고, 근면하면 공이 있으며, 은혜로우면 사람을 부릴 수 있다.”

○이 다섯 가지를 실천하면 마음이 보존되고 이치가 얻어진다. ‘천하에서[於天下]’는 가는 곳마다 그렇지 않음이 없음을 말씀한 것이니, 이른바

9) ≪논어(論語)·자로(子路)≫
10) ≪논어·양화(陽貨)≫
11) ≪논어·요왈(堯曰)≫

'비록 이민족 지역에 가더라도 버려서는 안 된다.'는 것과 같다. 다섯 가지 조목은 자장의 부족한 점에 근거하여 말씀한 것일 뿐이다. '임(任)'은 '의지하다'이다. 또 그 효험이 이와 같음을 말씀한 것이다.

○장경부(張敬夫)가 말하였다. "천하에서 이 다섯 가지를 실천할 수 있다면 그 마음이 공평하고 두루 미칠 것을 알 수 있다. 그러나 공경이 아마도 근본일 것이다."

○이씨[이욱(李郁)]가 말하였다. "이 장은 육언(六言)·육폐(六蔽), 오미(五美)·사악(四惡) 등의 것들과 함께, 모두 앞뒤의 문체와는 크게 서로 다르다."

양화17 제7장

17-07-1 ◉佛肸이 召어늘 子欲往이러시다.

●佛肸은 晉大夫趙氏之中牟宰也라.

한자 佛 비슷할 불·부처 불·성할 발(勃과 통용)·도울 필(弼과 통용)·**성 필**, 肸 소리 울릴 힐

필힐이 부르자 공자가 가려고 하였다.

○필힐은 진(晉)나라 대부인 조씨[조간자(趙簡子)]의 중모읍 읍재이다.

17-07-2 ◉子路曰이라. 昔者에 由也聞諸夫子하니 曰親於其身에 爲不善者어든 君子는 不入也라. 佛肸이 以中牟畔이어늘 子之往也는 如之何잇고?

●子路는 恐佛肸之浼夫子故로 問此以止夫子之行이라. 親은 猶自也라. 不入은

不入其黨也라.

자로가 말하였다. "옛날에 제가 선생님께 듣기에, '직접 그 자신에게서 불선을 행하는 자에게는 군자가 들어가지 않는다.'라고 하셨습니다. 필힐이 중모읍으로 배반하였는데 선생님께서 가시는 것은 어째서입니까?"

○자로는 필힐이 공자를 더럽힐까 걱정하였기 때문에 이것을 물어 공자가 가는 것을 제지하였다. '친(親)'은 '직접'과 같다. '불입(不入)'은 그의 무리에 들어가지 않는 것이다.

17-07-3 ◉子曰이라. 然하다. 有是言也어니와 不曰堅乎아, 磨而不磷이니라. 不曰白乎아, 涅而不緇니라.

●磷은 薄也라. 涅은 染皁物이라. 言人之不善이 不能浼己라.
●楊氏曰이라. 磨不磷하고 涅不緇而後에 無可無不可12)라. 堅白不足而欲自試於磨涅이면 其不磷緇也者가 幾希리라.

한자 磷 **얇아질 린**·닳을 린, 涅 검은 진흙 날[녈]·**검게 물들일 날**, 緇 검은 비단 치·**검을 치**, 皁 하인 조·**검은색 조**, 浼 더럽힐 매

공자가 말씀하였다. "그렇다. 그런 말이 있었지만 단단하다고 하지 않겠는가, 갈아도 얇아지지 않으니. 희다고 하지 않겠는가, 검게 물들여도 검어지지 않으니.

○'인(磷)'은 '얇아지다'이다. '열(涅)'은 검게 염색하는 물건[개흙]이다. 남의 불선이 나를 더럽힐 수 없다고 말씀한 것이다.
○양씨[양시(楊時)]가 말하였다. "갈아도 얇아지지 않고 검게 물들여도 검

12) ≪논어(論語)·미자(微子)≫, "나는 이와 달라서 (이래야) 된다고 고집함도 없고, (이러면) 안 된다고 고집함도 없다.(我則異於是, 無可無不可.)"

어지지 않은 뒤에, (이래야) 된다고 고집함도 없고 (이러면) 안 된다고 고집함도 없다. 단단함과 희기가 부족한데도 갈거나 검게 물들이는 데에 스스로를 시험한다면, 아마도 얇아지고 검어지지 않을 자가 거의 드물 것이다."

17-07-4 ◉吾豈匏瓜也哉리오. 焉能繫而不食이리오.

●匏는 瓠也라. 匏瓜는 繫於一處而不能飮食이나 人則不如是也라.
●張敬夫曰이라. 子路昔者之所聞은 君子守身之常法이요 夫子今日之所言은 聖人體道之大權也라. 然이나 夫子於公山·佛肹之召에 皆欲往者는 以天下無不可變之人이요 無不可爲之事也로되 其卒不往者는 知其人之終不可變而事之終不可爲耳라. 一則生物之仁이요 一則知人之智也니라.

한자 匏 박 포·**바가지 포**, 瓠 **바가지 호**·병 호

내가 어찌 바가지이겠는가. 어찌 매달려 있으면서 먹지 않을 수 있겠는가."

○'포(匏)'는 바가지이다. 바가지는 한 곳에 매달려 있어 마시고 먹을 수가 없으나 사람은 이와 같지 않다.
○장경부(張敬夫)가 말하였다. "자로가 옛날에 들었던 것은 군자가 자신을 지키는 한결같은 법이고, 공자가 지금 말씀한 것은 성인이 도를 체득한 큰 권도이다. 그러나 공자가 공산불요와 필힐의 부름에 모두 가려고 했던 것은 천하에 변화될 수 없는 사람이 없고 이룰 수 없는 일이 없기 때문이었지만, 끝내 가지 않은 것은 그 사람들이 끝내 변화될 수 없고 일이 끝내 이루어질 수 없음을 알았기 때문이다. 하나는 만물을 내는 인이고, 하나는 사람을 아는 지혜이다."

⊠ 양화17 第8장

17-08-1 ◉子曰이라. 由也아. 女聞六言六蔽矣乎아? 對曰이라. 未也로이다.

●蔽는 遮掩也라.

한자 蔽 덮을 폐·**폐단 폐**·개괄할 폐, 遮 막을 차, 掩 가릴 엄

공자가 말씀하였다. "유야! 너는 여섯 가지 말에 따른 여섯 가지 폐단에 대하여 들었느냐?" (자로가) 대답하였다. "아직 듣지 못하였습니다."

○'폐(蔽)'는 '가리다'이다.

17-08-2 ◉居[13]하라. 吾語女하리라.

●禮에 君子가 問更端則起而對[14]라. 故로 夫子諭子路하여 使還坐而告之라.

(공자가 말씀하였다.) "앉거라. 내가 너에게 말해 주겠다.

○예법에, 군자가 다른 일에 대하여 물으면 일어나서 대답한다. 그러므로 공자가 자로에게 일러, 다시 앉도록 하고 말씀해준 것이다.

---

13) 거(居) : 본의가 '앉다[坐]'이다.

14) ≪예기(禮記)·곡례상(曲禮上)≫, "군자를 모시고 앉아있을 때 군자가 다른 일에 대하여 물으면 일어나서 대답한다.(侍坐於君子, 君子**問更端**, 則起而對.)"라고 하였는데, 십삼경본 ≪예기정의(禮記正義)≫에서, "경단(更端)은 다른 일이다.(更端, 別事也.)"라고 풀이하였다.

17-08-3 ◉好仁不好學이면 其蔽也愚이고 好知不好學이면 其蔽也蕩이라. 好信不好學이면 其蔽也賊[15]이고 好直不好學이면 其蔽也絞[16]라. 好勇不好學이면 其蔽也亂[17]이고 好剛不好學이면 其蔽也狂이니라.

●六言은 皆美德이나 然徒好之而不學以明其理면 則各有所蔽라. 愚는 若可陷可罔[18]之類요 蕩은 謂窮高極廣而無所止[19]요 賊은 謂傷害於物이라. 勇者는 剛之發이요 剛者는 勇之體라. 狂은 躁率也라.

●范氏曰이라. 子路는 勇於爲善이나 其失之者는 未能好學以明之也故로 告之以此라. 曰勇·曰剛·曰信·曰直은 又皆所以救其偏也라.

한자 蕩 흔들 탕·**방탕할 탕**·씻을 탕·드넓을 탕, 絞 감을 교·목맬 교·**급박할 교**

인을 좋아하면서 배우기를 좋아하지 않으면 그 폐단은 어리석음이고, 지혜를 좋아하면서 배우기를 좋아하지 않으면 그 폐단은 방탕함이다. 신의를 좋아하면서 배우기를 좋아하지 않으면 그 폐단은 해침이고, 정직을 좋아하면서 배우기를 좋아하지 않으면 그 폐단은 각박함이다. 용맹을 좋아하면서 배우기를 좋아하지 않으면 그 폐단은 난폭함이고, 굳셈을 좋아하면서 배우기를 좋아하지 않으면 그 폐단은 조급함이다."

---

15) 집주에서 '적(賊)'을 "상대를 해치다.(傷害於物)"라고 하였는데, 그 '상대'는 물론 자신도 포함되는 개념이다. 신의 때문에 자신을 해치는 예가 ≪논어(論語)·헌문(憲問)≫편에서 언급한, '일반 백성들이 작은 신의를 지키느라 스스로 도랑에서 목매어 죽는 것(若匹夫匹婦之爲諒也, 自經於溝瀆)'이다.

16) ≪논어·태백(泰伯)≫, "정직하면서 예가 없으면 각박하다.(直而無禮則絞.)"

17) ≪논어·태백≫, "용감하면서 예가 없으면 난폭하다.(勇而無禮則亂.)"

18) ≪논어·옹야(雍也)≫, "재아가 물었다. '인한 자는 비록 그에게 우물에 사람이 있다고 알려주더라도 아마 따라 들어가겠군요.' 공자가 말씀하였다. '어찌 그렇겠는가. 군자는 가게 할 수는 있으나 빠지게 할 수는 없으며, 속일 수는 있으나 미혹시킬 수는 없다.(宰我問曰. 仁者雖告之曰, 井有仁焉, 其從之也. 子曰. 何爲其然也. 君子, 可逝也, 不可陷也, 可欺也, 不可罔也.)"

19) 세주에서 남헌 장씨[南軒張氏, 장경부(張敬夫)]는, "지혜를 좋아하면서 배우기를 좋아하지 않으면 그 총명을 적용함에 요점을 둘 곳을 알지 못한다. 그러므로 그 폐단은 방탕함이다.(好知不好學, 則用其聰明, 而不知約之所在. 故其蔽, 蕩.)"라고 설명하였다.

○'육언(六言)'은 모두 아름다운 덕이지만 그저 좋아하기만 하고 배움으로써 그 이치를 밝히지 않으면 각각 가려지는 것이 있다. '우(愚)'는 빠뜨릴 수 있고 속일 수 있는 것과 같은 종류이고, '탕(蕩)'은 높은 것을 다하고 넓은 것을 끝까지 하여 그치는 곳이 없는 것이고, '적(賊)'은 상대를 해치는 것을 이른다. 용맹이라는 것은 굳셈이 드러나는 것이고, 굳셈이라는 것은 용맹의 본질이다. '광(狂)'은 조급하고 경솔함이다.

○범씨[범조우(范祖禹)]가 말하였다. "자로는 선을 행하는 데에 용감하였으나, 그가 잘못한 것은 배움을 좋아함으로써 그 이치를 밝힐 수 없었던 것이었기 때문에 이로써 말씀해준 것이다. 용맹·굳셈·신의·정직을 말씀한 것은 더욱이 모두가 그의 치우침을 바로잡는 방법이었다."

양화17 제9장

17-09-1 ◉子曰이라. 小子는 何莫學夫詩오.

◉小子는 弟子也라.

공자가 말씀하였다. "너희들은 어찌 시를 배우지 않는가.

○'소자(小子)'는 제자들이다.

17-09-2 ◉詩는 可以興이며,

◉感發志意라.

시는 (뜻을) 일으킬 수 있으며,

○뜻을 감동시켜 일어나게 한다.

17-09-3 ◉可以觀이며,

●考見得失이라.

(시속을) 살필 수 있으며,

○잘잘못을 살펴 안다.

17-09-4 ◉可以群이며,

●和而不流[20]라.

어울릴 수 있으며,

○화합하면서 휩쓸리지 않는다.

17-09-5 ◉可以怨이며,

●怨而不怒라.

원망[풍자]할 수 있으며,

---

20) ≪중용(中庸)·제10장≫, "군자는 화합하면서 휩쓸리지 않으니 강하구나, 꿋꿋함이여. 가운데에 서서 기울지 않으니 강하구나 꿋꿋함이여. 나라에 도가 있을 때에는 곤궁할 때의 지조를 변치 않으니 강하구나 꿋꿋함이여. 나라에 도가 없을 때에는 죽음에 이르러도 지조를 변치 않으니 강하구나 꿋꿋함이여.(君子, **和而不流**, 強哉矯. 中立而不倚, 強哉矯. 國有道, 不變塞焉, 強哉矯. 國無道, 至死不變, 強哉矯.)"

○원망하면서도 성내지는 않는다.

17-09-6 ◉邇之[21]事父며 遠之事君이요,

◉人倫之道가 詩無不備한대 二者는 擧重而言이라.

가까이는 어버이를 섬기고 멀리는 군주를 섬기며,

○인륜의 도리가 시에 갖추어지지 않은 것이 없는데, 두 가지는 중요한 것을 들어서 말씀한 것이다.

17-09-7 ◉多識於鳥獸草木之名이니라.

◉其緖餘도 又足以資多識이라. 學詩之法을 此章에 盡之하니 讀是經者는 所宜盡心也니라.

한자 緖 실마리 서·**나머지 서**

새와 짐승, 풀과 나무의 이름을 많이 알게 한다."

○그 나머지도 또 많은 지식을 도움 받을 수 있다. 시를 배우는 방법을 이 장에서 극진하게 하였으니, 이 경서[≪시경≫]를 읽는 자들은 마음을 다해야 할 것이다.

---

21) 지(之) : 앞 단어를 부사화시키는 기능의 어조사이다.

※ 양화17 제10장

17-10 ◉子謂伯魚曰이라. 女爲周南召南矣乎아. 人而不爲周南召南이면 其猶正牆面[22]而立也與인저.

●爲는 猶學也라. 周南과 召南은 詩首篇名이니 所言이 皆修身齊家之事라. 正牆面而立은 言卽其至近之地하여 而一物無所見하고 一步不可行이라.

공자가 백어에게 말씀하였다. "너는 <주남>과 <소남>을 공부하였느냐? 사람으로서 주남과 소남을 공부하지 않으면 아마 똑바로 얼굴을 담으로 향해 선 것과 같을 것이다."

○'위(爲)'는 '학(學)'과 같다. <주남>과 <소남>은 ≪시경≫의 맨 앞 편명인데, 읊은 것이 모두 자신을 수양하고 집안을 다스리는 일이다. '똑바로 얼굴을 담으로 향해 선다'는 것은 아주 가까운 곳에 다가가, 한 가지도 보이는 것이 없고 한 걸음도 갈 수 없다는 말씀이다.

※ 양화17 제11장

17-11 ◉子曰이라. 禮云禮云이나 玉帛云乎哉아. 樂云樂云이나 鐘鼓云乎哉아.

●敬而將之以玉帛則爲禮요 和而發之以鐘鼓則爲樂이라. 遺其本而專事其末이면 則豈禮樂之謂哉리오.

---

22) ≪서경(書經)·주서(周書)·주관(周官)≫, "의심이 쌓이면 계책을 무너뜨리고 게으르고 소홀하면 정사를 황폐시키며, 배우지 않으면 얼굴을 담으로 향해 선 것과 같아서 일을 처리함이 번거로울 것이다.(蓄疑敗謀, 怠忽荒政. 不學, 牆面, 莅事惟煩.)"

●程子曰이라. 禮는 只是一箇序요 樂은 只是一箇和니 只此兩字가 含蓄多少義理라. 天下에 無一物無禮樂이라. 且如置此兩椅에 一不正이면 便是無序라. 無序면 便乖요 乖면 便不和라. 又如盜賊이 至爲不道나 然亦有禮樂이라. 蓋必有總屬하여 必相聽順이라야 乃能爲盜요 不然이면 則叛亂無統하여 不能一日相聚而爲盜也라. 禮樂은 無處無之하니 學者要須識得이라.

한자 總 모을 총·맬 총·**거느릴 총**, 統 거느릴 통·합칠 통·법 통·**계통 통**

공자가 말씀하였다. "예라 예라 하는데 패옥과 비단을 이르겠는가. 음악이라 음악이라 하는데 종과 북을 이르겠는가."

○경건하면서 패옥과 비단으로 받드는 것이 예이고, 조화로우면서 종과 북으로 드러내는 것이 음악이다. 그 근본을 버리고 오로지 그 말단만을 일삼는다면 어찌 예악이라고 하겠는가.

○정자가 말하였다. "예는 단지 하나의 질서일 뿐이고, 음악은 단지 하나의 조화일 뿐이니, 단지 이 두 글자가 많은 도리를 함축하고 있다. 천하에는 단 한 가지도 예악이 없는 것이 없다. 우선 예를 들자면 이것[23]을 두 개의 의자에 놓는데 (의자) 하나가 바르지 않으면 곧 질서가 없는 것이다. 질서가 없으면 바로 어긋나고 어긋나면 바로 조화롭지 못하다. 또 예를 들자면 도적들이 지극히 무도하지만 역시 예악이 있다. 반드시 우두머리와 부하가 있어서 상대를 따라야만 도적질을 할 수 있고, 그렇지 않으면 배반하고 어지러워 기강이 없어져 하루도 서로 모여 도적질을 할 수 없다. 예악은 그것이 없는 곳이 없으니 학자들은 반드시 알아야 한다."

---

23) 이것은 말안장이다. 송(宋) 구양수(歐陽修) ≪귀전록(歸田錄)·권하(卷下)≫에, "오늘날의 사대부들은 결혼하는 날 저녁에 두 개의 의자를 서로 등지게 하고 말안장 하나를 놓는다. 그 위에 새신랑을 반대 방향으로 앉히고 세 잔의 술을 마시게 한다.(今之士族, 當婚之夕, 以兩椅相背, 置一馬鞍. 反令壻坐其上, 飮以三爵.)"라고 하였다.

양화17 제12장

17-12 ◉子曰이라. 色厲而內荏을 譬諸小人하면 其猶穿窬之盜也與인저.

●厲는 威嚴也요 荏은 柔弱也라. 小人은 細民也라. 穿은 穿壁이요 窬는 踰牆이니 言其無實盜名而常畏人知也라.

한자 厲 숫돌 려·갈 려·**엄할 려**·분발할 려, 荏 들깨 임·**유약할 임**, 窬 협문 유· 뚫을 유·**뛰어넘을 유**(踰와 통용)

공자가 말씀하였다. "안색은 근엄하면서 내면이 유약한 것을 일반 백성에게서 비유하자면, 아마도 벽을 뚫고 담을 넘는 도둑과 같을 것이다."

○'여(厲)'는 '위엄스럽다'이고, '임(荏)'은 '유약하다'이다. 소인은 백성이다. '천(穿)'은 벽을 뚫는 것이고, '유(窬)'는 담을 넘는 것이니, 그가 실제가 없이 명성만 훔쳐서 항상 남들이 알까 두려워함을 말씀한 것이다.

양화17 제13장

17-13 ◉子曰이라. 鄕原은 德之賊也니라.

●鄕者는 鄙俗之意라. 原은 與愿同하니 荀子의 原愨[24]을 註에 讀作愿이 是

---

24) ≪순자(荀子)·영욕(榮辱)≫, "효성스럽고 공손하며 신중하고 성실하며 힘쓰고 노력하여 자신의 일을 돈독하게 하며 감히 게으르지 않은 것이, 백성들이 따뜻하게 입고 배불리 먹으며, 오래도록 생을 누리고 형벌을 면하는 방법이다.(孝弟**原愨**, 軥錄疾力, 以敦比其事業, 而不敢怠傲, 是庶人之所以取煖衣飽食, 長生久視, 以免於刑戮也.)"

也라. 鄕原은 鄕人之愿者也니 蓋其同流合汚하여 以媚於世故로 在鄕人之中에 獨以愿稱이라. 夫子는 以其似德非德而反亂乎德故로 以爲德之賊而深惡之라. 詳見孟子末篇이라.25)

한자 愿 **신중할 원**·성실할 원, 慤 성실할 각, 媚 좋아할 미·**아첨할 미**·아름다울 미

공자가 말씀하였다. "고을에서 점잖은 (체하는) 사람은 덕을 해치는 자이다."

○'향(鄕)'이라는 것은 '비속하다'는 의미이다. '원(原)'은 '원(愿)'과 같으니 ≪순자≫에 나오는 '원각(原慤)'을 주(註)에서 '원(愿)'으로 해설한 것이 그것이다. 향원은 고을 사람들 중에 점잖은 사람이니, 시류에 동화하고 더러움에 영합하여 세속에 아첨하기 때문에, 고을 사람들 중에서 유독 점잖음으로 칭송받는다. 공자는 그것이 덕과 비슷하나 덕이 아니고 도리어 덕을 어지럽히기 때문에 덕을 해치는 자라고 하여 심히 미워하였다. 자세한 것이 ≪맹자≫ 마지막 편에 보인다.

양화17 제14장

17-14 ◉子曰이라. 道聽而塗說이면 德之棄也니라.

●雖聞善言이나 不爲己有니 是自棄其德也라.

---

25) ≪맹자(孟子)·진심하(盡心下)≫, "만장이 말하였다. '온 고을에서 모두 점잖은 사람이라고 이른다면 가는 곳마다 점잖은 사람이 아님이 없는데, 공자께서 덕을 해치는 자라고 하신 것은 어째서입니까?' '비난하려 해도 들 것이 없고 풍자하려 해도 풍자할 것이 없으며, 유행하는 풍속과 동화하고 더러운 세상에 영합한다. 생활함에 충실하고 신의로운 듯하며, 행동함에 청렴하고 결백한 듯하여, 여러 사람들이 모두 좋아하니 스스로 옳다고 여기지만 함께 요임금과 순임금의 도에 들어갈 수 없다. 그러므로 덕을 해치는 자라고 한 것이다.(萬章曰. 一鄕, 皆稱原人焉, 無所往而不爲原人, 孔子以爲德之賊, 何哉? 曰非之無擧也, 刺之無刺也, 同乎流俗, 合乎汚世. 居之似忠信, 行之似廉潔, 衆皆悅之, 自以爲是而不可與入堯舜之道. 故曰**德之賊**也.)"

●王氏曰이라. 君子는 多識前言往行하여 以畜其德[26]이라. 道聽塗說이면 則棄之矣라.

공자가 말씀하였다. "이 길에서 듣고 다른 길에서 말하면 덕을 버리는 것이다."

○비록 좋은 말을 듣더라도 자기의 소유로 만들지 않으면 이는 스스로 그 덕을 버리는 것이다.

○왕씨[왕안석(王安石)]가 말하였다. "군자는 예전의 언행을 많이 앎으로써 자신의 덕을 쌓는다. 이 길에서 듣고 다른 길에서 말하면 그것을 버리게 된다."

양화17 제15장

17-15-1 ◉子曰이라. 鄙夫는 可與事君也與哉아.

●鄙夫는 庸惡陋劣之稱이라.

공자가 말씀하였다. "천박한 사람은 함께 군주를 섬길 수 있겠는가.

○'비부(鄙夫)'는 어리석고 악하며 비천하고 졸렬한 자의 칭호이다.

17-15-2 ◉其未得之也에는 患得之하고 旣得之하여는 患失之하나니,

●何氏曰이라. 患得之는 謂患不能得之라.

---

26) ≪주역(周易)·대축(大畜)≫, "하늘이 산(山) 가운데에 있는 것이 대축(大畜)이니, 군자가 보고서 예전의 언행을 많이 앎으로써 자기의 덕을 쌓는다.(天在山中, 大畜, 君子以多識前言往行, 以畜其德.)"

그가 얻기 전에는 그것을 얻을 것을 걱정하고, 얻은 뒤에는 그것을 잃을까를 걱정하니,

○하씨[하안(何晏)]가 말하였다. "그것을 얻을 것을 걱정한다는 것은 그것을 얻을 수 없을까를 걱정함을 이른다."

17-15-3 ◉苟患失之면 無所不至矣니라.

●小則吮癰舐痔[27]와 大則弑父與君이 皆生於患失而已라.
●胡氏曰이라. 許昌靳裁之有言하니 曰士之品에 大概有三이라. 志於道德者는 功名이 不足以累其心이요 志於功名者는 富貴가 不足以累其心이요 志於富貴而已者는 則亦無所不至矣라. 志於富貴가 卽孔子所謂鄙夫也라.

한자 吮 빨 연, 癰 악창 옹, 舐 핥을 지, 痔 치질 치, 靳 가슴걸이 근·아낄 근

만일 그것을 잃을까를 걱정한다면 이르지 않을 곳이 없게 된다."

○작게는 종기를 빨고 치질을 핥는 것과 크게는 부모와 군주를 시해하는 것이 모두 잃을까를 걱정하는 데에서 생기는 것일 뿐이다.
○호씨[호인(胡寅)]가 말하였다. "허창의 근재지가 한 말이 있으니, '선비의 등급에 대개 세 가지가 있다. 도덕에 뜻을 둔 자는 공명이 그의 마음을 얽맬 수 없고, 공명에 뜻을 둔 자는 부귀가 그의 마음을 얽맬 수 없으며, 부귀에만 뜻을 둔 자는 역시 못하는 짓이 없다.'라고 하였다. 부귀에 뜻을 둔 자가 바로 공자가 말씀한 '천박한 사람'이다."

---

27) ≪한서(漢書)·등통전(鄧通傳)≫, "문제(文帝)가 일찍이 종기를 앓은 적이 있었는데 등통이 항상 황제를 위해 그것을 빨아주었다.(文帝嘗病癰, 鄧通常爲上嗽吮之.)" ; ≪장자(莊子)·열어구(列御寇)≫, "진(秦)나라 군주가 병이 나서 의원을 불렀는데, 종기를 터뜨려주는 자는 수레 한 대를 받고 치질을 핥아주는 자는 수레 다섯 대를 받았다. 치료하는 곳이 더욱 낮을수록 수레를 받는 것이 더욱 많았다.(秦王有病召醫, 破癰潰痤者, 得車一乘, 舐痔者, 得車五乘. 所治愈下, 得車愈多.)"

양화17 第16장

17-16-1 ◉子曰이라. 古者에 民有三疾이러니 今也에는 或是之亡[28]也로다.

●氣失其平則爲疾이라. 故로 氣禀之偏者도 亦謂之疾이라. 昔所謂疾이 今亦亡之는 傷俗之益偸也니라.

공자가 말씀하였다. "옛날에는 백성들에게 세 가지 병[병폐]이 있었는데, 지금은 아마 그것마저 없는 듯하다.

○기운이 평정을 잃으면 병이 된다. 그러므로 기질이 치우친 것도 역시 병이라고 한다. 옛날에 병이라고 하던 것이 지금은 그것마저 없다는 것은 풍속이 더욱 야박해진 것을 가슴아파한 것이다.

17-16-2 ◉古之狂也는 肆러니 今之狂也는 蕩이요 古之矜也는 廉이러니 今之矜也는 忿戾요 古之愚也는 直이러니 今之愚也는 詐而已矣로다.

●狂者는 志願太高라. 肆는 謂不拘小節이나 蕩則踰大閑矣[29]라. 矜者는 持守太嚴이라. 廉은 謂稜角陗厲나 忿戾則至於爭矣라. 愚者는 暗昧不明이라. 直은 謂徑行[30]自遂나 詐則挾私妄作矣라.

---

28) 시지무(是之亡) : '그것이 없다(亡是)'의 동사+목적어 구조에서 동사와 목적어를 도치하고 도치 표시의 '지(之)'자를 첨가한 구조이다.

29) ≪논어(論語)·자장(子張)≫, "자하가 말하였다. '큰 덕목이 한계를 넘지 않으면, 작은 덕목은 드나들더라도 괜찮다.'(子夏曰. **大德不踰閑**, 小德, 出入可也.)"

30) ≪예기(禮記)·단궁하(檀弓下)≫, "예에는 감정을 줄이게 하는 것이 있고(예를 들면 효자의 경우이다), 본디 마음가짐을 외재적 사물(상복 등)에 의해 일으키게 하는 것이 있다.(예를 들면 불효자의 경우이다) 감정을 곧이곧대로 하여 그대로 행하는 것이 있다면

◉范氏曰이라. 末世滋僞하니 豈惟賢者가 不如古哉리오. 民性之蔽도 亦與古人異矣라.

한자 肆 뚜렷할 사·**방자할 사**·베풀 사, 矜 **엄숙할 긍**·자랑할 긍·불쌍히 여길 긍, 戾 어그러질 려·**사나울 려**, 稜 모 릉, 陗 가파를 초·**급할 초**, 徑 지름길 경·**곧을 경**, 滋 불을 자·**더욱 자**

옛날의 광자는 대범했는데 지금의 광자는 방탕하고, 옛날의 엄숙한 자는 준엄하였는데 지금의 엄숙한 자는 사납고, 옛날의 어리석은 자는 정직하였는데 지금의 어리석은 자는 거짓될 뿐이다."

○광자(狂者)는 포부와 소망이 너무 높다. '사(肆)'는 작은 예절에 구애받지 않는 것을 이르는데, 방탕하면 큰 한계를 넘어서게 된다. 엄숙한 자는 지키는 것이 너무 엄하다. '염(廉)'은 모가 나서 준엄한 것을 이르는데, 사나우면 다툼에 이르게 된다. 어리석은 자는 어두워서 총명하지 못하다. '직(直)'은 곧이곧대로 행하여 자신의 뜻을 이루는데, 거짓되면 사심을 지닌 채 함부로 행동하게 된다.

○범씨[범조우(范祖禹)]가 말하였다. "말세는 더욱 거짓되니 어찌 훌륭한 자만이 옛날만 못하겠는가. 백성들의 성품이 가려진 것도 역시 옛날 사람과 달라졌다."

양화17 제17장

17-17 ◉子曰이라. 巧言令色이 鮮矣仁이니라.

◉重出[31]이라.

오랑캐의 도이다.(禮, 有微情者, 有以故興物者. 有直情而徑行者, 戎狄之道也.)"

31) ≪논어(論語)·학이(學而)≫

공자가 말씀하였다. "말을 잘 꾸미고 얼굴빛을 좋게 하는 사람 중에는 인한 자가 드물다."

○거듭 나왔다.

양화17 제18장

17-18 ◉子曰이라. 惡紫之奪朱也하며 惡鄭聲之亂雅樂也하며 惡利口之覆邦家者하노라.

●朱는 正色이요 紫는 間色이라. 雅는 正也라. 利口는 捷給이라. 覆은 傾敗也라.

●范氏曰이라. 天下之理가 正而勝者는 常少하고 不正而勝者는 常多하니 聖人所以惡之也[32]라. 利口之人은 以是爲非하고 以非爲是하며 以賢爲不肖하고 以不肖爲賢이라. 人君이 苟悅而信之면 則國家之覆也는 不難矣라.

한자 紫 자줏빛 자, 雅 **바를 아**·우아할 아·평소 아, 捷 이길 첩·**빠를 첩**, 覆 쏟을 복·**뒤집을 복**·뒤집힐 복·넘어질 복·덮을 부

공자가 말씀하였다. "자주색이 붉은색의 자리를 빼앗는 것을 미워하고, 정나라 음악이 정악(正樂)을 어지럽히는 것을 미워하며, 말을 잘하는 사람이 나라를 뒤엎는 것을 미워한다."

---

32) ≪맹자(孟子)·진심하(盡心下)≫, "공자가 말씀하였다. '비슷하면서 아닌 것을 미워한다. 가라지를 미워하는 것은 그것이 벼싹을 어지럽힐까를 염려해서이고, 말재주를 미워하는 것은 그것이 의를 어지럽힐까를 염려해서이다. 말 잘하는 이를 미워하는 것은 그가 신의를 어지럽힐까를 염려해서이고, 정나라 음악을 미워하는 것은 그것이 정악(正樂)을 어지럽힐까를 염려해서이다. 자주색을 미워하는 것은 그것이 붉은색을 어지럽힐까를 염려해서이고, 향원을 미워하는 것은 그가 덕을 어지럽힐까를 염려해서이다.'(孔子曰. 惡似而非者, 惡莠恐其亂苗也, 惡佞恐其亂義也, 惡利口恐其亂信也, 惡鄭聲恐其亂樂也, **惡紫恐其亂朱也, 惡鄉原恐其亂德也.**)"

○붉은색은 정색이고 자주색은 간색이다. '아(雅)'는 '바르다'이다. '이구(利口)'는 말이 재빠르고 많은 것이다. '복(覆)'은 기울어 망하게 하는 것이다.
○범씨[범조우(范祖禹)]가 말하였다. "천하의 이치가, 바르면서 이기는 것은 항상 적고 바르지 못하면서 이기는 것은 항상 많으니 성인이 그것을 미워하는 이유이다. 말을 잘하는 사람은, 옳은 것을 그른 것으로 만들고 그른 것을 옳은 것으로 만들며, 훌륭한 사람을 못난 사람으로 만들고 못난 사람을 훌륭한 사람으로 만든다. 군주가 만일 그를 좋아하고 믿는다면 국가가 뒤엎어지는 것은 어렵지 않다."

양화17 제19장

17-19-1 ◉子曰이라. 予欲無言하노라.

◉學者가 多以言語觀聖人하여 而不察其天理流行之實은 有不待言而著者라. 是以로 徒得其言而不得其所以言이라. 故로 夫子發此以警之니라.

공자가 말씀하였다. "나는 말이 없고자 한다."

○배우는 자들이 대부분 언어로 성인을 관찰하여, 천리가 두루 행해지는 실체는 말을 필요로 하지 않고서 드러나는 것이 있음을 살피지 못하였다. 이 때문에 단지 그 말씀만을 터득하고 그 말씀한 원인을 터득하지 못하였다. 그러므로 공자가 이 말씀을 내어 깨우친 것이다.

17-19-2 ◉子貢曰이라. 子如不言이시면 則小子가 何述焉이리잇고?

◉子貢이 正以言語觀聖人者라. 故로 疑而問之라.

자공이 말하였다. “선생님께서 만약 말씀하지 않으시면 저희들이 무엇을 전하겠습니까?”

○자공이 바로 언어로 성인을 관찰한 자이다. 그러므로 의심이 나서 질문한 것이다.

17-19-3 ◉子曰이라. 天何言哉시리오. 四時行焉하며 百物生焉하나니 天何言哉시리오.

●四時行하고 百物生은 莫非天理發見流行之實이니 不待言而可見이라. 聖人一動一靜은 莫非妙道精義之發이니 亦天而已라. 豈待言而顯哉리오. 此亦開示子貢之切이어늘 惜乎라 其終不喩也여.
●程子曰이라. 孔子之道는 譬如日星之明이로되 猶患門人未能盡曉라. 故로 曰予欲無言이라. 若顔子則便默識이나 其他則未免疑問이라. 故로 曰小子何述한대 又曰天何言哉리오. 四時行焉하며 百物生焉이라하니 則可謂至明白矣로다.
●愚按컨대 此는 與前篇無隱之意33)로 相發하니 學者詳之라.

공자가 말씀하였다. “하늘이 무엇을 말하겠는가. (그러나) 네 계절이 운행되고 만물이 자라나니, 하늘이 무엇을 말하겠는가.”

○네 계절이 운행되고 만물이 자라남은 천리가 드러나 두루 행해지는 실체가 아닌 것이 없으니, 말을 필요로 하지 않고도 볼 수 있다. 성인의 모든 움직임은 오묘한 도와 정밀한 의리의 발현이 아닌 것이 없으니 또한 천리일 뿐이다. 어찌 말을 필요로 하여 드러나겠는가. 이것도 역시 자공에게 깨우쳐서 보인 것이 절실한데 애석하게도 그는 끝내 깨닫지 못했구나.

---

33) ≪논어(論語)·술이(述而)≫, “공자가 말씀하였다. ‘너희들은 내가 숨긴다고 여기느냐? 나는 너희들에게 숨기는 것이 없다. 나는 행동하면서 너희들에게 보여주지 않은 것이 없으니, 그것이 나이다.’(子曰. 二三者, 以我爲隱乎? 吾無隱乎爾. 吾無行而不與二三子者, 是丘也.)”

○정자가 말하였다. "공자의 도는, 비유하자면 해와 별의 밝음과 같은데도 오히려 제자들이 다 깨닫지 못할까를 염려하였다. 그래서 '나는 말이 없고자 한다.'라고 말씀한 것이다. 만일 안자였다면 바로 말없이 알았겠지만 그 이외의 사람들은 의심이 나서 질문하기를 면치 못하였을 것이다. 그래서 '저희들이 무엇을 전하겠습니까?'라고 하자 다시 '하늘이 무엇을 말하겠는가. 네 계절이 운행되고 만물이 자라난다.'라고 말씀하였으니 지극히 분명하다고 이를 수 있겠다."

○내가 살펴보건대, 이것은 앞 편의, '숨김이 없다[無隱]'는 뜻과 서로를 밝혀주니 학자들은 자세히 살필 것이다.

양화17 제20장

17-20 ◉孺悲가 欲見孔子어늘 孔子는 辭以疾하시고 將命者가 出戶어늘 取瑟而歌하사 使之聞之하시다.

●孺悲는 魯人이라. 嘗學士喪禮於孔子어늘 當是時에 必有以得罪者라. 故로 辭以疾하고 而又使知其非疾하여 以警敎之也라.

●程子曰이라. 此는 孟子所謂不屑之敎誨[34]니 所以深敎之也니라.

한자 將 장차 장·받들 장·**전할 장**·나아갈 장, 屑 가루 설·**달갑게 여길 설**

유비가 공자를 뵙고자 하였는데 공자는 병으로 거절하고, 명령을 전하는 자가 방문을 나가자 거문고를 가져다 노래를 불러 그로 하여금 듣게 하였다.

34) ≪맹자(孟子)·고자하(告子下)≫, "가르침이 또한 방법이 많으니, 내가 좋게 여기지 않아 가르쳐 주지 않는 것도, 이 또한 그를 가르치는 것일 뿐이다.(敎亦多術矣, 予**不屑之敎誨**也者, 是亦敎誨之而已矣.)"

○'유비(孺悲)'는 노나라 사람이다. 일찍이 공자에게 사상례(士喪禮)를 배웠는데[35] 그때에 틀림없이 죄를 지은 것이 있었을 것이다. 그러므로 병으로 거절하고 다시 그것이 병이 아님을 알게 하여 그를 일깨워 가르친 것이다.

○정자가 말하였다. "이것은 맹자가 말한, '달갑게 여기지 않는 가르침'이니 그를 깊이 가르친 것이다."

양화17 제21장

17-21-1 ◉宰我問이라. 三年之喪이 期已久矣로소이다.

●期는 周年也라.

재아가 물었다. "삼년상은 1주년이면 이미 깁니다.

○'기(期)'는 1주년(周年)이다.

17-21-2 ◉君子가 三年不爲禮면 禮必壞하고 三年不爲樂이면 樂必崩하리이다.

●恐居喪不習而崩壞也라.

군자가 3년 동안 예를 행하지 않으면 예가 반드시 무너지고, 3년 동안 음악을 행하지 않으면 음악이 반드시 무너질 것입니다.

---

35) ≪예기(禮記)·잡기하(雜記下)≫에, "휼유의 상에 애공이 유비를 공자에게 보내 사상례(士喪禮)를 배우도록 하였다. <사상례>가 그래서 써진 것이다.(恤由之喪, 哀公使孺悲之孔子, **學士喪禮**. 士喪禮於是乎書.)"라고 하였다. ≪의례(儀禮)≫에 사상례(士喪禮) 편이 있다.

○ 상중에 있으면서 익히지 않아 붕괴될까를 염려한 것이다.

17-21-3 ◉舊穀이 旣沒하고 新穀이 旣升하며 鑽燧改火[36]하나니 期可已矣로소이다.

●沒은 盡也요 升은 登也라. 燧는 取火之木也라. 改火는 春取楡柳之火하고 夏取棗杏之火하고 夏季取桑柘之火하고 秋取柞楢之火하고 冬取槐檀之火한대 亦一年而周也라. 已는 止也라. 言期年則天運一周하고 時物皆變하니 喪도 至此可止也라.

●尹氏曰이라. 短喪之說은 下愚且恥言之라. 宰我가 親學聖人之門이로되 而以是爲問者는 有所疑於心而不敢强焉爾리라.

한자 升 되 승, 鑽 끌 찬·끊을 찬·**뚫을 찬**, 燧 부싯돌 수·**부시 나무(木燧)** 수, 楡 느릅나무 유, 棗 대추나무 조, 柘 산뽕나무 자, 柞 상수리나무 작, 楢 졸참나무 유, 槐 회화나무 괴

묵은 곡식이 다 없어지고 새 곡식이 익으며, 부시 나무를 비벼 불을 바꾸니, 1주년이면 그만둘 만합니다."

○'몰(沒)'은 '다하다'이고, '승(升)'은 '익다'이다. '수(燧)'는 불을 얻는 나무이다. '불을 바꾼다'는 것은 봄에는 느릅나무와 버드나무의 불을 취하고, 여름에는 대추나무와 살구나무의 불을 취하며, 늦여름에는 뽕나무와 산뽕나무의 불을 취하고, 가을에는 상수리나무와 졸참나무의 불을 취하며, 겨울에는 회화나무와 박달나무의 불을 취하는데, 역시 1년이면 되풀이된다. '이(已)'는 '그치다'이다. 1주년이면 하늘의 운행이 한 번 되풀이되고 사계절의 경물이 모두 바뀌니, 상례도 이에 이르면 그만둘 만하다고 말한 것

---

36) ≪주례(周禮)·하관(夏官)·사관(司爟)≫, "사관(司爟)은 불을 사용하는 정령(政令)을 담당하여, 네 계절에 나라에서 쓰는 불을 바꾸어 계절의 병통을 구제한다.(司爟, 掌行火之政令, 四時變國火, 以救時疾.)"

이다.

○윤씨[윤돈(尹焞)]가 말하였다. "상기(喪期)를 줄이는 논의는 지극히 어리석은 자도 말하기를 부끄러워한다. 재아가 성인의 문하에서 직접 배우면서도 이것을 질문한 것은, 마음에 의심나는 것이 있어 감히 억지로 하지 못하는 것이 있었을 뿐이리라."

17-21-4 ◉子曰이라. 食夫稻하며 衣夫錦이 於女에 安乎아? 曰安하이다.

●禮에 父母之喪은 既殯에 食粥麤衰하고 既葬에 疏食水飲하고 受[37]以成布라. 期而小祥에 始食菜果하고 練冠縓緣하며 要絰不除[38]라하니 無食稻衣錦之理라. 夫子는 欲宰我反求諸心하여 自得其所以不忍者라. 故로 問之以此러시니 而宰我不察也라.

한자 殯 염할 빈, 粥 죽 죽, **麤** 거칠 추, 練 익힐 련·**누일 련**, 縓 진홍색 전, 絰 질(상복에 두르는 띠) 질

공자가 말씀하였다. "쌀밥을 먹고 비단옷을 입는 것이 너에게 편안하냐?" "편안합니다."

○≪예기(禮記)≫에, "부모의 상례는 빈소를 차린 뒤에 죽을 먹고 거친 상복을 입으며, 장사 지낸 뒤에 거친 밥을 먹고 물을 마시며 고운 베옷을 입는다. 1주년이 되어 소상을 치르고 비로소 채소와 과일을 먹으며, 누인 명주로 관을 만들고 진홍색으로 선을 두르며, 요질(要絰)[39]은 풀지 않는다."라고 하였으니 쌀밥을 먹고 비단옷을 입는 도리는 없다. 공자는 재아가 마음속에서 돌이켜 구하여, 차마 그렇게 하지 못하는 이유를 스스로

---

37) 수(受) : '수복(受服)'으로 '상복(喪服)을 입다'의 뜻이다.
38) ≪예기(禮記)·간전(間傳)≫의 기록이다.
39) 요질(要絰) : 상복(喪服)에서 허리에 매는 띠로 짚에 삼을 섞어 만든다.

터득하기를 바랐다. 그러므로 그에게 이 말로 물었는데 재아가 살피지 못하였다.

17-21-5 ◉女安則爲之하라. 夫君子之居喪에 食旨不甘하며 聞樂不樂하며 居處不安故로 不爲也하나니 今女安則爲之하라.

●此는 夫子之言也라. 旨는 亦甘也라. 初言女安則爲之는 絶之之辭라. 又發其不忍之端하여 以警其不察하고 而再言女安則爲之하여 以深責之라.

"네가 편안하면 그렇게 하여라. 군자는 상중에 있을 때 맛있는 것을 먹어도 달지 않고 음악을 들어도 즐겁지 않으며, 머묾에 편안치 않기 때문에 하지 않는데, 지금 네가 편안하면 그렇게 하여라."

○이것은 공자의 말씀이다. 지(旨) 또한 '맛있다'이다. 처음에 '네가 편안하면 그렇게 하여라'라고 한 것은 그를 끊은 말씀이다. 다시 그 차마 그렇게 하지 못하는 단서를 드러내어 그가 살피지 못함을 경계하였고, 다시 '네가 편안하면 그렇게 하여라'라고 말씀하여 그를 깊이 책망하였다.

17-21-6 ◉宰我가 出커늘 子曰이라. 予之不仁也여. 子生三年然後에 免於父母之懷라. 夫三年之喪은 天下之通喪也니 予也가 有三年之愛於其父母乎아?

●宰我旣出에 夫子는 懼其眞以爲可安而遂行之라. 故로 深探其本而斥之니라. 言由其不仁故로 愛親之薄이 如此也라. 懷는 抱也라. 又言君子所以不忍於親而喪必三年之故하여 使之聞之하여 或能反求而終得其本心也니라.

●范氏曰이라. 喪雖止於三年이나 然賢者之情則無窮也라. 特以聖人爲之中制40)而不敢過故로 必俯而就之요 非以三年之喪爲足以報其親也라. 所謂三年

40) ≪예기(禮記)·삼년문(三年問)≫, "3년상이 25개월로 끝나는 것은 마치 사두마차가 문

然後免於父母之懷는 特以責宰我之無恩으로 欲其有以跂而及之爾[41]니라.

한자 斥 물리칠 척·**직접 가리킬 척**, 跂 육발이 기·**발돋움할 기**

재아가 나가자 공자가 말씀하였다. "재아는 인하지 못하구나. 자식은 태어나서 3년 뒤에 부모의 품에서 벗어난다. 저 삼년상은 천하의 공통된 상례인데, 재여가 그 부모에게서 3년의 사랑이 있었던가?"

○재아가 나간 뒤에 공자는 그가 정말로 편안히 여겨도 된다고 생각하여 마침내 그것을 실행할까 걱정하였다. 그러므로 그 근본을 깊이 찾아서 지적해준 것이다. 그가 인하지 못하기 때문에 어버이를 사랑함이 야박하기가 이와 같다고 말씀한 것이다. '회(懷)'는 '안다'이다. 군자가 어버이에게 차마 그렇게 하지 못하여 상례를 반드시 3년으로 하는 이유를 다시 말씀하여, 그로 하여금 듣고서 혹여 돌이켜 구하여 마침내 그 본심을 터득할 수 있도록 한 것이다.

○범씨[범조우(范祖禹)]가 말하였다. "상례는 비록 3년에 그치지만 훌륭한 자의 마음은 끝이 없다. 다만 성인이 그에 대하여 중도에 맞게 제도화하여 감히 지나칠 수 없기 때문에 반드시 낮추어서 따르는 것이지, 3년의 상례가 어버이에게 보답하기에 충분하다고 여긴 것은 아니다. '3년 뒤에 부모의 품에서 벗어난다.'라고 말씀한 것은 다만 재아에게 은애가 없음을 책망함으로써 그가 발돋움하여 미칠 수 있기를 바란 것일 뿐이다."

틈 앞을 지나가는 것과 같다. 그렇지만 그것(애통한 마음)을 다한다면 이는 끝이 없게 된다. 그러므로 선왕이 이에 대해 중도를 세우고 절차를 마련하였으니, 한결같이 의식과 도리를 이룰 수 있었으면 상을 벗도록 한 것이다.(三年之喪, 二十五月而畢, 若駟之過隙. 然而遂之, 則是無窮也. 故先王焉爲之**立中制節**, 壹使足以成文理, 則釋之矣.)"

41) ≪예기(禮記)·단궁상(檀弓上)≫, "자사가 말하였다. '선왕이 예를 제정한 것은, 지나친 자는 낮추어서 따르게 하고, 미치지 못하는 자는 발돋움하여 미치게 한 것입니다.'(子思曰. 先王之制禮也, 過之者, 俯而就之, 不至焉者, **跂而及之**.)"

⊠ 양화17 제22장

17-22 ◉子曰이라. 飽食終日하여 無所用心이면 難矣哉라. 不有博奕者乎아. 爲之猶賢乎已니라.

●博은 局戲也요 奕은 圍棊也라. 已는 止也라.
●李氏曰이라. 聖人이 非教人博奕也요 所以甚言無所用心之不可爾니라.

한 자 奕 클 혁·밝을 혁·바둑 혁(弈과 통용)

공자가 말씀하였다. "배부르게 먹고 하루를 마치면서 마음을 쓰는 곳이 없다면 곤란하다. 장기나 바둑이라는 것이 있지 않은가. 그것을 하는 것이 오히려 아무것도 안하는 것보다 낫다."

○'박(博)'은 장기이고, '혁(奕)'은 바둑이다. '이(已)'는 '멈추다'이다.
○이씨[이욱(李郁)]가 말하였다. "공자가 사람들에게 장기나 바둑을 하게 한 것이 아니고, 마음을 쓰는 곳이 없어서는 안 됨을 심하게 말씀한 것일 뿐이다."

⊠ 양화17 제23장

17-23 ◉子路가 曰君子는 尙勇乎잇가. 子曰이라. 君子는 義以爲上이니 君子가 有勇而無義면 爲亂이요 小人이 有勇而無義면 爲盜니라.

●尙은 上之也라. 君子爲亂과 小人爲盜는 皆以位而言者也라.
●尹氏曰이라. 義以爲尙이면 則其爲勇也大矣라. 子路好勇故로 夫子以此救其失也라.

●胡氏曰이라. 疑此子路初見孔子時問答也리라.

자로가 말하기를, "군자는 용기를 숭상합니까?"라고 하자 공자가 말씀하였다. "군자는 도리를 으뜸으로 삼으니 군자[위정자]가 용기만 있고 도리가 없으면 난을 일으키고, 소인[백성]이 용기만 있고 도리가 없으면 도적질을 한다."

○'상(尙)'은 '그것을 높이다'이다. 군자가 난을 일으키고 소인이 도적질을 한다는 것은 모두 지위를 가지고 말씀한 것이다.
○윤씨[윤돈(尹焞)]가 말하였다. "도리를 숭상할 것으로 삼으면 그 용기의 됨됨이가 커진다. 자로가 용기를 좋아하였기 때문에 공자가 이 말씀으로 그의 잘못을 바로잡은 것이다."
○호씨[호인(胡寅)]가 말하였다. "아마 이것은 자로가 처음 공자를 뵈었을 때의 문답일 것이다."

※ 양화17 제24장

17-24-1 ◉子貢曰君子도 亦有惡乎잇가? 子曰이라. 有惡라. 惡稱人之惡者하고 惡居下流而訕上者하며 惡勇而無禮者하고 惡果敢而窒者니라.

●訕은 謗毁也요 窒은 不通也라. 稱人惡則無仁厚之意요 下訕上則無忠敬之心이라. 勇無禮則爲亂42)이요 果而窒則妄作이라. 故로 夫子惡之라.

한자 訕 헐뜯을 산, 窒 막을 질, 謗 비방할 방

---

42) ≪논어(論語)·태백(泰伯)≫, "용감하면서 예가 없으면 난폭하다.(勇而無禮則亂.)" ; ≪논어·양화(陽貨)≫, "군자[위정자]가 용기만 있고 의가 없으면 난을 일으키고, 소인[백성]이 용기만 있고 의가 없으면 도적질을 한다.(君子有勇而無義爲亂, 小人有勇而無義爲盜.)"

자공이 "군자도 역시 미워함이 있습니까?"라고 묻자 공자가 말씀하였다. "미워함이 있다. 남의 악을 일컫는 자를 미워하고 아랫자리에 있으면서 윗사람을 헐뜯는 자를 미워하며, 용감하면서 예가 없는 자를 미워하고 과감하면서 막힌 자를 미워한다."

○'산(訕)'은 '비방하고 헐뜯다'이고, '질(窒)'은 '통하지 않다'이다. 남의 악을 일컬으면 인애하고 후덕한 뜻이 없고, 아랫사람이 윗사람을 헐뜯으면 충성하고 공경하는 마음이 없다. 용감하면서 예가 없으면 난을 일으키고, 과감하면서 막히면 함부로 행동한다. 그러므로 공자가 미워하였다.

17-24-2 ◉曰이라. 賜也도 亦有惡乎아? 惡徼以爲知者하며 惡不孫以爲勇者하며 惡訐以爲直者하노이다.

●惡徼以下는 子貢之言也라. 徼는 伺察也라. 訐은 謂攻發人之陰私라.

●楊氏曰이라. 仁者無不愛[43]하니 則君子疑若無惡矣어늘 子貢之有是心也라. 故로 問焉以質其是非라.

●侯氏曰이라. 聖賢之所惡가 如此하니 所謂惟仁者能惡人也[44]니라.

한자 徼 순찰할 요·훔칠 요·노릴 요, 訐 들추어낼 알, 伺 엿볼 사

말씀하였다. "너도 미워함이 있느냐?" "엿보는 것을 지혜로 여기는 자를 미워하고, 불손한 것을 용기로 여기는 자를 미워하며, 들추어내는 것을 정직으로 여기는 자를 미워합니다."

---

43) ≪맹자(孟子)·진심상(盡心上)≫, "지혜로운 자는 알지 못하는 것이 없으나 힘써야 할 일을 급선무로 여기고, 인한 자는 사랑하지 않는 것이 없으나 어진이를 친히 하기를 다급히 하는 것을 일로 여긴다.(知者無不知也, 當務之爲急, **仁者無不愛**也, 急親賢之爲務.)"

44) ≪논어(論語)·이인(里仁)≫, "공자가 말씀하였다. '오직 인한 자만이 사람을 제대로 좋아할 수 있고, 사람을 제대로 미워할 수 있다.'(子曰. **惟仁者**, 能好人, **能惡人.**)"

○'오요(惡徼)' 이하는 자공의 말이다. '요(徼)'는 엿보고 살피는 것이며, '알(訐)'은 남의 은밀한 사생활을 공격하고 드러내는 것이다.

○양씨[양시(楊時)]가 말하였다. "인한 자는 사랑하지 않음이 없으니, 군자는 아마 미워함이 없을 듯한데 자공이 이런 마음이 있었다. 그 때문에 여쭈어 그 시비를 질정한 것이다."

○후씨[후중량(侯仲良)45)]가 말하였다. "성현들이 미워한 것이 이와 같았으니, 이른바 '오직 인한 자만이 남을 제대로 미워할 수 있다.'는 것이다."

양화17 제25장

17-25 ◉子曰이라. 唯女子與小人은 爲46)難養也니 近之則不孫하고 遠之則怨이니라.

●此小人은 亦謂僕隷下人也라. 君子之於臣妾에 莊以涖之47)하고 慈以畜之48)면 則無二者之患矣라.

한자 僕 종 복, 隷 종 례·예속될 례, 涖 이를 리·임할 리

공자가 말씀하였다. "오직 여자와 하인은 돌보기가 어려우니, 가까이하면 불손하고 멀리하면 원망한다."

○여기서의 소인은 또한 노복 등의 하인을 말한다. 군자가 노복들에게 중후함으로 대하고 자애로 돌봐주면, 두 가지의 근심이 없게 된다.

---

45) 후중량(侯仲良) : 북송(北宋) 하동(河東) 출신으로 자가 사성(師聖)이다. 주돈이(周敦頤), 정이(程頤)를 사사하였고 저서에 ≪논어설(論語說)≫이 있다.

46) 위(爲) : 앞의 유(唯)와 호응하여 강조의 용법으로 쓰인다.

47) ≪논어(論語)·위영공(衛靈公)≫, "중후함으로 대하지 않으면 백성들이 공경하지 않는다.(不莊以涖之, 則民不敬.)"

48) 세주에서 경원 보씨[慶源輔氏, 보광(輔廣)]는, "중후함과 자애가 아마도 가까이하지도 멀리하지도 않는 중용의 도리일 것이다.(莊慈, 其不近不遠之中道乎.)"라고 설명하였다.

※ 양화17 제26장

17-26 ◉子曰이라. 年四十而見惡焉이면 其終也已니라.

●四十은 成德之時어늘 見惡於人이면 則止於此而已라. 勉人及時遷善改過也라.
●蘇氏曰이라. 此亦有爲而言이나 不知其爲誰也라.

공자가 말씀하였다. "나이가 40인데도 미움을 받으면 그는 끝났을 뿐이다."

○40세는 덕을 완성하는 때인데 남에게 미움을 받는다면 여기에 그칠 뿐이다. 사람들에게 제때에 미쳐 선으로 바뀌고, 허물을 고치도록 권면한 것이다.
○소씨[소식(蘇軾)]가 말하였다. "이것도 이유가 있어서 말씀한 것이겠으나 그것이 누구 때문인지는 모르겠다."

미자(微子) 제십팔(第十八)

●此篇은 多記聖賢之出處라. 凡十一章이라.

○이 편은 성현들의 출사와 은거에 대하여 기록한 것이 많다. 모두 11장이다.

미자18 제1장

18-01-1 ◉微子[1]는 去之하고 箕子는 爲之奴하고 比干은 諫而死하니라.

●微箕는 二國名이요 子는 爵也라. 微子는 紂庶兄이요 箕子와 比干은 紂諸父라. 微子는 見紂無道하고 去之以存宗祀하며 箕子와 比干은 皆諫한대 紂殺比干하고 囚箕子以爲奴라. 箕子는 因佯狂而受辱하니라.

한자 箕 키 기, 佯 속일 양·**거짓 양**·노닐 양

미자는 떠났고, 기자는 그의 종이 되었고, 비간은 간언하다가 죽었다.

○'미(微)'와 '기(箕)'는 두 나라의 이름이고, '자(子)'는 작위이다. 미자는 주왕(紂王)의 서형(庶兄)이고, 기자와 비간은 주왕의 숙부들이다. 미자는 주왕의 무도함을 보고 떠나서 종묘의 제사를 보존하였으며 기자와 비간은 모두 간언하였는데, 주왕은 비간을 죽이고 기자를 가두어 종으로 삼았다. 기자는 그 때문에 미친 체하면서 모욕을 당했다.

18-01-2 ◉孔子曰이라. 殷有三仁焉하니라.

●三人之行이 不同이나 而同出於至誠惻怛之意라. 故로 不咈乎愛之理而有以全其心之德也라.

●楊氏曰이라. 此三人者는 各得其本心이라. 故로 同謂之仁[2]이라.

---

1) 미자(微子) : 은(殷)의 마지막 임금인 주(紂)의 서형(庶兄)이다. 주(周)나라 성왕(成王) 시기에 주(紂)의 아들인 무경(武庚)이 반란을 일으켜 주살(誅殺)된 뒤에 송(宋)에 봉해져 송의 시조(始祖)가 되었다.

2) 세주에서 주자는, "똑같이 인한 자라고 이른 것은, 모두가 사심이 없어 각각 이치에 합

한자 惻 슬퍼할 측, 怛 슬플 달, 咈 어길 불

공자가 말씀하였다. "은나라에 세 사람의 인한 자가 있었다."

○세 사람의 행실이 같지 않았으나 똑같이 지극히 참되고 매우 슬퍼하는 뜻에서 나왔다. 그러므로 사랑의 이치[인(仁)]에 어긋나지 않아 마음의 덕을 온전히 한 것이 있었다.

○양씨[양시(楊時)]가 말하였다. "이 세 사람은 각각 그 본심을 얻었다. 그러므로 똑같이 그들을 인한 자라고 이른 것이다."

미자18 제2장

18-02 ◉柳下惠[3)]爲士師라가 三黜이라. 人이 曰子는 未可以去乎아? 曰直道而事人이면 焉往而不三黜이며 枉道而事人이면 何必去父母之邦이리오.

●士師는 獄官이라. 黜은 退也라. 柳下惠가 三黜不去하고 而其辭氣가 雍容[4)] 如此하니 可謂和矣[5)]라. 然이나 其不能枉道之意는 則有確乎不可拔者[6)]라. 是則所謂必以其道而不自失焉者也[7)]라.

당하였기 때문이다.(同謂之仁者, 以其皆無私而各當理也.)"라고 설명하였다.

3) 유하혜(柳下惠) : 춘추시대 노(魯)나라의 대부로 성명은 전획(展獲)이고 자가 계(季)이다. 유하(柳下)를 식읍으로 받아 유하계(柳下季)라고 불리는데, 죽은 후에 혜(惠)를 시호로 받아 유하혜(柳下惠)라고도 한다.

4) 옹용(雍容) : 화락하고 느긋한 모양이다.

5) ≪맹자(孟子)·만장하(萬章下)≫, "백이는 성인 중에서 깨끗한 분이었고, 이윤은 성인 중에서 책임감이 있던 분이었으며, 유하혜는 성인 중에서 화합한 분이었고, 공자는 성인 중에서 때에 맞게 했던 분이었다.(伯夷, 聖之淸者也, 伊尹, 聖之任者也, **柳下惠, 聖之和者**也, 孔子, 聖之時者也.)"

6) ≪주역(周易)·건괘(乾卦)·문언전(文言傳)≫, "세상을 피해 살면서 근심이 없고, 옳다고 여겨지지 않더라도 번민이 없다. (세상이) 즐거우면 도를 행하고 (세상이) 근심스러우면 떠나서, 확고하게 (뜻을) 뺏을 수 없는 것이 잠겨있는 용이다.(遯世无悶, 不見是而无悶. 樂則行之, 憂則違之, **確乎其不可拔**, 潛龍也.)"

●胡氏曰이라. 此必有孔子斷之之言而亡之矣리라.

한자 黜 떨어트릴 출·**물리칠 출**, 雍 **화락할 옹**·화목할 옹·학교 옹, 拔 뺄 발

유하혜가 재판관이 되었다가 세 번 쫓겨났다. 어떤 사람이 말하기를, "그대는 이제 떠날 만하지 않은가?"라고 하자, "도를 곧게 하여 사람을 섬긴다면 어디에 간들 세 번 쫓겨나지 않겠으며, 도를 굽혀 사람을 섬긴다면 어찌 꼭 부모의 나라를 떠나겠는가."라고 하였다.

○'사사(士師)'는 재판관이다. '출(黜)'은 '쫓아내다'이다. 유하혜가 세 번 쫓겨났는데도 떠나지 않았고, 그의 말투가 차분함이 이와 같았으니 '화합했다'고 이를 만하다. 그러나 도를 굽힐 수 없다는 그의 뜻은, 확고하여 빼앗을 수 없음이 있었다. 이것이 이른바 반드시 올바른 도를 따라서 스스로 자신의 지조를 잃지 않았다는 것이다.

○호씨[호인(胡寅)]가 말하였다. "여기에는 반드시 공자가 단정한 말씀이 있었을 텐데 없어졌을 것이다."

미자18 제3장

18-03 ◉齊景公이 待孔子曰이라. 若季氏則吾不能이어니와 以季孟之間으로 待之하리라하고 曰吾老矣라 不能用也라한대 孔子行하시다.

7) ≪맹자(孟子)·공손추상(公孫丑上)≫, "유하혜는 더러운 군주를 부끄러워하지 않고 작은 벼슬을 낮게 여기지 않아, 나아감에 훌륭함을 숨기지 않아 반드시 올바른 도를 따랐으며, 버림받아도 원망하지 않았고 곤궁해져도 근심하지 않았다. 그러므로 말하기를, '너는 너이고 나는 나이니, 비록 내 곁에서 옷을 걷거나 몸을 드러낸들 네가 어찌 나를 더럽힐 수 있겠는가.'라고 하였다. 그러므로 느긋하게 그와 함께 있으면서도 스스로 자신의 지조를 잃지 않았다.(柳下惠不羞汚君, 不卑小官, 進不隱賢, 必以其道, 遺佚而不怨, 阨窮而不憫. 故曰爾爲爾, 我爲我, 雖袒裼裸裎於我側, 爾焉能浼我哉. 故由由然與之偕而不自失焉.)"

◉魯三卿에 季氏最貴하고 孟氏爲下卿이라. 孔子去之는 事見世家[8]라. 然이나 此言은 必非面語孔子요 蓋自以告其臣而孔子聞之爾니라.

◉程子曰이라. 季氏는 强臣이니 君待之之禮가 極隆이라. 然이나 非所以待孔子也요 以季孟之間으로 待之면 則禮亦至矣라. 然이나 復曰吾老矣라 不能用也라하니 故로 孔子去之라. 蓋不繫待之輕重이요 特以不用而去爾라.

제나라 경공이 공자를 대우하는 것에 대하여 말하기를, "계씨와 같은 정도로는 내가 할 수 없지만 계씨와 맹씨의 중간 정도로 대우하겠다."라 하고 (뒤에는) "내가 늙어서 등용하지 못하겠다."라고 하자 공자가 떠났다.

○노나라의 삼경(三卿)에서 계씨가 가장 높았고, 맹씨가 하급의 경(卿)이었다. 공자가 떠난 것은 일이 ≪사기(史記)·공자세가(孔子世家)≫에 보인다. 그러나 이 말은 반드시 공자를 면대하여 한 말이 아니고 스스로 그 신하에게 말한 것인데, 공자가 들은 것이었을 뿐이리라.

○정자가 말하였다. "계씨는 강한 신하였으니 군주가 그를 대우하는 예가 지극히 높았다. 그러나 공자를 대우할 방법이 아니었고 계씨와 맹씨의 중간으로 대우한다면 예우가 또한 지극한 것이다. 그러나 다시 '내가 늙어서 등용하지 못하겠다.'라고 하였기 때문에 공자가 떠난 것이다. 대우의 경중에 달린 것이 아니고, 다만 등용하지 않은 것 때문에 떠났을 뿐이다."

미자18 제4장

18-04 ◉齊人이 歸女樂이어늘 季桓子가 受之하고 三日不朝한대 孔子行하시다.

---

8) ≪사기(史記)·공자세가(孔子世家)≫, "공자는 결국 떠나서 노나라로 돌아왔다.(孔子遂行, 反乎魯.)"

●季桓子는 魯大夫로 名이 斯라. 按史記컨대 定公十四年에 孔子爲魯司寇하여 攝行相事하니 齊人懼하여 歸女樂以沮之[9]라.

●尹氏曰이라. 受女樂而怠於政事가 如此하니 其簡賢棄禮하여 不足與有爲를 可知矣라. 夫子所以行也니 所謂見幾而作하여 不俟終日[10]者與인저.

●范氏曰이라. 此篇은 記仁賢之出處而折中以聖人之行하니 所以明中庸之道也니라.

한자 攝 낄 섭·당길 섭·겸할 섭·**대신할 섭**, 沮 막을 저, 簡 대쪽 간·책 간·편지 간·간단할 간·**소홀히 할 간**·대범할 간, 折 끊을 절·**잡을 절**

제나라 사람들이 여자 악사를 보내니 계환자가 받고 3일 동안 조회하지 않자 공자가 떠났다.

○계환자는 노나라 대부로 이름이 사(斯)이다. ≪사기≫를 살펴보면, 정공 14년에 공자가 노나라 사구가 되어 정승의 일을 대행하니 제나라 사람들이 두려워하여 여자 악사를 보내어 저지하였다.

○윤씨[윤돈(尹焞)]가 말하였다. "여자 악사를 받고 정사에 태만한 것이 이와 같았으니 그가 현자를 소홀히 하고 예를 버려, 함께 성취가 있을 만하지 못함을 알 수 있다. 공자가 그래서 떠난 것이니, 이른바 '기미를 보고 일어나 하루가 끝나기를 기다리지 않는다.'는 것이다."

○범씨[범조우(范祖禹)]가 말하였다. "이 편은 인한 자와 훌륭한 자의 출사와 은거를 기록하면서 공자의 행실로 기준을 취했으니, 중용의 도를 밝힌 것이다."

---

9) ≪사기(史記)·공자세가(孔子世家)≫, "계환자가 결국 제나라의 여자 악사들을 받아들였고 사흘 동안 정사를 돌보지 않았다. 교 제사에서 더구나 대부들에게 제사 고기를 보내지 않자 공자는 드디어 떠났다.(桓子卒受齊女樂, 三日不聽政. 郊又不致膰俎於大夫, 孔子遂行.)"

10) ≪주역(周易)·계사전하(繫辭傳下)≫, "군자는 기미를 보고 일어나, 하루가 끝나기를 기다리지 않는다.(君子, 見幾而作, 不俟終日.)"

⊠ 미자18 第5장

18-05-1 ◉楚狂接輿가 歌而過孔子曰이라. 鳳兮鳳兮여 何德之衰오. 往者는 不可諫이어니와 來者는 猶可追니 已而已而어다. 今之從政者는 殆而니라.

● 接輿는 楚人이니 佯狂避世라. 夫子가 時將適楚故로 接輿가 歌而過其車前也라. 鳳은 有道則見하고 無道則隱이라. 接輿以比孔子하고 而譏其不能隱은 爲德衰也라. 來者可追는 言及今尙可隱去라. 已는 止也요 而는 語助辭라. 殆는 危也라. 接輿는 蓋知尊夫子而趨不同者也라.

한 자 佯 속일 양·**거짓 양**·노닐 양

초나라 광인(狂人)11)인 접여가 노래하며 공자 앞을 지나갔다. "봉황이여, 봉황이여! 어찌 덕이 쇠하였는가. 지난 것은 따질 수 없지만 올 것은 그래도 따를 수 있으니 그만둘 것이다, 그만둘 것이다. 오늘날 정치에 종사하는 자들은 위태롭다."

○접여는 초나라 사람으로 미친 체하면서 세상을 피하였다. 공자가 당시에 초나라에 가려고 하였기 때문에 접여가 노래하면서 그의 수레 앞을 지나간 것이다. 봉황은 도가 있으면 나타나고 도가 없으면 숨는다. 접여가 (봉황으로) 공자를 비유하고 그가 은거하지 못하는 것은 덕이 쇠했기 때문이라고 풍자한 것이다. '올 것은 따를 수 있다'는 것은, 지금이라도 은거하여 떠날 만하다는 말이다. '이(已)'는 '멈추다'이고, '이(而)'는 어조사이다. '태(殆)'는 '위태롭다'이다. 접여는 공자를 존경할 줄은 알았으나 취향이 같지 않았던 자이다.

---

11) 광인(狂人) : 자유분방하여 세속에 구애받지 않는 사람이다.

18-05-2 ◉孔子下하사 欲與之言이러시니 趨而辟之하니 不得與之言하시다.

●孔子下車는 蓋欲告之以出處之意러시니 接輿自以爲是故로 不欲聞而辟之也라.

한자 趨 달릴 추·**빨리 걸을 추**·추구할 추·향할 추·독촉할 촉

공자가 (수레에서) 내려 그와 말하려고 하자 빠른 걸음으로 피하니, 그와 말할 수 없었다.

○공자가 수레에서 내린 것은 그에게 출사와 은거의 뜻을 말해 주려는 것이었는데, 접여는 스스로 옳다고 여겼기 때문에 들으려고 하지 않고 피한 것이다.

미자18 제6장

18-06-1 ◉長沮桀溺[12]이 耦而耕이러니 孔子過之하실새 使子路問津焉한대

●二人은 隱者라. 耦는 並耕也라. 時에 孔子自楚反乎蔡라. 津은 濟渡處라.

한자 沮 막을 저, 耦 **나란히 밭 갈 우**·짝 우, 蔡 들풀 채·**나라 이름 채**·거북 채

장저와 걸익이 짝을 지어 밭을 가는데 공자가 지나다가 자로로 하여금 그들에게 나루를 묻게 하였다.

12) 장저(長沮)와 걸익(桀溺)은 모두 춘추시대 초(楚)나라 은사이다.

○두 사람은 은자이다. '우(耦)'는 나란히 밭을 가는 것이다. 이때 공자가 초나라에서 채나라로 돌아가고 있었다. '진(津)'은 물을 건너는 곳이다.

18-06-2 ◉長沮曰이라. 夫執輿者爲誰오? 子路曰이라. 爲孔丘시니라. 曰是魯孔丘與아. 曰是也시니라. 曰是知津矣니라.

●執輿는 執轡在車也라. 蓋本子路御而執轡러니 今下問津하니 故로 夫子代之也라. 知津은 言數周流하여 自知津處라.

한자 轡 고삐 비

장저가 말하였다. "수레(고삐)를 잡고 있는 이가 누구요?" 자로가 말하였다. "공구이십니다." "저 사람이 노나라의 공구인가요?" "그렇습니다." "저 사람은 나루를 알 것이오."

○'집여(執輿)'는 고삐를 잡고 수레에 있는 것이다. 본래 자로가 수레를 몰면서 고삐를 잡았는데, 지금 내려가서 나루를 묻기 때문에 공자가 대신한 것이다. 나루를 안다는 것은 자주 사방으로 돌아다녀 자신이 나루터를 알 것이라는 말이다.

18-06-3 ◉問於桀溺한대 桀溺曰이라. 子爲誰오? 曰爲仲由로라. 曰是魯孔丘之徒與아? 對曰然하다. 曰滔滔者가 天下가 皆是也니 而誰以易之리오. 且而는 與其從辟人之士也론 豈若從辟世之士哉리오 하고 耰而不輟하더라.

●滔滔는 流而不反之意라. 以는 猶與也라. 言天下皆亂하니 將誰與變易之리오. 而는 汝也라. 辟人은 謂孔子요 辟世는 桀溺自謂라. 耰는 覆種也니 亦不告以津處라.

한자 滔 큰물이 넘쳐 흐를 도·넓을 도, 耰 곰방메 우·씨 덮을 우

걸익에게 물으니 걸익이 말하였다. "당신은 누구요?" "중유입니다." "노나라 공구의 제자인가요?" "그렇습니다." "도도(滔滔)[13]한 물결처럼 천하가 모두 이러한데 누구와 함께 그것을 바꾸겠소. 또 당신은 사람을 피하는 선비를 따르는 것보다 아마 세상을 피하는 선비를 따르는 것이 나을 것이오."라 하고 씨앗을 덮으면서 멈추지 않았다.

○'도도(滔滔)'는 흘러가 돌아오지 않는다는 뜻이다. '이(以)'는 '여(與)'와 같다. 천하가 모두 어지러운데 장차 누구와 함께 그것을 바꾸겠는가라는 말이다. '이(而)'는 '너'이다. '사람을 피함'은 공자를 이른 것이고, '세상을 피함'은 걸익이 자신들을 이른 것이다. '우(耰)'는 '씨앗을 덮다'이니 역시 나루터를 알려주지 않은 것이다.

18-06-4 ◉子路行하여 以告한대 夫子憮然[14]曰이라. 鳥獸는 不可與同群이니 吾非斯人之徒를 與요 而誰與리오. 天下有道면 丘不與易也니라.

●憮然은 猶悵然이니 惜其不喩己意也라. 言所當與同群者는 斯人而已니 豈可絶人逃世를 以爲潔哉리오. 天下若已平治면 則我無用變易之리라. 正爲天下無道故로 欲以道易之耳니라.
●程子曰이라. 聖人은 不敢有忘天下之心이라. 故로 其言이 如此也라.
●張子曰이라. 聖人之仁은 不以無道로 必天下而棄之也라.

한자 憮 사랑할 무·실망한 모습 무, 悵 슬퍼할 창

13) 도도(滔滔) : 물이 기운차게 흐르는 모양이다.
14) 무연(憮然) : 실망한 모양이다.

자로가 가서 아뢰니 공자가 실망하면서 말씀하였다. "새와 짐승은 함께 하여 같이 어울릴 수 없으니, 내가 이 (세상의) 사람들 무리와 함께하지 않고 누구와 함께하겠는가. 천하에 도가 있다면 내가 함께하여 바꾸려 하지 않을 것이다."

○'무연(憮然)'은 창연(悵然)과 같으니 그들이 자신의 뜻을 깨닫지 못함을 애석해한 것이다. "함께하여 같이 어울려야 하는 것은 이 (세상의) 사람들뿐이니 어찌 사람을 끊고 세상을 피하는 것을 고결함으로 삼을 수 있겠는가. 천하가 만약 이미 다스려졌다면 내가 그것을 바꿀 필요가 없을 것이다. 바로 천하에 도가 없기 때문에 도를 가지고 바꾸려는 것일 뿐이다."라고 말씀한 것이다.

○정자가 말하였다. "공자는 감히 천하를 잊는 마음을 갖지 못하였다. 그러므로 그 말씀이 이와 같았다."

○장자[장재(張載)]가 말하였다. "성인의 인애는, 도가 없는 것으로 천하를 단정하고서 포기하지 않는다."

미자18 제7장

18-07-1 ◉子路從而後러니 遇丈人以杖荷蓧라. 子路가 問曰子見夫子乎아? 丈人曰四體不勤하며 五穀不分하나니 孰爲夫子오하고 植其杖而芸하더라.

●丈人은 亦隱者라. 蓧는 竹器요 分은 辨也라. 五穀不分은 猶言不辨菽麥[15] 爾니 責其不事農業而從師遠遊也라. 植는 立之也요 芸은 去草也라.

---

15) ≪춘추좌전(春秋左傳)·성공(成公)·18년≫, "주자[周子, 진(晉) 도공(悼公)]에게는 형이 있었으나 백치라서 콩과 보리를 구분하지 못하였다. 그래서 (군주로) 설 수 없었다.(周子有兄而無惠, 不能辨菽麥. 故不可立.)"

한자 蓧 대바구니 조, 植 심을 식·**꽂을 치**·세울 치, 菽 콩 숙, 芸 향초 이름 운

자로가 따르다가 뒤처졌는데 지팡이로 대바구니를 멘 노인을 만났다. 자로가 묻기를, "그대는 선생님을 보았습니까?"라고 하자 노인이 말하기를, "사지를 힘쓰지 않고 오곡을 분별하지 못하면서 누가 선생님인가?"라 하고 지팡이를 꽂아 놓고 김을 매었다.

○노인은 역시 은자이다. '조(蓧)'는 대그릇이고, '분(分)'은 분별하는 것이다. '오곡을 분별하지 못한다'는 것은 콩과 보리를 분별하지 못한다는 말과 같으니, 그가 농사를 일삼지 않고 스승을 따라 멀리 다니는 것을 책망한 것이다. '치(植)'는 '세워 놓다'이고, '운(芸)'은 '풀을 제거하다'이다.

18-07-2 ◉子路가 拱而立한대,

●知其隱者하고 敬之也라.

한자 拱 **두 손 마주잡을 공**·팔짱낄 공·안을 공

자로가 두 손을 마주잡고 서 있자,

○그가 은자임을 알고 공경한 것이다.

18-07-3 ◉止子路宿하여 殺鷄爲黍而食之하고 見其二子焉이라. 明日에 子路行하여 以告한대 子曰隱者也라하시고 使子路反見之러시니 至則行矣러라.

●孔子使子路反見之는 蓋欲告之以君臣之義러니 而丈人은 意子路必將復來故로 先去之하여 以滅其跡하니 亦接輿之意也라.

자로를 머물러 묵게 하면서 닭을 잡고 기장밥을 지어 먹이고 그의 두 아들을 뵙게 하였다. 다음날 자로가 떠나서 아뢰자 공자가 "은자이다."라 하고 자로로 하여금 돌아가 만나보게 하였는데 도착하니 떠나버렸다.

○공자가 자로로 하여금 돌아가 만나보게 한 것은 그에게 군주와 신하의 도리를 말해 주려고 한 것이었는데, 노인은 자로가 반드시 다시 올 것이라고 생각하였기 때문에 먼저 떠나 그 자취를 없앴으니 또한 접여의 뜻이다.

18-07-4 ◉子路曰이라. 不仕無義하니 長幼之節을 不可廢也니 君臣之義를 如之何其廢之리오. 欲潔其身而亂大倫이로다. 君子之仕也는 行其義也니 道之不行은 已知之矣시니라.

◉子路述夫子之意가 如此라. 蓋丈人之接子路가 甚倨나 而子路益恭한대 丈人은 因見其二子焉하니 則於長幼之節에 固知其不可廢矣라. 故로 因其所明以曉之라. 倫은 序也라. 人之大倫에 有五하니 父子有親, 君臣有義, 夫婦有別, 長幼有序, 朋友有信이 是也[16]라. 仕는 所以行君臣之義라. 故로 雖知道之不行이나 而不可廢라. 然이나 謂之義니 則事之可否와 身之去就에 亦自有不可苟者라. 是以로 雖不潔身以亂倫이나 亦非忘義以徇祿也라. 福州에 有國初時寫本한대 路下에 有反子二字하여 以此爲子路反而夫子言之也한대 未知是否라.

◉范氏曰이라. 隱者는 爲高故로 往而不返하고 仕者는 爲通故로 溺而不止라. 不與鳥獸同群이면 則決性命之情以饕富貴[17]하니 此二者는 皆惑也라. 是以

16) ≪맹자(孟子)·등문공상(滕文公上)≫, "후직이 백성들에게 농사를 가르쳐 오곡을 심고 가꾸게 하니, 오곡이 익고 백성들이 길러졌다. 인간에게는 도리가 있는데, 밥을 배불리 먹고 옷을 따뜻하게 입으면서 편안히 지내기만 하고 가르침이 없으면 금수에 가까워진다. 성인이 또 이것을 근심하여 설을 사도로 삼아 인륜을 가르치게 하였으니, 부자 사이에 친함이 있고, 군신 사이에 도리가 있으며, 부부 사이에 분별이 있고, 장유 사이에 차례가 있으며, 붕우 사이에 믿음이 있는 것이다.(后稷敎民稼穡, 樹藝五穀, 五穀熟而民人育. 人之有道也, 飽食煖衣, 逸居而無敎, 則近於禽獸. 聖人有憂之, 使契爲司徒, 敎以人倫, **父子有親, 君臣有義, 夫婦有別, 長幼有序, 朋友有信**.)"

17) ≪장자(莊子)·변무(駢拇)≫, "인하지 못한 사람은 타고난 실상을 끊으면서 부귀를 탐한

로 依乎中庸者가 爲難이라. 惟聖人은 不廢君臣之義而必以其正하니 所以或出或處에 而終不離於道也라.

한자 倨 거만할 거, 饕 탐할 도

자로가 말하였다. "벼슬하지 않는 것이 도리[군신지의(君臣之義)]가 없는 것이니, 장유의 예절을 그만둘 수 없는데 군신간의 도리를 어떻게 그렇게 그만둘 수 있겠는가. 그 자신을 깨끗하게 하려다가 큰 질서를 어지럽히는 것이다. 군자가 벼슬하는 것은 그 도리를 실천하는 것이니 도가 행해지지 않는 것은 이미 알고 계시다."

○자로가 공자의 뜻이 이와 같다고 서술한 것이다. 노인이 자로를 대하는 것이 매우 거만하였으나 자로가 더욱 공손하자 노인은 그 때문에 자신의 두 아들을 뵙게 하였으니 장유의 예절에 대하여 그것이 그만둘 수 없음을 본래 알고 있었다. 그러므로 그가 잘 아는 것에 근거하여 깨우친 것이다. '윤(倫)'은 질서이다. 사람의 큰 질서에 다섯 가지가 있으니, 부자 사이에 친함이 있고, 군신간의 도리가 있으며, 부부 사이에 분별이 있고, 장유 사이에 차례가 있으며, 붕우 사이에 믿음이 있는 것이 그것이다. 벼슬하는 것은 군신간의 도리를 행하는 것이다. 그러므로 비록 도가 행해지지 않는 것을 알면서도 그만둘 수 없다. 그러나 그것을 도리라고 하였으니, 일의 가부와 자신의 거취에 또한 자연 구차하게 할 수 없는 것이 있다. 이 때문에 비록 자신을 깨끗이 하다가 인륜을 어지럽히지도 않지만, 또한 도리를 잊은 채 녹봉을 따르는 것도 아니다. 복주에 개국 초기[송초(宋初)]의 사본이 있는데 '노(路)' 아래에 '반자(反子)' 두 글자가 있어, 이 구절을 자로가 돌아오자 공자가 말씀한 것으로 하였는데 옳은지 아닌지는 모르겠다.

○범씨[범조우(范祖禹)]가 말하였다. "은자는 고상함을 추구하기 때문에 떠나서 돌아오지 않고, 벼슬하는 자는 현달함을 추구하기 때문에 빠져서 멈

다.(不仁之人, 決性命之情, 而饕貴富.)"

추지 않는다. 새나 짐승과 함께 어울리거나 아니면, (타고난) 본성과 천명의 실상을 끊으면서 부귀를 탐하니 이 두 가지는 모두 미혹된 것이다. 이 때문에 중용을 따르기가 어렵다. 오직 성인만이 군신간의 도리를 폐지하지 않고 반드시 그 정도(正道)를 따르니, 그래서 혹은 출사하거나 은거하거나 끝내 도에서 벗어나지 않는다."

미자18 제8장

18-08-1 ◉逸民은 伯夷와 叔齊와 虞仲과 夷逸과 朱張과 柳下惠와 少連이니라.

●逸은 遺逸이요 民者는 無位之稱이라. 虞仲은 卽仲雍이니 與泰伯同竄荊蠻者라. 夷逸朱張은 不見經傳이요 少連은 東夷人이라.

한자 逸 달릴 일·달아날 일·잃을 일·숨을 일·편안할 일, 虞 헤아릴 우, 雍 화락할 옹·화목할 옹·학교 옹, 竄 **숨을 찬**·달아날 찬, 荊 싸리나무 형·가시나무 형

은일한 사람은 백이와 숙제, 우중과 이일, 주장과 유하혜, 소련이었다.

○'일(逸)'은 '벗어나 숨다'이고, '민(民)'이라는 것은 지위가 없는 이의 칭호이다. 우중은 바로 중옹이니 태백과 함께 형만 지역으로 숨은 자이다. 이일과 주장은 경전에 보이지 않고, 소련은 동이 사람이다.

18-08-2 ◉子曰이라. 不降其志[18]하며 不辱其身[19]은 伯夷叔齊與인저.

---

18) ≪맹자(孟子)·공손추상(公孫丑上)≫, "올바른 군주가 아니면 섬기지 않고 올바른 백성이 아니면 부리지 않아, (세상이) 다스려지면 나아가고 어지러우면 물러난 것은, 백이였다.(**非其君不事, 非其民不使**, 治則進, 亂則退, 伯夷也.)"

공자가 말씀하였다. "자신의 뜻을 낮추지 않고 자신의 몸을 욕되게 하지 않은 것은, 백이와 숙제로다."

18-08-3 ◉謂柳下惠 · 少連하시되 降志辱身[20]矣나 言中倫하며 行中慮하니 其斯而已矣니라.

◉柳下惠는 事見上[21]이라. 倫은 義理之次第也라. 慮는 思慮也라. 中慮는 言有意義合人心이라. 少連은 事不可考나 然記에 稱其善居喪하여 三日不怠하고 三月不解하며 朞悲哀하고 三年憂[22]라하니 則行之中慮를 亦可見矣라.

한자 解 풀 해·해이할 해(懈와 통용), 朞 주기 기(期와 같은 자)

유하혜와 소련에 대하여 말씀하기를, 뜻을 낮추고 몸을 욕되게 하였으나 말이 질서에 맞았고 행실이 (사람들의) 생각에 맞았으니, 그들은 이것뿐이었다고 하였다.

○유하혜는 일이 위에 보인다. '윤(倫)'은 의리의 차례이다. '여(慮)'는 '생각'이다. '생각에 맞음'은 의의가 있어 사람들의 마음에 부합되었다는 말이다. 소련은 일을 고찰할 수 없으나 ≪예기≫에서 그가 거상을 잘한 것을 칭찬하여, 3일 동안 나태하지 않았고 3개월 동안 해이하지 않았으며, 1년

19) ≪맹자(孟子)·공손추상(公孫丑上)≫, "악한 사람의 조정에 서는 것과 악한 사람과 말하는 것을, 마치 조회 복장으로 진흙이나 숯에 앉는 것처럼 여겼으며, 악을 미워하는 마음을 확충하여 생각하기를, 고을 사람과 서 있을 때 그의 갓이 바르지 않으면 뒤돌아보지 않고 떠나, 마치 그에 의해 더럽혀질 듯이 여겼다.(立於惡人之朝, 與惡人言, 如以朝衣朝冠, 坐於塗炭, 推惡惡之心, 思與鄕人立, 其冠不正, 望望然去之, 若將浼焉.)"

20) ≪맹자·만장하(萬章下)≫, "유하혜는 더러운 군주를 부끄러워하지 않았고, 작은 벼슬을 사양하지 않았다.(柳下惠, 不羞汙君, 不辭小官.)"

21) ≪논어(論語)·위영공(衛靈公)≫

22) ≪예기(禮記)·잡기하(雜記下)≫, "공자가 말씀하였다. '소련과 대련은 거상을 잘하였다. 3일 동안 나태하지 않았고 3개월 동안 해이하지 않았으며, 1년 동안 슬퍼하였고 3년 동안 근심했다.'(孔子曰. 少連·大連善居喪. 三日不怠, 三月不解, 期悲哀, 三年憂.)"

동안 슬퍼하였고, 3년 동안 근심했다고 하였으니, 행실이 (사람들의) 생각에 맞았음을 또한 알 수 있다.

18-08-4 ◉謂虞仲 · 夷逸하시되 隱居放言[23]하나 身中淸하며 廢中權이니라.

◉仲雍居吳에 斷髮文身으로 裸以爲飾[24]이라. 隱居獨善[25]은 合乎道之淸이요 放言自廢는 合乎道之權이라.

한자 裸 벌거벗을 라, 廢 집 쓸릴 폐·**그만둘 폐**

우중과 이일에 대하여 말씀하기를, 숨어살면서 말을 버렸으나 몸이 깨끗함에 맞았고, 그만둠이 권도에 맞았다고 하였다.

○중옹이 오 지역에 머물면서, 머리를 깎고 문신을 하여 벗은 몸에 수식을 하였다. 숨어살면서 홀로 선하게 한 것은 도의 깨끗함에 합치되었고, 말을 버리고 스스로를 버린 것은 도의 권변(權變, 임기응변·시의적절)에 합치되었다.

18-08-5 ◉我則異於是하여 無可無不可[26]호라.

---

23) 방언(放言) : '세상일을 버려두고 말하지 않다'와 '함부로 말하다'라는 두 가지 뜻이 있는데 우중(虞仲), 즉 중옹(仲雍)이 형 태백(泰伯)과 소리도 없고 흔적도 없이 왕위를 사양하고 숨은 일과 관련지어 보면 전자로 봄이 합리적일 듯하다. 하안(何晏)도 "放은 '버려두다'이다. 다시는 세상일을 말하지 않은 것이다.(放, 置也. 不復言世務.)"라고 하였다. [≪논어집해(論語集解)≫]

24) ≪춘추좌전(春秋左傳)·애공(哀公)·7년≫

25) ≪맹자(孟子)·진심상(盡心上)≫, "곤궁하면 홀로 그 자신을 선하게 하였고, 영달하면 천하를 아울러 선하게 하였다.(**窮則獨善其身**, 達則兼善天下.)"

26) ≪논어(論語)·미자(微子)≫, "나는 이와 달라서 (이래야) 된다고 고집함도 없고 (이러면) 안 된다고 고집함도 없다.(**我則異於是**, 無可無不可.)"

◉孟子曰孔子는 可以仕則仕하고 可以止則止하고 可以久則久하고 可以速則速[27]이라하니 所謂無可無不可也라.

◉謝氏曰이라. 七人이 隱遯不汚則同이나 其立心造行則異라. 伯夷叔齊는 天子不得臣이요 諸侯不得友하니 蓋已遯世離群矣라. 下聖人一等이니 此其最高與인저. 柳下惠少連은 雖降志而不枉己하고 雖辱身而不求合하니 其心有不屑也라. 故로 言能中倫하고 行能中慮라. 虞仲夷逸은 隱居放言[28]하니 則言이 不合先王之法者가 多矣나 然清而不汚也하고 權而適宜也라. 與方外之士[29]가 害義傷敎而亂大倫者로 殊科라. 是以均謂之逸民이라.

◉尹氏曰이라. 七人은 各守其一節이요 而孔子則無可無不可하니 所以常適其可하여 而異於逸民之徒也라. 揚雄曰觀乎聖人이면 則見賢人[30]이라하니 是以로 孟子語夷惠에 亦必以孔子斷之라.

한자 遯 달아날 둔·**숨을 둔**(遁과 같은 자), 屑 가루 설·**달갑게 여길 설**

나는 이와 달라서 (이래야) 된다고 고집함도 없고 (이러면) 안 된다고 고집함도 없다.

○맹자가 말하기를, "공자는 벼슬할 만하면 벼슬하였고 그만둘 만하면 그만두었으며, 오래 머물 만하면 오래 머물렀고 빨리 떠날 만하면 빨리 떠났다."라고 하였으니 이른바 '무가무불가(無可無不可)'라는 것이다.

○사씨[사양좌(謝良佐)]가 말하였다. "일곱 사람이 은둔하여 더럽혀지지 않은 것은 같지만, 그들의 마음가짐과 행실은 달랐다. 백이·숙제는 천자가 신하로 삼을 수 없었고 제후가 벗으로 삼을 수 없었으니, 이미 세속을 피

27) ≪맹자(孟子)·공손추상(公孫丑上)≫

28) 뒤에 이어지는, "말이 선왕의 법도에 합치되지 않는 것이 많았다.(言不合先王之法者, 多矣.)"라고 한 것으로 볼 때 사양좌(謝良佐)는, '방언(放言)'을 '함부로 말하다'라는 뜻으로 본 듯하다.

29) 앞 장에 나오는 초광접여(楚狂接輿), 장저(長沮)·걸익(桀溺), 하조장인(荷蓧丈人) 같은 이들을 가리킨다.

30) ≪법언(法言)·수신(脩身)≫, "현인을 관찰하면 일반사람을 알고, 성인을 관찰하면 현인을 알며, 천지를 관찰하면 성인을 안다.(觀乎賢人則見衆人, **觀乎聖人則見賢人**, 觀乎天地則見聖人.)"

하여 무리를 떠난 것이다. 성인보다 한 등급이 낮았으니 이들이 아마 최고일 것이다. 유하혜와 소련은 비록 뜻을 낮췄으나 자신을 굽히지 않았고 비록 몸을 욕되게 하였으나 영합을 추구하지 않았으니, 그 마음에 달갑게 여기지 않는 것이 있었다. 그러므로 말이 질서에 맞을 수 있었고 행실이 (사람들의) 생각에 맞을 수 있었다. 우중과 이일은 숨어살면서 '말을 함부로 하였으니' 말이 선왕의 법도에 합치되지 않는 것이 많았지만 깨끗하여 더럽혀지지 않았고 권도를 발휘하여 적절하게 하였다. 방외[체제 밖]의 선비들이 도리를 해치고 가르침을 손상시켜 큰 질서를 어지럽힌 것과는 종류가 다르다. 이 때문에 똑같이 그들을 '일민(逸民)'이라고 한 것이다."

○윤씨[윤돈(尹焞)]가 말하였다. "일곱 사람은 각각 그 한 가지 절조를 지켰고, 공자는 (이래야) 된다고 고집함도 없었고 (이러면) 안 된다고 고집함도 없었으니 그래서 항상 그 올바름에 맞아 은일한 사람들의 무리와 달랐다. 양웅이 말하기를, '성인을 관찰하면 현인을 안다.'라고 하였으니 이 때문에 맹자가 백이와 유하혜를 말할 적에도 반드시 공자를 기준으로 결단한 것이다."

미자18 제9장

18-09-1 ◉大師摯는 適齊하고,

●大師는 魯樂官之長이요 摯는 其名也라.

한자 摯 잡을 지·폐백 지(贄·質과 통용)·성실할 지

태사 지는 제나라로 가고,

○태사는 노나라 음악 담당 관서의 우두머리이다. '지(摯)'는 그의 이름이다.

18-09-2 ◉亞飯干은 適楚하고 三飯繚는 適蔡하고 四飯缺은 適秦하고,

●亞飯以下는 以樂侑食之官31)이라. 干·繚·缺은 皆名也라.

한자 繚 감길 료, 侑 **권할 유**·도울 유

아반 간은 초나라로 가고, 삼반 요는 채나라로 가고, 사반 결은 진(秦)나라로 가고,

○아반(亞飯) 이하는 음악으로 식사를 권하는 관원이다. '간(干)', '요(繚)', '결(缺)'은 모두 이름이다.

18-09-3 ◉鼓方叔은 入於河하고,

●鼓는 擊鼓者요 方叔은 名이라. 河는 河內라.

북을 치던 방숙은 하내(河內)로 들어가고,

○'고(鼓)'는 북을 치는 사람이고, '방숙(方叔)'은 이름이다. '하(河)'는 하내이다.

18-09-4 ◉播鼗武는 入於漢하고,

●播는 搖也라. 鼗는 小鼓니 兩旁有耳하여 持其柄而搖之면 則旁耳가 還自擊

31) ≪주례(周禮)·춘관(春官)·대사악(大司樂)≫, "천자가 대식(大食:초하루와 보름에 음악을 갖춰놓고 하는 정찬)할 때에 세 번 음식을 권하는데 모두 종과 북을 연주하게 한다.(王大食三宥, 皆令奏鐘鼓.)"

이라. 武는 名也요 漢은 漢中이라.

한자 播 씨 뿌릴 파·퍼뜨릴 파·**흔들 파**, 鼗 땡땡이 도

도고(鼗鼓)[32]를 흔들던 무는 한중(漢中)으로 들어가고,

○'파(播)'는 '흔들다'이다. '도(鼗)'는 작은 북으로 양옆에 귀가 있어 그 자루를 잡고 흔들면 옆의 귀가 돌면서 저절로 치게 된다. '무(武)'는 이름이고, '한(漢)'은 한중이다.

18-09-5 ◉少師陽과 擊磬襄은 入於海하니라.

●少師는 樂官之佐라. 陽·襄은 二人名이니 襄은 卽孔子所從學琴者[33]라. 海는 海島也라. 此는 記賢人之隱遁하여 以附前章이라. 然이나 未必夫子之言也니 末章放此라.

●張子曰이라. 周衰樂廢어늘 夫子自衛反魯하여 一嘗治之[34]하니 其後에 伶人賤工도 識樂之正이라. 及魯益衰하여 三桓僭妄한대 自大師以下로 皆知散之四方하여 逾河蹈海以去亂이라. 聖人俄頃之助가 功化如此하니 如有用我면 期月而可[35]가 豈虛語哉리오.

한자 佐 도울 좌·**보좌관 좌**, 伶 놀릴 령·영리할 령·**악사 령**, 逾 넘을 유, 蹈 밟을 도·**갈 도**, 俄 갑자기 아, 頃 밭 넓이 단위 경·**잠깐 경**

---

32) 도고(鼗鼓) : 작은 북에 나무 자루를 달아 흔들면 양쪽에 달린 가죽끈이 돌면서 소리를 내는 북이다.

33) ≪사기(史記)·공자세가(孔子世家)≫, "공자는 소사(少師)인 양자(襄子)에게서 거문고 연주를 배웠다.(孔子, 學鼓琴師襄子.)"

34) ≪논어(論語)·자한(子罕)≫, "공자가 말씀하였다. '내가 위나라에서 노나라로 돌아온 뒤에 음악이 바르게 되어, 아와 송이 각기 제자리를 얻었다.'(子曰, 吾自衛反魯然後, 樂正, 雅頌, 各得其所.)"

35) ≪논어·자로(子路)≫, "만일 나를 써줄 이가 있다면 1년만이라도 괜찮아질 것이고, 3년이면 성취가 있을 것이다.(苟有用我者, 朞月而已, 可也, 三年, 有成.)"

소사였던 양(陽)과 경쇠를 치던 양(襄)은 바다[섬]로 들어갔다.

○'소사(少師)'는 음악 담당 관서의 보좌관이다. '양(陽)'과 '양(襄)'은 두 사람의 이름인데 '양(襄)'은 공자가 그에게서 거문고를 배운 자이다. '해(海)'는 바다의 섬이다. 이것은 현인들이 은둔한 것을 기록하여 앞 장에 붙인 것이다. 그러나 반드시 공자의 말씀인 것은 아니니 마지막 장도 이와 같다.

○장자[장재(張載)]가 말하였다. "주나라가 쇠퇴하면서 음악이 폐지되었는데, 공자가 위나라에서 노나라로 돌아와 한번 다스리니 그 후에 악사와 지위가 낮은 악공들도 음악의 바른 것을 알게 되었다. 노나라가 더욱 쇠퇴함에 이르러 세 대부[삼환(三桓)]들이 분수를 넘어 함부로 하자, 태사로부터 이하의 사람들이 모두 사방으로 흩어져 가서 황하를 넘고 바다를 건너 어지러움을 벗어날 줄을 알았다. 성인이 잠깐 동안 도운 것이 효과가 이와 같았으니, 만일 나를 써줄 이가 있다면 1년이면 괜찮아질 것이라는 것이 어찌 빈 말씀이었겠는가."

미자18 제10장

18-10 ◉周公이 謂魯公曰이라. 君子는 不施其親하고 不使大臣으로 怨乎不以하며 故舊가 無大故면 則不棄也하고 無求備於一人이니라.

●施는 陸氏本에 作弛한대 福本同이라. 魯公은 周公子伯禽也라. 弛는 遺棄也요 以는 用也라. 大臣은 非其人則去之나 在其位則不可不用이라. 大故는 謂惡逆이라.

●李氏曰이라. 四者는 皆君子之事로 忠厚之至也라.

●胡氏曰이라. 此는 伯禽이 受封之國할새 周公訓戒之辭라. 魯人傳誦하여 久而不忘也한대 其或夫子가 嘗與門弟子言之歟인저.

한자 施 베풀 시·자랑할 시·**버릴 시**·옮길 이·뻗을 이 주공이 노공에게 말하였다. "군자는 그 친척을 버리지 않고 대신으로 하여금 (그의 말을) 써주지 않는 것을 원망하게 하지 않으며, 친구가 큰 이유가 없으면 버리지 않고 한 사람에게 갖추기를 요구하지 않는다."

○'시(施)'는 육씨[육덕명(陸德明)]의 판본에는 '시(弛)[36]'로 되어 있는데 복주(福州)의 판본도 같다. 노공은 주공의 아들인 백금이다. '시(弛)'는 '버리다'이고, '이(以)'는 '쓰다'이다. 대신은 적임자가 아니면 물리칠 것이지만 그 지위에 있으면 (그의 말을) 쓰지 않으면 안 된다. '대고(大故)'는 악행과 패역을 이른다.

○이씨[이욱(李郁)]가 말하였다. "네 가지는 모두 군자의 일로써 충후함이 지극한 것이다."

○호씨[호인(胡寅)]가 말하였다. "이것은 백금이 봉작을 받고 나라로 갈 때 주공이 훈계한 말이다. 노나라 사람들이 전송하여 오래되어도 잊지 않았는데, 아마도 공자가 일찍이 제자들에게 말씀하였던 것이리라."

미자18 제11장

18-11 ◉周有八士하니 伯達과 伯适과 仲突과 仲忽과 叔夜와 叔夏와 季隨와 季騧니라.

●或曰成王時人이라하고 或曰宣王時人으로 蓋一母四乳而生八子也라. 然이나 不可考矣라.

●張子曰이라. 記善人之多也라.

●愚按컨대 此篇은 孔子가 於三仁·逸民·師摯·八士에 旣皆稱贊而品列之하시고 於接輿·沮溺·丈人에 又每有惓惓接引之意하니 皆衰世之志也[37]로 其所感者

36) 시(弛) : ≪내각본≫에, "시(詩)와 지(紙)의 반절이다.(詩紙反.)"라고 하였다.

37) ≪주역(周易)·계사전하(繫辭傳下)≫, "공자가 말씀하였다. '건과 곤은 아마도 ≪역≫의 문일 것이다. 건은 양물이고, 곤은 음물이다. 음·양이 덕을 합하여 강과 유가 체를 갖추게 되었다. 이로써 천지의 일을 체득하며 신명의 덕과 통하니, 명칭을 일컬은 것이

가 深矣라. 在陳之歎도 蓋亦如此라.[38] 三仁則無間然矣요 其餘數君子者도 亦皆一世之高士니 若使得聞聖人之道하여 以裁其所過而勉其所不及이런들 則其所立이 豈止於此而已哉리오.

한자 适 빠를 괄, 騧 주둥이가 검은 누른 말 과(와), 乳 젖 유·**나을 유**·기를 유, 惓 삼갈 권·**정성스러울 권**, 裁 **마를 재**·헤아릴 재

주나라에 여덟 선비가 있었으니 백달과 백괄, 중돌과 중홀, 숙야와 숙하, 계수와 계와이다.

○어떤 사람은 "성왕 때 사람들이다."라 하고, 어떤 사람은 "선왕 때 사람들로, 한 어머니가 네 번 분만하여 여덟 아들을 낳았다."고 하였다. 그러나 고찰할 수 없다.

○장자[장재(張載)]가 말하였다. "선한 사람이 많았음을 기록한 것이다."

○내가 살펴보건대, 이 편은 공자가 세 사람의 인한 자, 은일한 사람들, 태사 지, 여덟 선비에 대해서 이미 모두 칭찬하고 부류별로 열거하였으며 접여, 장저와 걸익, 하조장인에 대해서도 또 매번 간절하게 만나 이끌려는 뜻이 있으니, 모두 쇠퇴한 세상에 대한 뜻으로 그 느끼신 바가 깊었다. 진(陳)나라에 있을 때의 탄식도 이와 같다. 세 사람의 인한 자는 비난할 것이 없고 나머지 여러 군자들도 모두 한 시대의 고상한 선비였으니, 만일 성인의 도를 듣고서 그 지나친 것을 재단하고 미치지 못한 것을 힘쓸 수 있었더라면, 그들이 세운 것이 어찌 여기에 그쳤을 뿐이겠는가.

잡다하면서도 어그러지지 않는다. 그 부류를 상고함에는 아마도 쇠퇴한 세상[은(殷)나라 말기]의 뜻일 것이다.(子曰. 乾坤, 其易之門邪. 乾, 陽物也, 坤, 陰物也. 陰陽合德而剛柔有體. 以體天地之撰, 以通神明之德. 其稱名也, 雜而不越. 於稽其類, 其衰世之意邪.)"

38) ≪논어(論語)·공야장(公冶長)≫, "공자가 진(陳)나라에 계실 때에 말씀하였다. '돌아가리. 돌아가리. 우리 고을의 제자들이 뜻만 크고 일에 소략하여 찬란하게 문채를 이루었지만 그것을 마름질할 줄을 모르는구나.'(子在陳曰. 歸與, 歸與, 吾黨之小子狂簡, 斐然成章, 不知所以裁之.)"

자장(子張) 제십구(第十九)

●此篇은 皆記弟子之言한대 而子夏爲多하고 子貢次之라. 蓋孔門에 自顔子以下는 穎悟가 莫若子貢하고 自曾子以下는 篤實이 無若子夏라. 故로 特記之詳焉이라. 凡二十五章이라.

한자 穎 벼 이삭 영·끝 영·**빼어날 영**

○이 편은 모두 제자들의 말을 기록한 것인데, 자하가 많고 자공이 그 다음이다. 공자의 문하에서 안자로부터 이하로는 총명함이 자공만한 이가 없었고,[1] 증자로부터 이하로는 독실함이 자하만한 이가 없었다.[2] 그러므로 유독 그들에 대하여 기록한 것이 자세하다. 모두 25장이다.

---

1) 지식[지(知)] 방면에서 뛰어난 점을 가리킨다.
2) 실천[행(行)] 방면에서 뛰어난 점을 가리킨다.

⊠ 자장19 제1장

19-01 ◉子張曰이라. 士가 見危致命[3]하고 見得思義하며 祭思敬하고 喪思哀면 其可已矣니라.

●致命은 謂委致其命이니 猶言授命也라. 四者는 立身之大節이니 一有不至면 則餘無足觀이라. 故로 言士能如此면 則庶乎其可矣라.

자장이 말하였다. "선비가 위태로움을 만나 목숨을 바치고 이득을 보고 도리를 생각하며, 제사에서는 경건함을 생각하고 장례에서는 슬퍼함을 생각한다면 아마도 괜찮을 것이다."

○'치명(致命)'은 목숨을 바침을 이르니, '수명(授命)'이라는 말과 같다. 네 가지는 자기 자신을 확립하는 큰 절차이니 하나라도 지극하지 못함이 있으면 나머지는 보잘것없다. 그러므로 선비가 이와 같을 수 있다면 거의 아마도 괜찮을 것이라고 말한 것이다.

⊠ 자장19 제2장

19-02 ◉子張曰이라. 執德不弘[4]하며 信道不篤이면 焉能爲有며 焉

---

3) ≪논어(論語)·헌문(憲問)≫, "자로가 완전한 사람에 대하여 물으니 공자가 대답하였다. '만일 장무중의 지혜와 맹공작의 무욕과 변장자의 용기와 염구의 재능에, 거기에다 예악으로 문채를 낸다면 역시 완전한 사람이 될 수 있다.' 공자가 말씀하였다. '오늘날의 완전한 사람은 어찌 꼭 그러하겠는가. 이익을 보고 도리를 생각하며, 위태로움을 만나 목숨을 바치며, 오래된 약속에 대하여 평소 했던 말을 잊지 않는다면, 또한 완전한 사람이 될 수 있다.'(子路問成人, 子曰. 若臧武仲之知, 公綽之不欲, 卞莊子之勇, 冉求之藝, 文之以禮樂, 亦可以爲成人矣. 曰今之成人者, 何必然, 見利思義, **見危授命**, 久要, 不忘平生之言, 亦可以爲成人矣.)"

4) ≪논어·태백(泰伯)≫, "증자가 말하였다. '선비는 넉넉하고 굳세지 않으면 안 되니, 임

能爲亡리오.

◉有所得而守之太狹이면 則德孤하고 有所聞而信之不篤이면 則道廢라. 焉能爲有亡는 猶言不足爲輕重이라.

자장이 말하였다. "덕을 지키는 것이 넓지 못하고 도를 믿는 것이 독실하지 못하면, (이런 사람은) 어찌 있다고 할 수 있으며 어찌 없다고 할 수 있겠는가."5)

○터득한 것이 있지만 지키는 것이 너무 좁으면6) 덕이 외롭고, 들은 것이 있지만 믿는 것이 독실하지 못하면 도가 폐지된다. '어찌 있다고 할 수 있으며 없다고 할 수 있겠는가.'라는 것은 경시되거나 중시되기에 부족하다는 말이다.

자장19 제3장

19-03 ◉子夏之門人이 問交於子張한대 子張이 曰子夏云何오? 對曰子夏曰可者를 與之하고 其不可者를 拒之라하더이다. 子張이 曰異乎吾所聞이로다. 君子는 尊賢而容衆하며 嘉善而矜不能이라. 我之大賢與인댄 於人에 何所不容이며 我之不賢與인댄 人將拒我니 如之何其拒人也리오.

◉子夏之言이 迫狹하니 子張譏之는 是也라. 但其所言이 亦有過高之弊라. 蓋大賢은 雖無所不容이나 然大故엔 亦所當絶7)이요 不賢은 固不可以拒人이

무가 무겁고 길이 멀기 때문이다.'(曾子曰. 士不可以不弘毅, 任重而道遠.)"

5) 존재 가치가 없는 사람이라는 말이다.

6) 자공(子貢)이, '가난하지만 아첨하지 않고, 부유하지만 교만하지 않음(貧而無諂, 富而無驕)[≪논어·학이(學而)≫]'에 대한 자부심 같은 것이 그 예이다.

7) ≪논어·미자(微子)≫, "군자는 그 친척을 버리지 않고 대신으로 하여금 (그의 말을) 써

나 然이나 損友는 亦所當遠8)이니 學者不可不察이라.

한자 迫 접근할 박·핍박할 박·**급박할 박**, 狹 좁을 협

자하의 제자가 자장에게 교유에 대하여 묻자 자장이 말하기를, "자하는 뭐라고 하시던가?"라고 하였다. 대답하기를, "자하께서는 '괜찮은 자를 함께하고 괜찮지 않은 자를 물리칠 것이다.'라고 하셨습니다."라고 하였다. 자장이 말하기를, "내가 들은 것과는 다르구나. 군자는 현자를 존중하고 대중을 포용하며, 선한 자를 아름답게 여기고 그렇지 못한 자를 안타깝게 여긴다. 내가 큰 현자라면 남에 대하여 누구인들 용납하지 못하겠으며, 내가 현자가 되지 못한다면 남들이 장차 나를 물리칠 것이니 어떻게 그렇게 남을 물리치겠는가."

○자하의 말이 편협하니 자장이 비판한 것은 옳다. 다만 그가 말한 것 역시 지나치게 높은 폐단이 있다. 큰 현자는 비록 포용하지 않는 바가 없으나 큰 잘못에는 절교해야 하고, 현자가 되지 못하는 이는 진실로 남을 물리칠 수 없으나 손해가 되는 벗은 또한 멀리해야 하니, 배우는 자들이 살피지 않으면 안 된다.

자장19 제4장

19-04 ◉子夏曰이라. 雖小道9)나 必有可觀者焉이어니와 致遠恐泥라. 是以로 君子가 不爲也니라.

주지 않는 것을 원망하게 하지 않으며, 친구가 큰 이유가 없으면 버리지 않는다.(君子, 不施其親, 不使大臣, 怨乎不以, 故舊, 無大故則不棄也.)"

8) ≪논어(論語)·계씨(季氏)≫, "벗이 치우침에 익숙하며, 벗이 부드러움에 뛰어나며, 벗이 말재주에 익숙하면 해롭다.(友便辟, 友善柔, 友便佞, 損矣.)"

9) 소도(小道) : 대도[大道, 수기치인지도(修己治人之道), 즉 대학지도(大學之道)]의 상대어로, 제자백가의 주장 같은 것들이다.

●小道는 如農圃醫卜之屬이라. 泥는 不通也라.

●楊氏曰이라. 百家衆技는 猶耳目口鼻하여 皆有所明而不能相通10)이라. 非無可觀也나 致遠則泥矣라. 故로 君子不爲也니라.

한 자 泥 진흙 니·**막힐 니**

자하가 말하였다. "비록 작은 도리라도 반드시 볼 만한 것이 있으나, 원대함에 이르는 데에는 (그것 때문에) 막힐까 염려된다. 이 때문에 군자가 하지 않는다."

○'소도(小道)'는 논농사와 밭농사, 의학과 점술 같은 것들이다. '이(泥)'는 '통하지 않다'이다.

○양씨[양시(楊時)]가 말하였다. "제자백가의 여러 기예들은 이목구비와 같아서 모두(각자) 밝은 곳이 있으나 서로 통할 수는 없다. 볼 만한 것이 없는 것은 아니나 원대함에 이르는 데에는 막히게 된다. 그러므로 군자가 하지 않는 것이다."

자장19 제5장

19-05 ◉子夏曰이라. 日知其所亡11)하며 月無忘其所能12)이면 可謂好學也已矣니라.

---

10) ≪장자(莊子)·천하(天下)≫, "천하에는 한 가지 고찰한 것을 얻어 스스로 자랑스러워하는 이들이 많다. 비유하자면 이목구비가 모두 밝은 곳이 있지만 서로 통할 수 없는 것과 같다. 마치 제자백가의 여러 기예들이 모두가 잘하는 부분이 있어 때때로 쓸 만한 것이 있는 것 같지만, 비록 그러하나 두루 통하거나 보편적이지 못하니 한쪽으로 치우친 선비들이다.(天下多得一察焉, 以自好. 譬**如耳目口鼻**, **皆有所明**, **不能相通**. 猶百家衆技也, 皆有所長, 時有所用, 雖然, 不該不徧, 一曲之士也.)"

11) ≪논어(論語)·학이(學而)≫에서 말한, "배우고서 때때로 그것을 익히다.(**學**而時習之)"의 '학(學)'의 과정이다.

12) ≪논어·학이≫에서 말한, "배우고서 때때로 그것을 익히다.(學而時**習**之)"의 '습(習)'의 과정이다.

●亡는 無也니 謂己之所未有라.
●尹氏曰이라. 好學者는 日新而不失이라.[13]

자하가 말하였다. "날마다 자신에게 없는 것을 알고 달마다 자신이 잘하는 것을 잊지 않으면, 배움을 좋아한다고 이를 만하다."

○'무(亡)'는 '없다'이니 자신이 아직 가지지 못한 것을 이른다.
○윤씨[윤돈(尹焞)]가 말하였다. "배움을 좋아하는 자는 날로 새로워지면서 잃지 않는다."

※ 자장19 제6장

19-06 ◉子夏曰이라. 博學而篤志하며 切問而近思하면 仁在其中矣니라.

●四者는 皆學問思辨之事耳[14]니 未及乎力行而爲仁也[15]라. 然이나 從事於此면 則心不外馳하여 而所存自熟이라. 故로 曰仁在其中矣라.
●程子曰이라. 博學而篤志하고 切問而近思를 何以言仁在其中矣오? 學者는 要思得之니 了此가 便是徹上徹下之道니라.
●又曰이라. 學不博則不能守約이요 志不篤則不能力行이며 切問近思在己者하면 則仁在其中矣니라.
●又曰이라. 近思者는 以類而推라.
●蘇氏曰이라. 博學而志不篤이면 則大而無成이요 泛問遠思면 則勞而無功이라.

---

13) 세주에서 면재 황씨[勉齋黃氏, 황간(黃榦)]는, "구함이 민첩하면 날로 새로워질 수 있고, 지킴이 독실하면 잃지 않을 수 있다.(求之敏, 則能**日新**, 守之篤, 則能不失.)"라고 설명하였다.
14) ≪중용(中庸)·제20장≫, "널리 배우고 살펴 물으며, 신중히 생각하고 밝게 분변할 것이다.(**博學之, 審問之, 愼思之, 明辨之.** [篤行之.].)"
15) ≪중용·제20장≫, "독실히 실천할 것이다.([博學之, 審問之, 愼思之, 明辨之.] **篤行之.**)"

자하가 말하였다. “배우기를 널리 하면서 뜻을 독실하게 하고, 절실하게 [절실한 것으로] 물으면서[16] 가까이 생각하면,[17] 인은 그 가운데에 있다.”

○이 네 가지는 모두 박학(博學)·심문(審問:절실한 것을 살펴 물음)·신사(愼思:심사숙고)·명변(明辨:명철한 판단)의 일들일 뿐이니 힘써 실천하여 인을 이루는 데에는 미치지 못한다. 그러나 이것에 힘쓰면 마음이 밖으로 치달리지 않아 간직한 것이 저절로 익는다. 그러므로 인이 그 가운데에 있다고 말한 것이다.

○정자가 말하였다. “배우기를 널리 하면서 뜻을 독실하게 하고, 절실하게 물으면서 가까이 생각하는 것을, 어째서 인이 그 가운데 있다고 말하였는가? 배우는 자들은 이것을 생각해서 터득해야 하니 이것을 이해하는 것이 바로 상하를 관통하는 방법이다.”

○또 말하였다. “배움이 넓지 않으면 지킴이 요점적일 수 없고[18] 뜻이 독실하지 않으면 힘써 행할 수 없으며, 자기에게 있는 것을 절실하게 묻고 가까이 생각하면 인이 그 가운데 있게 된다.”

○또 말하였다. “가까이 생각한다는 것은 ‘부류별로 확충해 나가는 것’이다.”[19]

○소씨[소식(蘇軾)]가 말하였다. “배우기를 널리 하면서 뜻이 독실하지 않

16) 그 반대의 예가 농사짓는 것을 물은 번지의 질문 같은 경우이다.[≪논어(論語)·자로(子路)≫, “번지가 곡식 농사를 배우려 하자 공자는 ‘나는 늙은 농부만 못하다’라고 하였다. 채소 농사짓는 것을 배우려 하자 ‘나는 늙은 채전꾼만 못하다’라고 하였다.(樊遲請學稼, 子曰吾不如老農. 請學爲圃, 曰吾不如老圃.)”]

17) 그 반대의 예가 하늘이 무너질 것을 걱정한 기(杞)나라 사람 같은 경우이다.[≪열자(列子)·천서(天瑞)≫, “기나라의 어떤 사람이 하늘과 땅이 무너지고 가라앉아 몸이 의지할 데가 없을 것을 근심하여 침식을 전폐한 자가 있었다.(杞國有人, 憂天地崩墜, 身亡所寄, 廢寢食者.)”]

18) “진흙이 많아야 불상이 크다.(泥多佛大.)”는 성어가 있다. 진흙을 많이 모아놓지 않으면[배움이 넓지 않음(學不博)] 그 중에서 좋은 흙을 골라[지킴이 요점적임(守約)] 큰 불상을 만들 수 없다.

19) ‘인(仁)’에 대하여 질문한 자공(子貢)에게 공자가, “가까이에서 취해 견줄 수 있다면, 인을 이루는 방법이라고 할 만하다.(能近取譬, 可謂仁之方也已.)[≪논어·옹야(雍也)≫]”라고 하여 ‘인을 이루는 방법’을 설명한 것이 이 내용이다. 쉽고 가까워 실천할 수 있는 것으로부터 해나가는 것이다.

으면 크기만 하고 성취가 없으며, 뜬금없이 물으면서 멀리 생각하면 수고롭기만 하고 성과가 없다."

자장19 제7장

19-07 ◉子夏曰이라. 百工이 居肆하여 以成其事하고 君子는 學하여 以致其道니라.

●肆는 謂官府造作之處라. 致는 極也라. 工不居肆면 則遷於異物而業不精하고 君子不學이면 則奪於外誘而志不篤이라.
●尹氏曰이라. 學은 所以致其道也라. 百工居肆라야 必務成其事하나니 君子之於學에 可不知所務哉아.
●愚按컨대 二說相須라야 其義始備니라.

한자 肆 뚜렷할 사·방자할 사·베풀 사·**공장 사**·점포 사

자하가 말하였다. "모든 기술자들이 공장에 있음으로써 자신의 일을 이루듯이, 군자는 배움으로써 자신의 도를 지극하게 한다."

○'사(肆)'는 관청에서 물건을 만드는 곳이다. '치(致)'는 '지극하게 하다'이다. 기술자가 공장에 있지 않으면 다른 것에 (마음이) 옮겨 가 일이 정밀하지 않듯이, 군자가 배우지 않으면 외적인 유혹에 (마음이) 뺏겨 뜻이 독실하지 않다.
○윤씨[윤돈(尹焞)]가 말하였다. "배움은 그 도를 지극하게 하는 것이다. 모든 기술자들이 공장에 있어야 반드시 그 일을 이루는 데에 힘쓰니, 군자가 배움에 있어 힘쓸 바를 몰라서야 되겠는가."
○내가 살펴보건대, 두 가지 설명20)이 서로 필요로 해야 그 뜻이 비로소

20) 주자 자신의 설명과 윤씨의 설명을 가리킨다.

갖추어진다.

자장19 제8장

19-08 ◉子夏曰이라. 小人之過也에 必文이니라.

●文은 飾之也라. 小人은 憚於改過하고 而不憚於自欺라. 故로 必文以重其過니라.

자하가 말하였다. "소인은 잘못하고서 반드시 꾸민다."

○'문(文)'은 '꾸미다'이다. 소인은 잘못을 고치는 것을 꺼리고 자신을 속이는 것을 꺼리지 않는다. 그러므로 반드시 꾸밈으로써 잘못을 거듭한다.

자장19 제9장

19-09 ◉子夏曰이라. 君子有三變하니 望之儼然하고 卽之也溫하고 聽其言也厲니라.

●儼然者는 貌之莊이요 溫者는 色之和요 厲者는 辭之確이라.

●程子曰이라. 他人은 儼然則不溫하고 溫則不厲로되 惟孔子全之[21]라.

●謝氏曰이라. 此非有意於變이요 蓋並行而不相悖也[22]라. 如良玉溫潤而栗然[23]이라.[24]

---

21) ≪논어(論語)·술이(述而)≫, "공자는 온화하면서도 엄숙하였고, 위엄스러우면서도 사납지 않았으며, 공손하면서도 편안하였다.(子溫而厲, 威而不猛, 恭而安.)"

22) ≪중용(中庸)·제30장≫, "만물이 함께 자라나면서 서로 해치지 않고, 도가 함께 행해지면서 서로 어긋나지 않는다.(萬物竝育而不相害, 道竝行而不相悖.)"

23) 율연(栗然) : 단단하고 결이 고운 모양이다.

한자 儼 의젓할 엄, 厲 숫돌 려·갈 려·**엄할 려**·분발할 려, 確 굳을 확, 悖 어그러질 패, 栗 밤나무 률·단단할 률·엄할 률·떨 률

자하가 말하였다. "군자는 세 가지 변화가 있으니 멀리서 보면 중후하고, 다가가면 온화하고, 그 말을 들어보면 엄숙하다."

○'엄연(儼然)'이라는 것은 모습이 중후한 것이고, '온(溫)'이라는 것은 안색이 온화한 것이며, '여(厲)'라는 것은 말이 확실한 것이다.

○정자가 말하였다. "다른 사람들은 중후하면 온화하지 않고 온화하면 엄숙하지 않은데, 오직 공자만이 그것을 구비하였다."

○사씨[사양좌(謝良佐)]가 말하였다. "이것은 변화에 마음을 둔 것이 아니었고 함께 행해지면서 서로 어긋나지 않은 것이다. 마치 좋은 옥이 온화하고 윤택하면서도 단단한 것과 같다."

자장19 제10장

19-10 ◉子夏曰이라. 君子는 信而後에 勞其民이니 未信則以爲厲己也니라. 信而後諫이니 未信則以爲謗己也니라.

●信은 謂誠意惻怛而人信之也라. 厲는 猶病也라. 事上使下가 皆必誠意交孚而後에 可以有爲니라.

한자 厲 숫돌 려·갈 려·엄할 려·분발할 려·**괴롭힐 려**, 謗 헐뜯을 방, 惻 슬퍼할 측, 怛 슬플 달·**애태울 달**, 孚 미쁠 부

24) ≪예기(禮記)·빙의(聘義)≫, "옛날에 군자는 덕을 옥에 비유하였다. 온화하고 부드러워 윤택한 것은 인이고, 섬세하고 치밀하여 단단한 것은 지이다.(夫昔者, 君子比德於玉焉. **溫潤**而澤, 仁也, 縝密**以栗**, 知也.)"

자하가 말하였다. “군자는 믿음을 받은 뒤에 그 백성을 부리니, 믿음을 받지 못했으면 자기를 괴롭힌다고 여긴다. 믿음을 받은 뒤에 간언하니, 믿음을 받지 못했으면 자기를 비방한다고 여긴다.”

○‘신(信)’은 성의가 간절하여 남들이 그를 믿음을 이른다. ‘여(厲)’는 ‘괴롭히다’와 같다. 윗사람을 섬기고 아랫사람을 부리는 것이 모두 반드시 성의가 서로 믿어진 뒤에야 성취가 있을 수 있다.

자장19 제11장

19-11 ◉子夏曰이라. 大德이 不踰閑이면 小德은 出入이라도 可也니라.[25]

●大德·小德은 猶言大節·小節이라. 閑은 闌也니 所以止物之出入이라. 言人能先立乎其大者[26]면 則小節은 雖或未盡合理라도 亦無害也라.
●吳氏曰이라. 此章之言은 不能無弊니 學者詳之니라.[27]

한자 闌 난간 란·우리 란

자하가 말하였다. “큰 덕목이 한계를 넘지 않으면 작은 덕목은 드나들더라도 괜찮다.”

---

25) 광자(狂者)의 경우이다.[≪논어(論語)·양화(陽貨)≫의, “옛날의 광자는 대범했는데, 지금의 광자는 방탕하다.(古之狂也, 肆, 今之狂也, 蕩.)”에 대한 주자의 집주에, “광자는 포부와 소망이 너무 높다. 사(肆)는 작은 절차에 구애받지 않음을 이르는데, 방탕하면 큰 한계를 넘어서게 된다.(狂者, 志願太高. 肆, 謂**不拘小節**, 蕩則踰大閑矣.)”라고 하였다.

26) ≪맹자(孟子)·고자상(告子上)≫, “먼저 그 큰 것을 세우면 그 작은 것이 (자리를) 빼앗을 수 없다.(**先立乎其大者**, 則其小者不能奪也.)”

27) 세주에서 쌍봉 요씨[雙峰饒氏, 요노(饒魯)]는, “이 장은 남을 관찰하는 데에 적용하면 괜찮지만, 자신을 규율하는 데에 적용하면 안 된다.(此章, 用之觀人則可, 用之律己則不可.)”라고 설명하였다.

○대덕·소덕은 큰 절조·작은 절조라는 말과 같다. '한(閑)'은 난간이니 사람이나 동물의 출입을 막는 것이다. 사람이 먼저 큰 것을 확립할 수 있으면 작은 절조는 혹시 완전히 도리에 부합하지는 않더라도 또한 무방하다는 말이다.

○오씨[오역(吳棫)]가 말하였다. "이 장의 말은 폐단이 없을 수 없으니 배우는 자들은 자세히 살필 것이다."

자장19 제12장

19-12-1 ◉子游曰이라. 子夏之門人小子가 當灑掃·應對·進退則可矣라. 抑末也라 本之則無하니 如之何오?

●子游가 譏子夏弟子於威儀[28]容節之間則可矣라. 然此는 小學之末耳니 推其本如大學正心誠意之事則無有라.

한자 灑 뿌릴 쇄, 掃 쓸 소

자유가 말하였다. "자하의 문하생 제자들이 청소와 응답과 진퇴에 대하는 것은 괜찮다. 그러나 말단적인 것이라서 근본을 추구하는 것은 없으니 어찌하나?"

○자유가 비판하기를, 자하의 제자들이 세부적인 예와 용모의 범절에 있어서는 괜찮다. 그러나 이는 소학에서의 말단적인 것일 뿐이라서 그 근본인, 예컨대 대학의 정심·성의와 같은 일을 추구하는 것은 없다고 한 것이다.

---

28) ≪중용(中庸)·제27장≫, "넉넉하게 크다. 기본적인 예가 3백 가지이고, 세부적인 예가 3천 가지이다.(優優大哉. 禮儀三百, 威儀三千.)"

19-12-2 ◉子夏聞之하고 曰이라. 噫라. 言游가 過矣로다. 君子之道에 孰先傳焉이며 孰後倦焉이리오. 譬諸草木컨대 區以別矣니 君子之道가 焉可誣也리오. 有始有卒者는 其惟聖人乎인저.

◉倦은 如誨人不倦29)之倦이라. 區는 猶類也라. 言君子之道는 非以其末爲先而傳之요 非以其本爲後而倦敎라. 但學者所至가 自有淺深하니 如草木之有大小하여 其類固有別矣라. 若不量其淺深하고 不問其生熟하고 而槪以高且遠者로 强而語之면 則是誣之而已라. 君子之道가 豈可如此리오. 若夫始終本末一以貫之는 則惟聖人爲然30)이니 豈可責之門人小子乎아.

◉程子曰이라. 君子敎人有序하여 先傳以小者近者而後에 敎以大者遠者라. 非先傳以近小而後에 不敎以遠大也라.

◉又曰이라. 灑掃應對가 便是形而上者니 理無大小故也라. 故로 君子只在謹獨이라.

◉又曰이라. 聖人之道는 更無精粗라. 從灑掃應對와 與精義入神31)에 貫通은 只一理라. 雖灑掃應對라도 只看所以然이 如何라.

◉又曰이라. 凡物有本末하나 不可分本末爲兩段事라. 灑掃應對가 是其然이나 必有所以然이라.

◉又曰이라. 自灑掃應對로 上이면 便可到聖人事니라.

◉愚按컨대 程子第一條가 說此章文意에 最爲詳盡이라. 其後四條는 皆以明精粗本末이 其分雖殊나 而理則一32)이니 學者當循序而漸進이요 不可厭末而

---

29) ≪논어(論語)·술이(述而)≫, "공자가 말씀하였다. '만약 성(聖)과 인(仁)의 경우는 내가 어찌 감당하겠는가. 그러나 그것을 배우기를 싫어하지 않고 남을 가르치기를 게을리 하지 않는 것은, 그러하다고 말할 수 있을 뿐이다.'(子曰. 若聖與仁, 則吾豈敢. 抑爲之不厭, **誨人不倦**, 則可謂云爾已矣.)"

30) ≪논어·이인(里仁)≫, "공자가 말씀하였다. '증삼아. 나의 도는 하나가 (만사를) 꿰뚫고 있다.'(子曰. 參乎. 吾道, **一以貫之.**)"

31) ≪주역(周易)·계사전하(繫辭傳下)≫, "자벌레가 굽히는 것은 펴기를 구하는 것이고 용과 뱀이 칩거하는 것은 몸을 보존하는 것이며, 의(義)를 정밀히 하여 신묘한 경지에 들어가는 것은 쓸씀이를 지극히 하는 것이고 씀씀이를 이롭게 하여 몸을 편안히 하는 것은 덕을 높이는 것이다.(尺蠖之屈, 以求信也, 龍蛇之蟄, 以存身也. **精義入神**, 以致用也, 利用安身, 以崇德也.)"

32) ≪주역·계사전하≫, "천하가 귀결은 같으나 길은 다르며, 이치는 하나이나 생각은 백 가지이다.(天下**同歸而殊塗, 一致而百慮.**)"

求本이라. 蓋與第一條之意로 實相表裏하니 非謂末卽是本이라 但學其末而本便在此也라.

자하가 듣고 말하였다. "아! 자유가 지나쳤다. 군자의 도에서 어느 것을 먼저라 하여 전수하고 어느 것을 뒤라 하여 게을리 하겠는가.[33] 그(제자)들을 초목에 비유하자면 부류별로 나뉨이니 군자의 도가 어찌 속일 수 있겠는가. 처음과 끝을 갖춘 것은 아마도 성인뿐이리라."

○'권(倦)'은 "남을 가르치기를 게을리 하지 않는다.(誨人不倦.)"의 '권(倦)'자와 같다. '구(區)'는 부류와 같다. 군자의 도는 그 말단을 먼저라 하여 전수하는 것도 아니고, 그 근본을 나중이라 하여 가르치기를 게을리 하는 것도 아니다. 다만 배우는 자가 도달한 것이 자연 깊고 얕음이 있으니, 마치 초목이 크고 작은 것이 있어 그 부류가 원래 구별이 있는 것과 같다. 만약 그들의 깊고 얕음을 헤아리지 않고 그들의 서툶과 익숙함을 따지지 않은 채 일괄적으로 높고 먼 것을 억지로 말해준다면, 이는 그들을 속이는 것일 뿐이다. 군자의 도가 어찌 이와 같을 수 있겠는가. 처음과 끝, 근본과 말단이 일이관지(一以貫之)함과 같은 것은 오직 성인만이 그러하니, 어찌 문하생 제자들에게 그것을 요구할 수 있겠는가.

○정자가 말하였다. "군자가 사람을 가르침에는 순서가 있어, 먼저 작은 것과 가까운 것을 전수한 뒤에 큰 것과 먼 것을 가르친다. 먼저 가깝고 작은 것을 전수한 뒤에 멀고 큰 것을 가르치지 않는 것이 아니다."

○또 말하였다. "청소하고 응답하는 것이 바로 형이상의 일이니 이치에는 대소가 없기 때문이다. 그러므로 군자는 오직 근독(謹獨)에 달려있을 뿐이다."[34]

○또 말하였다. "성인의 도는 따로 정밀함과 조잡함이 없다. 청소하고 응답하는 것으로부터 의리를 정밀히 하여 신묘함에 들어가는 것에서, 관통하

33) 가르침에 단계와 순서가 있을 따름이니, 군자의 도에서 소학과 대학을 본말로 나누면 안 된다는 주장이다.

34) 세주에서 주자(朱子)는, "이것은 작은 것을 소홀히 하면 안 된다는 것을 심하게 말한 것이다.(此甚言小者之不可忽也.)"라고 설명하였다.

는 것은 단지 한 가지 이치일 뿐이다. 비록 청소하고 응대하는 것이라도 다만 그러한 연유가 어떤지를 볼 것이다."

○또 말하였다. "모든 사물에는 근본과 말단이 있으나 근본과 말단을 나누어 두 가지 일로 삼으면 안 된다. 청소하는 것과 응답하는 것은 그것이 그러함[사(事)]이지만 반드시 그러한 연유[이(理)]가 있다."

○또 말하였다. "청소하고 응대하는 것으로부터 올라가면 곧 성인의 일에 도달할 수 있다."

○내가 살펴보건대, 정자의 첫 번째 조항이 이 장의 글 뜻을 설명하는 데에 가장 자세하고 극진하다. 그 뒤의 네 조항은 모두 정밀함과 조잡함, 근본과 말단이 그 나뉨은 비록 다르나 이치는 동일하니, 배우는 자들은 순서에 따라 점진적으로 나아가야 하고 지엽을 싫어하여 근본을 찾아서는 안 됨을 밝힌 것이다. 첫 번째 조항의 뜻과 진실로 서로 표리가 되니, 말단이 곧 이 근본이라서 다만 그 말단을 배우면 근본은 곧 여기에 있다고 이른 것이 아니다.

자장19 제13장

19-13 ◉子夏曰이라. 仕而優則學하고 學而優則仕니라.

●優는 有餘力也35)라. 仕與學이 理同而事異라. 故로 當其事者는 必先有以盡其事而後에 可及其餘라. 然이나 仕而學則所以資其仕者가 益深이요 學而仕則所以驗其學者가 益廣이라.

자하가 말하였다. "벼슬하면서 여력이 있으면 배우고, 배우고서 여력이 있으면 벼슬할 것이다."

---

35) ≪논어(論語)·학이(學而)≫, "공자가 말씀하였다. '젊은이들은 들어가서는 효도하고 나와서는 공손하며, 삼가고 믿음 받게 하며 널리 사람들을 사랑하되, 인한 자를 가까이 할 것이니 (이것들을) 실천하고 여력이 있으면 (여력을) 써서 글을 배울 것이다.'(子曰. 弟子立則孝, 出則弟, 謹而信, 汎愛衆, 而親仁, 行**有餘力**, 則以學文.)"

○'우(優)'는 '여력이 있다'이다. 벼슬과 배움이 이치는 같으나 일이 다르다. 그러므로 그 일을 담당한 자는 반드시 먼저 그 일을 극진히 함이 있은 뒤에 다른 것에 미칠 수 있다. 그러나 벼슬하면서 배우면 그가 벼슬하는 데에 도움 받는 것이 더욱 깊어지고, 배우고서 벼슬하면 그가 배운 것을 징험하는 것이 더욱 넓어진다.36)

자장19 제14장

19-14 ◉子游曰이라. 喪은 致乎哀而止니라.

●致極其哀요 不尙文飾也라.
●楊氏曰이라. 喪은 與其易也론 寧戚37)이니 不若禮不足而哀有餘38)之意라.
●愚按컨대 而止二字는 亦微有過於高遠而簡略細微之弊하니 學者詳之라.

자유가 말하였다. "상례는 슬픔을 지극하게 하고 그칠 것이다."

○슬픔을 지극하게 하고 문식을 숭상하지 않음이다.
○양씨[양시(楊時)]가 말하였다. "장례는 잘 치르는 것보다는 차라리 슬퍼하는 것이 나으니, 예가 부족하더라도 슬픔이 넉넉한 것이 낫다는 뜻이다."
○내가 살펴보건대, '이지(而止)' 두 자는 역시 약간은 고원한 데에서 지나

---

36) 세주에서 신안 진씨[新安陳氏, 진력(陳櫟)]는, "배움은 그 이치를 밝히는 것이니 본질이고, 벼슬은 그 일을 행하는 것이니 적용이다.(學, 以明其理者, 體也, 仕, 以行其事者, 用也.)"라고 설명하였다. "

37) ≪논어(論語)·팔일(八佾)≫, "예는 사치스럽기보다는 차라리 검소한 것이 낫고, 장례는 잘 치르는 것보다는 차라리 슬퍼하는 것이 낫다.(禮, 與其奢也, 寧儉, **喪, 與其易也, 寧戚.**)"

38) ≪예기(禮記)·단궁상(檀弓上)≫, "자로가 말하였다. '내가 선생님께 들었는데, 장례는 슬픔이 부족하고 예가 넉넉하기보다는 예가 부족하고 슬픔이 넉넉한 것이 낫고, 제사는 공경이 부족하고 예가 넉넉하기보다는 예가 부족하고 공경이 넉넉한 것이 낫다고 하셨다.'(子路曰. 吾聞諸夫子, 喪禮, 與其哀不足而禮有餘也, **不若禮不足而哀有餘也**, 祭禮, 與其敬不足而禮有餘也, 不若禮不足而敬有餘也.)"

쳐 미세한 것을 소홀히 한 폐단이 있으니, 배우는 자는 자세히 살필 것이다.

자장19 제15장

19-15 ◉子游曰이라. 吾友張也는 爲難能也나 然而未仁이니라.

●子張은 行過高而少誠實惻怛之意라.

자유가 말하였다. "나의 벗 자장은 잘하기 어려운 것을 하지만 그러나 인하지 못하다."

○자장은 행동이 지나치게 높으나 성실하고 간절한 뜻이 부족하였다.

자장19 제16장

19-16 ◉曾子曰이라. 堂堂乎라 張也여. 難與並爲仁矣로다.

●堂堂은 容貌之盛이라. 言其務外自高하니 不可輔而爲仁이요 亦不能有以輔人之仁也[39]라.

●范氏曰이라. 子張은 外有餘而內不足이라. 故로 門人이 皆不與其爲仁이라. 子曰剛毅木訥이 近仁[40]이라하니 寧外不足而內有餘면 庶可以爲仁矣리라.

증자가 말하였다. "(위세가) 당당하구나 자장이여! (그와는) 함께 인을 실천하기 어렵다."

---

39) ≪논어(論語)·안연(顔淵)≫, "증자가 말하였다. '군자는 글로 벗을 만나고, 벗으로 인을 보강한다.'(曾子曰. 君子, 以文會友, 以友輔仁.)"

40) ≪논어·자로(子路)≫

○'당당(堂堂)'은 모습이 성대한 것이다. 그가 외면에 힘쓰고 스스로를 높이니, (벗으로부터) 도움 받아 인을 실천할 수 없고 또한 남의 인을 도와줄 수 없음을 말한 것이다.

○범씨[범조우(范祖禹)]가 말하였다. "자장은 외면은 넉넉하였으나 내면이 부족하였다. 그러므로 제자들이 모두 그와 함께 인을 실천하지 못하였다. 공자가 '단단하고 굳세며 질박하고 어눌함이 인에 가깝다.'라고 말씀하였듯이, 차라리 외면이 부족하고 내면이 넉넉하다면 아마도 인을 실천할 수 있을 것이다."

자장19 제17장

19-17 ◉曾子曰이라. 吾聞諸夫子하니 人未有自致者也니 必也親喪乎인저.

●致는 盡其極也니 蓋人之眞情이 所不能自已者라.

●尹氏曰이라. 親喪은 固所自盡也41)니 於此에 不用其誠이면 惡乎用其誠42)이리오.

증자가 말하였다. "내가 선생님께 들었는데, 사람이 (이것보다) 스스로 극진하게 할 것이 없으니 반드시 부모상일 것이라고 하셨다."

○'치(致)'는 그 지극함을 극진하게 하는 것이니 사람의 진정이 스스로 그만

41) ≪맹자(孟子)·등문공상(滕文公上)≫, "부모상은 본디 스스로 극진하게 하는 것이다. 증자께서 말씀하기를, '살아 계실 때에 예로 섬기고, 돌아가셨을 때에 예로 장사 지내고, 예로 제사 지내면 효성스럽다고 이를 수 있다.'라고 하였다.(**親喪, 固所自盡也**. 曾子曰. 生事之以禮, 死葬之以禮, 祭之以禮, 可謂孝矣.)"

42) ≪예기(禮記)·단궁하(檀弓下)≫, "악정자춘의 어머니가 죽으니 5일 동안 먹지 않다가 말하였다. '나는 그것(5일 동안 먹지 않은 것)을 후회한다. 나의 어머니로부터 나의 진정을 확보하지 못했으니, 내가 어디에 나의 진정을 쓰겠는가.(樂正子春之母死, 五日而不食曰. 吾悔之, 自吾母而不得吾情, **吾惡乎用吾情**.)"

둘 수 없는 것이다.

○윤씨[윤돈(尹焞)]가 말하였다. "부모상은 본디 스스로 극진하게 하는 것이니 여기에 그 진정을 쓰지 않는다면 어디에 그 진정을 쓰겠는가."

자장19 第18장

19-18 ◉曾子曰이라. 吾聞諸夫子하니 孟莊子之孝也가 其他는 可能也어니와 其不改父之臣與父之政은 是難能也니라.[43]

◉孟莊子는 魯大夫로 名이 速이요 其父는 獻子로 名이 蔑이라. 獻子有賢德이어늘 而莊子能用其臣하고 守其政이라. 故로 其他孝行이 雖有可稱이나 而皆不若此事之爲難이라.

증자가 말하였다. "내가 선생님께 들었는데, 맹장자의 효도가 다른 것은 가능하지만, 그가 부친의 가신과 부친의 정사를 바꾸지 않은 것은 잘하기 어려운 것이라고 하셨다."

○맹장자는 노나라 대부로 이름이 속(速)이고, 그의 부친은 맹헌자로 이름이 멸(蔑)이다. 맹헌자가 훌륭한 덕이 있었는데, 맹장자가 그의 가신을 잘 쓰고 그의 정사를 잘 지켰다. 그러므로 다른 효행이 비록 칭송할 만한 것이 있었지만 모두 이 일이 어려운 것만은 못하다.

자장19 第19장

19-19 ◉孟氏가 使陽膚爲士師하니 問於曾子한대 曾子曰이라. 上失

43) ≪논어(論語)·학이(學而)≫에서, "3년 동안 아버지의 방식을 고치지 않아야 효라고 할 수 있다.(三年, 無改於父之道, 可謂孝矣.)"라고 한 말씀의 실례라고 하겠다.

其道하여 民散이 久矣라. 如得其情이면 則哀矜而勿喜니라.44)

◉陽膚는 曾子弟子라. 民散은 謂情義乖離하여 不相維繫라.

◉謝氏曰이라. 民之散也는 以使之無道하고 敎之無素라. 故로 其犯法也는 非迫於不得已면 則陷於不知也라. 故로 得其情이면 則哀矜而勿喜니라.

맹씨가 양부를 옥관으로 삼으니 (양부가) 증자에게 질문하자 증자가 말하였다. "윗사람이 올바른 도를 잃어 민심이 흩어진 지가 오래되었다. 만일 그(법을 어긴) 실정을 파악하면 불쌍히 여기고 기뻐하지 말 것이다."

○양부는 증자의 제자이다. '민산(民散)'은 인정이 떠나고 의리가 어긋나 서로 결속되지 않음을 말한다.

○사씨[사양좌(謝良佐)]가 말하였다. "민심이 흩어진 것은 그들을 부림에 도가 없었고, 그들을 가르침에 평소의 시행이 없었기 때문이다. 그러므로 그들이 법을 어기는 것은 부득이 함에 몰린 것이 아니라면 무지에 빠진 것이다. 그러므로 그 실정을 파악하면 불쌍히 여기고 기뻐하지 말 것이다."

자장19 제20장

19-20 ◉子貢曰이라. 紂之不善이 不如是之甚也라. 是以로 君子惡居下流라. 天下之惡이 皆歸焉이니라.

◉下流는 地形卑下之處로 衆流之所歸니 喩人身有汚賤之實이면 亦惡名之所聚也라. 子貢言此는 欲人常自警省하여 不可一置其身於不善之地요 非謂紂本無罪而虛被惡名也라.

44) ≪논어(論語)·안연(顔淵)≫, "공자가 말씀하였다. '송사를 다스리는 것이 나도 남만은 하지만 반드시 송사가 없게 해야 한다.'(子曰. 聽訟, 吾猶人也, 必也使無訟乎.)"

자공이 말하였다. "주왕의 불선이 이처럼 심하지는 않았다. 이 때문에 군자는 하류에 머무는 것을 싫어한다. 천하의 악이 모두 그에게로 돌아가기 때문이다."

○'하류(下流)'는 지형이 낮은 곳으로 여러 물길이 모이는 곳이니, 사람의 몸에 더럽고 천박한 실상이 있으면 또한 악명이 모임을 비유한 것이다. 자공이 이것을 말한 것은, 사람들이 항상 스스로 경계하고 살펴서 한번이라도 그 자신을 불선의 땅에 두지 못하게 하고자 한 것이지, 주왕이 본래 죄가 없는데 근거 없이 악명을 뒤집어썼다고 말한 것이 아니다.

자장19 제21장

19-21 ◉子貢曰이라. 君子之過也는 如日月之食焉이라. 過也에 人皆見之하고 更也에 人皆仰之니라.

자공이 말하였다. "군자의 잘못은 일식이나 월식과 같다. 잘못하면 사람들이 모두 보고, 고치면 사람들이 모두 우러른다."[45]

자장19 제22장

19-22-1 ◉衛公孫朝가 問於子貢曰이라. 仲尼焉學고?

●公孫朝는 衛大夫라.

위나라 공손조가 자공에게 물었다. "공자는 어디에서 배웠습니까?"

45) ≪논어(論語)·위영공(衛靈公)≫, "공자가 말씀하였다. '잘못하고도 고치지 않는 것, 이것을 잘못이라고 한다.'(子曰. 過而不改, 是謂過矣.)"

○‘공손조(公孫朝)’는 위나라 대부이다.

19-22-2 ◉子貢曰이라. 文武之道가 未墜於地하여 在人하니 賢者는 識其大者하고 不賢者는 識其小者하여 莫不有文武之道焉이라. 夫子焉不學46)이시며 而亦何常師之有시리오.

●文武之道는 謂文王武王之謨訓功烈과 與凡周之禮樂文章이 皆是也라. 在人은 言人有能記之者라. 識는 記也라.

한자 墜 떨어질 추, 謨 꾀 모

자공이 말하였다. “문왕 · 무왕의 도가 아직 땅에 떨어지지 않아 사람들에게 남아 있었으니, 뛰어난 자들은 그 중의 큰 것을 기억하고 뛰어나지 못한 자들은 그 중의 작은 것을 기억하여, 문왕 · 무왕의 도를 갖고 있지 않은 이가 없었습니다. 선생님께서는 어디에서인들 배우지 않으셨으며, 또한 무슨 일정한 스승이 있었겠습니까.”

○‘문무지도(文武之道)’는 문왕·무왕의 계책과 훈계, 성과와 업적, 그리고 주나라의 모든 예악과 문물제도가 다 그것이다. 사람들에게 남아있었다는 것은 사람들이 그것을 기억할 수 있었던 자가 있었다는 말이다. ‘지(識)’는 ‘기억하다’이다.

자장19 제23장

19-23-1 ◉叔孫武叔이 語大夫於朝曰이라. 子貢이 賢於仲尼하니라.

46) ≪논어(論語)·술이(述而)≫, “공자가 말씀하였다. ‘세 사람이 길을 가는데 반드시 거기에는 나의 스승이 있으니 그 중의 선한 자를 택하여 따르고, 그 중의 선하지 못한 자를 택하여 고친다.’(子曰. 三人行, **必有我師焉**, 擇其善者而從之, 其不善者而改之.)”

●武叔은 魯大夫로 名이 州仇라.

숙손무숙이 조정에서 대부들에게 말하였다. "자공이 공자보다 훌륭하다."

○무숙은 노나라 대부로 이름이 주구(州仇)이다.

19-23-2 ◉子服景伯이 以告子貢한대 子貢曰이라. 譬之宮牆컨댄 賜之牆也는 及肩이라 窺見室家之好라.

●牆卑室淺이라.

자복경백이 자공에게 알리자 자공이 말하였다. "그것을 집의 담장에 비유하자면, 나의 담장은 어깨에 이르는지라 집의 좋은 것들이 들여다보인다."

○담장이 낮고 집이 좁은 것이다.

19-23-3 ◉夫子之牆은 數仞이라 不得其門而入[47]이면 不見宗廟之美와 百官之富라.

●七尺曰仞이라. 不入其門이면 則不見其中之所有니 言牆高而宮廣也라.

한자 仞 한 길(7척) 인, 官 집 관·**관사 관**·관서 관·관리 관

"선생님의 담장은 여러 길이라서 그 문을 찾아 들어가지 않으면, 종묘

47) 세주에서 쌍봉 요씨[雙峰饒氏, 요노(饒魯)]는 이 구절에 대해, "[≪논어(論語)·자한(子罕)≫에서 안연이 말한] 차근차근 잘 이끄시어 글로 나를 넓혀주시고, 예로 나를 단속해주신 것, 이것이 바로 들어가는 문이다.(循循善誘, 博我以文, 約我以禮, 這便是從入之門.)"라고 설명하였다.

의 아름다움과 여러 관사(館舍)의 풍부함이 보이지 않는다."

○일곱 자를 인(仞)이라 한다. 그 문을 들어가지 않으면 그 안에 있는 것들이 보이지 않으니, 담장이 높고 집이 넓다는 말이다.

19-23-4 ◉得其門者가 或寡矣라 夫子之云이 不亦宜乎아.

●此夫子는 指武叔이라.

"그 문을 찾는 자가 아마 드물 것이니 그분이 말한 것이 또한 마땅하지 않겠는가."

○여기서의 '부자(夫子)'는 숙손무숙을 가리킨다.

자장19 第24장

19-24 ◉叔孫武叔이 毁仲尼어늘 子貢曰이라. 無以爲也하라. 仲尼는 不可毁也라. 他人之賢者는 丘陵也라 猶可踰也어니와 仲尼는 日月也라 無得而踰焉이라. 人雖欲自絶이나 其何傷於日月乎리오. 多見其不知量也로다.

●無以爲는 猶言無用爲此라. 土高曰丘요 大阜曰陵이라. 日月은 喩其至高라. 自絶은 謂以謗毁로 自絶於孔子라. 多는 與祇同하니 適也라. 不知量은 謂不自知其分量也라.

한자 毁 헐 훼·**비방할 훼**, 踰 넘을 유, 多 많을 다·아름답게 여길 다·마침 다·**다만 다**, 阜 언덕 부숙손무숙이 공자를 비방하자 자공이 말하였다. “그런 식으로 하지 마시오. 공자는 비방할 수 없습니다. 다른 사람의 훌륭한 것은 언덕이라서 넘을 수 있지만, 공자는 해와 달이라서 넘을 수 없습니다. 사람들이 비록 스스로를 (공자와) 끊으려고 하여도 그것이 어떻게 해와 달을 손상시키겠습니까. 다만 자신이 분수를 알지 못함을 보일 뿐입니다.”

○‘무이위(無以爲)’는 그런 식으로 이런 짓을 하지 말라는 말과 같다. 땅이 높은 것을 ‘구(丘)’라 하고, 큰 언덕을 ‘능(陵)’이라고 한다. 해와 달은 그것이 지극히 높음을 비유한다. ‘자절(自絶)’은 비방으로 스스로를 공자와 끊는 것을 이른다. ‘다(多)’는 ‘지(祇)’와 같으니 ‘다만’이다. ‘부지량(不知量)’은 스스로 자신의 분수를 알지 못함을 이른다.

자장19 第25장

19-25-1 ◉陳子禽[48]이 謂子貢曰이라. 子爲恭也언정 仲尼豈賢於子乎리오.

●爲恭은 謂恭敬推遜其師也라.

진자금이 자공에게 말하였다. “그대가 공손한 것이지 공자가 어찌 그대보다 훌륭하겠습니까.”

○‘위공(爲恭)’은 공경하여 자신의 스승에게 사양함을 이른다.

19-25-2 ◉子貢曰이라. 君子는 一言에 以爲知하며 一言에 以爲不

48) 진자금(陳子禽) : 진(陳)나라 사람인 진항(陳亢, B.C. 511-?)으로 공자의 제자이다. 자가 자금(子禽)이다.

知니 言不可不愼也니라.

●責子禽不謹言이라.

자공이 말하였다. "군자는 한마디 말로 지혜롭다고 여겨지고 한마디 말로 지혜롭지 못하다고 여겨지니, 말을 조심하지 않을 수 없다."

○자금이 말을 삼가지 않은 것을 꾸짖은 것이다.

19-25-3 ⊙夫子之不可及也는 猶天之不可階而升也니라.

●階는 梯也라. 大는 可爲也어니와 化는 不可爲也라.[49] 故로 曰不可階而升也니라.

"선생님을 미칠 수 없는 것은 마치 하늘을 사다리를 타고 오를 수 없는 것과 같다."

○'계(階)'는 사다리이다. 대(大)의 경지[현인(賢人)의 경지]는 (힘써서) 될 수 있지만, 화(化)의 경지[성인(聖人)의 경지]는 (힘써서) 될 수가 없다. 그러므로 사다리를 타고 오를 수 없다고 말한 것이다.

19-25-4 ⊙夫子之得邦家者[50]인댄 所謂立之斯立하며 道之斯行하며 綏之斯來하며 動之斯和하여 其生也榮하고 其死也哀니 如之何其

---

49) ≪맹자(孟子)·진심하(盡心下)≫, "바람직한 것을 선(善)이라 하고, 그것을 자신에게 소유한 것을 신(信)이라 한다. (그것이) 꽉 찬 것을 미(美)라 하고, 꽉 차서 빛남이 있는 것을 대(大)라 한다. 크면서 변화된 것을 성(聖)이라 하고, 성스러우면서 알 수 없는 것을 신(神)이라 한다.(可欲之謂善, 有諸己之謂信. 充實之謂美, 充實而有光輝之謂大. **大而化之之謂聖**, 聖而不可知之之謂神.)"

50) 자(者) : 조건절을 이어주는 접속사로, 즉(則)의 용법과 같다.

可及也리오.

●立之는 謂植其生也라. 道는 引也니 謂教之也라. 行은 從也요 綏는 安也요 來는 歸附也라. 動은 謂鼓舞之也요 和는 所謂於變時雍51)이니 言其感應之妙가 神速如此라. 榮은 謂莫不尊親52)이요 哀는 則如喪考妣53)라.

●程子曰이라. 此는 聖人之神化가 上下與天地同流者也54)라.

●謝氏曰이라. 觀子貢稱聖人語하면 乃知晩年進德이 蓋極於高遠也라. 夫子之得邦家者인댄 其鼓舞群動이 捷於桴鼓影響리라. 人雖見其變化나 而莫窺其所以變化也니 蓋不離於聖이요 而有不可知者存焉하니 聖而進於不可知之之神矣55)라. 此는 殆難以思勉及也56)라.

한자 綏 편안할 수, 雍 화락할 옹·**화목할 옹**·학교 옹, 桴 마룻대 부·북채 부, 窺 구멍 규

"선생님께서 나라를 얻으셨다면, 이른바 세워주면 서고 이끌어주면 따르며, 편안하게 해주면 오고 고무시켜주면 화합하여, 그분이 살아 계심에 영광스럽게 여기고 그분이 돌아가심에 슬퍼함이니, 어떻게 그렇게 미칠 수 있겠는가."

---

51) ≪서경(書經)·요전(堯典)≫, "능히 큰 덕을 밝혀 친족들을 친하게 하시니 친족들이 이미 화목해졌다. (나아가) 백성들을 고루 밝혀주시니 백성이 밝은 덕을 밝히며, 모든 제후국을 화합하게 하시니 만방의 백성들이 아! 변하여 이에 화합되었다.(克明俊德, 以親九族, 九族旣睦. 平章百姓, 百姓昭明, 協和萬邦, 黎民, **於變時雍**.)"

52) ≪중용(中庸)·제31장≫, "생명을 지닌 이들이 존경하고 친애하지 않음이 없다. 그러므로 하늘에 필적한다고 하는 것이다. (凡有血氣者, **莫不尊親**. 故曰配天.)"

53) ≪서경·우서(虞書)·순전(舜典)≫, "요임금이 마침내 돌아가시니 백성들은 부모상을 당한 듯이 3년을 지냈고, 온 세상은 음악을 그쳐 조용히 하였다.(帝乃殂落, 百姓**如喪考妣**, 三載, 四海遏密八音.)"

54) ≪맹자(孟子)·진심상(盡心上)≫, "군자는 지나는 곳은 교화되고 마음에 간직한 것은 신묘하여, 위아래로 천지와 함께 운행된다.(夫君子, **所過者化, 所存者神**, 上下與天地同流.)"

55) ≪맹자·진심하(盡心下)≫, "크면서 변화된 것을 성(聖)이라 하고, 성스러우면서 알 수 없는 것을 신(神)이라 한다.(大而化之之謂聖, 聖而**不可知之之謂神**.)"

56) ≪중용·제20장≫, "참된 자는 힘쓰지 않고도 (이치에) 맞으며 생각하지 않고도 터득하여 조용히 도에 맞으니 성인(聖人)이고, 참되려고 하는 자는 선(善)을 택하여 굳게 지키는 자이다.(誠者, **不勉而中, 不思而得**, 從容中道, 聖人也, 誠之者, 擇善而固執之者也.)"

○'입지(立之)'는 그들의 삶을 수립해 주는 것을 이른다. 도는 '이끌다'이니 그들을 가르치는 것을 이른다. '행(行)'은 '따르다'이고, '수(綏)'는 '편안하게 해주다'이며, '내(來)'는 '돌아와 붙다'이다. '동(動)'은 고무시키는 것을 이르고, '화(和)'는 이른바 "오변시옹(於變時雍)[아, 변하여 이에 화합되었다]"이니 그 감응이 오묘하여 신속하기가 이와 같다는 말이다. '영(榮)'은 높이고 친애하지 않은 이가 없었음을 말하고, '애(哀)'는 부모를 잃은 것과 같았음이다.

○정자가 말하였다. "이것은 성인의 신묘함과 교화가 위아래로 천지와 함께 운행된 것이다."

○사씨[사양좌(謝良佐)]가 말하였다. "자공이 공자를 칭송한 말을 보면, 만년에 덕을 향상시킨 것이 아마도 고원함의 끝까지 이르렀음을 알 수 있다. 공자가 나라를 얻으셨다면 그가 군중을 고무시킨 것이 북채와 북, 그림자와 메아리보다 빨랐을 것이다. 사람들이 비록 그 변화를 보더라도 변화된 연유는 엿볼 수 없었으니, 성(聖)스러움에서 벗어나지 않으면서 알 수 없는 것[신(神)]이 존재함이니, 성스러우면서 알 수 없는 신(神)의 경지에 드신 것이다. 이것은 거의 생각과 노력으로 미치기 어려운 것이다."

요왈(堯曰) 제이십(第二十)

●凡三章이라.

○모두 3장이다.

요왈20 제1장

20-01-1 ◉堯曰이라. 咨爾舜아. 天之曆數在爾躬하니 允執其中하라. 四海困窮하면 天祿이 永終하리라.

●此는 堯命舜而禪以帝位之辭라. 咨는 嗟歎聲이라. 曆數는 帝王相繼之次第니 猶歲時氣節之先後也라. 允은 信也라. 中者는 無過不及之名이라. 四海之人이 困窮하면 則君祿亦永絶矣는 戒之也라.

한자 曆 책력 력·역수(曆數, 왕조나 왕위가 바뀌는 순서) 력, 禪 봉선 선·**선양(禪讓)**할 선

요임금이 말씀하였다. "아! 너 순아, 하늘의 역수가 네 몸에 있으니 진실로 그 중용을 잡아라. 온 세상 사람들이 곤궁하면 하늘의 복이 영원히 끊길 것이다."

○이것은 요임금이 순임금에게 명하여 제위를 선양한 말씀이다. '자(咨)'는 감탄하는 소리이다. '역수(曆數)'는 제왕들이 서로 계승하는 차례이니, 계절과 절기의 순서와 같다. '윤(允)'은 '진실로'이다. '중(中)'이라는 것은 지나치거나 모자람이 없음의 명칭이다. 온 세상 사람들이 곤궁하면 군주의 복 또한 영원히 끊어지게 된다는 것은 그를 경계한 것이다.

20-01-2 ◉舜亦以命禹하니라.

●舜後遜位於禹에 亦以此辭命之라. 今見於虞書大禹謨하니 比此加詳이라.[1]

---

1) ≪서경(書經)·우서(虞書)·대우모(大禹謨)≫, "하늘의 역수가 네 몸에 있으니 네가 마침내 천자에 오를 것이다. 인심(人心)은 위태롭고 도심(道心)은 은미하니 정밀하게 하고 한결같이 하여야 진실로 그 중용을 잡을 것이다. 근거 없는 말을 듣지 말고 상의하지

순임금도 또한 이것으로 우임금에게 명하였다.

○순임금이 뒤에 우임금에게 양위할 때에도 또한 이 말씀으로 명하여 주었다. 지금 (≪서경)≫) <우서·대우모>에 보이는데 이것에 비하여 더욱 자세하다.

20-01-3 ◉曰이라. 予小子履는 敢用玄牡하여 敢昭告于皇皇后帝하노니 有罪를 不敢赦하며 帝臣不蔽니 簡在帝心이니이다. 朕躬有罪는 無以萬方이요 萬方有罪는 罪在朕躬하니라.

●此는 引商書湯誥之辭니 蓋湯旣放桀而告諸侯也[2]라. 與書文大同小異하니 曰上에 當有湯字라. 履는 蓋湯名이라. 用玄牡는 夏尙黑[3]하니 未變其禮也라. 簡은 閱也라. 言桀有罪하니 己不敢赦요 而天下賢人은 皆上帝之臣이라. 己不敢蔽니 簡在帝心하여 惟帝所命이라. 此는 述其初請命而伐桀之詞也라.
●又言君有罪는 非民所致요 民有罪는 實君所爲라하니 見其厚於責己하고 薄

않은 계책을 쓰지 말라. 사랑할 만한 것이 군주가 아니며 두려워할 만한 것이 백성이 아니겠는가. 대중은 천자가 아니면 누구를 떠받들며, 천자는 대중이 아니면 더불어 나라를 지킬 수 없을 것이니 공경하여 너의 지위를 삼가서 그 바람직한 것[선(善)]을 공경히 닦아라. 온 세상 사람들이 곤궁하면 하늘의 복이 영원히 끊어질 것이다.(**天之曆數在汝躬, 汝終陟元后. 人心惟危, 道心惟微, 惟精惟一, 允執厥中.** 無稽之言勿聽, 弗詢之謀勿庸. 可愛非君, 可畏非民. 衆非元后何戴, 后非衆罔與守邦, 欽哉, 愼乃有位, 敬修其可願. **四海困窮, 天祿永終.**)"

2) ≪서경(書經)·상서(商書)·탕고(湯誥)≫, "그러므로 나 소자는 하늘이 명하신 밝은 위엄을 받들어 감히 용서할 수가 없기에, 감히 검은 희생을 써서 감히 천제와 지신에게 밝게 아뢰어 하나라에 죄를 내릴 것을 청하고, 마침내 큰 성인을 찾아서 그와 힘을 다하여 너희 대중들과 함께 명을 청하였노라. … 너희에게 선이 있으면 내 감히 가리지 않고, 죄가 내 몸에 해당하면 감히 스스로 용서하지 않으리니, 살펴 선택함이 상제의 마음에 달려 있다. 너희 만방이 죄가 있는 것은 (책임이) 나 한 사람에게 있고, 나 한 사람이 죄가 있는 것은 너희 만방 때문이 아니다.(肆台小子, 將天命明威, 不敢赦, 敢用玄牡, 敢昭告于上天神后, 請罪有夏, 聿求元聖, 與之戮力, 以與爾有衆, 請命. … 爾有善, 朕弗敢蔽, 罪當朕躬, 弗敢自赦, 惟簡在上帝之心. 其爾萬方有罪, 在予一人, 予一人有罪, 無以爾萬方.)"

3) ≪예기(禮記)·단궁상(檀弓上)≫, "하나라는 검은색을 숭상하여 상사(喪事)에는 어두운 때에 염습을 하고, 전쟁에는 검은 말을 탔으며, 희생은 검은 것을 썼다.(**夏后氏尙黑,** 大事斂用昏, 戎事乘驪, 牲用玄.)"

於責人之意4)라. 此는 其告諸侯之辭也라.

한자 履 신 리·밟을 리, 皇 임금 황·훌륭할 황·**엄숙할 황**, 昭 밝을 소, 閱 점고할 열·**살필 열**·읽을 열

(탕왕이) 말씀하였다. "나 소자 이는 감히 검은 희생을 써서 거룩한 상제께 감히 밝게 아뢰었으니, 죄가 있는 사람을 감히 용서하지 못하고 상제의 신하를 가리지 않으리니, 살펴 선택함이 상제의 마음에 달려 있도다. 내 몸에 죄가 있는 것은 만방의 백성 때문이 아니고, 만방의 백성이 죄가 있는 것은 죄가 내 몸에 있도다."

○이것은 <상서·탕고>의 말을 인용한 것으로 탕왕이 걸왕을 추방한 뒤에 제후들에게 알린 것이다. ≪서경≫의 글과 대동소이한데, '왈(曰)'자 위에 '탕(湯)'자가 있어야 한다. '이(履)'는 탕왕의 이름이다. 검은 희생을 쓴 것은 하나라가 검은색을 숭상하였으므로 아직 그 예를 바꾸지 않은 것이다. '간(簡)'은 '살피다'이다. 걸왕이 죄가 있으니 자신이 감히 용서하지 못하고, 천하의 현인들은 모두 상제의 신하라서 자신이 감히 가리지 못하니, 살펴 선택함이 상제의 마음에 달려 있어 오직 상제가 명령할 뿐임을 말한 것이다. 이것은 처음에 천명을 청하여 걸왕을 친 것을 기술한 글이다.

○또 말하기를, 군주가 죄가 있는 것은 백성들이 불러온 것이 아니고, 백성들이 죄가 있는 것은 실로 군주가 한 것이라고 하였으니, 자신을 책망하기를 많이 하고 남을 책망하기를 적게 한 뜻을 볼 수 있다. 이것은 바로 제후들에게 알린 말이다.

20-01-4 ◉周有大賚하니 善人이 是富하니라.

●此以下는 述武王事라. 賚는 予也라. 武王克商하시고 大賚于四海하니 見周

4) ≪논어(論語)·위영공(衛靈公)≫, "공자가 말씀하였다. '자신을 (책망하기를) 많이 하고 남을 책망하기를 적게 하면, 원망을 멀리하게 된다.'(子曰. 躬自厚而薄責於人, 則遠怨矣.)"

書武成篇이라.5) 此는 言其所富者가 皆善人也라. 詩序云賚는 所以錫予善人6)이라하니 蓋本於此라.

한자 賚 하사할 뢰

주나라에서 큰 하사가 있었으니, 선한 사람들이 이에 부유해졌다.

○이 아래는 무왕의 일을 기술한 것이다. '뇌(賚)'는 '주다'이다. 무왕이 상나라를 이기고 온 세상 사람들에게 크게 하사하였으니, (≪서경≫) <주서·무성>편에 보인다. 이것은 그가 부유하게 해준 이들이 모두 선한 사람들이었다는 말이다. <모시서>에서, "'뇌(賚)'는 선한 사람들에게 내려준 것이다."라고 하였으니 이에 근거한 것이다.

20-01-5 ◉雖有周親이나 不如仁人이요 百姓有過는 在予一人이니라.

●此는 周書泰誓之辭라.7)

●孔氏曰이라. 周는 至也라. 言紂至親雖多나 不如周家之多仁人이라.

한자 周 두루 주·**지극할 주**·미쁠 주

"[주왕(紂王)이] 비록 아주 가까운 친족들이 있으나 (나의) 인한 사람

5) ≪서경(書經)·주서(周書)·무성(武成)≫, "녹대(鹿臺, 주왕이 보화를 보관하던 누대 이름)의 재물을 나눠주고, 거교(鉅橋, 주왕이 곡물을 보관하던 창고 이름)의 곡식을 풀어서 온 세상 사람들에게 크게 하사하니, 만백성들이 기뻐하며 복종하였다.(散鹿臺之財, 發鉅橋之粟, **大賚于四海**, 而萬姓悅服.)"

6) ≪시경(詩經)·송(頌)·주송(周頌)·뇌(賚)≫ 모시서(毛詩序), "뇌(賚)는 '주다'이니, 선한 사람들에게 내려준 것이다.(賚, 予也, 所以錫予善人.)"

7) ≪서경·주서·태서중(泰誓中)≫, "(주왕이) 비록 아주 가까운 친족들이 있으나 (나의) 인한 자들만 못하다. 하늘이 보는 것이 우리 백성들이 보는 것으로부터 말미암고, 하늘이 듣는 것이 우리 백성들이 듣는 것으로부터 말미암는다. 백성들이 잘못이 있는 것은 나 한 사람에게 달려있다.(**雖有周親, 不如仁人.** 天視自我民視, 天聽自我民聽. **百姓有過, 在予一人.**)"

들만 못하고, 백성들이 잘못이 있는 것은 나 한 사람에게 달려있다."

○이것은 (≪서경≫) <주서·태서>의 글이다.

○공씨[공안국(孔安國)[8])]가 말하였다. "주(周)는 '지극하다'이다. 주왕이 아주 가까운 친족들이 비록 많으나, 주나라에 인한 사람들이 많은 것만 못하다는 말이다."

20-01-6 ◉謹權量하며 審法度하며 修廢官한대 四方之政이 行焉하니라.

●權은 稱錘也요 量은 斗斛也라. 法度는 禮樂制度가 皆是也라.

한자 錘 저울 추, 斛 휘 곡

도량형을 삼가고 법도를 살피며 폐지된 관직을 복구하니, 사방의 정치가 거행되었다.

○'권(權)'은 저울추이고, '양(量)'은 말과 섬이다. 법도는 예악과 제도가 모두 그것이다.

20-01-7 ◉興滅國하며 繼絶世하며 擧逸民한대 天下之民이 歸心焉하니라.

●興滅과 繼絶은 謂封黃帝堯舜夏商之後요 擧逸民은 謂釋箕子之囚하고 復商容之位라.[9]) 三者는 皆人心之所欲也라.

8) 공안국(孔安國) : 한대(漢代) 사람으로 자가 자국(子國)이다. ≪시경(詩經)≫, ≪상서(尙書)≫에 뛰어났던 경학가로 간의대부(諫議大夫), 임회태수(臨淮太守) 등을 역임하였다. 공자(孔子)의 12세손이다.

9) ≪예기(禮記)·악기(樂記)≫, "무왕이 은나라를 이기고 은의 도성에 가서 아직 수레에서

멸망한 나라를 세워주고, 끊어진 세대를 이어주며, 은일한 사람들을 등용하니, 천하의 백성들이 그에게로 마음을 돌렸다.

○멸망한 나라를 세워주고 끊어진 세대를 이어준 것은 황제·요·순·하·상의 후손들을 봉해 준 것을 이르고, 은일한 사람들을 등용한 것은 기자의 감금을 풀어주고 상용의 지위를 회복시킨 것을 이른다. 세 가지는 모두 민심이 원하던 바였다.

20-01-8 ◉所重은 民食喪祭러시다.

●武成曰重民五敎하고 惟食喪祭라.[10]

중시한 것은 백성들의 먹을 것과 상례와 제례였다.

○(≪서경≫) <무성>편에, "백성들의 오륜을 중시하였는데, 특히 (중시한 것이) 먹을 것과 상례와 제례였다."라고 하였다.

20-01-9 ◉寬則得衆하고 信則民任焉하고 敏則有功하고 公則說이니라.[11]

●此는 於武王之事에 無所見하니 恐或泛言帝王之道也라.

내리기도 전에 황제의 후예를 계(薊)에 봉하고, 요임금의 후예를 축(祝)에 봉하였으며, 순임금의 후예를 진(陳)에 봉했다. 수레에서 내려서는 하왕조의 후예를 기(杞)에 봉하고, 은왕조의 후예를 송(宋)으로 옮겼다. 은나라의 왕자인 비간의 무덤에 흙을 쌓아 높이고, 기자의 감금을 풀어 그로 하여금 상용을 찾아가게 하였으며 그의 지위를 회복시켰다.(武王克殷反商, 未及下車而封黃帝之後於薊, 封帝堯之後於祝, 封帝舜之後於陳. 下車而封夏后氏之後於杞, 投殷之後於宋. 封王子比干之墓, 釋其子之囚, 使之行商容而復其位.)"

10) ≪서경(書經)·주서(周書)·무성(武成)≫

11) ≪논어(論語)·양화(陽貨)≫, "공손하면 모욕을 당하지 않고, 관대하면 인심을 얻고, 신의로우면 사람들이 의지하고, 근면하면 공이 있으며, 은혜로우면 사람들을 부릴 수 있다.(恭則不侮, **寬則得衆, 信則人任焉, 敏則有功**, 惠則足以使人.)"

●楊氏曰이라. 論語之書는 皆聖人微言이어늘 而其徒傳守之하여 以明斯道者也라. 故로 於終篇에 具載堯舜咨命之言과 湯武誓師之意와 與夫施諸政事者하여 以明聖學之所傳者가 一於是而已니 所以著明二十篇之大旨也라. 孟子於終篇에 亦歷敍堯·舜·湯·文·孔子相承之次12)하니 皆此意也라.

너그러우면 민심을 얻고 신의로우면 백성들이 의지하며, 민첩하면 공적이 있고 공정하면 기뻐한다.

○이것은 무왕의 사적에 보이는 바가 없으니, 아마도 제왕의 도리를 일반적으로 말씀한 것인 듯하다.

○양씨[양시(楊時)]가 말하였다. "≪논어≫라는 책은 모두 성인의 은미한 말씀인데, 그 제자들이 전하고 지켜서 유가의 도를 밝힌 것이다. 그러므로 마지막 편에 요임금과 순임금이 감탄하면서 명해준 말씀과, 탕임금과 무왕이 대중에게 맹세한 뜻과 정사에 시행한 것들을 모두 실어, 공자의 학문이 전해진 바가 이에 한결같을 뿐임을 밝혔으니 20편의 대지를 드러내 밝힌 것이다. ≪맹자≫도 마지막 편에서 역시 요임금·순임금·탕왕·문왕·공자가 계승한 순서를 차례로 서술하였으니 모두가 이 뜻이다."

요왈20 제2장

20-02-1 ◉子張이 問於孔子曰何如라야 斯可以從政矣니잇고? 子曰이라. 尊五美하며 屛四惡이면 斯可以從政矣리라. 子張曰何謂五美

12) ≪맹자(孟子)·진심하(盡心下)≫, "맹자가 말하였다. '요임금과 순임금으로부터 탕임금에 이르기까지가 5백여 년이니, 우임금과 고요 같은 분은 보고서 알았고, 탕임금 같은 분은 들어서 알았다. 탕임금으로부터 문왕에 이르기까지가 5백여 년이니, 이윤과 내주 같은 분은 보고서 알았고, 문왕 같은 분은 들어서 알았다. 문왕으로부터 공자에 이르기까지가 5백여 년이니, 태공망과 산의생 같은 분은 보고서 알았고, 공자 같은 분은 들어서 아셨다.'(孟子曰. 由堯舜至於湯, 五百有餘歲, 若禹皐陶, 則見而知之, 若湯, 則聞而知之. 由湯至於文王, 五百有餘歲, 若伊尹萊朱則見而知之, 若文王則聞而知之. 由文王至於孔子, 五百有餘歲, 若太公望散宜生則見而知之, 若孔子則聞而知之.)"

니잇고? 子曰이라. 君子는 惠而不費하며 勞而不怨하며 欲而不貪하며 泰而不驕하며 威而不猛이니라. 子張曰何謂惠而不費니잇고? 子曰이라. 因民之所利而利之니 斯不亦惠而不費乎아. 擇可勞而勞之어니 又誰怨이리오. 欲仁而得仁이어니 又焉貪이리오. 君子는 無衆寡하며 無小大히 無敢慢하나니 斯不亦泰而不驕乎아. 君子는 正其衣冠하며 尊其瞻視하여 儼然人望而畏之하나니 斯不亦威而不猛乎아.

한자 屛 병풍 병, 瞻 볼 첨, 儼 의젓할 엄

자장이 공자에게 묻기를, "어떠해야 정치에 종사할 수 있습니까?"라고 하자 공자가 말씀하였다. "다섯 가지 미덕을 높이고 네 가지 악을 물리치면 정치에 종사할 수 있을 것이다." 자장이 묻기를, "무엇을 다섯 가지 미덕이라고 합니까?"라고 하자 공자가 말씀하였다. "군자는 은혜롭지만 낭비하지 않고 수고롭게 하지만 원망하지 않으며, 바라지만 탐하지 않고 편안하지만 교만하지 않으며, 위엄스럽지만 사납지 않다." 자장이 묻기를, "무엇을 일러 은혜롭지만 낭비하지 않는다고 합니까?"라고 하자 공자가 말씀하였다. "백성들이 이롭게 여기는 것에 따라 이롭게 해주니, 이것이 또한 은혜롭지만 낭비하지 않는 것이 아니겠는가. 수고롭게 할 만한 바를 골라 수고롭게 하니,[13] 또 누가 원망하겠는가. 인을 바라다가 인을 얻으니 또 무엇을 탐하겠는가. 군자는 많고 적은 것이 없고 크고 작은 것이 없이 감히 교만함이 없으니, 이것이 또한 편안하지만 교만하지 않은 것이 아니겠는가. 군자는 의관을 바르게 하고 시선을 존엄히 함으로써 엄숙하여 사람들이 바라보고 어려워하니, 이것이 또한 위엄스럽지만 사납지 않은 것이 아니겠는가."

13) ≪논어(論語)·학이(學而)≫, "백성을 부리는 것을 시기[농한기]에 따를 것이다.(使民以時.)" ; ≪맹자(孟子)·진심상(盡心上)≫, "편안하게 해주는 방법으로 백성을 부리면, 비록 수고롭더라도 원망하지 않는다.(以佚道使民, 雖勞不怨.)"

20-02-2 ◉子張曰何謂四惡이닛고? 子曰이라. 不敎而殺을 謂之虐이요 不戒視成을 謂之暴요 慢令致期를 謂之賊이요 猶之與人也로되 出納之吝을 謂之有司니라.

●虐은 謂殘酷不仁이요 暴는 謂卒遽無漸이라. 致期는 刻期也라. 賊者는 切害之意라. 緩於前而急於後하여 以誤其民而必刑之가 是賊害之也라. 猶之는 猶言均之也니 均之以物與人이로되 而於其出納之際에 乃或吝而不果면 則是有司之事요 而非爲政之體라. 所與雖多나 人亦不懷其惠矣라. 項羽使人에 有功當封할새 刻印刓하여 忍弗能予[14]라가 卒以取敗가 亦其驗也라.

●尹氏曰이라. 告問政者가 多矣로되 未有如此之備者也라. 故로 記之하여 以繼帝王之治하니 則夫子之爲政을 可知也라.

한자 虐 해칠 학·사나울 학, 酷 독할 혹, 遽 갑자기 거, 緩 느릴 완, 刓 깎을 완·닳을 완

자장이 묻기를, "무엇을 네 가지 악이라고 합니까?"라고 하자 공자가 말씀하였다. "교화하지 않고 죽이는 것을 '해침[학(虐)]'이라 하고 예고하지 않고 이루기를 바라는 것을 '갑작스러움[포(暴)]'이라 하며, 명령을 태만히 하고 기한을 지나치게 하는 것을 '해침[적(賊)]'이라 하고 똑같이[결국은] 남에게 주면서 출납을 인색하게 하는 것을 '담당관[유사(有司)]'이라고 한다."

○'학(虐)'은 잔혹하여 인하지 않음을 이르고, '포(暴)'는 갑작스러워 단계가 없음을 이른다. '치기(致期)'는 '기한을 각박하게 하다'이다. '적(賊)'이라는 것은 심하게 해친다는 뜻이다. 앞에서 느슨하게 하고 뒤에서 다급하게 하여 백성들을 잘못하게 하고 반드시 형벌을 가하는 것이 그들을 해치는

14) ≪사기(史記)·회음후전(淮陰侯傳)≫, "가령 사람이 공이 있어 마땅히 봉작해야 할 때에 이르러서는 인장이 닳아 문드러질 때까지 차마 주지 못합니다. 이것은 이른바 아녀자의 인입니다.(至使人有功當封爵者, 印刓敝, 忍不能予. 此所謂婦人之仁也.)"

것이다. '유지(猶之)'는 '똑같다'라는 말과 같으니 똑같이[결국은] 물건을 남에게 주면서도 출납할 때에 혹시 인색하여 과감하지 못하면 이는 담당관의 일이고 정치를 하는 본질이 아니다. 주는 것이 비록 많더라도 사람들이 역시 그 은혜를 생각하지 않는다. 항우가 사람을 부리면서 공로가 있어 봉해 주어야 할 때에 새긴 인장이 닳도록 차마 주지 못하다가 끝내 패망을 초래한 것이 역시 그 증거이다.

○윤씨[윤돈(尹焞)]가 말하였다. "정치를 물은 것에 대해 말씀해준 것이 많으나 이와 같이 구비된 것은 없다. 그러므로 이것을 기록하여 제왕의 다스림에 이었으니 공자가 정치를 한 것을 알 수 있다."

요왈20 제3장

20-03-1 ◉子曰이라. 不知命이면 無以爲君子也요,[15)]

●程子曰이라. 知命者는 知有命而信之也라.[16)] 不知命이면 則見害必避하고 見利必趨하니 何以爲君子리오.

공자가 말씀하였다. "운명을 알지 못하면 군자가 될 수 없고,

---

15) 세주에서 주자는, "이것은, "쉰 살이 되어 천명을 알았다.(五十而知天命)"[≪논어(論語)·위정(爲政)≫]와는 같지 않다. '지천명(知天命)'은 그 이치가 비롯되어 온 곳을 알았음을 이르고, 이곳의 '부지명(不知命)'은 죽음과 삶, 장수와 요절, 가난과 부유, 귀함과 천함의 명을 말하는 것이다.(此與五十而知天命不同. 知天命, 謂知其理之所自來, 此不知命, 是說死生壽夭貧富貴賤之命.)"라고 하여 명(命)을 운명(運命)으로 보았다. 이에 비해 다산은 ≪논어고금주(論語古今註)≫에서, "명(命)은 하늘이 사람에게 부여해준 것으로 본성의 아름다운 덕이니 명이다. 죽음과 삶, 화와 복, 영예와 치욕에도 또한 명이 있으니, 명을 알지 못하면 선을 즐기지 못하고 처지에 편안할 수 없기 때문에 군자가 될 수 없다.(命, 天之所以賦於人者, 性之好德, 是命也. 死生禍福榮辱, 亦有命, 不知命, 則不能樂善而安位, 故無以爲君子.)"라고 하여 명(命)을 천명과 운명을 포함하는 개념으로 설명하였다.

16) 세주에서 신안 진씨[新安陳氏, 진력(陳櫟)]는, "운명을 알면 하늘을 원망하지 않고, 또 하늘을 즐기게 된다.(知命, 則不怨天, 且樂天矣.)"라고 설명하였다.

○정자가 말하였다. "운명을 안다는 것은 운명이 있음을 알고 그것을 믿는 것이다. 운명을 알지 못하면, 해를 보면 반드시 피하고 이익을 보면 반드시 따르니 어떻게 군자가 되겠는가."

20-03-2 ◉不知禮면 無以立也요,[17]

◉不知禮면 則耳目無所加요 手足無所措라.

예를 알지 못하면 설 수 없으며,

○예를 알지 못하면 눈과 귀를 쓸 곳이 없고, 손과 발을 둘 곳이 없다.

20-03-3 ◉不知言이면 無以知人也니라.[18]

◉言之得失에 可以知人之邪正이라.

◉尹氏曰이라. 知斯三者면 則君子之事가 備矣라. 弟子記此以終篇하니 得無意乎아. 學者가 少而讀之하고 老而不知一言爲可用이면 不幾於侮聖言者乎아. 夫子之罪人也니 可不念哉아.

(상대의) 말을 알지 못하면 사람을 알 수 없다."

○말의 잘잘못에서 사람의 그릇됨과 올바름을 알 수 있다.

---

17) ≪논어(論語)·태백(泰伯)≫, "공자가 말씀하였다. '시에서 감흥하고, 예에서 서며, 음악에서 완성된다.'(子曰. 興於詩, **立於禮**, 成於樂.)"

18) 맹자는 '말을 안다[지언(知言)]'는 것에 대해 다음과 같이 구체적인 설명을 하였다. "감히 묻겠습니다. 선생님께서는 어디에서 뛰어나십니까?" "나는 말을 안다." … "무엇을 '말을 안다'고 합니까?" "치우친 말에서 그가 가려진 바를 알고 방탕한 말에서 그가 빠진 바를 알며, 부정한 말에서 그가 어긋난 바를 알고 피하는 말에서 궁한 바를 안다.(敢問夫子, 惡乎長? 曰我**知言**. … 何謂知言? 曰詖辭, 知其所蔽, 淫辭, 知其所陷, 邪辭, 知其所離, 遁辭, 知其所窮.)"[≪맹자(孟子)·공손추상(公孫丑上)≫]

○윤씨[윤돈(尹焞)]가 말하였다. “이 세 가지를 알면 군자의 일이 갖추어진다. 제자들이 이것을 기록하여 편을 마쳤으니 뜻이 없을 수 있겠는가. 배우는 자들이, 어려서부터 이를 읽으면서 늙도록 한마디 말씀도 적용할 만한 것으로 삼을 줄 모른다면 성인의 말씀을 모독하는 것에 가깝지 않겠는가. 공자의 죄인이니 유념하지 않을 수 있겠는가.”

찾아보기 — 고유명사

** 인명 : 공자(孔子), 맹자(孟子), 정자(程子), 주자(朱子)

서명 : 논어(論語), 맹자(孟子)

국명 : 주(周), 노(魯), 제(齊) 등은 생략함

ㄱ

ㅇ

ㅌ

ㅍ

ㅎ

완역 論語集註 -하권

초판 인쇄 – 2017년 2월 23일
초판 발행 – 2017년 2월 28일

역주자 – 김 창 환
발행인 – 金 東 求
발행처 – 명 문 당(창립 1923년 10월 1일)
서울시 종로구 윤보선길 61(안국동)
우체국 010579-01-000682
전 화 (02) 733-3039, 734-4798
FAX (02) 734-9209
Homepage www.myungmundang.net
E-mail mmdbook1@hanmail.net
등록 1977.11.19. 제1-148호

■

* 낙장 및 파본은 교환해 드립니다.

* 정가 25,000원
ISBN 979-11-88020-07-2 (93150)